全国水利水电类高职高专统编教材

城市水处理工程技术

主编　陈亚萍　徐　欣
主审　张朝晖

黄河水利出版社

内 容 提 要

本书是全国水利水电类高职高专统编教材，是根据全国水利水电高职教研会制定的《城市水处理工程技术》课程教学大纲编写完成的。本书根据现阶段社会对专业技术人才的需求及高职教育人才的培养模式，结合近年来我国水处理行业相关的研究成果，对水处理的基本知识、基本原理及水处理技术作了全面系统的介绍。全书共分3篇13章。第一篇，水处理概论，主要内容有：水质与水质标准、水处理方法概论；第二篇，给水处理技术，主要内容有：混凝、沉淀和澄清、过滤、消毒、城市给水处理系统；第三篇，污水处理技术，主要内容有：污水的物理处理、活性污泥法、好氧生物膜法、污水的自然生物处理、污泥处理、污水处理工艺系统。

本书主要作为高职高专院校城市水利、给水排水工程及环境工程专业的教学用书，同时也可作为相关专业教学的参考用书以及给水处理厂和污水处理厂一线工作人员的参考资料。

图书在版编目(CIP)数据

城市水处理工程技术/陈亚萍，徐欣主编．—郑州：黄河水利出版社，2008.8

全国水利水电类高职高专统编教材

ISBN 978-7-80734-370-7

Ⅰ.城… Ⅱ.①陈… ②徐… Ⅲ.给排水系统-水处理-高等学校：技术学校-教材 Ⅳ.TU991.2

中国版本图书馆CIP数据核字(2008)第114032号

组稿编辑：王路平 电话：0371-66022212 E-mail：hhslwlp@126.com

出 版 社：黄河水利出版社

地址：河南省郑州市金水路11号 邮政编码：450003

发行单位：黄河水利出版社

发行部电话：0371-66026940、66020550、66028024、66022620(传真)

E-mail：hhslcbs@126.com

承印单位：黄河水利委员会印刷厂

开本：787 mm×1 092 mm 1/16

印张：17.5

字数：400千字 印数：1—4 100

版次：2008年8月第1版 印次：2008年8月第1次印刷

定价：31.00元

前　言

本书是根据教育部《关于加强高职高专教育人才培养工作意见》和《面向21世纪教育振兴行动计划》等文件精神，以及由全国水利水电高职教研会拟定的教材编写规划，报水利部批准，由全国水利水电高职教研会组织编写的水利水电类全国统编教材。

随着我国城市化进程的加快，城市水资源与水环境问题日益突出，社会对城市水利建设与管理技术人才的需求与日俱增，城市水利专业随之应运而生，其招生规模逐年扩大。为了满足我国高职院校城市水利专业教学的需要，全国水利水电高职教研会于2007年6月在郑州召开了关于城市水利专业主干课程教材建设会议，安排了由全国6所高职院校参与的《城市水处理工程技术》教材的编写工作。

根据现阶段社会对专业技术人才的需求及高职教育人才的培养模式，本着“特色明显、技术实用、易教易学”的原则，在有机整合相关课程内容的基础上，结合近年来我国水处理行业的相关研究成果，构建了新的课程体系和教学内容。本教材共分3篇13章：第一篇，水处理概论（2章）；第二篇，给水处理技术（5章）；第三篇，污水处理技术（6章）。

本教材在编写过程中，对于基本概念和作用机理的介绍力求简明扼要，对部分繁杂的数学推导过程、物理化学过程进行了精简，重点突出了水处理实用技术；同时介绍了国内外水处理工程的新技术和新工艺，如我国第三代城市饮用水净化工艺。为了加深理解、巩固记忆和提高，书中编写了相当数量的插图，每一设计单元尽可能增加较多的计算示例，供学生在学习中参考。

本教材是我国高职院校城市水利、给水排水工程及环境工程专业教学用书，同时也可作为相关专业教学过程的参考书以及给水处理厂和污水处理厂一线工作人员的参考资料。

本书编写分工为：绪论、第三章、第四章、第五章、第十三章，由杨凌职业技术学院陈亚萍编写；第一章、第二章、第七章，由湖北水利水电职业技术学院徐欣编写；第六章，由安徽水利水电职业技术学院胡书民编写；第八章、第九章，由重庆水利电力职业技术学院马焕春编写；第十章、第十一章，由山西水利职业技术学院张晓斌编写；第十二章，由山东水利职业技术学院刘帅编写。本书由陈亚萍、徐欣担任主编，由陈亚萍统稿，杨凌职业技术学院张朝晖教授任主审。

在编写过程中，力求尽善尽美，但由于时间仓促，编者水平有限，书中错误和不当之处在所难免，敬请广大师生、同行批评指正。

作　者

2008年5月

目　录

第三篇　污水处理技术

绪论　水资源与水环境

一、水资源的基本含义

水是人类生产和生活不可缺少的物质，是生命的源泉，也是工农业生产和经济发展不可取代的自然资源。

水资源是指人类长期生存、生活和生产过程中所需要的各种水，既包括了数量和质量的定义，又包括了使用价值和经济价值。从水资源的定义可知，其含义很广。从广义来讲是指人类能够直接或间接使用的各种水和水中的物质，作为生活资料和生产资料的天然水，在生产过程中具有经济价值和使用价值的水都可为水资源；从狭义上讲，就是人类能够直接使用的淡水，这部分水主要指江、河、湖泊、水库、沼泽及渗入地下的地下水。目前，人类把它作为满足生活、农业、工业等方面的用水。不论从广义上还是狭义上讲，水资源都包含着“量与质”的要求，不同的用水对质与量有不同的要求，其在一定的条件下可以相互转化。

二、水循环

地球上的水时时刻刻都在运动中，而且可以相互转换。根据循环的方式可以分为自然循环和社会循环。我们生存的地球，总表面积为 $5.1\times10^{8}\ km^{2}$，其中海洋面积占全球面积的 70.8%，陆地面积约占 29.2%。海洋水储量占地球水总量的 96.5%，陆地水量为 3.5%。如果没有水的运动，陆地的水很快就会枯竭。正是由于地心引力及太阳的辐射作用，使得各种状态的水从海洋、江河、湖泊、沼泽、水库及陆地表面的植被中，蒸发、散发变成水汽，上升到空中，一部分被气流带到其他区域，在一定条件下凝结，通过降水的形式落到海洋或陆地上；一部分滞留在空中，待条件成熟，降到地球表面。降到陆地上的水，在地心引力的作用下，一部分形成地表径流流入江河，最后流入海洋，还有一部分渗入地下，形成地下径流，另外，还有一小部分又重新蒸发回到空中。这种现象称之为水的自然循环（见图 0-1）。

水的社会循环是指人们在生活和生产过程中需要天然水体中的水，作为人类维持生命活动的基础物质以及生产过程的必需物质。这部分水，经过人们正常生活和生产过程使用后又重新排入自然环境中，这种循环方式即为社会循环（见图 0-2）。其主要是通过城市的供排水管网来实现，即人们通过城市供水系统的取水设施从水源中取出可用水，经过适当处理后，送入千家万户及工业生产过程中，经使用后，水质受到不同程度的污染，后又经过城市排水管网输送到指定位置，经处理后排回自然水体。

三、水资源

地球表面的 70.8% 以上被水覆盖，总水量约为 $1.39\times10^{9}\ km^{3}$，其中海洋水占 96.5%，陆

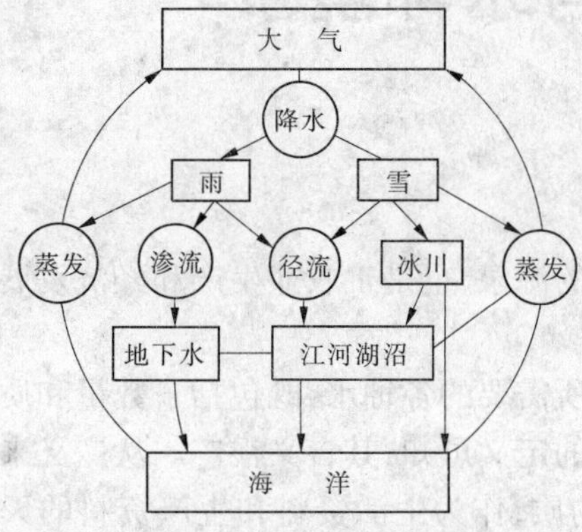

图 0-1 水的自然循环

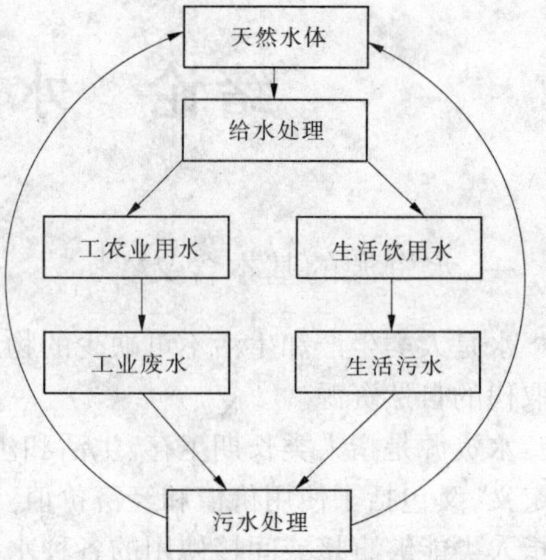

图 0-2 水的社会循环

地水中的地下水占 1.69%，冰川及永久积雪占 1.74%，湖泊水、水库水及沼泽水占 0.013 8%，江河水占 0.000 2%，大气水占 0.001%。其中在水的总储量中，咸水占 97.5%，淡水占 2.5%，而且仅有的淡水中又有 69.5% 为固态水，主要储存在高山及永冻层内，南北两极的储量最多，另一部分为地下水，占淡水的 30%。

（一）我国水资源概况

我国国土面积为 960 万 km^2，由于地域辽阔，降水量地区分布不均匀，因此造成西北地区干旱，东南地区多雨，山区降雨多于平原，年降水量由西北内陆向东南沿海递增的趋势特点。

据统计，我国平均年降水量为 6.2×10^{13} m^3，平均年降水深度 648 mm，与全世界陆地平均降水深度 798 mm 相比，小于世界平均降水量，也小于亚洲平均年降水深度 741 mm。多年河川年径流量为 2.71×10^{13} m^3，多年平均地下水资源量 8.29×10^{12} m^3，扣除两者重复量，全国多年平均年水资源量为 2.81×10^{13} m^3。从总淡水量上看，我国的水资源并不算缺乏，但我国人口众多，人均占有水资源量仅为 2 360 m^3，相当于世界人均占有量的 1/4，美国的 1/6，巴西和俄罗斯的 1/11，加拿大的 1/50。人均占有水量为世界的 121 位，属贫水国。

（二）我国水资源的特点

1. 水资源地区分布不均匀

从地表水资源看，东南地区丰富，西北地区缺乏。东南地区占有全国 90% 的地表径流和 70% 的地下径流，而西北地区只占有 10% 的地表径流和 30% 的地下径流。

2. 时间分布不均匀

我国大部分地区的降水年内分配不均，年际变化大。南方地区受东南季风影响，雨季一般长达半年，每年集中在 3 ~ 7 月份降水，占全年降水量的 50% ~ 60%；北方地区，降水期较集中，一般在 6 ~ 9 月份，降水量占全年的 70% ~ 80%。西北地区为最干旱区，主要位于新疆、宁夏、甘肃、内蒙古的西北部的沙漠地带，降水量的年际变化率大，因此上述地区大多干旱少雨，河流较少，且有较大面积的无径流区域。

（三）我国水资源存在的问题

1. 水资源供需矛盾突出

随着人类社会经济的发展,各国的用水量迅速增加。据统计,20 世纪初全世界的年用水量为 4 000 亿 m^3,到 20 世纪末增加到 40 000 多亿 m^3,我国在 20 世纪 80 年代初用水为 450 亿 m^3,到了 20 世纪末已达 700 亿 m^3。工农业用水量增大,加剧了水资源的供需矛盾,再有污水排放量的增加,使得人类赖以生存的水资源环境受到了破坏,水体受到污染,环境恶化。虽然人类在积极地利用和改造并力争保持天然水源不受污染,但由于人类对自然环境的认识不深,不自觉地使天然水资源环境遭受破坏。目前,全国的日排污水量达 1.26 亿 m^3,而大多数污水未经处理直接排入水体,使地表水系统及近海受到污染。我国各流域的污水排放情况见表 0-1。

表 0-1 各流域废污水量和污径比 （水量单位:万 t/d）

流域片		黑龙江	辽河	海滦河	黄河	淮河	长江
废污水	工业废水	398.3	606.4	828.0	406.6	578.2	2 919.6
	占总量百分比(%)	86.5	85.7	82.0	81.9	82.8	81.8
	生活废水	62.2	100.9	182.1	89.7	120.3	649.4
	占总量百分比(%)	13.5	14.3	18.0	18.1	17.2	18.2
	废污水总量	460.5	707.3	1 010.1	496.3	698.5	3 569.0
	占全国百分数(%)	5.3	8.2	11.7	5.7	8.1	41.1
	顺序	8	4	3	7	5	1
污径比	污径比	0.014	0.053	0.128	0.027	0.034	0.014
	顺序	5	2	1	4	3	6

流域片		珠江	浙闽诸河	西南诸河	南陆河	全国	
废污水	工业废水	866.9	460.4	24.2	68.6	7 157.2	
	占总量百分比(%)	85.9	83.6	87.4	66.0	82.9	
	生活废水	142.5	90.2	3.5	35.3	1 476.1	
	占总量百分比(%)	14.1	16.4	12.6	34.0	17.1	
	废污水总量	1 009.4	550.6	27.7	103.9	8 633.3①②	
	占全国百分数(%)	11.7	6.4	0.3	1.2	100.0	
	顺序	2	6	10	9		
污径比	污径比	0.008	0.010	0.000 2	0.003		
	顺序	8	7	10	9		

注:1. 含额尔齐斯河;

2. 未统计台湾省的废污水量。

2. 河川的径流量减少，地面沉降

由于人类的活动，使得河川的径流量减少、地面沉降等。塔里木河为我国内陆河，流域人口780万人，由于这些年的大量引水灌溉和一些不合理的开发利用，使下游流量迅速减少，流域面积减小，1998年统计，该河已缩短了320 km的径流。地下水的大量开采使得地面下沉，据统计我国有50多个城市出现地面下沉等地质灾害。

3. 水体污染危害严重

造成水体污染的主要因素是城市污水和工业废水的排放。生活污水中主要污染成分为有机物、无机盐类及病原菌和病毒，还含有较高浓度的氮、磷，氮、磷会使水体产生富营养化，造成水体污染；工业用水产生的废水中含有大量的有毒和有害物质，流入水体后，造成水体的严重污染；另外在农业灌溉中，由于在农业中使用了大量的化肥、农药，也会造成水体污染。而水体污染能使人类产生多种疾病，例如含镉水能使人体产生骨痛现象，饮用水含汞过高能引起水俣病。上述两种疾病在日本均发生过，造成59人死亡，上万人发病。

我国的污水年排放量为460亿m^3（2003年统计，其中生活污水247.6亿m^3、工业废水212.4亿m^3），这些污水绝大多数未经处理而直接排放，造成了江河、湖泊和地下水的污染。

第一篇　水处理概论

第一章　水质与水质标准

【教学目标】 本章介绍了水中杂质的种类与特点、水体自净规律、给水水质标准及污水排放标准。要求熟悉天然水体中杂质的种类；掌握水体污染物的种类及危害；熟悉水体自净的规律；掌握生活饮用水的常规指标，熟悉它们的限值；熟悉污水排放标准。

第一节　水中杂质的种类与特点

水是溶解能力很强的溶剂。水在自然环境中与空气、土壤等相接触，不可避免地会有各种杂质进入水中。在人类使用水的过程中，如人们的生活用水、工农业生产用水等过程中，更会带入水中众多的污染物质。因此我们在研究水处理技术之前，首先要了解水中的各种杂质。

一、天然水体中的杂质

天然水体是指河流、湖泊、水库等水域环境。天然水中存在的杂质主要来源于所接触的大气、土壤等自然环境，同时人类活动产生的各种污染物也会进入天然水体。按不同的原则，可以对天然水体中的杂质进行分类。

(1)按水中杂质的尺寸，可以分为溶解物、胶体颗粒和悬浮物 3 种，它们的尺寸和外观特征如表 1-1 所示。表中杂质的颗粒尺寸只是大体的概念，不是严格的界限。杂质在水中所呈现的性质往往还与其形状、密度等有关。①悬浮物。主要是泥沙类无机物质和动植物生存过程中产生的物质或死亡后的腐败产物等有机物。这类杂质由于尺寸较大，在水中不稳定，常常悬浮于水流中，当水静置时，相对密度小的会上浮于水面，相对密度大的会下沉，因此容易被除去。②胶体。主要是细小的泥沙、矿物质等无机物和腐殖质等有机物。胶体颗粒由于比表面积很大，显示出明显的表面活性，常吸附有较多离子而带电，从而由于胶体带有同性电荷而相互排斥，以微小的颗粒稳定存在于水中。③溶解物。主

表 1-1　水中杂质的尺寸与外观特征

项目	溶解物	胶体颗粒	悬浮物
颗粒大小	0.1 ~ 1.0 nm	1.0 ~ 100 nm	100 nm ~ 1 mm
外观特征	透明	光照下浑浊	浑浊甚至肉眼可见

要是呈真溶液状态的离子和分子,如 Ca^{2+}、Mg^{2+}、Cl^- 等离子,HCO_3^-、SO_4^{2-} 等酸根,O_2、CO_2、H_2S、SO_2、NH_3 等溶解气体分子。从外观看含有这些杂质的水与无杂质的清水没有区别。

(2)从化学结构上可以将水中杂质分为无机物、有机物、生物等几类。①无机杂质。天然水中所含有的无机杂质主要是溶解性的离子、气体及悬浮性的泥沙。溶解离子有 Ca^{2+}、Mg^{2+}、Na^+ 等阳离子和 HCO_3^-、SO_4^{2-}、Cl^- 等阴离子。离子的存在使天然水表现出不同的含盐量、硬度、pH 值和电导率特性,进而表现出不同的物理、化学性质。泥沙的存在使水浑浊。②有机杂质。天然水中的有机物与水体环境密切相关。一般常见的有机杂质为腐殖质类以及一些蛋白质等。腐殖质是土壤的有机组分,是植物与动物残骸在土壤中分解的产物,属于亲水的酸性物质,分子量在几百到数万之间。腐殖质本身一般对人体无直接的毒害作用,但其中的大部分种类可以与其他化合物作用,因而具有危害人体健康的潜能。例如,腐殖酸与氯反应会生成有致癌作用的三氯甲烷。③生物(微生物)杂质。这类杂质包括原生动物、藻类、细菌、病毒等。这类杂质会使水产生异臭异味,增加水的色度、浊度,导致各种疾病等。

(3)按杂质的来源可以分为天然的和污染性的物质。随着人类活动的不断拓展和人类社会生产种类及规模的不断扩大,导致天然水体中污染物的种类和数量不断增加,其中数量最多的是人工合成的有机物,以农药、杀虫剂和有机溶剂为主,如多氯联苯、滴滴涕、四氯化碳等。目前,全世界已在水中检测出 2 000 多种有机化合物。在美国,水中检出 700 多种有机污染物,其中 100 多种为致癌、促癌、致畸和致突变物质。

二、各种典型水体的水质特点

一般可以将天然水分为地表水和地下水两大类,地表水又可以分为江河水、湖泊水库水、海水等。各种不同的天然水水质因流域特征、受人类扰动程度等而各不相同。

(1)江河水。因各地区的自然条件和对水资源的利用情况不同,江河水的水质差别很大,即使同一条河流,也常常因上游和下游、夏季和冬季、雨天和晴天,水质有所不同。一般华东、中南和西南地区因为土质和气候条件较好,草木丛生,水土流失较少,江河水浊度较低,只在雨季较浑浊,年平均浊度在 100 ~ 400 NTU 之间或更低。东北地区河流的悬浮物含量也不大,一般浊度在数百浊度单位以下。华北和西北的河流,特别是黄土地区,悬浮物含量高,变化幅度大,暴雨时挟带大量泥沙,水中悬浮物含量在短短几小时内,可由每升水几百毫克骤增至几万毫克。最突出的是黄河,冬季河水浊度只有几十浊度单位,夏季悬浮物含量可达每升水几万毫克,甚至几十万毫克。

(2)湖泊、水库水。主要由江河水供给,水质特点与江河水类似。湖泊和水库水体大,水量充足,流动性小,停留时间长,水中营养成分高,浮游生物和藻类多,不利于水质处理。蒸发量大,使水体浓缩,因而含盐量高于江河水。沉淀作用明显,浊度较江河水低,水质、水量稳定,但在冬季易发生低温低浊水现象,这是水处理的一个难点。

(3)海水。海水的主要特点是高含盐量,在 7.5 ~ 43.0 g/L 之间。含量最多的是氯化钠(NaCl),约占 83.7%,其他盐类还有 $MgCl_2$、$CaSO_4$ 等。除了淡水特别缺乏的海岛、船舶等外,一般不以海水为生活饮用水源。在沿海地区,海水可作为某些工业用水的水源。

另外，地表水易受工业废水、生活污水、农药等污染，水中细菌、有毒物质、有机物含量高于地下水，水源保护难度大。

(4)地下水。地下水是由于降水和地表水经土壤地层渗透到地面以下而形成的。

地层是由透水性不同的黏土、砂石、岩石等构成。透水层由颗粒较大的砂、砾石组成，能渗水与存水；不透水层则由颗粒细小致密的黏土层和岩石层构成。地下水可分为浅层地下水、深层地下水和泉水。

浅层地下水是指潜藏在地表下第一个不透水层上的地下水，是我国广大农村最常用的水源，水质物理性状较好，细菌数较地面水少，但在流经地层和渗透过程中，可溶解土壤中各种矿物盐类，使水质硬度增加，水中溶解氧因被土壤中生物化学过程消耗而减少。

深层地下水是指在第一个不透水层以下的地下水，其水质透明无色，水温恒定，细菌数很少，但盐类含量高，硬度大。由于深层地下水水质较好，水量较稳定，常被用做城镇或企业的集中式供水水源。

泉水是通过地表缝隙自行涌出的地下水。浅层地下水由于地层的自然塌陷或被溪谷截断而使含水层露出，水自行外流即为潜水泉；深层地下水由不透水层或岩石的天然裂隙中涌出，称自流泉。两者的水质、水量的特点分别与浅层和深层地下水相似。

三、天然水物理性状指标

根据天然水的物理性状指标的测定结果，可判断水质的感官性状好坏，也可以说明水质是否受到污染。

(1)水温。水温与水的物理化学性质有关，气体的溶解度、微生物的活动及 pH 值、硫酸盐的饱和度等都受水温的影响。

(2)色度。色度表现在水体呈现不同的颜色。纯净的水是无色透明的，含有大量泥沙及腐殖质的水为褐色或黄褐色，含有藻类的水为绿色或褐色，饮用水的色度不能超过 15 度。

(3)臭和味。臭和味有时不易截然分开。洁净水无臭气和异味。天然水中臭和味的主要来源有：水生动植物或微生物的繁殖和衰亡；有机物的腐败分解；溶解的气体如硫化氢等；溶解的矿物盐或混入的泥土。

(4)浑浊度。水浑浊度是指悬浮于水中的胶体颗粒产生的散射现象，表示水中悬浮物和胶体物对光线透过时的阻碍程度。浑浊度主要取决于胶体颗粒的种类、大小、形状和折射指数，而与水中悬浮物含量的关系较小。浑浊度的标准单位是以 1 L 水中含有相当于 1 mg 标准硅藻土形成的浑浊状况，作为 1 个浑浊度单位，简称 1 度。

四、水体的污染源和污染物

水体污染是指人类活动排放的污染物进入水体，其数量超过了水体的自净能力，使水和水体底质的理化特性及水环境中的生物特性、组成等发生改变，从而影响水的使用价值，造成水质恶化，乃至危害人体健康或破坏生态环境的现象。

(一)水体污染的主要来源

1. 工业废水

工业废水是指工业生产所排放的废水。由于工业类型、生产工艺及用水水质、管理水平的不同，使各类工业废水的成分与性质千差万别。工业废水除冷却水等较清洁的生产废水外，都含有各种各样的污染物，有的含有大量的有机污染物质；有的含有毒有害物质；有的物理性状十分恶劣，成分十分复杂。这类废水必须经过处理后方可排入水体或城市下水道系统。

2. 生活污水

生活污水是指人们日常生活的洗涤废水和粪尿污水等。生活污水中含有大量有机物如纤维素、淀粉、糖类、脂肪、蛋白质等及微生物包括肠道病原菌、病毒、寄生虫卵等。污水中还含有大量无机物质如氯化物、硫酸盐、磷酸盐、铵盐、亚硝酸盐、硝酸盐等。近年来，由于大量使用含磷洗涤剂，使污水中磷含量显著增加，为水生植物提供了充足的营养物质。水体受含磷、氮等的污水污染是造成湖泊水质恶化的主要原因之一。

3. 农业污水

农业污水是指农牧业生产排出的污水及降水或灌溉水流过农田或经农田渗漏排出的水。农业污水主要含有氮、磷、钾等化肥和农药、粪尿等有机物及人畜肠道病原体等。天然水体中的有机物质、植物营养素、农药等主要来源于农业污水。

（二）水体污染物

通过各种途径进入水体的污染物种类繁多，性质各异，一般分为物理性、化学性、生物性污染物。

1. 固体污染物

固体物质在水中有三种存在形态：溶解态、胶体态、悬浮态。在水质分析中，常用一定孔径的滤膜过滤的方法将固体微粒分为两部分：被滤膜截留的悬浮固体（Suspended Solids，SS）和透过滤膜的溶解性固体（Dissolved Solids，DS），二者合称总固体（Total Solids，TS）。这时，一部分胶体包括在悬浮物内，另一部分包括在溶解性固体内。

悬浮物在水体中沉积后，会淤塞河道，危害水体底栖生物的繁殖，影响渔业生产。灌溉时，悬浮物会阻塞土壤的孔隙，不利于作物生长。大量悬浮物的存在，还干扰废水处理和回收设备的工作。在废水处理中，通常采用筛滤、沉淀等方法使悬浮物与废水分离而除去。

水中的溶解性固体主要是盐类，亦包括其他溶解的污染物。含盐量高的废水，对农业和渔业生产有不良影响。

2. 生物污染物

生物污染物系指废水中的致病微生物及其他有害的生物体。主要包括病毒、病菌、寄生虫卵等各种致病体。此外，废水中若生长有铁菌、硫菌、藻类、水草及贝壳类动物时，会堵塞管道、腐蚀金属及恶化水质，也属于生物污染物。

生物污染物主要来自城市生活废水、医院废水、垃圾及地面径流等方面。病原微生物的水污染危害历史最久，至今仍是危害人类健康和生命的重要水污染类型。洁净的天然水一般含细菌是很少的，病原微生物就更少，受病原微生物污染后的水体，微生物剧增，其中许多是致病菌、病虫卵和病毒，它们往往与其他细菌和大肠杆菌共存，所以通常规定用细菌总数和菌指数作为病原微生物污染的间接指标。病原微生物的特点是：数量大、分布广、存活时间较长、繁殖速度很快、易产生抗药性，很难消灭。因此，此类污染物实际上通过多种途径进入人体，并在体内生存，一旦条件适合，就会引起人体疾病。

3. 需氧有机污染物

废水中能通过生物化学和化学作用而消耗水中溶解氧的物质，统称为需氧污染物。绝大多数的需氧污染物是有机物，无机物主要有 Fe^{2+}、S^{2-}、SO_3^{2-}、CN^- 等，仅占很少量的部分。因而，在水污染控制中，一般情况下需氧物即指有机物。

天然水中的有机物一般指天然的腐殖物质及水生生物的生命活动产物。生活废水、食品加工和造纸等工业废水中，含有大量的有机物，如碳水化合物、蛋白质、油脂、木质素、纤维素等。有机物的共同特点是这些物质直接进入水体后，通过微生物的生物化学作用而分解为简单的无机物质——二氧化碳和水，在分解过程中需要消耗水中的溶解氧，而在缺氧条件下污染物就发生腐败分解、恶化水质，因此常称这些有机物为需氧有机物。水体中需氧有机物越多，耗氧也越多，水质也越差，说明水体污染越严重。

由于有机物种类极其复杂，难于逐一定量。但上述有机物都有被氧化的共性，即在氧化分解过程中需要消耗大量的氧，所以可以用氧化过程消耗的氧量作为有机物的指标。所以在实际工作中经常采用化学需氧量（COD）、生化需氧量（BOD）、总有机碳（TOC）、总需氧量（TOD）等指标来反映污水中有机物的含量。

（1）化学需氧量（Chemical Oxygen Demand，COD），指在一定条件下，用强氧化剂如高锰酸钾或重铬酸钾等氧化水中有机物所消耗氧的量。它是测定水体中有机物含量的间接指标，代表水体中可被氧化的有机物和还原性无机物的总量。化学需氧量的测定方法简便快速，但不能反映有机污染物的化学稳定性及其在水中降解的实际情况，因为有机物的降解主要靠水中微生物的作用。

（2）生化需氧量（Biochemical Oxygen Demand，BOD），指水中有机物在有氧条件下被需氧微生物分解时消耗的溶解氧量。水中有机物愈多，生化需氧量愈高。20 d 的生化需氧量可近似作为完全生化需氧量记做 BOD_u。5 d 生化需氧量（BOD_5），是指 20 ℃培养 5 d 后，1 L 水中减少的溶解氧量。对于同一种水样，如果同时测定 BOD 和 COD 两个数值有较大的差别，如 COD 数值大于 BOD，两者的差值大致等于难于被生物降解的有机物量。差值越大，表明污水中难于被生物降解的有机物量越多，越不宜采用生物处理方法。所以，BOD_5/COD 的比值，是可以用来判别污水是否可以生化处理的标志。一般认为比值大于 0.3 的污水，基本能采用生物处理方法。据统计，城市污水 BOD_5/COD 的比值一般为 0.4 ~ 0.65。COD 的测试需要时间较短，一般需几个小时即可测得，较测得 BOD 方便。但只测得 COD 值，只能反映总有机物的含量，并不能判别易于被生物降解的有机物和难于被生物降解的有机物所占的比例，所以，在实际工程中，要同时测试 BOD_5 与 COD 两项指标作为污水处理领域的重要指标。

（3）总有机碳和总需氧量。总有机碳（Total Organic Carbon，TOC）是指水中全部有机物的含碳量，它只能相对表示水中有机物的含量，单位为 mg/L，是评价水体有机需氧污染程度的综合性指标之一，但不能说明有机污染的性质。总需氧量（Total Oxygen Demand，TOD）指 1 L 水中还原物质（有机物和无机物）在一定条件下氧化时所消耗氧的毫升数，是评定水体被污染程度的一个重要指标。有机物的主要组成元素为碳、氢、氧、氮、硫等，将其氧化后，分别产生 CO_2、H_2O、NO_2 和 SO_2 等物质，所消耗的氧量称为总需氧量，以 mg/L

表示。

当在水质条件较稳定的污水中，其测得的 BOD、COD、TOD 和 TOC 之间，数值上有下列排序：

$$TOD > COD_{Cr} > BOD_{u} > BOD_{5} > TOC$$

五者之间有一定的相关关系。生活污水 BOD_5/COD 为 0.4～0.65，BOD_5/TOC 比值为1.0～1.6。工业废水上述两个比值决定于工业废水的性质。

4. 营养性污染物

营养性污染物是指可引起水体富营养化的物质，主要是指氮、磷等元素，其他尚有钾、硫等。此外，可生化降解的有机物、维生素类物质、热污染等也能触发或促进富营养化过程。

从农作物生长的角度看，植物营养物是宝贵的物质，但过多的营养物质进入天然水体，将使水质恶化，影响渔业的发展和危害人体健康。一般来说，水中氮和磷的浓度分别超过0.2 mg/L和0.02 mg/L，会促使藻类等绿色植物大量繁殖，在流动缓慢的水域聚集而形成大片的水华（在湖泊、水库）或赤潮（在海洋）；而藻类的死亡和腐化又会引起水中溶解氧的大量减少，使水质恶化，鱼类等水生生物死亡；严重时，由于某些植物及其残骸的淤塞，会导致湖泊逐渐消亡。这就是水体的营养性污染（又称富营养化）。

水中营养物质的来源，主要来自化肥。施入农田的化肥只有一部分为农作物所吸收，其余绝大部分被农田排水和地表径流携带至地下水和河、湖中。其次，营养物来自于人、畜、禽的粪便及含磷洗涤剂。此外，食品厂、印染厂、化肥厂、染料厂、洗毛厂、制革厂、炸药厂等排出的废水中均含有大量氮、磷等营养元素。

5. 感官污染物

废水中能引起异色、浑浊、泡沫、恶臭等现象的物质，虽无严重危害，但能引起人们感官上的极度不快，被称为感官性污染物。对于供游览和文体活动的水体而言，感官性污染物的危害则较大。

异色、浑浊的废水主要来源于印染厂、纺织厂、造纸厂、焦化厂、煤气厂等。恶臭废水主要来源于炼油厂、石化厂、橡胶厂、制药厂、屠宰厂、皮革厂。当废水中含有表面活性物质时，在流动和曝气过程中将产生泡沫，如造纸废水、纺织废水等。

各类水质标准中，对色度、臭味、浊度、漂浮物等指标都作了相应的规定。

6. 酸、碱、盐类污染物

酸碱污染物主要由工业废水排放的酸碱以及酸雨带来。酸碱污染物使水体的 pH 值发生变化，破坏自然缓冲作用，消灭或抑制细菌及微生物的生长，妨碍水体自净，使水质恶化、土壤酸化或盐碱化。

各种生物都有自己的 pH 适应范围，超过该范围，就会影响其生存。对渔业水体而言，pH 值不得低于6或高于9.2，当 pH 值为5.5时，一些鱼类就不能生存或繁殖率下降。农业灌溉用水的 pH 值应为4.5～8.5。此外酸性废水也对金属和混凝土材料造成腐蚀。

酸与碱往往同时进入同一水体，从 pH 值角度看，酸、碱污染因中和作用而自净了，但会产生各种盐类，又成了水体的新污染物。无机盐的增加能提高水的渗透压，对淡水生物、植物生长都有影响。在盐碱化地区，地面水、地下水中的盐将进一步危害土壤质量，酸、碱、盐污染造成的水的硬度的增长在某些地质条件下非常显著。

7. 有毒污染物

废水中能对生物引起毒性反应的物质,称为有毒污染物,简称为毒物。工业上使用的有毒化学物已经超过12 000种,而且每年以500种的速度递增。毒物可引起生物急性中毒或慢性中毒,其毒性的大小与毒物的种类、浓度、作用时间、环境条件(如温度、pH值、溶解氧浓度等)、有机体的种类及健康状况等因素有关。大量有毒物质排入水体,不仅危及鱼类等水生生物的生存,而且许多有毒物质能在食物链中逐级转移、浓缩,最后进入人体,危害人的健康。

废水中的毒物可分为无机毒物、有机毒物和放射性物质等三类。

(1)无机毒物:包括金属和非金属两类。金属毒物主要为重金属(汞、镉、镍、锌、铜、锰、钴、钛、钒等)及轻金属铍。非金属毒物有砷、硒、氰化物、氟化物、硫化物、亚硝酸盐等。砷、硒因其危害特性与重金属相近,故在环境科学中常将其列入重金属范畴。重金属不能被生物所降解,其毒性以离子态存在时最为严重,故常称其为重金属离子毒物。重金属能被生物富集于体内,有时还可被生物转化为毒性更大的物质(如无机汞被转化为烷基汞),是危害特别大的一类污染物。

(2)有机毒物:这类毒物大多是人工合成有机物,难以被生化降解,毒性很大。在环境污染中具有重要意义的有机毒物包括有机农药、多氯联苯、稠环芳香烃、芳香胺类、杂环化合物、酚类、腈类等。许多有机毒物因其"三致效应"(致畸、致突变、致癌)和蓄积作用而引起人们格外的关注。以有机氯农药为例,首先其具有很强的化学稳定性,在自然环境中的半衰期为十几年到几十年,其次它们都可通过食物链在人体内富集,危害人体健康。如DDT能蓄积于鱼脂中,浓度可比水体中高12 500倍。

(3)放射性物质:放射性是指原子核衰变而释放射线的物质属性,废水中的放射性物质主要来自铀、镭等放射性金属的生产和使用过程,如核试验、核燃料再处理、原料冶炼厂等。其浓度一般较低,主要会引起慢性辐射和后期效应,如诱发癌症,对孕妇和婴儿产生损伤,引起遗传性伤害等。

8. 油类污染物

油类污染物包括矿物油和动植物油。它们均难溶于水,在水中常以粗分散的可浮油和细分散的乳化油等形式存在。

油污染是水体污染的重要类型之一,特别是在河口、近海水域更为突出。主要是工业排放、海上采油、石油运输船只的清洗船舱及油船意外事故的流出等造成的。漂浮在水面上的油形成一层薄膜,影响大气中氧的溶入,从而影响鱼类的生存和水体的自净作用,也干扰某些水处理设施的正常运行。油脂类污染物还能附着于土壤颗粒表面和动植物体表,影响养分的吸收和废物的排出。

9. 热污染

废水温度过高而引起的危害,叫做热污染。热污染的主要危害有以下几点:

(1)由于水温升高,使水体溶解氧浓度降低,大气中的氧向水体传递的速率也减慢;另外,水温升高会导致生物耗氧速度加快,促使水体中的溶解氧更快被耗尽,水质迅速恶化,造成异色和水生生物因缺氧而死亡。

(2)水温升高会加快藻类繁殖,从而加快水体富营养化进程。

(3)水温升高可导致水体中的化学反应加快,使水体的物理化学性质如离子浓度、电导率、腐蚀性发生变化,从而引起管道和容器的腐蚀。

(4)水温升高会加速细菌生长繁殖,增加后续水处理的费用。

第二节　水体自净

水体是地面水(河流、湖泊、沼泽、水库)、地下水和海洋的总称。它不仅仅指水,还包括水中的溶解物、悬浮物、水生生物和底泥等,是一个完整的生态系统。在环境污染研究中,"水"和"水体"是两个不相同的概念,应当区别开来。例如,重金属污染物易于从水中转移到底泥里,水中的重金属含量一般都不高,若着眼于水,似乎水污染并不严重,但是从整个水体看,污染就可能很严重。可见,水体污染不仅仅是水污染,还包括底泥污染和水生生物污染。

水体具有消纳一定量的污染物质,使自身的质量保持洁净的能力,人们常常称之为水体的自净。水体的自净过程十分复杂,它包括了物理过程,如稀释、扩散、挥发、沉淀等;化学和物理化学过程,如氧化、还原、吸附、凝聚、中和等反应;以及生物和生物化学过程,如微生物对有机物的分解代谢,不同生物群体的相互作用等。这几种过程互相交织在一起,可以使进入水体的污染物质迁移、转化,使水体水质得到改善。

水体不同,自净能力也不同。一旦进入水体的污染物造成了该水体中某些物质(特别是对生物有毒性的或造成水体水质恶化的物质)超过了水体的自净能力,而使得该水体部分或全部失去了它的功能或用途,那么水污染就发生了。

地球上的各类水体有其自身的形态特征及环境条件,影响着水中化学物质的组成及污染物质的迁移转化,使各类水体的污染与自净各具特点。以下仅介绍河流水体的污染及自净机理。

河流是地面水系的主体,与人类的关系十分密切。它是人类主要的水源,除了为人类提供生产和生活用水外,河流的功能还包括航运、灌溉、补给地下水、水产养殖、观赏以及作为地表径流和废水的最终受纳体。

一、河流的污染及其特点

地面河流与大气、土壤(或岩石圈)紧密相连,又与人类的生活、生产直接相关,其污染物质来源于:大量生活污水和工业废水的直接排放;地表径流将地表上的污染物质大量携带进河水中;大气中的污染物质随降雨而进入河流;水上航运过程中的油脂泄漏等。

近些年来,随着我国国民经济的快速发展、城市人口的迅速增加,以及农业生产中农药、化肥的大量使用以及乡镇企业规模的不断扩大,对地面河流的污染日益严重。根据我国 1998 年对全国 109 700 km 河流进行的评价,我国河流长度有 70.6% 被污染,其中有机污染是一个不可忽视的因素。

相对于其他水体的污染来说,河流的污染易于发生,但也比较容易自净恢复;河流的污染途径多,污染物种类复杂,但耗氧有机物的污染最具普遍性。同时,河流可能穿越不同的社会环境和自然地理环境，使不同河段的纳污状况和自净能力有明显差异。因此，对河流的污染和自净规律必须按不同河段进行研究。

二、河流水体的自净机理

河流的自净作用是指河水中的污染物浓度在随河水向下游流动过程中在多种机理的作用下自然降低的过程。废水中污染物种类繁多，进入河流后消除的机理也是多种多样的。

从净化机制来看，污染物自行消除的过程可分为以下几类：

(1)物理净化过程。物理净化是指由于稀释、扩散、沉淀等作用而使河水中的污染物浓度降低的过程。其中稀释作用是一项重要的物理净化过程。河水中的悬浮固体，在重力作用下，逐渐沉降到河底，成为淤泥。而河流对溶解态污染物的稀释能力，是因为污染物进入河流后同时存在两种运动形式：一是由于受河水的推动而沿水流方向的运动，这种水流输运污染物的方式，称为推流；二是由于污染物质的进入，在水流中产生了浓度差异，污染物将由高浓度处向低浓度处迁移，这一污染物的运动形式称为扩散。污染物进入水体后，正是在推流和扩散这两种同时存在而又相互影响的运动形式的作用下，才使得其浓度从排放口开始往下游逐渐降低，得以不断净化稀释。

(2)化学净化过程。化学净化是指污染物进入水体后在化学(或物理化学)作用下而使其浓度降低的过程。水体中进行的化学或物理化学净化过程，包括氧化-还原、酸碱中和、沉淀-溶解、分解-化合、吸附-解吸、凝聚-胶溶等。例如，水体中的低价金属离子(如二价铁、二价锰等)，可通过氧化作用生成难溶的高价金属氢氧化物而沉淀下来；六价铬可通过还原作用而转化为毒性较小的三价铬；水中的黏土矿物质及腐殖酸胶体颗粒，也可通过吸附、凝聚、沉降等作用转移至底泥中。

(3)生物净化过程。生物净化是指在微生物的作用下，有机污染物逐渐分解、氧化使其含量逐渐降低的过程。进入水体的有机污染物的净化，主要有赖于生物化学过程。在这个过程中微生物消耗或吸收了水中的污染物，使得水体向净化的方向转变。造成这一转变的生物化学过程常被称为生物降解。生物降解是指在微生物作用下，有机化合物转化为低级有机物和简单无机物的过程。

生物降解分为好氧生物降解和厌氧生物降解。前者是指在溶解氧(氧分子)存在的条件下，由好氧微生物完成的生物化学反应；后者是指在氧气不足或无氧气的情况下，由厌氧微生物完成的生物化学反应。有的微生物既能在有氧条件下进行生物化学反应，也能在无氧或缺氧条件下进行生物化学反应，称为兼性微生物。

从反应的结果看，好氧生物降解与厌氧生物降解的区别是，前者的产物是稳定的无机物(如 CO_2、H_2O 等)，后者的产物则不完全是上述稳定的无机物，而是还包括甲烷、乙酸等有机物和 NH_3 等氧化不彻底的无机物。

在未受污染的水体中，水中都有一定浓度的溶解氧。但是，当水体受到有机物的污染后，水体中的微生物就会大量繁殖起来。由于好氧微生物比厌氧微生物生长快，所以好氧微生物首先发展壮大。当好氧微生物发展到一定数量，它们消耗水中溶解氧的速率有可能超过空气中的氧气向水中溶解的速率(称为复氧速率)。一旦如此，水中的溶解氧浓度就开始迅速下降,直到浓度降到接近零,使水体呈现无氧或缺氧状态。在缺氧或无氧状态下,好氧微生物的生长受到抑制,而厌氧微生物则大量繁殖起来,承担了大部分的自净工作。实际上,当一个水体受到较严重的有机污染时,水中的溶解氧是随水的深度变化的,表层水体的溶解氧浓度较高,越往深处溶解氧浓度越低,直至厌氧状态。因此,好氧微生物集中在水体的上部,阻止了从空气中补充进来的溶解氧向下层的传递,从而使下层水体呈厌氧状态,使得厌氧微生物集中在水体的底部。

一般情况下,在天然河流中,对于有机污染物的自净过程好氧生物降解起主要作用,生化过程中消耗的溶解氧,可从大气及水生植物的光合作用中得到及时补充。图 1-1 给出了正常受污河段生物净化的好氧分解过程:首先,在水中溶解氧的参与下腐生细菌将可生化降解的胶态和溶解态的有机物分解为简单、稳定的无机物,如水、二氧化碳、氨氮和磷酸盐等,进而再在亚硝化细菌和硝化细菌的作用下,将氨氮相继转化为亚硝酸盐和硝酸盐。在这一过程中要消耗水中的溶解氧,当其浓度降低后,大气中的氧可通过气水界面向水体中扩散进行补充,微生物也在分解有机污染物的过程中不断增殖,促使好氧分解过程不断进行,直至污染物完全被分解,水体得以净化为止。

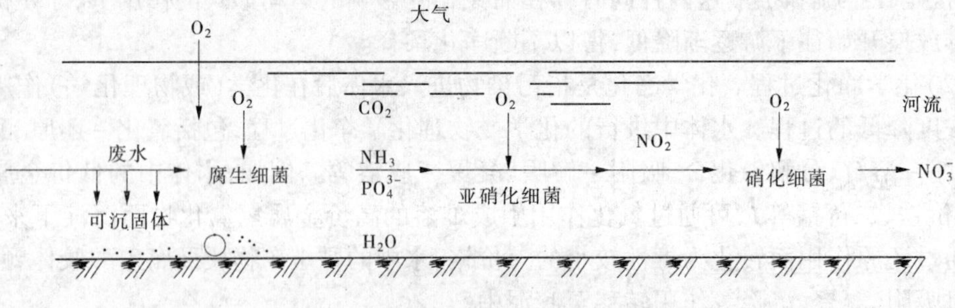

图 1-1　河流净化的好氧分解过程

(4)细菌的自然死亡过程。污染物进入河流后,由于环境的变化(如基质减少、日光杀菌、水温及 pH 不适、化学毒物存在、吞食细菌的原生动物存在等),使污水中带来的细菌、病原菌、病毒等逐渐死亡,从而使水体在一定程度上得到自然净化。

如从河流中形成自净作用的场所上看,又可以分成以下几类:①河水与大气间的自净作用。这种作用表现为水体中气态物质向大气中的扩散,如河水中的 CO_2、H_2S 等气体的释放。②河水中的自净作用。污染物质在河水中的稀释、扩散、氧化、还原,或由于水中微生物作用而使污染物质发生生物化学分解,以及放射性污染物质的蜕变等。③河水与底质间的自净作用。这种作用表现为河水中悬浮物质的沉淀、污染物质被河底淤泥吸附等。④河流底质中的自净作用。由于底质中微生物的作用使底质中的有机污染物质发生分解等。

由此可见,河流自净作用包含着十分广泛的内容,而在实际上这些作用又常相互交织在一起,因此在具体研究工作中必然要有所偏重。目前在河流自净作用的研究上,多侧重于狭义的自净作用,即主要研究河水中的有机污染物质由于微生物而形成的生物化学分解作用。从自净作用产生的场所上看,目前则是以研究在水中发生的自净作用为主。

三、河流水体的自净规律

对接受以生活污水为主的河流自净过程，着重讨论河流水体的混合稀释和氧垂曲线模型。

（一）混合稀释

稀释作用的实质是污染物在水体中因扩散而降低了浓度，稀释并不能改变，也不能去除污染物质。但是对于特定水体的生态系统而言，当污染物浓度降低到一定程度后，其对该水生环境或从某种使用角度出发来考虑的水质的影响也就很小了，在一定程度上也就能够满足环境或人类的要求，也具有实际意义。

推流和扩散是两种同时存在而又相互影响的运动形式，其综合作用的结果是污染物浓度由排放口至水体下游逐渐减低，即发生了稀释。研究水体的稀释作用时必须注意到，废水排入水体后并不能与全部河水完全混合。影响混合的因素很多，主要有：①废水流量与河水流量的比值。比值越大，达到完全混合所需的时间就越长，或者说必须通过较长的距离，才能使废水与整个河流断面上的河水达到完全均匀的混合。②废水排放口的形式。如废水在岸边集中一点排入水体，则达到完全混合所需的时间较长，如废水分散地排放至河流中央，则达到完全混合所需的时间较短。③河流的水文条件。如河流水深、流速、河床弯曲情况以及是否有急流、跌水等都会影响混合程度。

（二）河流的生化自净和氧垂曲线模型

有机污染物进入水体后，在微生物作用下逐渐氧化分解为无机物质，从而使有机污染物的浓度大大减少的过程就是水体的生化自净作用。

生化自净作用需要消耗水中的溶解氧，所消耗的氧如得不到及时的补充，生化自净过程就要停止，水体水质就要恶化。因此，生化自净过程实际上包括了氧的消耗（耗氧）和氧的补充（复氧）两方面的作用。氧的消耗过程主要决定于排入水体的有机污染物质的数量，也要考虑排入水体中氨氮的数量，以及废水中无机性还原物质（如 SO_3^{2-}）的数量。氧的补充和恢复一般有以下两个途径：①大气中的氧向含氧不足（低于饱和溶解氧）的水体扩散，使水体中的溶解氧增加；②水生植物在阳光照射下进行光合作用放出氧气。

水体中有机污染物的种类繁多，不同污染物的毒性和危害也各不相同，因此不能仅用水体中某一种或几种有机污染物的浓度大小来评价水体的污染程度，为此，在前面提出可以用一些综合的水质指标，如生化需氧量 BOD 等来反映水体受有机物质污染的水平。BOD 值越高，说明水中有机污染物越多。因此，水体中有机污染物的生化自净过程，可以用水体的 BOD 值随时间的衰减变化规律来反映。

对河水中的溶解氧而言，可以认为只有 BOD 衰减反应消耗河水中的溶解氧，水中溶解氧减少速率与 BOD 衰减速率相同。溶解氧的消耗，使河水处于亏氧状态（即溶解氧含量低于饱和溶解氧的状态），这时河流将从水面上的大气中获得氧气，此即复氧过程。复氧速率与水中亏氧的程度成正比。定义亏氧量 $D = OS - OX$，其中 OS 和 OX 分别为水体可达到的饱和溶解氧浓度和实际溶解氧浓度。废水排入水体后，耗氧和复氧是同时进行的。

图 1-2 给出了河流接受有机废水后，从受污点至下游各断面的累积耗氧量曲线、累积

复氧量曲线和亏氧变化曲线(氧垂曲线)。受污染前,河水中的溶解氧几乎饱和,亏氧接近于零。在受到污染后,开始时河水中的有机物大量增加,好氧分解剧烈,耗氧速率超过复氧速率,河水中的溶解氧下降,亏氧量增加。随着有机物因分解而减少,耗氧速率逐渐减慢,终于等于复氧速率,河水中的溶解氧达到最低点(相当于图 1-2 中氧垂曲线的最缺氧点,即临界点)。接着,耗氧速率低于复氧速率,河水溶解氧逐渐回升。最后,河水溶解氧恢复或接近饱和状态。当有机物污染程度超过河流的自净能力时,河流将出现无氧河段,这时开始厌氧分解,河水出现黑色,产生臭气,河流的氧垂曲线发生中断现象。

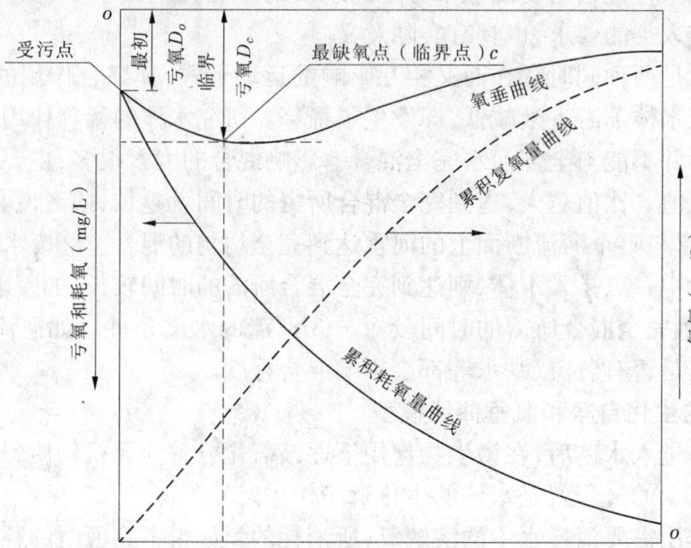

图 1-2　耗氧、复氧累积过程和氧垂曲线

氧垂曲线的形状会因排放的有机污染物量、废水和河水的流量、河道的弯曲情况、水流速度等因素而有一定的差别,例如当河流受到的污染负荷较轻时,最缺氧点距排放口的距离较远,其时的溶解氧浓度也较高;当河流受到的污染负荷较重时,最缺氧点将很快出现,该点的溶解氧浓度也会很低。当溶解氧低于 4 mg/L 时,河道中局部地段的鱼类生长将受到影响,当溶解氧达到零时,河水出现厌氧状态。这种情况下的氧垂曲线将是一条被横坐标切断的曲线,有时甚至不可能再通过复氧作用而重新出现溶解氧。这是最严重的水污染状况,此时的水体不仅将鱼虾绝迹,也将丧失一切使用功能。

(三)水体中细菌的衰亡

水体中细菌的衰亡也是一种重要的自净作用,当水体受到有机物的污染时,水中细菌数量会大量增加,但如果污染物负荷没有超过水体的自净能力,就可以观察到细菌数量逐渐减少的现象。促使水中细菌数量减少的主要作用有:①水体的生物净化作用使水中有机物量日渐减少,细菌将因缺少食物和能源而逐渐衰亡;②水体中生长的纤毛类原生动物、浮游动物等不断吞食细菌,使细菌数量减少;③其他作用,如日光的杀菌作用,对细菌生长不利的温度、pH 值等因素均可使细菌数量减少。

通常,生活污水或与生活污水性质相近的工业废水排入河流后,在 12 ~ 24 h 内流过的距离是细菌污染最严重的地带,以后细菌数量就会逐渐减少。如没有新的污染,三四天后细菌的数目就将少于细菌最大量的 10%。

当污染负荷超过了水体的自净能力时,就会出现细菌污染严重的长距离河段。细菌污染的严重程度一般与有机污染的严重程度是相应的。

图 1-3 反映了受污染河道内微生物物种和数量的沿程变化情况。由图可见,此类河道可以分为五个区。Ⅰ区位于污水排放口上游,水质清洁,溶解氧饱和,生物物种多,可发现鱼类包括观赏鱼类;Ⅱ区位于污水排放口附近,水质浑浊,有污泥下沉或上浮现象,溶解氧减少至饱和溶解氧量的 40%,鱼类和绿藻减少,蓝绿藻蔓生,底泥中出现颤蚓虫等蠕虫;Ⅲ区为污染严重地区,水质变灰发黑,出现浮渣,溶解氧降至 40% 饱和度以下甚至零,有腐败性气体如硫化氢等产生,厌氧细菌大量繁殖,微生物物种减少,藻类减少,鱼虾死亡,蚊蝇孳生;Ⅳ区水质逐渐恢复,溶解氧逐渐回升,出现真菌、浮游动物,藻类增加,底栖生物中可见颤蚓、贻贝等介壳类以及昆虫的幼虫,一般鱼类复生;Ⅴ区水质变清,生物物种恢复到污水排放口上游的状态,表明水体对有机污染物的自净作用已经完成。

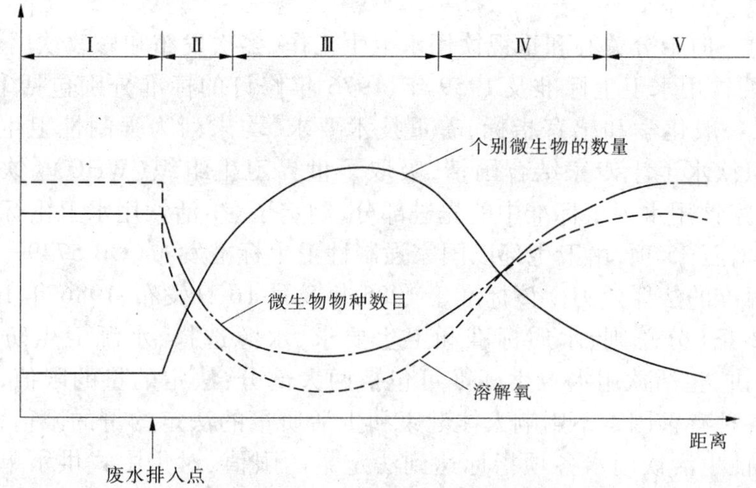

图 1-3　微生物物种和数量沿河道长度的变化

四、水环境容量

水体所具有的自净能力就是水环境接纳一定量污染物的能力。一定水体所能容纳污染物的最大负荷被称为水环境容量。正确认识和利用水环境容量对水污染控制有重要的意义。

水环境容量与水体的用途和功能有十分密切的关系。我国地面水环境质量标准中按照水体的用途和功能将水体分为五类,每类水体规定有不同的水质目标。显然,水体的功能愈强,对其要求的水质目标也愈高,其水环境容量必将减小。反之,当水体的水质目标不甚严格时,水环境容量可能会大一些。

当然，水体本身的特性，如河宽、河深、流量、流速，以及其天然水质、水文特征等，对水环境容量的影响很大。污染物的特性，包括扩散性、降解性等，也都影响水环境容量。一般来讲，污染物的物理化学性质越稳定，其水环境容量越小；耗氧性有机物的水环境容量比难降解有机物的水环境容量大得多；而重金属污染物的水环境容量则甚微。

第三节　给水水质标准

水质标准是为了控制水污染、保障人体健康、维护生态平衡、保护和合理利用水资源而对各种水的质量所制定的技术规范。

一、生活饮用水水质标准

生活饮用水卫生标准是从保护人群身体健康和保证人类生活质量出发，对饮用水中与人体健康相关的各种因素(物理、化学和生物)，以法律形式作的量值规定，以及为实现量值所作的有关行为规范的规定，经国家有关部门批准，以一定形式发布的法定卫生标准。

我国政府一向十分关心和重视饮用水卫生工作，多次发布和修改饮用水卫生标准。1956 年制定的饮用水卫生标准及 1959 年、1976 年修订的标准分别包括 15 项、17 项、23 项微生物、一般化学和感官指标，着重技术要求，均未列为强制性卫生标准。1985 年卫生部组织饮水卫生专家结合国情，吸取了世界卫生组织(WHO)《饮用水质量标准》和发达国家饮用水卫生标准中的先进部分，制定了《生活饮用水卫生标准》，将水质指标由 23 项增至 35 项，由卫生部以国家强制性卫生标准发布(GB 5749—85)，增加了饮用水卫生标准的法律效力。该标准于 1985 年 8 月 16 日发布，1986 年 10 月 10 日实施，共 5 章 22 条(分总则、水质标准和卫生要求、水源选择、水源卫生防护和水质检验)。具体来讲，生活饮用水卫生标准可包括两大部分：法定的量的限值，指为保证生活饮用水中各种有害因素不影响人体健康和生活质量的法定的量的限值；法定的行为规范，指为保证生活饮用水各项指标达到法定量的限值，对集中式供水单位生产的各个环节的法定行为规范。

生活饮用水水质标准和卫生要求必须满足三项基本要求：

(1)为防止介质水传染病的发生和传播，要求生活饮用水不含病原微生物。

(2)水中所含化学物质及放射性物质不得对人体健康产生危害，要求水中的化学物质及放射性物质不引起急性和慢性中毒及潜在的远期危害(致癌、致畸、致突变作用)。

(3)水的感官性状是人们对饮用水的直观感觉，是评价水质的重要依据。生活饮用水必须确保感官良好，为人民所乐于饮用。

生活饮用水水质标准共 35 项。其中感官性状和一般化学指标 15 项，主要为了保证饮用水的感官性状良好；毒理学指标 15 项，放射指标 2 项，是为了保证水质对人不产生毒性和潜在危害；细菌学指标 3 项，是为了保证饮用水在流行病学上安全而制定的。

随着经济和工农业的迅速发展,化学物质对水的污染越来越引起政府和广大居民的关注,生活饮用水卫生标准更引起了有关部门的重视。为了和国际先进标准接轨,卫生部于2001年6月颁布了《生活饮用水卫生规范》,自2001年9月1日起实施。《生活饮用水卫生规范》是在《生活饮用水卫生标准》(GB 5749—85)的基础上修改而成,该规范共包括生活饮用水水质卫生规范、生活饮用水输配水设备及防护材料卫生安全评价规范、生活饮用水化学处理剂卫生安全评价规范、生活饮用水水质处理器卫生安全与功能评价规范、生活饮用水集中式供水单位卫生规范、涉及饮用水卫生安全产品生产企业卫生规范和生活饮用水检验规范。《生活饮用水卫生规范》中水质指标共96项,常规检测项目34项,非常规检测项目62项,与《生活饮用水卫生标准》(GB 5749—85)相比,增加和修改了某些指标,加强了对有机污染的监测,对人体健康危害大的指标限值更加严格。基本上是一个既符合国情,又与国际接轨的生活饮用水卫生规范。但在我国现行行政管理体制下,部门规章虽然对供水企业能起到一定约束作用,但作为推荐标准,却不具有强制执行力。

2007年7月1日,由国家标准委和卫生部联合发布的《生活饮用水卫生标准》(GB 5749—2006)强制性国家标准和13项生活饮用水卫生检验国家标准正式实施。这是国家21年来首次对1985年发布的《生活饮用水卫生标准》进行修订,规定指标从原先的35项一下子增加到了106项。这项新标准提出了常规42项、非常规64项指标。与旧标准相比,其增加了71项,修订了8项,增加的监测项目全部围绕人体健康。加强了对水质有机物、微生物和水质消毒等方面的要求,其对水质的要求达到了国际中等发达国家的水平。

1985年出台的《生活饮用水卫生标准》里,饮用水浑浊度的指标是"3~5",新标准则将之提高到"1~3",也就是说,抛开一大堆老百姓看不懂的理化指标不说,最直观能感受到的,是水色将更为清亮。

事实上,浊度不仅是感官指标,低浊度能使细菌病毒裸露于水中,消毒剂才能有效杀灭,让饮水更健康是新标准的核心所在。老的标准只有35项检测项目,其中关于无机污染物的检测项目居多,涉及的有机污染物、农药较少,而且其中根本没有检测如藻毒素等微生物的指标,这与近年来我国水污染致使水中有机物大大增加的形势严重不适应。

在新标准增加的71项水质指标里,微生物学指标由2项增至6项,增加了对蓝氏贾第虫、隐孢子虫等易引起腹痛等肠道疾病、一般消毒方法很难全部杀死的微生物的检测。饮用水消毒剂由1项增至4项,毒理学指标中无机化合物由10项增至22项,增加了对净化水质时产生二氯乙酸等卤代有机物质、存于水中藻类植物微囊藻毒素等的检测。有机化合物由5项增至53项,感官性状和一般理化指标由15项增加至21项。并且,还对原标准35项指标中的8项进行了修订。同时,鉴于加氯消毒方式对水质安全的负面影响,新标准还在水处理工艺上重新考虑安全加氯对供水安全的影响,增加了与此相关的检测项目。新标准适用于各类集中式供水的生活饮用水,也适用于分散式供水的生活饮用水。表1-2是GB 5749—2006的部分内容。

表 1-2　水质常规指标及限值

指标	限值
1. 微生物指标①	
总大肠菌群(MPN/100 mL 或 CFU/100 mL)	不得检出
耐热大肠菌群(MPN/100 mL 或 CFU/100 mL)	不得检出
大肠埃希氏菌(MPN/100 mL 或 CFU/100 mL)	不得检出
菌落总数(CFU/mL)	100
2. 毒理指标	
砷(mg/L)	0.01
镉(mg/L)	0.005
铬(六价,mg/L)	0.05
铅(mg/L)	0.01
汞(mg/L)	0.001
硒(mg/L)	0.01
氰化物(mg/L)	0.05
氟化物(mg/L)	1.0
硝酸盐(以 N 计,mg/L)	10
三氯甲烷(mg/L)	0.06
四氯化碳(mg/L)	0.002
溴酸盐(使用臭氧时,mg/L)	0.01
甲醛(使用臭氧时,mg/L)	0.9
亚氯酸盐(使用二氧化氯消毒时,mg/L)	0.7
氯酸盐(使用复合二氧化氯消毒时,mg/L)	0.7
3. 感官性状和一般化学指标	
色度(铂钴色度单位)	15
浑浊度(NTU－散射浊度单位)	1
臭和味	无异臭、异味
肉眼可见物	无
pH(pH 单位)	不小于 6.5 且不大于 8.5
铝(mg/L)	0.2
铁(mg/L)	0.3
锰(mg/L)	0.1
铜(mg/L)	1.0

续表 1-2

指标	限值
锌(mg/L)	1.0
氯化物(mg/L)	250
硫酸盐(mg/L)	250
溶解性总固体(mg/L)	1 000
总硬度(以 $CaCO_3$ 计,mg/L)	450
耗氧量(COD_{Mn}法,以 O_2 计,mg/L)	3
挥发酚类(以苯酚计,mg/L)	0.002
阴离子合成洗涤剂(mg/L)	0.3
4. 放射性指标②	指导值
总 α 放射性(Bq/L)	0.5
总 β 放射性(Bq/L)	1

注:①MPN 表示最可能数;CFU 表示菌落形成单位。当水样检出总大肠菌群时,应进一步检验大肠埃希氏菌或耐热大肠菌群;水样未检出总大肠菌群,不必检验大肠埃希氏菌或耐热大肠菌群。

②放射性指标超过指导值,应进行核素分析和评价,判定能否饮用。

二、工业用水水质标准

工业用水种类繁多,水质要求各不相同。各行业都相继制定了工业用水标准,并不断修订完善。水质要求高的工业用水,不仅要去除水中悬浮杂质和胶体杂质,而且还需要不同程度地去除水中的溶解杂质。

食品、酿造及饮料工业的原料用水,水质要求基本上同生活饮用水,但在不同产品的生产中,都会有些不同的特殊要求。

纺织、造纸工业用水,要求水质清澈,且对易于在产品上产生斑点的杂质含量,提出了严格的限制,如铁、锰及水的硬度超过一定量会使织物或纸张产生锈斑或钙斑。

对锅炉补给水水质的基本要求是,凡能导致锅炉、给水系统及其他热力设备腐蚀、结垢及引起汽水共腾现象的各种杂质都应大部或全部去除。锅炉压力和构造不同,水质要求也不同。锅炉压力愈高,水质要求也愈高。如低压锅炉(压力小于 2.45 MPa)主要应限制给水中的钙、镁离子含量,溶解氧及 pH 值。

三、地表水环境质量标准

为了防治水污染,保护地表水水质,保障人体健康,维护良好的生态系统,国家环境保护总局制定了《地表水环境质量标准》(GB 3838—2002),这是第三次修订。本标准项目共计 109 项,其中地表水环境质量标准基本项目 24 项,集中式生活饮用水地表水源地补充项目 5 项,集中式生活饮用水地表水源地特定项目 80 项。

依据地表水水域环境功能和保护目标，按功能高低依次划分为五类：

Ⅰ类：主要适用于源头水、国家自然保护区；

Ⅱ类：主要适用于集中式生活饮用水地表水源地一级保护区、珍稀水生生物栖息地、鱼虾类产场等；

Ⅲ类：主要适用于集中式生活饮用水地表水源地二级保护区、鱼虾类越冬场、水产养殖区等渔业水域及游泳区；

Ⅳ类：主要适用于一般工业用水区及人体非直接接触的娱乐用水区；

Ⅴ类：主要适用于农业用水区及一般景观要求水域。

第四节　污水排放标准

为了保护水环境质量，控制水污染，除了规定地面水体中各类有害物质的允许标准值之外，还必须对各类污染源排放出的污染物的允许浓度作出规定。废水排放标准就是根据水环境质量标准的要求，并考虑技术经济的可能性和环境特点，对排入环境的污染物数量或浓度所做的限量规定。

国家颁布的废水排放标准分综合和行业部门两种，两者不交叉执行，有的地区还制定了严于国家排放标准的地方标准。

我国1996年发布的《污水综合排放标准》（GB 8978—1996）根据污染物的毒性及其对人体、动植物和水环境的影响分为两大类。

污染物系指能在环境或动植物体内蓄积，对人体健康产生长远不良影响者。对此类污染物，不分其排放的方式和方向，也不分受纳水体的功能级别，一律执行严格的标准值，并规定含此类污染物的废水一律在车间或车间处理设施的排放口取样检测，其最高允许排放浓度必须符合表1-3的规定。

表1-3　第一类污染物最高允许排放浓度　（单位：mg/L）

序号	污染物	最高允许排放浓度
1	总汞	0.05
2	烷基汞	不得检出
3	总镉	0.1
4	总铬	1.5
5	六价铬	0.5
6	总砷	0.5
7	总铅	1.0
8	总镍	1.0
9	苯并(a)芘	0.000 03
10	总铍	0.005
11	总银	0.5
12	总α放射性	1 Bq/L
13	总β放射性	10 Bq/L

第二类污染物的长远影响小于第一类，规定的采样点为排污单位排放口，其最高允许排放浓度执行有关的规定(1998 年 1 月 1 日后建设的单位)。标准的分级是按受纳水体的使用功能要求和废水排放去向而划分的：

(1)特殊保护水域，指国家《地面水环境质量标准》(GB 3838—88)中的Ⅰ、Ⅱ类水域，不得新建排污口，现有的排污单位要从严控制，以保证受纳水体的水质符合规定用途的水质标准。

(2)重点保护水域，指国家 GB 3838—88 Ⅲ类水域和《海水水质标准》Ⅱ类水域，如集中式生活饮用水水源地二级保护区、一般经济渔业水域、重要风景游览区等，对排入本区水域的废水执行一级标准。

(3)一般保护水域，指国家 GB 3838—88 中的Ⅳ、Ⅴ类水域和《海水水质标准》Ⅲ类水域，如一般工业用水区、景观用水区及农业用水区、港口和海洋开发作业区，排入本区水域的废水执行二级标准。

(4)对排入城镇下水道并进入二级污水处理厂进行生物处理的废水执行三级标准；而对排入未设置二级污水处理厂的城镇下水道的废水，则必须根据下水道出水受纳水体的功能要求按(2)和(3)条的规定，分别执行一级或二级标准。

小　结

本章涉及三部分内容：水中杂质的种类与特点、水体自净规律和水质标准。

首先明确天然水体中是含有杂质的，由于人类活动的影响，也产生各种污染性的杂质，这些杂质会产生相应的危害。天然水体具有一定的自净能力，但如果污水过量排放，超过其自净能力，水污染就发生了，就会导致愈加严重的水危机。

为了保障人体健康，体现“以人为本、与时俱进”，2006 年修订了最新的生活饮用水水质国家标准，水质检测指标增加到 106 项，特别是在有机物指标方面得到加强。为了保护水环境，控制污染，我国在 1996 年发布了国家污水综合排放标准，因此要熟悉第一类污染物的种类及允许排放浓度。

思考题与习题

1. 各种天然水体的水质有何特点？
2. 水体污染物的种类及危害有哪些？
3. 污水的主要污染指标有哪些？
4. 什么叫水体自净？其原理是什么？
5. 什么是氧垂曲线？氧垂曲线可以说明哪些问题？
6. 什么是水质标准？生活饮用水水质常规指标有哪些？

第二章　水处理方法概论

【教学目标】 本章介绍了给水处理的基本方法与系统、污水处理的基本方法与系统。要求熟悉地面水常规给水处理方法，给水处理方法的种类。熟悉城市污水典型处理流程，污水处理方法的种类。

第一节　给水处理的基本方法与系统

一、给水处理的任务和目的

给水处理是将天然水源（包括地表水和地下水）的水质，处理成符合生活饮用或工业用水水质的过程。如前所述，天然水体中含有各种各样杂质，不能直接满足供水水质要求。由于原水水质的差异较大以及最后要求达到的水质标准各不相同，所以给水处理工艺也不相同。

二、给水处理方法

给水处理方法一般应根据原水水质和用水对象水质的要求而确定。目前在给水处理工业中主要采用的单元工艺有：混凝、沉淀、过滤、离子交换、化学氧化、膜法、吸附、曝气及生物处理等。

混凝沉淀处理的对象主要是水中悬浮物质和胶体杂质。原水加入药剂后，能使悬浮物和胶体形成较大絮凝体颗粒，以便在后续的沉淀池内完成重力分离，如果某些相对较小的颗粒没有被沉淀去除，在过滤过程中也能被截留，降低出水浊度。由于原水中的细菌等微生物大多裹挟在悬浮物当中，经过混凝沉淀，细菌等微生物可以有较大程度的降低。同时，混凝沉淀对原水中天然大分子有机物和某些合成有机物有一定的去除效果。

离子交换法主要是对水中的钙、镁离子的去除，多用在水的软化和脱盐等领域，也可用于有毒离子（钡、砷、氟）及放射性物质（铀、镭）等的去除。

化学氧化处理有多种目的，通过这种方法主要可以降低原水的色度，降低臭和味，对清水池和管网中的生物生长起到遏制作用，同时对水中的铁、锰起到氧化作用，有利于絮凝。目前常用的氧化剂有氯、氯胺、臭氧、二氧化氯等。

膜法主要包括电渗析、反渗透、微滤、超滤和纳滤。膜法在给水和污水处理领域都有应用，现在的膜分离技术在净水厂的应用比较广泛。这种方法对去除原水中的杂质、细菌和病毒效果较好。在过去 20 年间水处理领域的技术突破中，膜技术处于领先地位。在 2020 年以前，绝大多数专家认为，膜技术将是推动行业发展的最重要技术。

吸附方法可以去除水中的色度和臭味等物质，常用的吸附剂为粉末活性炭（PAC）和颗粒活性炭（GAC）。

曝气及生物处理,这种单元工艺以往主要应用在污水处理领域,随着原水污染的加剧,生活饮用水水源中有机污染物的含量越来越高,采用曝气可以去除水中溶解气体如 CO_2、H_2S 等,以及能引起臭和味的物质及挥发有机物(VOC)。曝气还对原水有预处理作用,如可以补充水中溶解氧,氧化水中的铁、锰。生物处理工艺主要去除水中的有机物,采用的反应器多为微生物膜类型,生物处理对色度和铁、锰的去除也有效果,可以减少后续工艺的混凝剂投加量。

给水工艺常规处理流程见图 2-1。

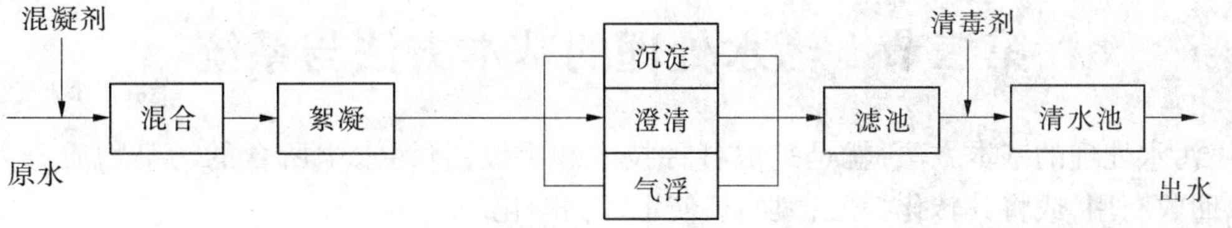

图 2-1　给水工艺常规处理流程

目前给水工艺常规流程为:混凝、沉淀、过滤、消毒工艺。对不同水源的水质,流程中反应器可以增减。原水水质优良的地下水,直接消毒即可饮用。当原水浊度经常在 15 NTU 的情况下,色度不超过 20 度时可采用直接过滤的方法,省去其他工艺。因此给水工艺流程的确定,要充分考虑原水水质情况,经论证后确定,以节约工程投资和运行管理费用。

三、第三代城市饮用水净化工艺

在 20 世纪初研发出的混凝—沉淀、过滤、氯消毒净水工艺,可称为第一代城市饮用水净化工艺。而面对第一代水处理工艺不能对无害物进行控制的弊端,第二代城市饮用水净化工艺应运而生,这就是深度处理工艺,也就是在第一代工艺的后面增加臭氧、颗粒活性炭的工艺,这个工艺对控制水中的有毒有害物质是非常有效的,所以在国外作为一种通用的工艺使用,在我国国内也有,特别是大城市有一批水厂采用这样的工艺。而第二代工艺去除水中有机污染物也有一定的限度,同时也存在着一些其他的生物性问题。

20 世纪末又提出饮用水的生物稳定性问题,即出厂水在输送和储存过程中,发现微生物增殖现象,这是另一个新出现的重大生物安全性问题。李圭白院士表示,发展膜过滤是非常有效的手段。他说,水中的微生物病毒大概是 20 个纳米,细菌就是几百个纳米,原生动物就是几个微米,藻类是几个微米。这么一个尺寸的微生物,我们用现在所知道的超滤膜反渗透,微滤膜不足以将病毒和细菌全部去除,但是超滤孔径大概是几个纳米,是可以将水中间的微生物全部去除的,而且价格已经降低到可以接受的地步,所以说我们国家选择超滤膜来提高水的生物安全性是比较可行的一个方案。

可以说以超滤膜为核心技术的第三代城市饮用水净化工艺正向我们走来,Ⅲ类水源水经过安全氧化强化混凝,然后经生物活性炭,再经过超滤、安全消毒,最后进入饮用水。

膜用于饮用水在国外发展非常快,1996 年超滤膜市场总处理水量大约在 20 万 m^3,到 2006 年每天处理水量 800 万 m^3,并且正在呈加速增长的趋势,在欧洲有 33 座 1 万 t 以上的超滤膜水厂,英国也有 100 多座城市水厂采用了超滤,处理水量达到了 110 万 t,日本的膜滤水厂达到了400万t,这包括超滤、纳滤和反渗透。目前国外大概还有几座30万t级的超滤膜水厂。

我国台湾2007年在高雄建立了30万t水厂,超滤膜是我国国内的厂家供应的。近年在大陆陆续建立了一些中小型的超滤水厂,据了解有的产水能力达到2万t,现在正在酝酿的有一批10万t以上的大型超滤膜水厂,这也是指日可待的,在国内也是呈现快速发展的趋势。

李圭白院士表示,21世纪的水处理是膜的时代,更应该是"超滤膜的时代"。

第二节　污水处理的基本方法与系统

污水处理的基本方法,就是采取各种技术和手段,将污水中所含的污染物质分离去除、回收利用,或将其转化为无害物质,使水得到净化。

现代污水处理技术,按原理可分为物理处理法、化学处理法和生物化学处理法3类。

物理处理法:利用物理作用分离污水中呈悬浮状态的固体污染物质。方法有筛滤法、沉淀法、上浮法、气浮法、过滤法和反渗透法等。

化学处理法:利用化学反应的作用,分离回收污水中处于各种形态的污染物质(包括悬浮的、溶解的、胶体的等)。主要方法有中和、混凝、电解、氧化还原、汽提、萃取、吸附、离子交换和电渗析等。化学处理法多用于处理生产污水。

生物化学处理法:是利用微生物的代谢作用,使污水中呈溶解、胶体状态的有机污染物转化为稳定的无害物质。主要方法可分为两大类,即利用好氧微生物作用的好氧法(好氧氧化法)和利用厌氧微生物作用的厌氧法(厌氧还原法)。前者广泛用于处理城市污水及有机性生产污水,其中有活性污泥法和生物膜法两种;后者多用于处理高浓度有机污水与污水处理过程中产生的污泥,现在也开始用于处理城市污水与低浓度有机污水。

城市污水与生产污水中的污染物是多种多样的,往往需要采用几种方法的组合,才能处理不同性质的污染物与污泥,达到净化的目的与排放标准。

现代污水处理技术,按处理程序划分,可分为一级、二级和深度处理。

一级处理,主要去除污水中呈悬浮状态的固体污染物质,物理处理法大部分只能完成一级处理的要求。经过一级处理后的污水,BOD一般可去除30%左右,达不到排放标准。一级处理属于二级处理的预处理。

二级处理,主要去除污水中呈胶体和溶解状态的有机污染物质(即BOD、COD物质),去除率可达90%以上,使有机污染物达到排放标准。根据中华人民共和国国家标准《污水再生利用工程设计规范》(GB 50335—2002)的术语解释,如果具有脱氮除磷功能,则属于二级强化处理。

深度处理,也称高级处理、三级处理,一般是污水再生必需的处理工艺,它是将二级处理出水再进一步进行物理化学处理,以更有效地去除污水中各种不同性质的杂质,从而满足用户对水质的使用要求。深度处理通常由以下单元技术优化组合而成:混凝、沉淀(澄清、气浮)、过滤、活性炭吸附、脱氨、离子交换、膜技术、膜-生物反应器、曝气生物滤池、臭氧氧化、消毒及自然净化系统等。

污泥是污水处理过程中的产物。城市污水处理产生的污泥含有大量有机物,富有肥分,可以作为农肥使用,但又含有大量细菌、寄生虫卵以及从生产污水中带来的重金属离子等,需要做稳定与无害化处理。污泥处理的主要方法是减量处理(如浓缩法、脱水等)、稳定处理(如厌氧消化法、好氧消化法等)、综合利用(如消化气利用、污泥农业利用等)、最终处置(如干燥焚烧、填地投海、建筑材料等)。

对于某种污水,采用哪几种处理方法组成系统,要根据污水的水质、水量,回收其中有用物质的可能性、经济性,受纳水体的具体条件,并结合调查研究与经济技术比较后决定,必要时还需进行试验。

城市污水处理的典型流程见图 2-2。

生产污水的处理流程,随工业性质、原料、成品及生产工艺的不同而不同,具体处理方法与流程应根据水质与水量及处理的对象,经调查研究或试验后决定。

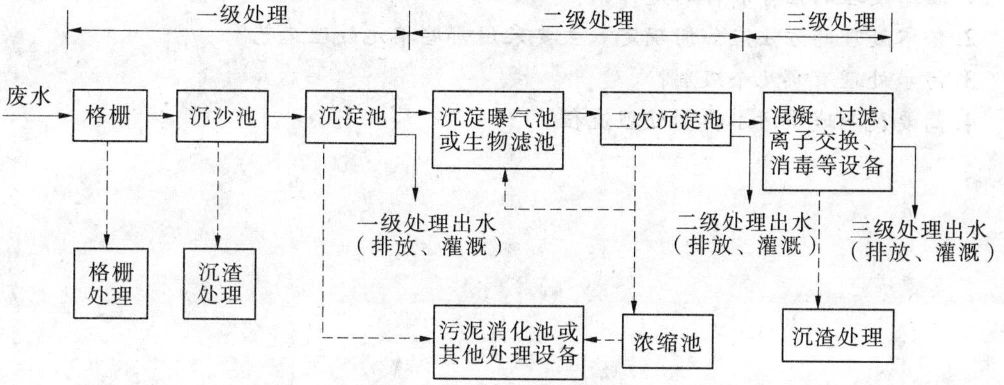

图 2-2　城市污水典型处理流程

小　结

本章涉及两部分内容:给水处理的基本方法与系统、污水处理的基本方法与系统。

地面水常规处理工艺就是混凝、沉淀、过滤、消毒工艺。离子交换用在锅炉水处理等领域。氧化法主要用在脱色、脱臭及地下水除铁、除锰等领域。膜法在工业用水处理领域应用广泛,尤其在纯水制备方面。在过去 20 年间水处理领域的技术突破中,膜技术处于领先地位。在 2020 年以前,绝大多数专家认为,膜技术将是推动行业发展的最重要技术。活性炭吸附在水的深度处理方面应用广泛。曝气及生物处理可补充水中溶解氧,去除有机物等。具体的给水处理工艺要根据原水水质及饮用水水质标准而定。

污水处理包括物理处理法、化学处理法、生物化学处理法。按处理程度划分,可分为一级、二级和深度处理。物理处理用于分离污水中呈悬浮状态的固体污染物质。化学处理是利用化学反应的作用,分离回收污水中处于各种形态的污染物质,多用于生产污水的处理。生物化学处理法是利用微生物的代谢作用,使污水中呈溶解、胶体状态的有机污染物转化为稳定的无害物质。主要方法可分为两大类,即利用好氧微生物作用的好氧法(好氧氧化法)和利用厌氧微生物作用的厌氧法(厌氧还原法)。前者广泛用于处理城市污水及有机性生产污水,其中有活性污泥法和生物膜法两种;后者多用于处理高浓度有机污水与污水处理过程中产生的污泥。一级处理,主要去除污水中呈悬浮状态的固体污染物质;二级处理,主要去除污水中呈胶体和溶解状态的有机污染物质(即 BOD、COD 物质);深度处理,也称作高级处理、三级处理,一般是污水再生必需的处理工艺,它是将二级处理出水再进一步进行物理化学处理,以更有效地去除污水中各种不同性质的杂质,从而满足用户对水质的使用要求。

思考题与习题

1. 给水处理的任务和目的是什么?
2. 给水处理的方法应如何确定?主要采用哪些单元处理工艺?
3. 污水处理有哪几个级别?
4. 简要说明城市污水典型处理流程。

第二篇 给水处理技术

第三章 混 凝

【教学目标】 本章主要介绍了混凝机理，常见混凝剂的种类及影响混凝效果的因素，混凝的工艺过程和混凝设施；要求重点掌握混凝的工艺过程及混凝设施的设计与水力计算。

第一节 胶体稳定性

水中悬浮杂质大都可以通过自然沉淀的方法去除，如大颗粒悬浮物可在重力作用下沉降；而细微颗粒包括悬浮物和胶体颗粒的自然沉降极其缓慢，在停留时间有限的水处理构筑物内不可能沉降下来，它们是造成水浊度的根本原因。这类颗粒的去除，有赖于破坏其胶体的稳定性，如加入混凝剂，使颗粒相互聚结形成容易去除的大絮凝体，再通过沉淀方法去除。

一、胶体的特性

(一)胶体的基本特性

分散体系是指由两种以上的物质混合在一起而组成的体系，其中被分散的物质称分散相，在分散相周围连续的物质称分散介质。水处理工程所研究的分散体系中，颗粒尺寸为1 nm～0.1 μm的称为胶体溶液，颗粒大于0.1 μm的称悬浮液。分散相是指那些微小悬浮物和胶体颗粒，它们可以使光散射造成水的浑浊，分散介质就是水。

1. 光学性质

胶体颗粒尺寸微小，一般由一个大分子或多个分子组成，可以透过普通滤纸，在水中能引起光的散射。

2. 布朗运动

由于水分子的热运动撞击胶体颗粒，而发生的胶体颗粒的不规则运动，称为布朗运动，它是胶体颗粒不能自然沉降的原因之一。

3. 胶体的表面性能

胶体颗粒比较微小，其比表面积(即单位体积的表面积)较大，所以具有较大的表面自由能，因此会产生特殊的吸附能力和溶解现象。

4. 电泳现象

胶体颗粒在外加电场的作用下能够发生运动，说明胶体带电。这种移动现象称为电泳。我们可以在一个U形管中放入某种胶体溶液，两端插入电极并通电，就可以发现胶体颗粒向某一电极移动。当胶体颗粒为黏土、细菌、蛋白质时，运动方向朝向阳极，说明这类胶体颗粒带负电；当水中胶体颗粒为氢氧化铝时，运动方向朝向阴极，说明其带正电。

5. 电渗现象

液体在电场作用下，可以透过多孔性材料的现象，称为电渗。在电渗现象中，可以认为有部分液体透过胶体颗粒之间的孔隙移向相反的电极，带有负电的胶体颗粒在阳极附近聚集时，在阴极处的液面同时会出现升高的现象。

电泳和电渗都是在外加电场作用下引起的，胶体溶液内部固、液两相之间产生的相对移动现象，统称为电动现象。

（二）胶体的结构

胶体分子聚合而成的胶体颗粒称为胶核，胶核表面吸附了某种离子而带电。由于静电引力的作用，溶液中的异号离子（反离子）就会被吸引到胶体颗粒周围。这些异号离子会同时受到两种力的作用而形成双电层。双电层是指胶体颗粒表面所吸附的阴阳离子层。

(1)胶体颗粒表面离子的静电引力。它吸引异号离子靠近胶体颗粒的固体表面的电位形成离子，这部分反离子紧附在固体表面，随着颗粒一起移动，称为束缚反离子，与电位形成离子组成吸附层。

(2)颗粒的布朗运动、颗粒表面的水化作用力。异号离子本身热运动的扩散作用力及液体对这些异号离子的水化作用力可以使没有贴近固体表面的异号离子均匀分散到水中去。这部分离子受静电引力的作用相对较小，当胶体颗粒运动时，与固体表面脱开，而与液体一起运动，它们包围着吸附层形成扩散层，称为自由反离子。

上述两种力的作用结果，使贴近固体表面处的这些异号离子浓度最大，随着与固体表面距离的增加，浓度逐渐变小，直到等于溶液中的离子平均浓度。

通常将胶核与吸附层合在一起称为胶粒，胶粒与扩散层组成胶团。胶团的结构式如图3-1所示。

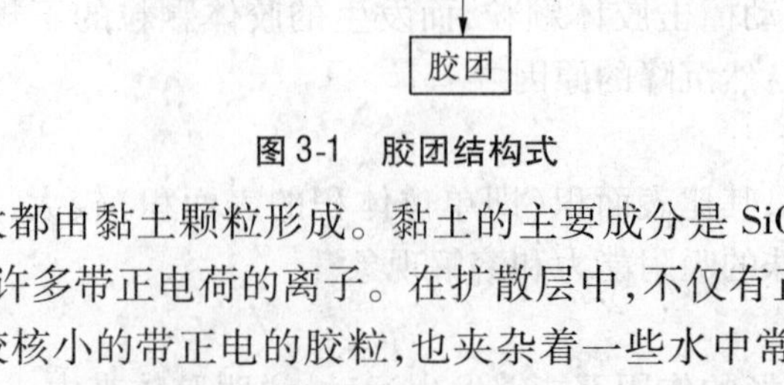

图3-1　胶团结构式

天然水的浊度大都由黏土颗粒形成。黏土的主要成分是SiO_2，颗粒带有负电，其外围吸引了水中常见的许多带正电荷的离子。在扩散层中，不仅有正离子及其周围的水分子，而且还可能有比胶核小的带正电的胶粒，也夹杂着一些水中常见的HCO_3^-、OH^-、Cl^-

等负离子和带负电荷的胶粒。

胶核表面的吸附层和扩散层构成胶体的双电层结构，如图 3-2 所示。

扩散层中的反离子由于与胶体颗粒所吸附的离子间吸附力很弱，当胶体颗粒运动时，大部分离子脱离胶体颗粒，这个脱开的界面称滑动面。胶核表面(固、液界面)上的离子和反离子之间形成的电位称总电位，即 ψ 电位。胶核在滑动时所具有的电位称动电位，即 ξ 电位，它是在胶体运动中表现出来的，也就是在滑动面上的电位。在水处理研究中，ξ 电位具有重要意义，可以用激光多普勒电泳法或传统电泳法测得。天然水中胶体杂质通常带负电。地面水中的石英和黏土颗粒，根据组成成分的酸碱比例不同，其 ξ 电位大致在 -15 ~ -40 mV。一般在河流和湖泊水中，颗粒的 ξ 电位大致在 -15 ~ -25 mV，当含有机污染时，ξ 电位可达 -50 ~ -60 mV。

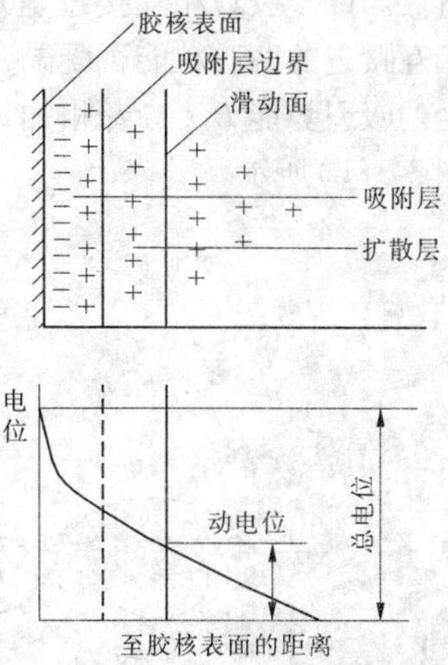

图 3-2　胶体双电层结构示意图

二、胶体的稳定性

(一)胶体稳定性的概念

胶体稳定性，是指胶体颗粒在水中长期保持分散悬浮状态的特性，致使胶体颗粒稳定性的主要原因是颗粒的布朗运动、胶体颗粒间同性电荷的静电斥力和颗粒表面的水化作用。

胶体颗粒的布朗运动，构成了动力学稳定性。水中粒度较微小的胶体颗粒，发生布朗运动较为剧烈，因此能长期悬浮于水中而不发生沉降。

胶体间的静电斥力和颗粒表面的水化作用，构成了聚集稳定性。即指水中胶体颗粒之间因其表面同性电荷相斥或者由于水化膜的阻碍作用而不能相互凝聚的特性。

而胶体稳定性，关键在于聚集稳定性，聚集稳定性一旦被破坏，则胶体颗粒就会结大而下沉。

(二)憎水胶体的聚集稳定性

在憎水胶体的吸附层中离子直接与胶核接触，水分子不直接接触胶核，如无机物的胶体颗粒。憎水胶体的分散需借外力的作用，脱水后也不能重新自然地分散于水中，故又称为不可逆的胶体。通过双电层结构分析，可以说明憎水胶体的稳定性。憎水胶体的聚集稳定性主要取决于胶体的 ξ 电位。ξ 电位越高，扩散层越厚，胶体颗粒越具有稳定性。

德加根(Derjaguin)、兰道(Landon)、伏维(Verwey)、奥贝克(Overbeek)各自从胶粒相互作用能量的角度，阐明了胶粒相互作用理论，简称 DLVO 理论。

DLVO 理论认为，水中胶体颗粒能否相互接近，甚至结合，取决于布朗运动的动力、静电斥力和范德华引力三者的综合表现，也就是说取决于三种力产生的能量对比。

(1)布朗运动的动能，主要和水温有关。在一定温度下，布朗运动的动能基本不变。

(2)静电斥力产生的势能与微粒间距有关。当两胶体颗粒的扩散层未发生重叠，静电斥力不存在；当两胶体颗粒的扩散层发生重叠时，胶体之间产生静电斥力。

(3)范德华引力产生的势能与微粒间距有关。

如图 3-3 所示,可以从两胶粒之间相互作用力及其与两胶粒之间的距离关系进行分析。当两个胶粒相互接近至双电层发生重叠时,如图 3-3(a)所示,就会产生静电斥力。相互接近的两胶粒能否凝聚,取决于由静电斥力产生的排斥势能 E_R 和由范德华引力产生的吸引势能 E_A,二者相加即为总势能 E。E_R 与 E_A 均与两胶粒表面间距 x 有关,如图 3-3(b)所示。

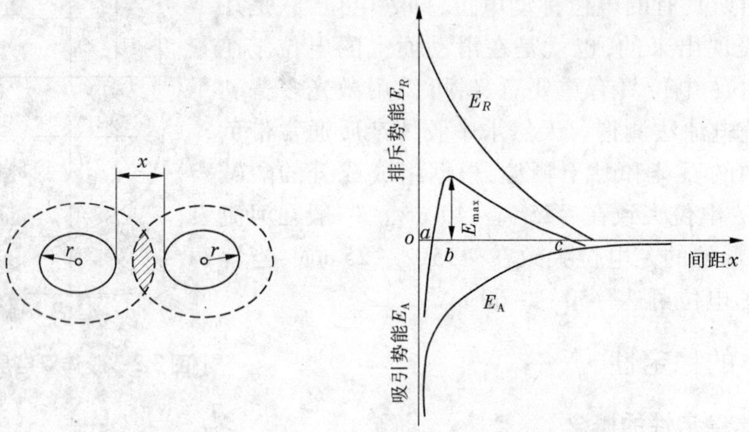

(a)双电层重叠　　(b)势能变化曲线

图 3-3　相互作用势能与颗粒间距离关系

从图 3-3 可知,两胶粒表面间距 $x = ac$ 时,排斥势能占优势。$x = ob$ 时,排斥势能最大,用 E_{max} 表示,称排斥能峰。

当 $x < oa$ 或 $x > oc$ 时,吸引势能均占优势。$x > oc$ 时,虽然两胶粒表现出相互吸引的趋势,但存在着排斥能峰这一屏障,两胶粒仍无法靠近。只有当 $x < oa$ 时,吸引势能随间距急剧增大,凝聚才会发生。

要使两胶粒表面间距 $x < oa$,布朗运动的动能首先要克服排斥能峰 E_{max} 才行。然而,胶粒布朗运动的动能远小于 E_{max},两胶粒之间距离无法靠近到 oa 以内,故胶体处于分散稳定状态。

第二节　胶体的凝聚和絮凝机理

混凝是指水中胶体颗粒及微小悬浮物的聚集过程,它是凝聚和絮凝的总称。

凝聚(Coagulation),是指水中胶体被压缩双电层而失去稳定性的过程。

絮凝(Flocculation),是指脱稳胶体相互聚结成大颗粒絮体的过程。

凝聚是瞬时的,而絮凝则需要一定的时间才能完成,二者在一般情况下不好截然分开。因此,把能起凝聚和絮凝作用的药剂统称为混凝剂。

混凝的目的,是为了使胶体颗粒能够通过碰撞而彼此聚集。实现这一目的,就要消除或降低胶体颗粒的稳定因素,使其失去稳定性。

胶体颗粒的脱稳可分为两种情况:一种是通过混凝剂的作用,使胶体颗粒本身的双电层结构发生变化，致使ξ电位降低或消失，达到破坏胶体稳定性的目的；再一种就是胶体颗粒的双电层结构未有多大变化，而主要是通过混凝剂的媒介作用，使颗粒彼此聚集。目前普遍用四种机理来定性描述水的混凝现象。

一、压缩双电层作用机理

对于憎水胶体，要使胶粒通过布朗运动相互碰撞而结成大颗粒，必须降低或消除排斥能峰才能实现。降低排斥能峰的办法是降低或消除胶粒的ξ电位。在胶体系统中，加入电解质可降低ξ电位。

根据胶体双电层结构，决定了颗粒表面处反离子浓度最大。胶体颗粒所吸附的反离子浓度与距颗粒表面的距离成反比，随着与颗粒表面的距离增大，反离子浓度逐渐降低，直至与溶液中离子浓度相等，如图3-4所示。

当向溶液中投加电解质盐类时，溶液中反离子浓度增高，胶体颗粒能较多地吸引溶液中的反离子，使扩散层的厚度减小。如图3-4中扩散层的厚度将从图中的*oa*减小至*ob*。

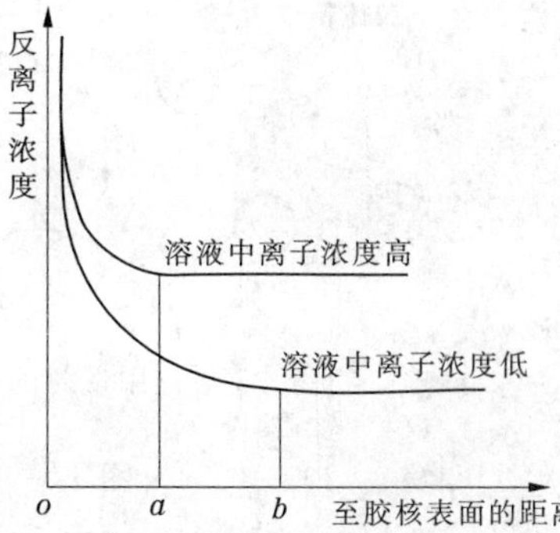

图3-4　溶液中离子浓度与扩散层厚度之间的关系

根据浓度扩散和异号电荷相吸的作用，这些离子可与颗粒吸附的反离子发生交换，挤入扩散层，使扩散层厚度缩小，进而更多地挤入滑动面与吸附层，使胶粒带电荷数减少，ξ电位降低。这种作用称为压缩双电层作用。此时两个颗粒相互间的排斥力减小，同时由于它们相撞时的距离减小，相互间的吸引力增大，胶粒得以迅速聚集。这个机理是借单纯静电现象来说明电解质对胶体颗粒脱稳的作用。

压缩双电层作用机理不能解释其他一些复杂的胶体脱稳现象。如从理论上来讲，等电态即ξ电位等于零应有最好的凝聚效果，但在生产实践中，ξ电位往往大于零时，混凝效果最好。

二、吸附和电荷中和作用机理

吸附和电荷中和作用指胶粒表面对异号离子、异号胶粒或链状分子带异号电荷的部位有强烈的吸附作用而中和了它的部分电荷，减少了静电斥力，因而容易与其他颗粒接近而互相吸附。这种吸附力，除静电引力外，一般认为还存在范德华力、氢键及共价键等。

当采用铝盐或铁盐作为混凝剂时，随着溶液pH值的不同可以产生各种不同的水解产物，当pH值较低时，水解产物带有正电荷。给水处理时原水中胶体颗粒一般带有负电荷，因此带正电荷的铝盐或铁盐水解产物可以对原水中的胶体颗粒起中和作用。二者所带电荷相反，在接近时，将导致相互吸引和聚集。

三、吸附架桥作用机理

吸附架桥作用是指高分子物质与胶体颗粒的吸附与桥连。当高分子链的一端吸附了某一胶粒后,另一端又吸附另一胶粒,形成“胶粒－高分子－胶粒”的絮凝体,如图3-5(a)所示。高分子物质在这里起了胶体颗粒之间相互结合的桥梁作用。

高分子物质过量投加时,胶粒的吸附面均被高分子覆盖,两胶粒接近时,就受到高分子之间的相互排斥而不能聚集。这种排斥力可能源于“胶粒－胶粒”之间高分子受到压缩变形而具有排斥势能,也可能由于高分子之间的电性斥力或水化膜。因此,高分子物质投量过少,不足以将胶粒架桥连接起来;投量过多,又会产生“胶体保护”作用,如图3-5(b)所示,使凝聚效果下降,甚至重新稳定,即所谓的再稳。

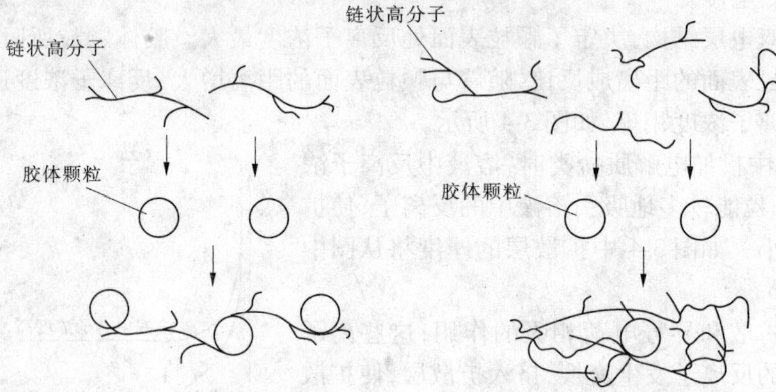

(a)最佳用量时的吸附　　(b)过量投加形成胶体保护

图3-5　链状高分子与胶体颗粒的吸附桥连

除了长链状有机高分子物质外,无机高分子物质及其胶体颗粒,如铝盐、铁盐的水解产物等,也都可以产生吸附架桥作用。

四、沉淀物网捕作用机理

沉淀物网捕,又称为卷扫,是指向水中投加含金属离子的混凝剂(如硫酸铝、石灰、氯化铁等高价金属盐类),当药剂投加量和溶液介质的条件足以使金属离子迅速形成金属氢氧化物沉淀时,所生成的难溶分子就会以胶体颗粒或细微悬浮物作为晶核形成沉淀物,即所谓的网捕、卷扫水中胶粒,以致产生沉淀分离。这种作用基本上是一种机械作用,混凝剂需量与原水杂质含量成反比。

在水处理工程中,以上所述的四种机理有时可能会同时发挥作用,只是在特定情况下以某种机理为主。

第三节　混凝剂和助凝剂

为了使胶体颗粒脱稳而聚集所投加的药剂,统称混凝剂,混凝剂具有破坏胶体稳定性和促进胶体絮凝的功能。习惯上把低分子电解质称为凝聚剂,这类药剂主要通过压缩双电层和电性中和机理起作用;把主要通过吸附架桥机理起作用的高分子药剂称为絮凝剂。在混凝过程中如果单独采用混凝剂不能取得较好的效果时,可以投加某类辅助药剂来提高混凝效果，这类辅助药剂统称为助凝剂。

混凝剂的基本要求是：混凝效果好，对人体健康无害，适应性强，使用方便，货源可靠，价格低廉。

混凝剂种类很多，按化学成分可分为无机和有机两大类，如表 3-1 所示。

表 3-1　混凝剂的类型及名称

类型			名称
无机型	无机盐类		硫酸铝，硫酸铝钾，硫酸铁，氯化铁，氯化铝，碳酸镁
	碱类		碳酸钠，氢氧化钠，石灰
	金属氢氧化物类		氢氧化铝，氢氧化铁
	固体细粉		高岭土，膨润土，酸性白土，炭黑，飘尘
	高分子类	阴离子型	活化硅酸（AS），聚合硅酸（PS）
		阳离子型	聚合氯化铝（PAC），聚合硫酸铝（PAS），聚合氯化铁（PFC），聚合硫酸铁（PFS），聚合磷酸铝（PAP），聚合磷酸铁（PFP）
		无机复合型	聚合氯化铝铁（PAFC），聚合硫酸铝铁（PAFS），聚合硅酸铝（PASI），聚合硅酸铁（PFSI），聚合硅酸铝铁（PAFSI），聚合磷酸铝（PAFP）
		无机有机复合型	聚合铝 - 聚丙烯酰胺，聚合铁 - 聚丙烯酰胺，聚合铝 - 甲壳素，聚合铁 - 甲壳素，聚合铝 - 阳离子有机高分子，聚合铁 - 阳离子有机高分子
有机型	天然类		淀粉，动物胶，纤维素的衍生物，腐殖酸钠
	人工合成类	阴离子型	聚丙烯酸，海藻酸钠（SA），羧酸乙烯共聚物，聚丙烯酞胺阳离子化衍生物
		阳离子型	聚乙烯吡啶，胺与环氧氯丙烷缩聚物，聚丙烯酞胺阳离子化衍生物
		非离子型	聚丙烯酰胺（PAM），尿素甲醛聚合物，水溶性淀粉，聚氧化乙烯（PEO）
		两性型	明胶，蛋白素，干乳酪等蛋白质，改性聚丙烯酰胺

无机混凝剂应用历史悠久，广泛用于饮用水、工业水的净化处理以及地下水、废水淤泥的脱水处理等。

近 20 年来有机混凝剂的使用发展迅速。这类混凝剂可分为天然高分子混凝剂（褐藻酸、淀粉、牛胶）和人工合成高分子混凝剂（聚丙烯酰胺、磺化聚乙烯苯、聚乙烯醚等）两大类。由于天然聚合物易受酶的作用而降解，已逐步被不断降低成本的合成聚合物所取代。

一、混凝剂

（一）无机盐类混凝剂

无机低分子混凝剂即普通无机盐，包括硫酸铝、氯化铝、硫酸铁、氯化铁等。在水处理过程中，投加铝盐或铁盐后，发生金属离子水解和聚合反应，其产物兼有凝聚和絮凝作用的特性。无机电解质在水中发生电离水解生成带电离子，其电性与水中杂质颗粒所带电性相反，水解离子的价态越高，凝聚作用越强。

1. 硫酸铝

硫酸铝使用方便，混凝效果较好，是使用历史最久、目前应用仍较广泛的一种无机盐混凝剂。净水用的明矾就是硫酸铝和硫酸钾的复盐 $Al_2(SO_4)_3 \cdot K_2SO_4 \cdot 24H_2O$，其作用与硫酸铝相同。硫酸铝的分子式是 $Al_2(SO_4)_3 \cdot 18H_2O$，其产品有精制和粗制两种。精制硫酸铝是白色结晶体。其中 Al_2O_3 量不小于 15.7% ~ 16.2%，不溶杂质含量不大于 0.05% ~ 0.30%。

硫酸铝是易溶于水的盐类物质，溶于水以后立即离解出 Al^{3+}。但是硫酸铝在水中绝不仅仅是简单的离解，它将由于水的 pH 值的不同而发生一系列复杂的化学反应，生成各种形态的铝的化合物。

当 pH 值 <4 时，Al^{3+} 将与 6 个配位水分子结合成水合铝离子，这是铝的最简单的单核络合物，$[Al(H_2O)_6]^{3+}$ 可起压缩双电层作用。

如果水的 pH 值升高到 4 ~ 5 时，水合铝离子就会发生水解，生成单核水合羟基铝离子：

$$[Al(H_2O)_6]^{3+} + H_2O \Leftrightarrow [Al(OH)(H_2O)_5]^{2+} + H^+ \tag{3-1}$$

$$[Al(OH)(H_2O)_5]^{2+} \Leftrightarrow [Al(OH)_2(H_2O)_4]^+ + H^+ \tag{3-2}$$

$$[Al(OH)_2(H_2O)_4]^+ \Leftrightarrow [Al(OH)_3(H_2O)_3] + H^+ \tag{3-3}$$

实际反应比上述的要复杂得多，因为各离子的羟基之间可以发生羟基架桥作用缩聚成高电荷多核羟基络合物，例如生成二聚物 $[Al_2(OH)_2(H_2O)_8]^{4+}$ 或三聚物 $[Al_3(OH)_4(H_2O)_{10}]^{5+}$。

生成的多核多羟基络合物还会继续水解：

$$[Al_3(OH)_4(H_2O)_{10}]^{5+} + H_2O \Leftrightarrow [Al_3(OH)_5(H_2O)_9]^{4+} + H_3O^+ \tag{3-4}$$

这些多核多羟基络合物对负电荷胶体起电性中和作用，凝聚体比较密实。在 pH 值等于 7 ~ 8 时，生成聚合度极大的中性氢氧化铝 $[Al(OH)_3(H_2O)_3]_n$，可起吸附架桥作用，同时也存在某些羟基络合物的电性中和作用。如果 pH 值 >8.5，$[Al(OH)_3(H_2O)_3]$ 将会继续水解生成 $[Al(OH)_4(H_2O)_2]^-$，凝聚效果将显著降低。

一般来说，反应是连续进行的。在低 pH 值下，高电荷低聚合度的羟基络合物占主要地位；在高 pH 值下，低电荷高聚合度的高聚物占主要地位。两种聚合物都可以在混凝的不同阶段发挥有益的作用。

天然水的 pH 值一般为 6.5 ~ 7.8，铝盐的混凝作用主要是吸附架桥和电性中和。当铝盐投加量超过一定限度时，会产生“胶体保护”作用，使脱稳胶粒电荷变号或使胶粒被包卷而重新稳定；当铝盐投加量继续增大，超过氢氧化铝溶解度而产生大量氢氧化铝沉淀物时，则起网捕和卷扫作用。实际上，在一定的 pH 值下，几种作用都可能同时存在，只是程度不同。

水温低时水解困难，形成的絮体较为松散。硫酸铝使用时水的有效 pH 值范围较窄，与原水硬度有关。对于软水，pH 值为 5.7 ~ 6.6；中等硬度的水，pH 值为 6.6 ~ 7.2；较高硬度的水，pH 值为 7.2 ~ 7.8。

除了固体硫酸铝外，还有液体硫酸铝。液体硫酸铝的配制和使用均比固体硫酸铝方便得多，近年来在南方地区使用较为广泛。

2. 三氯化铁

三氯化铁分子式为 $FeCl_3 \cdot 6H_2O$，是黑褐色晶体，也是一种常用的混凝剂，有强烈吸水性，极易溶于水，其溶解度随着温度的上升而增加，形成的矾花沉淀性能好，絮体结得大，沉淀速度快，处理低温低浊水时效果要比铝盐好。我国供应的三氯化铁有无水物、结晶水物和液体。液体、晶体物或受潮的无水物具有强腐蚀性，尤其是对铁的腐蚀性最强。因此在配制药品和选择加药设备时必须考虑用耐腐蚀器材，例如采用不锈钢的泵轴运转几星期就腐蚀，一般采用钛制泵轴有较好的耐腐性能。三氯化铁 pH 值的适用范围较宽，但处理后水的色度比用铝盐高。

3. 硫酸亚铁

硫酸亚铁分子式为 $FeSO_4 \cdot 7H_2O$，半透明绿色晶体，又称为绿矾。易溶于水，水温 20 ℃时溶解度为 21%，硫酸亚铁离解出的 Fe^{2+} 只能生成最简单的单核络合物，所以没有三价铁盐那样良好的混凝效果。残留在水中的 Fe^{2+} 会使处理后的水带色，因此在使用硫酸亚铁时应将二价铁先氧化为三价铁，而后才能起到混凝作用。铁盐使用时，水的 pH 值的适用范围较宽，为 5.0 ~ 11。

（二）高分子絮凝剂

高分子絮凝剂分无机和有机两类。

1. 无机高分子絮凝剂

无机高分子絮凝剂是 20 世纪 60 年代在传统的铝盐、铁盐的基础上发展起来的一类新型的水处理剂。目前在日本、俄罗斯、西欧以及中国，无机高分子絮凝剂都已有相当规模的生产和应用，聚合类药剂的生产占絮凝剂总产量 30% ~ 60%。近年来，研制和应用聚合铝、铁、硅及各种复合型絮凝剂已成为热点。

1）聚合氯化铝

聚合氯化铝（PAC），也称碱式氯化铝，是当前国际通用的新型、高效无机高分子絮凝剂，是人工控制条件下，采用优质的铝灰或含铝矿物和盐酸为主要原料预先制成的最优形态线性高分子聚合物，具有立体网状结构，外观呈淡黄色或浅黄色固体片状，为水溶性絮凝剂。是目前生产和应用技术成熟、市场销量最大的无机高分子絮凝剂。在实际应用中，聚合氯化铝具有比传统絮凝剂用量省、净化效能高、适应性宽等优点，比传统低分子絮凝剂用量少 1/3 ~ 1/2，成本低 40% 以上，因此在国内外已得到迅速的发展。如日本聚合氯化铝产量在 20 世纪 80 年代为 40 万 t 以上，比 60 年代末增长了 30 倍，20 世纪 90 年代产量已达 60 万 t 以上，占日本絮凝剂生产总量的 80%，并有逐渐取代传统絮凝剂的趋势。其主要机理是通过压缩双电层、吸附电性中和、吸附架桥、沉淀物网捕等作用，使水中细微悬浮离子和胶体离子脱稳、聚集、絮凝、混凝、沉淀，达到净化处理效果。适用于生活饮用水、各种工业废水的净化处理。

其化学式表示为 $[Al_2(OH)_n \cdot Cl_{6-n}]_m$，其中 n 为 1 ~ 5 之间的任何整数，表示 PAC 产品的中性程度；m 代表聚合程度，为 ≤10 的整数。该化学式实际是指 m 个 $Al_2(OH)_n \cdot Cl_{6-n}$

（称羟基氯化铝）单体的聚合物。

聚合氯化铝中 OH 与 Al 的比值对混凝效果有很大关系。一般用碱化度 B 来表示。

$$B=\frac{[\mathrm{OH}]}{3[\mathrm{Al}]}\times 100\% \tag{3-5}$$

例如 $n=4$ 时，碱化度 B 为：

$$B=\frac{4}{3\times 2}\times 100\%=66.7\%$$

一般来说，碱化度越高，其黏结架桥性能越好，但是因接近 $[\mathrm{Al(OH)_3}]_n$ 而易生成沉淀，稳定性较差。目前聚合氯化铝产品的碱化度一般在 50% ~80%。

聚合氯化铝的外观状态与盐基度、制造方法、原料、杂质成分及含量有关。作为混凝剂处理水时有以下特点：

（1）对污染严重或低浊度、高浊度、高色度和受微污染的原水都可达到良好的混凝效果，能除菌、除臭、脱色、除氟、除铝、除铬、除酚、除油、除浊、除重金属盐、除放射性污染物质。

（2）水温低时，仍可保持稳定的混凝效果，因此在我国北方地区更为适用。

（3）矾花的形成较快，颗粒大而重，沉淀性能好，投药量一般比硫酸铝低。

（4）pH 值范围较宽，为 5 ~9，当过量投加时也不会像硫酸铝那样造成水浑浊的反效果。

（5）碱化度比其他铝盐、铁盐高，因此药液对设备的侵蚀作用小，且处理后水的 pH 值和碱度下降较小。

聚合氯化铝可根据原水水质的特点来控制制造过程中的反应条件，从而制取所需要的最适宜的聚合物，当投入水中，水解后即可直接提供高价聚合离子，达到优异的混凝效果。

除了聚合氯化铝外，聚合硫酸铝在处理天然河水时，剩余浊度的质量分数低于 4 μg/g，$\mathrm{COD_{Cr}}$ 低于 6 mg/L，脱色效果明显，除浊效果显著，并且有较宽的温度和 pH 值适用范围。

2）聚合硫酸铁

聚合硫酸铁（PFS），是一种红褐色的黏性液体，是碱式硫酸铁的聚合物。其化学式为 $[\mathrm{Fe_2(OH)}_n\cdot(\mathrm{SO_4})_{3-n/2}]_m$，其中 n 为 <2，m 为 >10 的整数。聚合硫酸铁具有絮凝体形成速度快、絮团密实、沉降速度快、对低温高浊水处理效果好、适用水体的 pH 值范围广等特性，同时还能去除水中的有机物、悬浮物、重金属、硫化物及致癌物，它的腐蚀性远比三氯化铁小。与其他混凝剂相比，有着很强的市场竞争力，其经济效益也十分明显，值得大力推广应用。

2. 有机高分子絮凝剂

有机高分子絮凝剂，指线性有机聚合物。其种类按来源可分为天然高分子絮凝剂和人工合成的高分子絮凝剂；按反应类型可分为缩合型和聚合型；按官能团的性质和所带电性可分为阴离子型、阳离子型、非离子型和两性型。凡基团离解后带正电荷者称阳离子型，带负电荷者称阴离子型，分子中既含有正电荷基团又含有负电荷基团者称两性型，分子中不含可离解基团者称非离子型。常用的有机类絮凝剂，主要是人工合成的有机高分子絮凝剂，其最大的特点是可根据使用需要，来采用合成的方法对碳氢链的长度进行调节。同时，在碳氢链上可以引入不同性质的官能团。这些有效官能团可以强烈吸附细微颗粒，在微粒与微粒之间形成架桥作用。

根据电性吸附原理，如果颗粒表面带正电荷，则应采用阴离子型絮凝剂；颗粒表面带负电荷，则应采用阳离子或非离子型絮凝剂。一般阴离子絮凝剂适用于处理氧化物和含氧酸盐，阳离子絮凝剂适用于处理有机固体。阴离子、阳离子和非离子高分子絮凝剂由于自身应用的范围限制，故都将逐渐被两性高分子絮凝剂取代。

世界各国研制的两性高分子水处理剂按其原料来源可分为天然高分子改性和化学合成两大类。目前研究较多的化学合成型两性高分子絮凝剂主要有聚丙烯酰胺类两性高分子。

聚丙烯酰胺，又称三号絮凝剂，是由丙烯酰胺人工聚合而成的使用最为广泛的有机高分子絮凝剂，无色、无味、无臭，易溶于水，没有腐蚀性。该剂的聚合度可高达20 000～90 000，相应的分子量高达150万～600万。它的优点是投加量少，存放设施小，净化效果好。它的混凝效果在于对胶体表面具有强烈的吸附作用，在胶粒之间形成桥连。聚丙烯酰胺每一链节中均含有一个酰胺基（$—CONH_2$），由于酰胺基之间的氢键作用，线性分子往往不能充分伸展开来，致使桥连作用削弱。

通常将PAM在碱性条件下（pH值>10）进行部分水解，生成阴离子型水解聚合物HPAM。PAM经部分水解后，部分酰胺基带负电荷，在静电斥力下，高分子得以充分伸展，吸附架桥得到充分发挥。由酰胺基转化为羧基的百分数称水解度。水解度过高负电性过强，对絮凝也产生阻碍作用。一般控制水解度在30%～40%较好。通常以HPAM做助凝剂以配合铝盐或铁盐作用，效果较为显著。

（三）微生物絮凝剂

随着全球性人口老龄化的出现和加剧，人们对使用安全性提出了质疑。有关研究表明，常饮用以铝盐为絮凝剂的水，能引起老年性痴呆症。目前广泛使用的聚丙烯酰胺，已被指出存在安全及环境方面的问题：完全聚合化的聚丙烯酰胺危险性不大，但聚合用的单体-丙烯酰胺对神经有强烈的毒性，是膀胱癌的致剂，且残留性极大。由于现有混凝剂存在的问题，使研究开发具有高絮凝活性、安全、无毒和不造成二次污染的絮凝剂成为迫切而有意义的课题，因此人们开始把研究目光转向微生物絮凝剂。

微生物絮凝剂是利用现代生物技术，经过微生物的发酵、提取、精制等工艺，从微生物或其分泌物中制备具有凝聚性的代谢产物，例如DNA、蛋白质、糖蛋白、多糖、纤维素等。这些物质能使悬浮物微粒连接在一起，并使胶体失稳，形成絮凝物，克服了无机混凝剂和有机合成高分子絮凝剂的缺点，不仅不易产生二次污染，降解安全可靠，而且能快速絮凝各种颗粒物质，在废水处理中有独特效果。因此广泛应用于医药、食品、化学和环保等领域。

微生物絮凝剂的特点如下：

（1）高效。与现在常用的各类絮凝剂，如铁盐、铝盐和聚丙烯酰胺等相比，在同等用量下，微生物絮凝剂对活性污泥的絮凝速度最大，而且絮凝沉淀比较容易用滤布过滤。

(2)无毒。经小白鼠安全试验证明,微生物絮凝剂完全能用于食品、医药等行业。

(3)消除二次污染。微生物絮凝剂为微生物菌体或菌体外分泌的生物高分子物质,属于天然有机高分子絮凝剂,因此它不会危害微生物,也不会影响水处理效果,且絮凝后的残渣可被生物降解,对环境无害,不会造成二次污染。

(4)絮凝广泛。微生物絮凝剂能絮凝处理的对象较广,有活性污泥、粉煤灰、果汁、饮用水、河底沉积物、细菌、酵母菌和各种生产废水。其他絮凝剂则由于各自的特点而在某些应用领域受到限制。

(5)价格较低。主要从两方面考虑:微生物絮凝剂较化学絮凝剂便宜,微生物絮凝剂是靠生物发酵产生的,化学絮凝剂是人工合成的,从生产所用原材料、生产工艺和能源消耗等方面考虑,微生物絮凝剂也是经济的,这一点已为国内外普遍认同;微生物絮凝剂处理技术总费用低于化学絮凝剂处理技术的处理费用,前者约为后者的2/3。

与有机合成高分子絮凝剂和无机絮凝剂相比,微生物絮凝剂具有高效、安全、无毒和无二次污染等优点,但目前对其的研究还主要停留在高效微生物絮凝剂的产生菌种的分离、筛选和培养上,所以微生物絮凝剂还未能大规模应用于水处理上。微生物絮凝剂是当今一种最具希望的絮凝剂,它有着广阔的研究和发展前景。

二、助凝剂

助凝剂是指与混凝剂一起使用,能够提高混凝效果的辅助药剂。即当单独使用某种絮凝剂不能取得良好效果时,还需要投加的药剂。助凝剂通常是高分子物质,其作用往往可以改善絮体结构,促使细小而松软的絮粒变得粗而密实,调节和改善混凝条件。

根据助凝剂功能不同,可以分为调整剂、氧化剂和絮体结构改良剂三种类型。

(一)调整剂

在污水pH值不符合工艺要求时,或在投加混凝剂后pH值变化较大时,需要投加pH调整剂。常用的pH调整剂包括石灰、硫酸和氢氧化钠等。

(二)氧化剂

当污水中有机物含量高时易起泡沫,使絮凝体不易沉降,这时可以投加氯气、次氯酸钠、臭氧等氧化剂来破坏有机物,从而提高混凝效果。

(三)絮体结构改良剂

当生成的絮体较小,且松散易碎时,可投加絮体结构改良剂以改善絮体结构,增加其粒径、密度和强度。水处理常用助凝剂有骨胶、聚丙烯酰胺及其水解产物、活化硅酸、海藻酸钠等。

骨胶是一种粒状或片状动物胶,是高分子物质,分子量为3 000~80 000。骨胶易溶于水,无毒、无腐蚀性,与铝盐或铁盐配合使用,效果显著。其价格比铝盐和铁盐高,使用较麻烦,不能预制保存,需要现场配制,即日使用,否则会变成冻胶。

活化硅酸(AS),又称活化水玻璃、泡化碱,其分子式为$Na_2O \cdot xSiO_2 \cdot yH_2O$。活化硅酸是粒状高分子物质,属阴离子型絮凝剂,其作用机理是靠分子链上的阴离子活性基团与胶体微粒表面间的范德华力、氢键作用而引起的吸附架桥作用,而不具有电中和作用。活化硅酸是在20世纪30年代后期作为混凝剂开始在水处理中得到应用的。在原水浑浊度低、悬浮物含量少及水温较低(4 ℃以下)时使用,效果更为显著。

活化硅酸一般在水处理现场制备,无商品出售。因为活化硅酸在储存时易析出硅胶而失去絮凝功能。活化的方法是先将水玻璃配成3% ~5%的水溶液,再缓慢加入工业硫酸,边加边搅拌,使溶液的碱度控制在1 200 ~1 500 mg/L(以 $CaCO_3$ 计)。活化时间为2 h,溶液应成乳化状态,如果冻结成块则失效。活化硅酸的投加量与原水浊度、pH 值、碱度、水中二氧化硅的含量等因素有关。配制时要注意有适宜的酸化度和活化时间,在使用时要注意投加点的确定。

目前出现了一种改良助凝剂改性活化硅酸,改性活化硅酸是在活化硅酸聚合反应形成冻胶之前,加入阻聚剂,中止或抑制其聚合过程。由于加入抑制硅酸聚合的阻聚剂,可控制聚合度和聚合反应条件,使聚合度很高并在最佳范围,达到其最佳助凝效果,同时可延长保存时间,其保存时间高达一个月时,助凝效果仍然很好,并与保存几个小时的助凝效果相同,其助凝效果不因保存时间延长而降低,而其活化时间短,不超过30 min,是一种适合北方冬季低温、低浊水处理的高效助凝剂。

第四节　影响混凝效果的主要因素

一、水温

水温对混凝效果有明显影响。低温水絮体形成缓慢,絮凝颗粒细小、松散,沉淀效果差。水温低时,即使过量投加混凝剂也难以取得良好的混凝效果。其原因主要有以下3点:

(1)水温低影响无机盐类水解。无机盐混凝剂水解是吸热反应,低温时水解困难,造成水解反应慢,如硫酸铝,水温降低10 ℃,水解速度常数降低到原来的1/2 ~1/4。水温在5 ℃时,硫酸铝水解速度极其缓慢。

(2)低温水的黏度大,使水中杂质颗粒的布朗运动强度减弱,碰撞机会减少,不利于胶粒凝聚,混凝效果下降,同时,水流剪力增大,影响絮凝体的成长,这就是冬天混凝剂用量比夏天多的原因。

(3)低温水中胶体颗粒水化作用增强,妨碍胶体凝聚,而且水化膜内的水由于黏度和重度增大,影响了颗粒之间的黏附强度。

为提高低温水混凝效果,常用的办法是投加高分子助凝剂,如投加活化硅酸后,可对水中负电荷胶体起到桥连作用,如果与硫酸铝或三氯化铁同时使用,可降低混凝剂的用量,提高絮凝体的密度和强度。

二、pH 值

混凝过程中要求有一个最佳 pH 值,使混凝反应速度达到最快,絮凝体的溶解度最小。这个 pH 值可以通过试验测定。混凝剂种类不同,水的 pH 值对混凝效果的影响程度也不同。

对于铝盐与铁盐混凝剂,不同的 pH 值,其水解产物的形态不同,混凝效果也各不相同。

对硫酸铝来说,用于去除浊度时,最佳 pH 值为 6.5 ~ 7.5,用于去除色度时,pH 值一般为 4.5 ~ 5.5。对于三氯化铝来说,适用的 pH 值范围较硫酸铝要宽。用于去除浊度时,最佳 pH 值为 6.0 ~ 8.4,用于去除色度时,pH 值一般为 3.5 ~ 5.0。

高分子混凝剂的混凝效果受水的 pH 值影响较小,故对水的 pH 值变化适应性较强。

三、碱度

水中碱度对混凝起着重要的作用和影响,有时会超过原水 pH 值的影响程度。由于水解过程中不断产生 H^+,导致水的 pH 值下降。要使 pH 值保持在最佳范围以内,常需要加入碱使中和反应充分进行。

天然水中均含有一定碱度(通常是 HCO_3^-),对 pH 值有缓冲作用:

$$HCO_3^- + H^+ = CO_2 + H_2O$$

当原水碱度不足或混凝剂投量很高时,天然水中的碱度不足以中和水解反应产生的 H^+,水的 pH 值将大幅度下降,不仅超出了混凝剂的最佳范围,甚至会影响到混凝剂的继续水解,此时应投加碱剂(如石灰)以中和混凝剂水解过程中产生的 H^+。

四、水中杂质的种类及悬浮物含量

浊度高低直接影响混凝效果,过高或过低都不利于混凝。浊度不同,混凝剂用量也不同,对于去除以浑浊度为主的地表水,主要的影响因素是水中悬浮物的含量。

水中悬浮物含量过高时,所需铝盐或铁盐混凝剂投加量将相应增加。为了减少混凝剂用量,通常投加高分子助凝剂,如聚丙烯酰胺及活化硅酸等。对于高浊度原水处理,采用聚合氯化铝具有较好的混凝效果。

水中悬浮物浓度很低时,颗粒碰撞速率大大减小,混凝效果差。为提高混凝效果,可以投加高分子助凝剂,如活化硅酸或聚丙烯酰胺等,通过吸附架桥作用,使絮凝体的尺寸和密度增大;投加黏土类矿物颗粒,可以增加混凝剂水解产物的凝结中心,提高颗粒碰撞速率并增加絮凝体密度;也可以在原水投加混凝剂后,经过混合直接进入滤池过滤。

五、水力条件

要使杂质颗粒之间或杂质与混凝剂之间发生絮凝,一个必要条件是使颗粒相互碰撞。推动水中颗粒相互碰撞的动力来自两个方面:一是颗粒在水中的布朗运动,二是在水力或机械搅拌作用下所造成的流体运动。由布朗运动造成的颗粒碰撞聚集称“异向絮凝”,由流体运动造成的颗粒碰撞聚集称“同向絮凝”。

颗粒在水分子热运动的撞击下所做的布朗运动是无规则的,当颗粒完全脱稳后,一经碰撞就发生絮凝,从而使小颗粒聚集成大颗粒。由布朗运动造成的颗粒碰撞速率与水温成正比,与颗粒的数量浓度平方成正比,而与颗粒尺寸无关。实际上,只有小颗粒才具有布朗运动。随着颗粒粒径增大,布朗运动将逐渐减弱。当颗粒粒径大于 1 μm 时,布朗运动基本消失。因此,要使较大的颗粒进一步碰撞聚集,还要靠流体运动的推动来促使颗粒相互碰撞,即进行同向絮凝。

同向絮凝要求有良好的水力条件。适当的紊流程度,可为细小颗粒创造相互碰撞接触机会和吸附条件,并防止较大的颗粒下沉。紊流程度太强烈,虽然接触机会更多,但相碰太猛,也不能互相吸附,并容易使逐渐长大的絮凝体破碎。因此,在絮凝体逐渐成长的过程中,应逐渐降低水的紊流程度。

控制混凝效果的水力条件,往往以速度梯度 G 值和 GT 值作为重要的控制参数。

速度梯度是指相邻两水层中两个颗粒的速度差与垂直于水流方向的两流层之间距离的比值,用来表示搅拌强度。流速增量越大,间距越小,颗粒越容易相互碰撞,可以认为速度梯度 G 值实质上反映了颗粒碰撞的机会或次数。

GT 值是速度梯度 G 与水流在混凝设备中的停留时间 T 之乘积,可间接地表示在整个停留时间内颗粒碰撞的总次数。

在混合阶段,异向絮凝占主导地位。药剂水解、聚合及颗粒脱稳进程很快,故要求混合快速剧烈,通常搅拌时间在 10 ~ 30 s,一般 G 值为 500 ~ 1 000 s^{-1}之内。在絮凝阶段,同向絮凝占主导地位。絮凝效果不仅与 G 值有关,还与 T 有关,在此阶段,既要创造足够的碰撞机会和良好的吸附条件,让絮体有足够的成长机会,又要防止生成的小絮体被打碎,因此搅拌强度要逐渐减小,反应时间相对加长,一般在 15 ~ 30 min,平均 G 值为 20 ~ 70 s^{-1},平均 GT 值为 $1\times10^4 \sim 1\times10^5$。

第五节　混凝过程

一、混凝试验

混凝试验的目的是根据原水水质、水量变化和既定的出水水质目标,确定出混凝剂的最佳投加量。

由于影响混凝效果的因素较复杂,且在水厂运行过程中水质、水量不断变化,故要达到最佳剂量且能即时调节、准确投加是相当困难的。目前,我国大多数水厂还是根据实验室混凝搅拌试验确定混凝剂最佳剂量,然后进行人工调节。为了提高混凝效果,节省耗药量,混凝工艺的自动控制和优化控制技术正逐步推广应用,如数学模拟法、现场模拟试验法和特性参数法等。

(一)数学模拟法

数学模拟法,是指根据原水有关的水质参数,例如浊度、水温、pH 值、碱度、溶解氧、氨氮和原水流量等影响混凝效果的主要参数作为前馈值,以沉淀后出水的浊度等参数作为后馈值,建立数学模型来自动调节加药量的多少。

早期仅采用原水的参数建立的数学模型称为前馈模型。目前一般采用前、后馈参数共同参与控制的数学模型,又称为闭环控制法。

根据原水水质和水量,用数理统计方法建立前馈数学模型,在此基础上,根据沉淀池与滤池出水水质,建立反馈数学模型。由前馈给出量和反馈调节量就可获得最佳剂量。此方法是国内外比较先进的控制方式,可以达到提高水质、降低药耗的目的。

采用数学模型的关键,是必须要有大量可靠的生产数据。针对各地各水源的条件不同和所采用的药剂种类不同,建立的数学模型也各不相同。

采用数学模拟法实现加药过程的自动控制,可以采用以下4种方法:

(1)根据原水水质参数和原水流量,共同建立数学模型,给出一个控制信号,控制加注泵的转速来实现加注泵自动调节加注量。

(2)根据原水水质参数,建立数学模型,给出一个信号;用原水流量给出另一个信号;分别控制加注泵的冲程和转速,来实现自动调节加注量。

(3)根据原水流量作为前馈,给出一个信号;用处理水水质(一般为沉淀池出水浊度)作为后馈给出另一个信号;分别控制加注泵的冲程和转速,实现自动调节加注量。

(4)根据原水水质参数和流量,共同建立数学模型并给出一个参数;用处理水水质给出另一个信号;分别控制加注泵的冲程和转速,来实现自动调节加注量。

(二)现场模拟试验法

现场模拟试验法是目前应用较多的一种方法,确定和控制投药量较为简单,常用的模拟装置有斜管沉淀器、过滤器,或二者串联使用。

(1)当原水浊度较低时,常用模拟过滤器法。将水厂混合后的水引一定水样连续进入模拟过滤器(直径一般为0.1 m左右),连续测定出水浊度,从而判断投药量是否合适,并反馈到投药量的自动控制系统。

(2)当原水浊度较高时,可将模拟沉淀池和模拟滤池串联使用。

现场模拟试验法是在现场连续检测,十几分钟的时间就可以完成检测,检测时间较短,相对接近生产实际。

(三)特性参数法

在影响混凝效果的多种复杂因素中,可以发现某种情况下总是有一些影响混凝效果的主要参数,我们称之为特性参数,这些特性参数的变化能够反映混凝程度的变化。目前应用的特性参数法有流动电流检测法和透光率脉动法。

1.流动电流检测法

流动电流是指胶体扩散层中反离子在外力作用下随着流体流动而产生的电流。流动电流与胶体的移动电位(ξ电位)有正相关关系。混凝后胶体的ξ电位变化可以反映胶体脱稳程度,因此混凝后的流动电流变化同样可以反映胶体脱稳程度。

流动电流检测法的控制系统包括检测器、控制器和执行装置三部分。其核心部分为流动电流检测器(SCD)。把影响投加量的多种因素,只用检测凝聚后水的流动电流值单一参数代替,通过控制其流动电流值最佳范围,实现单因子自动控制。

2.透光率脉动法

透光率脉动法是利用光电原理检测水中絮凝颗粒变化,从而达到混凝在线连续控制的一种方法。根据沉淀池出水浊度与投药混凝后水的相对脉动关系,选定一个给定值,其自控系统设计与流动电流法类似,通过控制器和执行装置完成投药的自动控制,使沉淀池出水浊度始终保持在预定要求范围内。

二、混凝剂的配制与投加

混凝过程包括药剂的溶解、配制、计量、投加、混合和反应等几个部分。

混凝剂投加分干投和湿投两种方式。

干投是把药剂直接投放到被处理的水中。干投劳动强度大,投配量较难掌握和控制,对搅拌设备要求高,目前国内已很少使用。

湿投是目前普遍采用的投加方式。将混凝剂配成一定浓度的溶液,直接定量投加到原水中。用以投加混凝剂溶液的投药系统,包括溶解池、溶液池、计量设备、提升设备和投加设备等。

(一)混凝剂的溶解和配制

1.溶解池

溶解池是把块状或粒状的混凝剂溶解成浓溶液,一般情况下只要适当搅拌即可溶解。对难溶的药剂或在冬季水温较低时,可用蒸汽或热水加热。药剂溶解后流入溶液池,配成一定浓度。在溶液池中配制时同样要进行适当搅拌,搅拌时可采用水力、机械或压缩空气等方式。一般药量小时采用水力搅拌,药量大时采用机械搅拌。凡和混凝剂溶液接触的池壁、设备、管道等,应根据药剂的腐蚀性采取相应的防腐措施。

大中型水厂通常建造混凝土溶解池,一般设计两格,交替使用。溶解池通常设在加药间的底层,为地下式。溶解池池顶高出地面 0.2 m,底坡应大于 2%,池底设排渣管。

溶解池容积可按溶液池容积的 20% ~30% 计算。根据经验,小型水厂溶解池容积为 0.5 ~0.9 $m^3/(10^4\ m^3 \cdot d)$,中型水厂为 1 $m^3/(10^4\ m^3 \cdot d)$。

2.溶液池

溶液池是配制一定浓度溶液的设施。溶解池内的浓药液送入溶液池后,用自来水稀释到所需浓度以备投加。溶液池容积按式(3-6)计算:

$$W = \frac{24 \times 100\ aQ}{1\ 000 \times 1\ 000\ bn} = \frac{aQ}{417\ bn} \tag{3-6}$$

式中 Q——处理水量,m^3/h;

a——混凝剂最大投加量,mg/L;

b——溶液浓度,一般取 5% ~20%(按商品固体重量计);

n——每日配制次数,一般不超过 3 次。

(二)混凝剂投加

1.计量设备

通过计量或定量设备将药液投入到原水中,并能够随时调节。一般中小水厂可采用孔口计量,常用的有苗嘴和孔板,如图 3-6 所示。在一定液位下,一定孔径的苗嘴出流量为定值。当需要调整投药量时,只要更换苗嘴即可。标准图中苗嘴共有 18 种规格,其孔径从 0.6 mm 到 6.5 mm。为保持孔口上的水头恒定,还要设置恒位水箱,如图 3-7 所示。为实现自动控制,可采用计量泵、转子流量计或电磁流量仪等。

2.投加方式

投加方式分为重力投加和压力投加,一般根据水厂高程布置和溶液池位置的高低来确定投加方式。

(1)重力投加。是利用重力将药剂投加在水泵吸水管内(见图 3-8)或吸水井中的吸水喇叭口处(见图 3-9),利用水泵叶轮混合。取水泵房离水厂加药间较近的中小型水厂

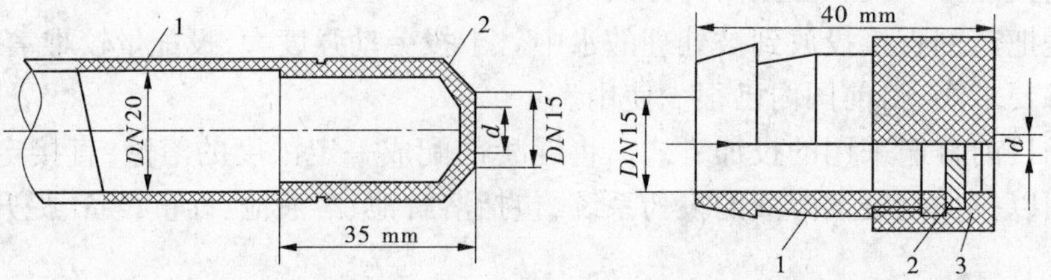

1—出液软管；2—苗嘴　　　　1—螺丝接头；2—孔板；3—压紧螺母

（a）投药苗嘴　　　　（b）孔板

图 3-6　苗嘴和孔板

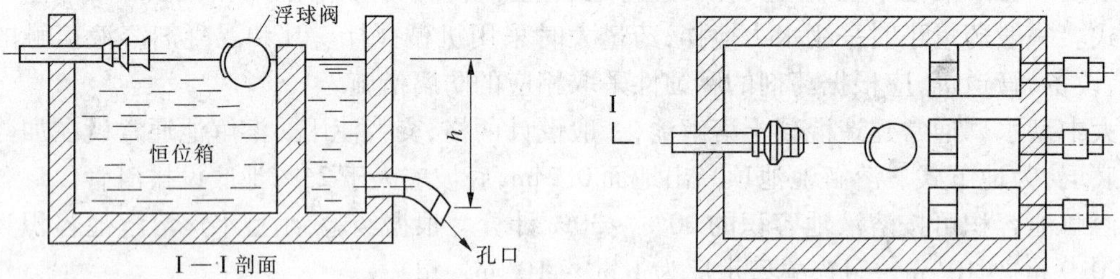

I—I 剖面　　　　平面图

图 3-7　恒位水箱　（单位：mm）

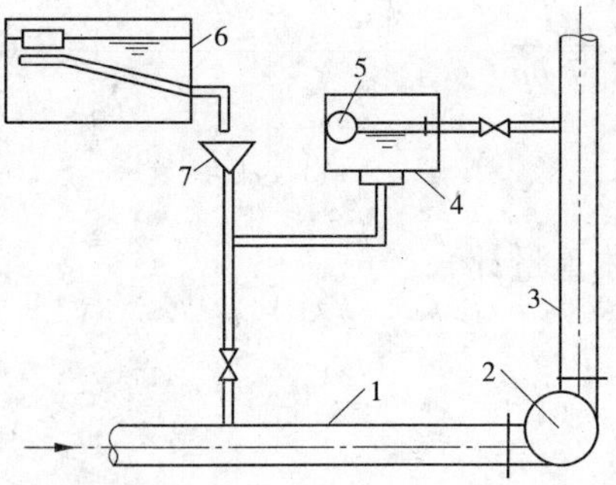

1—吸水管；2—水泵；3—压力管；4—水封箱；
5—浮球阀；6—溶液池；7—漏斗

图 3-8　吸水管重力投加

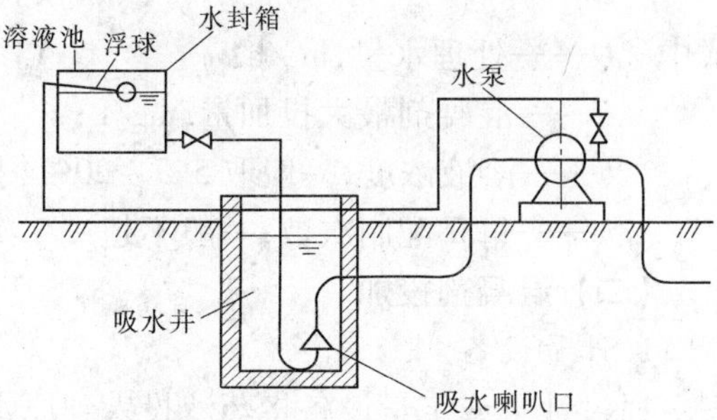

图 3-9　吸水喇叭口处重力投加

采用这种办法较好。图中水封箱是为防止空气进入吸水管而设的。如果取水泵房离水厂较远，可建造高位溶液池，利用重力将药剂投入水泵压水管上，如图 3-10 所示。

(2)压力投加。是利用水泵或水射器将药剂投加到原水管中，适用于将药剂投加到压力水管中，或需要投加到标高较高、距离较远的净水构筑物内。

水泵投加是从溶液池抽提药液送到压力水管中，有直接和采用耐酸泵配以转子流量计两种方式，如图 3-11 所示。

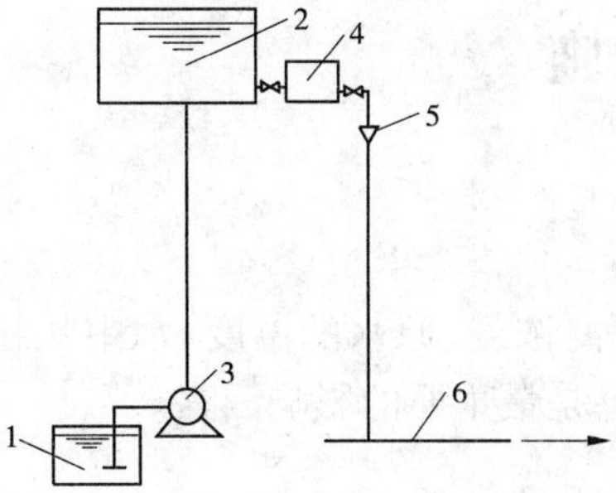

1—溶解池；2—溶液池；3—提升泵；
4—投药箱；5—漏斗；6—高压水管

图 3-10　高位溶液池重力投加

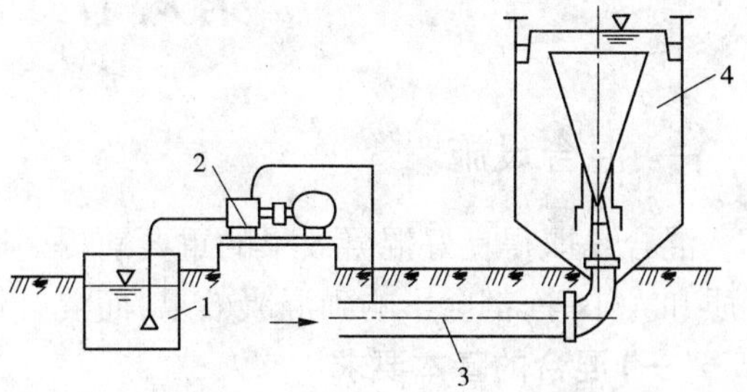

1—溶液池；2—计量泵；3—原水进水管；4—澄清池

图 3-11　采用计量泵压力投加

水射器投加是利用高压水（压力 >0.25 MPa）通过喷嘴和喉管时的负压抽吸作用，吸入药液到压力水管中，如图 3-12 所示。水射器投加应设有计量设备。一般水厂内的给水管都有较高压力，故使用方便。

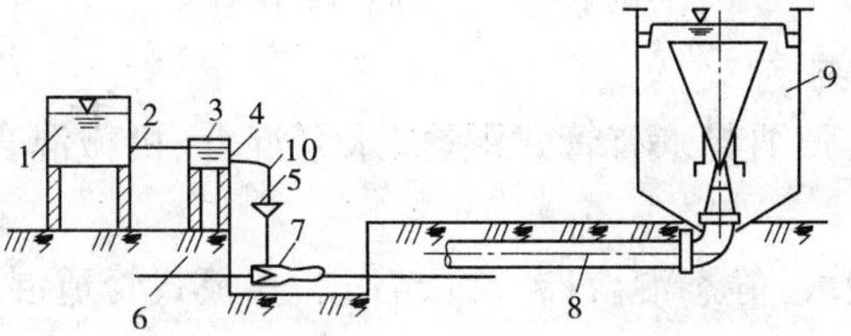

1—溶液池；2，4—阀门；3—投药箱；5—漏斗；
6—高压水管；7—水射器；8—原水进水管；
9—澄清池；10—计量装置

图 3-12　水射器投加

药剂注入管道的方式，应有利于水与药剂的混合，图 3-13 所示为几种投药管布置方式。投药管道与零件宜采用耐酸材料，并且便于清洗和疏通。

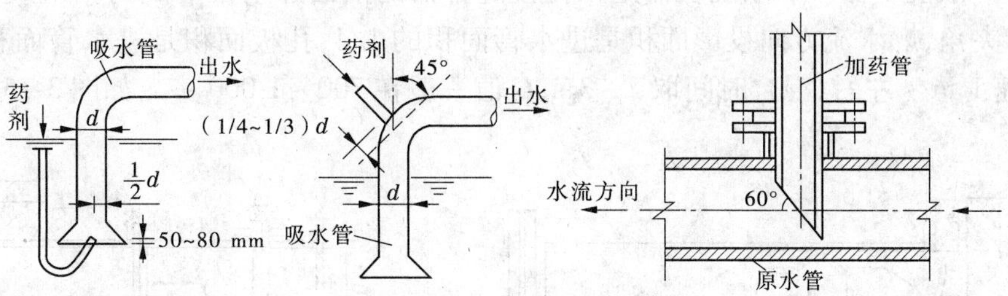

图 3-13　投药管布置

药剂仓库应设在加药间旁，尽可能靠近投药点，药剂的固定储量一般按 15 ~ 30 d 最大投药量计算，其周转储量根据供药点的远近与当地运输条件决定。

第六节　混凝设施

一、混合设施

混合是取得良好混凝效果的重要前提。药剂的品种、浓度、原水的温度、水中颗粒的性质和大小等，都会影响到混凝效果，而混合设施的选择是最主要的影响因素。

(一)混合的基本要求

对混合设施的基本要求，在于通过对水体的强烈搅动后，能够在很短的时间内促使药剂均匀地扩散到整个水体，达到快速混合的目的。

铝盐和铁盐混凝剂的水解反应速度非常快，例如分子量为几百万的聚合物，形成聚合的时间约为 1 s，所以没有必要延长混合时间。采用水流断面上多点投加，或者采用强烈搅拌的方式，可以使药剂均匀地分布于水体中。

在设计时注意混合设施尽可能与后续处理构筑物拉近距离，最好采用直接连接方式。

采用管道连接时，管内流速可以控制在0.8～1.0 m/s，管内停留时间不宜超过2 min。根据经验，混合的速度梯度 G 值一般控制在 500～1 000 s^{-1}。

(二)混合设施的种类

混合设施种类较多，归纳起来有管式混合、水泵混合、机械混合等方式。

1. 管式混合

常用的管式混合有管道静态混合器、文氏管式、孔板式管道混合器、扩散混合器等。

最常用的为管道静态混合器。

(1)管道静态混合器。是在管道内设置若干固定叶片，通过的水成对分流，并产生涡旋反向旋转和交叉流动，从而达到混合的目的。如图 3-14 所示。

静态混合器在管道上安装容易，实现快速混合，并且效果好、投资省、维修工程量少，但会产生一定的水头损失。为了减少能耗，管内流速一般采用 1 m/s。该种混合器内一般采用 1～4 个分流单元，适用于流量变化较小的水厂。

(2)扩散混合器。扩散混合器是在孔板混合器的前面加上锥形配药帽组成的。锥形帽为90°夹角，顺水流方向投影面积是进水管面积的1/4，孔板面积是进水管面积的3/4，管内流速 1 m/s 左右，混合时间取 2～3 s，G 值一般在 700～1 000 s^{-1}，如图 3-15 所示。

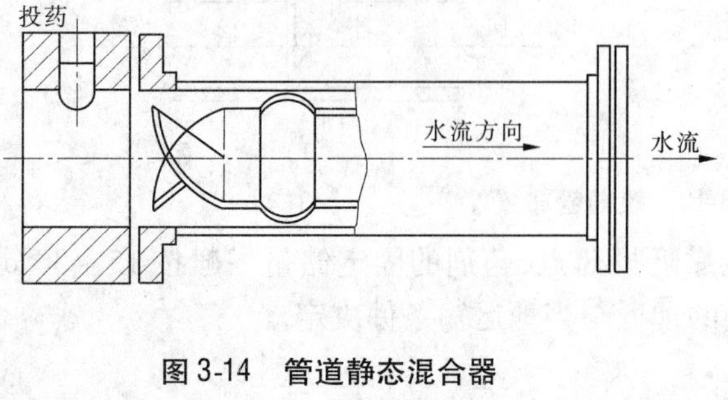

图 3-14　管道静态混合器

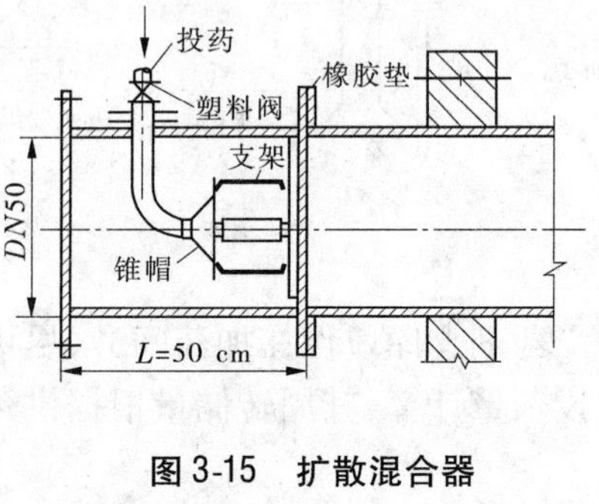

图 3-15　扩散混合器

混合器的长度一般在0.5 m以上，用法兰连接在原水管道上，安装位置低于絮凝池水面。扩散混合器的水头损失为0.3～0.4 m，多用于直径在200～1 200 mm的进水管上，适用于中小型水厂。

2. 水泵混合

水泵混合是利用水泵的叶轮产生涡流，从而达到混合目的。这种方式设备简单，无需专门的混合设备，没有额外的能量消耗，所以运行费用较省。但在使用三氯化铁等腐蚀性较强的药剂时会腐蚀水泵叶轮。

由于采用水泵混合可以省去专门的混合设备，故在过去的设计中较多采用。近年来的运行发现：水泵混合的G值较低，水泵出水管进入絮凝池的投药量无法精确计量而导致自动投加难以实现，一般水厂的原水泵房与絮凝池距离较远，容易在管道中形成絮凝体，影响了絮凝效果。

因此要求混凝剂投加点一般控制在100 m之内，混凝剂投加在原水泵房水泵吸水管或吸水喇叭口处，并注意设置水封箱，以防止空气进入水泵吸水管。

3. 机械混合

机械混合是通过机械在池内的搅拌达到混合目的，要求在规定的时间内达到需要的搅拌强度，满足速度快、混合均匀的要求，如图3-16所示。机械搅拌一般采用桨板式和推进式。桨板式结构简单，加工制造容易。推进式效能高，但制造较为复杂。混合池有方形和圆形之分，以方形较多。池深与池宽比在1∶1～3∶1，池子可以单格或多格串联，停留时间10～60 s。

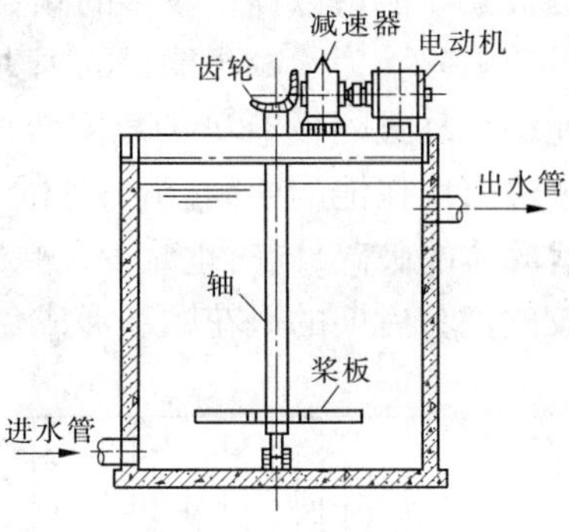

图3-16　机械混合

机械搅拌一般采用立式安装，为了减少共同旋流，需要将搅拌机的轴心适当偏离混合池的中心。在池壁设置竖直挡板可以避免产生共同旋流。机械混合器水头损失小，并可适应水量、水温、水质的变化，混合效果较好，适用于各种规模的水厂。但机械混合需要消耗电能，机械设备管理和维护较为复杂。

二、絮凝设施

原水与药剂混合后，通过絮凝设备的外力作用，使具有絮凝性能的微絮凝颗粒接触碰撞，形成肉眼可见的大的密实絮凝体，从而实现沉淀分离的目的。

絮凝是净水工艺中不可缺少的重要内容，完成絮凝过程的设施称为絮凝池。

（一）絮凝过程的基本要求

为了达到较为满意的絮凝效果，絮凝过程需要满足以下基本要求：

（1）颗粒具有充分的絮凝能力；

（2）具备保证颗粒获得适当的碰撞接触而又不致破碎的水力条件；

（3）具备足够的絮凝反应时间；

（4）颗粒浓度增加，即接触碰撞机会增多。

(二)几种常见的絮凝池形式

絮凝设施的形式较多,一般分为水力搅拌式和机械搅拌式两大类,水力搅拌式是利用水流自身能量,通过流动过程中的阻力给水流输入能量,反映为在絮凝过程中产生一定的水头损失。

机械搅拌式是利用电动机或其他动力带动叶片进行搅动,使水流产生一定的速度梯度。这种形式的絮凝不消耗水流自身的能量,絮凝所需要的能量由外部提供。

也可以将不同形式加以组合应用,例如穿孔旋流絮凝与隔板组合,隔板絮凝与机械搅拌组合等。

1. 隔板絮凝池

水流以一定流速在隔板之间通过从而完成絮凝过程的絮凝设施,称为隔板絮凝池。水流方向是水平运动的称为水平隔板絮凝池,水流方向为上下竖向运动的称为垂直隔板絮凝池。水平隔板絮凝池应用较早,隔板布置采用来回往复的形式,如图 3-17 所示。水流沿隔板间通道往复流动,流动速度逐渐减小,这种形式称为往复式隔板絮凝池。往复式隔板絮凝池可以提供较多的颗粒碰撞机会,但在转折处消耗能量较大,容易引起已形成的矾花破碎。为了减小能量的损失,出现了回转式隔板絮凝池,如图 3-18 所示。这种絮凝池将往复式隔板 180°的急剧转折改为 90°,水流由池中间进入,逐渐回转至外侧,其最高水位出现在池的中间,出口处的水位基本与沉淀池水位持平。回转式隔板絮凝池避免了絮凝体的破碎,同时也减少了颗粒碰撞机会,影响了絮凝速度。为保证絮凝初期颗粒的有效碰撞和后期的矾花顺利形成免遭破碎,出现了往复 - 回转组合式隔板絮凝池。

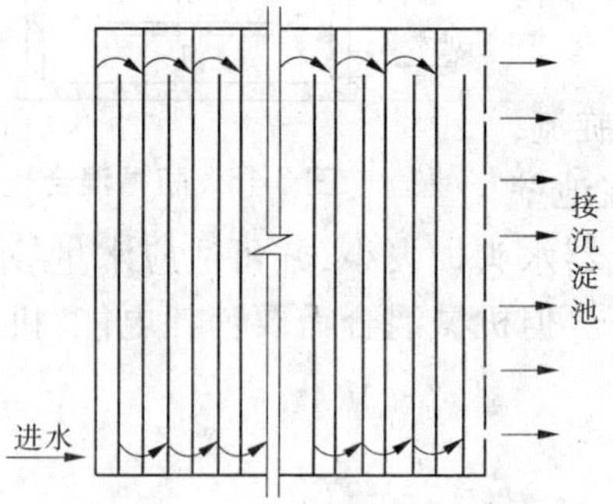

图 3-17　往复式隔板絮凝池

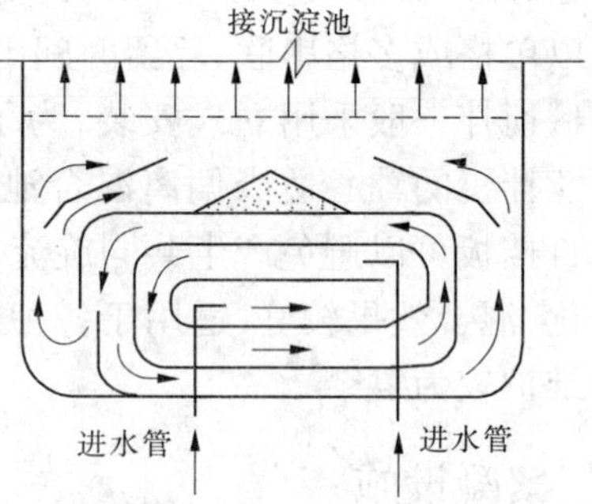

图 3-18　回转式隔板絮凝池

2. 折板絮凝池

折板絮凝池是在隔板絮凝池基础上发展起来的,是目前应用较为普遍的形式之一。在折板絮凝池内放置一定数量的平折板或波纹板,水流沿折板竖向上下流动,多次转折,以促进絮凝。

折板絮凝池的布置方式有以下几种分类:

(1)按水流方向可以分为平流式和竖流式,以竖流式应用较为普遍。

(2)按折板安装相对位置不同,可以分为同波折板和异波折板,如图 3-19 所示。同波折板是将折板的波峰与波谷对应平行布置,使水流不变,水在流过转角处产生紊动;异波折板将折板波峰相对、波谷相对,形成交错布置,使水的流速时而收缩成最小,时而扩张成最大,从而产生絮凝所需要的紊动。

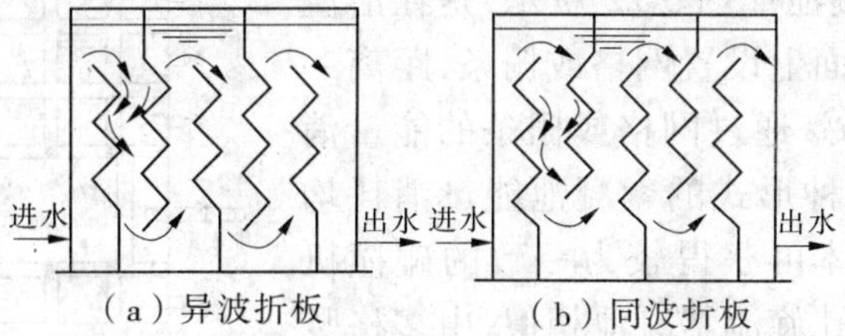

图 3-19　单通道同波折板和异波折板絮凝池

(3)按水流通过折板间隙数,又可分为单通道和多通道,如图 3-19 和图 3-20 所示。

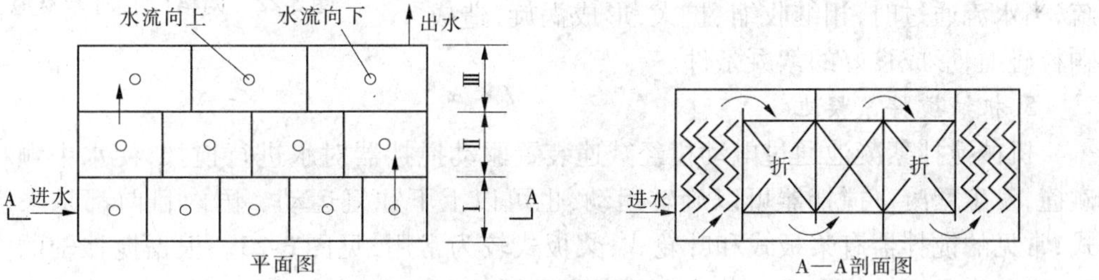

图 3-20　多通道折板絮凝池

单通道是指水流沿二折板间不断循序流动,多通道则是将絮凝池分隔成若干格,各格内设一定数量的折板,水流按各格逐格通过。

无论哪一种方式都可以组合使用,有时絮凝池末端还可采用平板。同波和异波折板絮凝效果差别不大,但平板效果较差,只能放置在池末起补充作用。

3. *穿孔旋流絮凝池*

穿孔旋流絮凝池是利用进口较高的流速,使水流产生旋流运动,从而完成絮凝过程,如图 3-21 所示。为了改善絮凝条件,常采用多级串联的形式,由若干方格(一般不少于 6 格)组成。各格之间的隔墙上沿池壁开孔,孔口上下交错布置。水流通过呈对角交错开孔的孔口沿池壁切线方向进入后形成旋流,所以又称为孔室絮凝池。为适应絮凝体的成长,逐格增大孔口尺寸,以降低流速。穿孔旋流絮凝池构造简单,但絮凝效果较差。

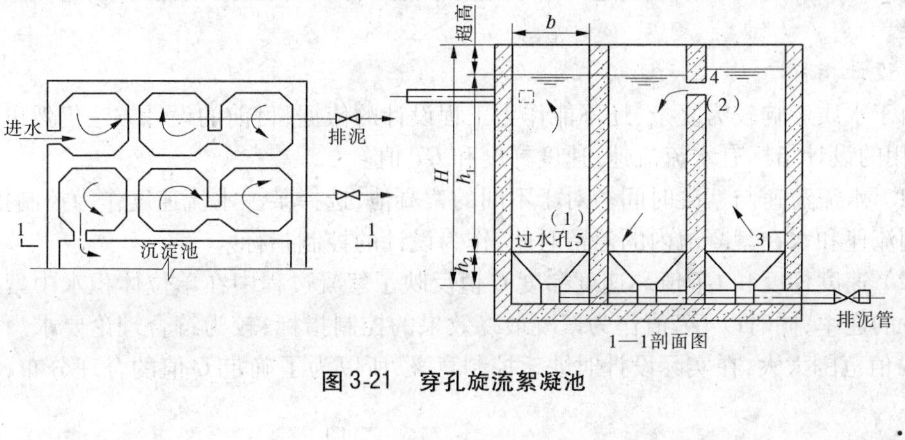

图 3-21　穿孔旋流絮凝池

4. 网格(栅条)絮凝池

网格(栅条)絮凝池如图3-22所示,是在沿流程一定距离的过水断面上设置网格或栅条,距离一般控制在0.6~0.7 m。通过网格或栅条的能量消耗完成絮凝过程。这种形式的絮凝池能量消耗均匀,水体各部分的絮体可获得较为一致的碰撞机会。其平面布置和穿孔旋流絮凝池相似,由多格竖井串联而成。进水水流顺序从一格流到下一格,上下对角交错流动,直到出口。在全池约2/3的竖井内安装若干层网格或栅条,网格或栅条孔隙由密渐疏,当水流通过时,相继收缩、扩大,形成涡旋,造成颗粒碰撞,形成良好的絮凝条件。

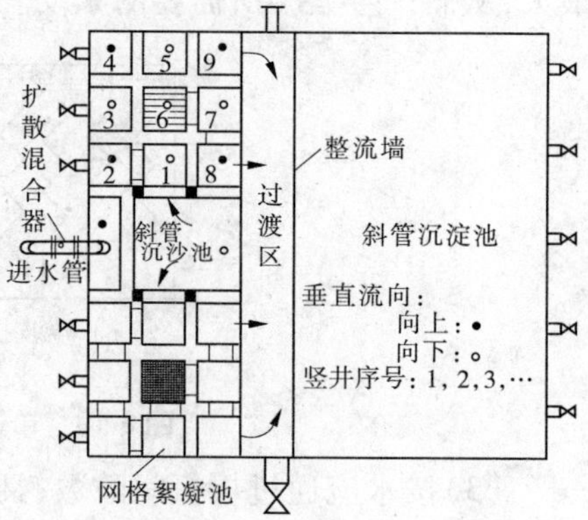

图3-22 网格(栅条)絮凝池

5. 机械搅拌絮凝池

机械搅拌絮凝池通过电动机经减速装置驱动搅拌器对水进行搅拌,使水中颗粒相互碰撞,发生絮凝。搅拌器可以旋转运动,也可以上下往复运动。国内目前都是采用旋转式,常见的搅拌器有桨板式和叶轮式,桨板式较为常用,见图3-23。根据搅拌轴的安装位置,又分为水平轴式和垂直轴式。前者通常用于大型水厂,后者一般用于中小型水厂。机械搅拌絮凝池宜分格串联使用,以提高絮凝效果。

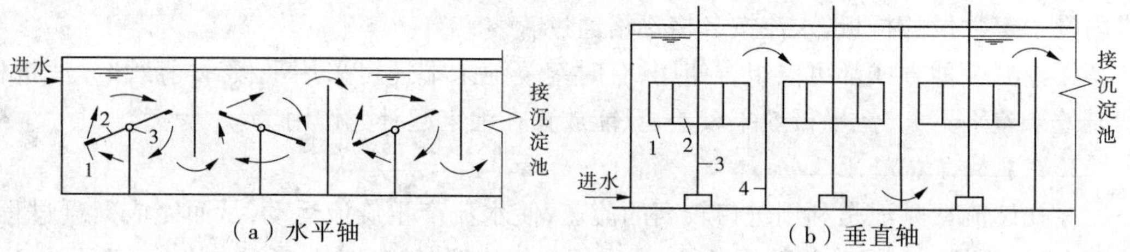

1—桨板;2—叶轮;3—旋转轴;4—隔板

图3-23 机械搅拌絮凝池

(三)絮凝池的设计

絮凝池设计的目的在于创造一个最佳的水力条件,以较短的絮凝时间,达到最好的絮凝效果。

1. 设计指标

由于水质影响较为复杂,还不能作为工程设计的依据,目前的设计方法仍然以经验为主,常用的设计指标有水流流速、速度梯度和 GT 值。

(1) 水流流速与絮凝时间。对于不同的絮凝池,选择某一水流速度作为控制指标,根据控制流速和水在絮凝池内的停留时间,作为设计的控制指标。

(2) 速度梯度和 GT 值。速度梯度 G 值反映了絮凝过程中在单位体积水中絮体颗粒数减少的速率,同时以 GT 值作为絮凝最终效果的控制指标,较为符合理论要求。由于推荐的 G 值范围太大,在实际设计时缺乏控制意义,所以为了确定 G 值的合理分布,一般通过搅拌试验来完成。

2. 隔板絮凝池主要设计参数

(1)絮凝时间 20 ~ 30 min,平均 G 值 30 ~ 60 s^{-1},GT 值 10^4 ~ 10^5。

(2)廊道流速,应沿程递减,从起端 0.5 ~ 0.6 m/s,逐步递减到末端 0.2 ~ 0.3 m/s,一般宜分成 4 ~ 6 段。

(3)隔板净距不小于 0.5 m,转角处过水断面积应为相邻廊道过水断面积的 1.2 ~ 1.5 倍。尽量做成圆弧形,以减少水流在转弯处的水头损失。

(4)为便于排泥,底坡 2% ~ 3%,排泥管直径大于 150 mm。

(5)总水头损失,往复式 0.3 ~ 0.5 m,回转式 0.2 ~ 0.35 m。

3. 隔板絮凝池设计计算公式

(1)絮凝池容积 V

$$V = \frac{QT}{60} \tag{3-7}$$

式中 V——絮凝池容积,m^3;

Q——设计流量,m^3/h;

T——絮凝时间,min。

(2)池长 L

$$L = \frac{V}{BH} \tag{3-8}$$

式中 L——池长,m;

B——池宽,应和沉淀池等宽,m;

H——有效水深,m。

(3)隔板间距 d

$$d = \frac{Q}{3\ 600vH} \tag{3-9}$$

式中 v——隔板间流速,m/s。

(4)水头损失 h

$$h = \sum h_i \tag{3-10}$$

$$h_i = \xi s_i \cdot \frac{v_0^2}{2g} + \frac{v_i^2}{C_i^2 R_i} \cdot L_i \tag{3-11}$$

式中 h_i——第 i 段廊道水头损失,m;

s_i——第 i 段廊道内水流转弯次数;

v_i、v_0——第 i 段廊道内水流速度和转弯处水流速度,m/s;

ξ——隔板转弯处局部阻力系数,往复式 $\xi = 3$,回转式 $\xi = 1$;

C_i——流速系数,通常按曼宁公式 $C_i = \frac{1}{n} R_i^{\frac{1}{6}}$ 计算或直接查水力计算表;

L_i——第 i 段廊道总长度,m;

R_i——第 i 段廊道过水断面水力半径,m。

(5)平均速度梯度 G

$$G=\sqrt{\frac{\gamma h}{60\mu T}} \tag{3-12}$$

式中　γ——水的容重,$9.81\times10^3\ N/m^3$;

μ——水的动力黏度,Pa·s。

4. 折板絮凝池主要设计参数

(1)絮凝时间 6~15 min,平均 G 值 30~50 s^{-1},GT 值大于 2×10^4。

(2)分段数不宜小于 3,前段流速 0.25~0.35 m/s,中段 0.15~0.25 m/s,末段 0.10~0.15 m/s。

(3)平折板夹角有 90°和 120°两种。折板长 0.8~2.0 m,宽 0.5~0.6 m,峰高 0.3~0.4 m,板间距(或峰距)0.3~0.6 m。折板上下转弯和过水孔洞流速,前段 0.3 m/s,中段 0.2 m/s,末段 0.1 m/s。

折板絮凝池设计计算公式可参见有关设计手册。

5. 机械絮凝池主要设计参数

(1)絮凝时间 15~20 min,平均 G 值 20~70 s^{-1},GT 值 $1\times10^4\sim1\times10^5$。

(2)池内一般设 3~4 挡搅拌机,每挡可用隔墙或穿孔墙分隔,以免短流。

(3)搅拌机桨板中心处线速度从第一挡的 0.5 m/s 逐渐减小到末挡的 0.2 m/s。

(4)每台搅拌器上桨板总面积宜为水流截面积的 10%~20%,不宜超过 25%。

(5) 桨板长度不大于叶轮直径 75%,宽度宜取 100~300 mm。

【例题 3-1】　水平往复式隔板絮凝池计算示例(见图 3-24)。

已知:设计水量(包括自用水量)$Q=60\ 000\ m^3/d=2\ 500\ m^3/h$,根据水厂布置,要求絮凝池宽长比 $Z=B/L=1.2$。

采用数据:

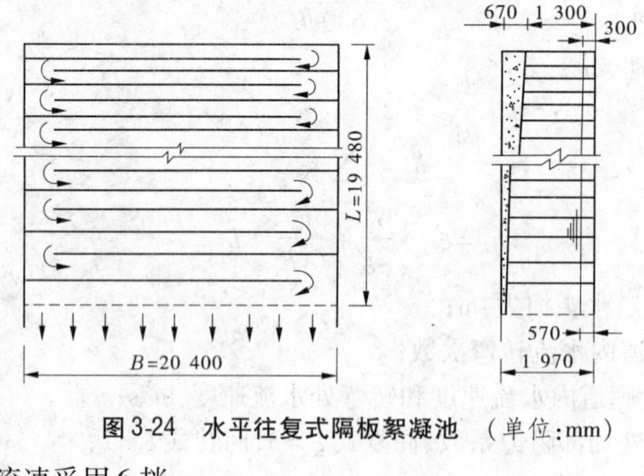

图 3-24　水平往复式隔板絮凝池　(单位:mm)

(1)廊道内流速采用 6 挡:

$v_1=0.50$ m/s;

$v_2=0.40$ m/s;

$v_3=0.35$ m/s;

$v_4=0.30\ \mathrm{m/s}$;

$v_5=0.25\ \mathrm{m/s}$;

$v_6=0.20\ \mathrm{m/s}$。

(2)絮凝时间:$T=20\ \mathrm{min}$。

(3)池内平均水深:$H_1=1.20\ \mathrm{m}$。

(4)超高 $H_2=0.30\ \mathrm{m}$,池数 $n=2$。

解:

1. 池体计算:

总容积

$$V=\frac{QT}{60}=\frac{2\ 500\times 20}{60}=833.33(\mathrm{m}^3)$$

分两格,每池平面面积

$$F=\frac{V}{nH_1}=\frac{833.33}{2\times 1.2}=347.22(\mathrm{m}^2)$$

池净长(隔板间净距之和)

$$L=\sqrt{\frac{F}{Z}}=\sqrt{\frac{347.22}{1.2}}=17.01(\mathrm{m})$$

池净宽 $B=ZL=1.2\times 17.01=20.41(\mathrm{m})$

隔板间距按廊道内流速不同也分为6挡,各挡宽度为:

$$d_1=\frac{Q}{3\ 600nv_1H_1}=\frac{2\ 500}{3\ 600\times 2\times 0.5\times 1.2}=0.58(\mathrm{m})$$

取 $d_1=0.60\ \mathrm{m}$,实际流速 $v_1'=0.48\ \mathrm{m/s}$;

$$d_2=\frac{Q}{3\ 600nv_2H_2}=\frac{2\ 500}{3\ 600\times 2\times 0.4\times 1.2}=0.72(\mathrm{m})$$

取 $d_2=0.70\ \mathrm{m}$,实际流速 $v_2'=0.41\ \mathrm{m/s}$;

同理可得$d_3=0.80\ \mathrm{m}$,$v_3'=0.36\ \mathrm{m/s}$;$d_4=1.00\ \mathrm{m}$,$v_4'=0.29\ \mathrm{m/s}$;

$d_5=1.15\ \mathrm{m}$,$v_5'=0.25\ \mathrm{m/s}$;$d_6=1.45\ \mathrm{m}$,$v_6'=0.20\ \mathrm{m/s}$。

每一段取3条,则廊道总数为18条,絮凝池实际净长为:

$$3(d_1+d_2+d_3+d_4+d_5+d_6)=17.1\ \mathrm{m}$$

采用砖砌隔板水泥砂浆抹面,设每道隔板厚为14 cm,则6挡共有17道隔板,总厚度为2.38 m,故絮凝池长度为:

$$L'=3(d_1+d_2+d_3+d_4+d_5+d_6)+2.38=19.48\ \mathrm{m}$$

将计算的池长 $L=19.48\ \mathrm{m}$ 调整为19.5 m。池内平均水深 $H_1=1.2\ \mathrm{m}$,起端水深取1.0 m,终端水深取1.4 m。

2. 水头损失计算

按廊道内流速不同分段计算,然后叠加。计算水力半径可近似采用平均流速。由于廊道分为六段,池内平均水深1.2 m,起端水深取1.0 m,终端水深取1.4 m,按照廊道水深逐渐加大的情况,第一段起端为1.0 m,第二段起端为1.08 m,第三段起端为1.16 m,第四段起端为1.24 m,第五段起端为1.32 m,第六段起端为1.40 m,因此每段水深计算

时取该段起端和末端的平均值,即第一段水深为 1.04 m,其他以此类推。所以:

$$R_1 = \frac{d_1 H_1}{d_1 + 2H_1} = \frac{0.6 \times 1.04}{0.6 + 2 \times 1.04} = 0.233(\mathrm{m})$$

絮凝池用水泥砂浆抹面,粗糙系数 $n = 0.013$,根据 R_1 及 n 值查《给排水设计手册》第 3 册得 $C_1 = 60.4$。

前 5 段内水流转弯次数(s_n)均为 3,故前 5 段各段廊道长度之和

$$L_n = 3 \times B = 3 \times 20.41 = 61.2(\mathrm{m})$$

$v_0 = 0.482/1.2 = 0.402(\mathrm{m/s})$,故第一段水头损失为:

$$h_1 = \xi s_1 \cdot \frac{v_0^2}{2g} + \frac{v_1^2}{C_1^2 R_1} \cdot L_1$$

$$= 3 \times 3 \times \frac{0.402^2}{2 \times 9.8} + \frac{0.482^2}{60.4^2 \times 0.233} \times 61.2 = 0.09(\mathrm{m})$$

各段水头损失均可按上述方法计算,列于表 3-2。

则池底坡度 $i = \dfrac{1.4 - 1.0 + 0.27}{19.5} = 0.034\ 4$

3. 水力校核——G 及 GT 值验算(水温 $t = 20$ ℃)

$$G = \sqrt{\frac{\gamma h}{60\mu T}} = \sqrt{\frac{1\ 000 \times 0.27}{1.029 \times 10^{-4} \times 60 \times 20}} = 46.76(\mathrm{s}^{-1})$$

G 和 GT 值符合絮凝池设计的一般要求,故该絮凝池设计基本合理。

表 3-2　水头损失计算表

段数	数值						
	s_i	L_i	R_i	v_0	v_i	C_i	h_i
1	3	61.2	0.233	0.402	0.482	60.4	0.090
2	3	61.2	0.266	0.344	0.413	63.2	0.064
3	3	61.2	0.301	0.302	0.632	64.3	0.048
4	3	61.2	0.359	0.242	0.290	65.8	0.030
5	3	61.2	0.404	0.208	0.250	66.8	0.022
6	2	40.8	0.478	0.167	0.200	68.5	0.016
	$h = \sum h_i = 0.27$ m						

小　结

本章主要介绍了混凝机理、常见的混凝剂、影响混凝效果的因素、混凝设施和絮凝设施及相关设计计算。造成水浊度的主要杂质是胶体,而胶体具有一定的稳定性,很难去除,因此需投加混凝剂,如无机盐类混凝剂、高分子絮凝剂、微生物絮凝剂;助凝剂:调整剂、氧化剂、絮体结构改良剂等。通过压缩双电层作用机理、电荷中和作用机理、吸附架桥

作用机理、沉淀物网捕作用机理等达到去除胶体杂质的目的。在混凝过程中创造良好的水温、pH 值、碱度、水中杂质及悬浮物的含量、水力等条件,以提高混凝效果。

在混凝剂投加过程中,通过混凝试验确定合理的投加量,再通过常见的管式混合、水泵混合、机械混合等使胶体杂质和混凝剂充分的混合,达到胶体脱稳,然后经过常见的絮凝设施,如隔板絮凝池、折板絮凝池、机械搅拌絮凝池、穿孔旋流絮凝池、网格(栅条)絮凝池等使絮体颗粒长大,从而为后续处理工艺创造条件,以达到最终去除杂质的目的。

思考题与习题

1. 胶体有何特征？什么是胶体的稳定性？试用胶粒之间相互作用势能曲线说明胶体稳定性的原因。

2. 目前普遍用几种机理来描述水的混凝过程？试分别叙述。

3. 影响混凝效果的主要因素是什么？

4. 目前我国常用的混凝剂有几种？各有何优缺点？

5. 什么叫助凝剂？目前我国常用的助凝剂有几种？在什么情况下需要投加助凝剂？

6. 混凝剂有几种投加方式？目前我国常用的混凝设施有几种？各有什么特点？

7. 目前常用的絮凝池有几种？各有何优缺点？

第四章　沉淀和澄清

【教学目标】 本章主要介绍了沉淀的类型,并对理想沉淀池进行了沉淀过程分析,详细介绍了平流式沉淀池、斜管沉淀池的基本构造和设计计算,澄清池的类型及作用原理;要求重点掌握平流式沉淀池和斜管沉淀池的设计与水力计算。

第一节　悬浮颗粒在静水中的沉淀

一、概述

(一)沉淀类型划分

水中悬浮颗粒依靠重力作用从水中分离出来的过程称为沉淀。根据水中悬浮颗粒的密度、凝聚性能的强弱和浓度的高低,沉淀可分为四种基本的沉淀类型:

(1)自由沉淀。悬浮颗粒在沉淀过程中呈离散状态,其形状、尺寸、质量等物理性状均不改变,下沉速度不受干扰,单独沉降,互不聚合,各自完成独立的沉淀过程,只受到颗粒自身在水中的重力和水流阻力的作用。这种类型多表现在沉砂池、初沉池初期。

(2)絮凝沉淀。颗粒在沉淀过程中,其尺寸、质量及沉速均随深度的增加而增大。表现在初沉池后期、生物膜法二沉池、活性污泥法二沉池初期。

(3)拥挤沉淀。又称成层沉淀。颗粒在水中的浓度较大,在下沉过程中彼此干扰,在清水与浑水之间形成明显的交界面,并逐渐向下移动。其沉降的实质就是界面下降的过程。表现在活性污泥法二沉池的后期、浓缩池上部。

(4)压缩沉淀。颗粒在水中的浓度很高,沉淀过程中,颗粒相互接触并部分受到压缩物支撑,下部颗粒的间隙水被挤出,颗粒被浓缩。主要表现在活性污泥法二沉池污泥斗中、浓缩池中的浓缩。

(二)完成沉淀过程的主要构筑物

(1)沉淀池。通过悬浮颗粒下沉而实现去除目的的沉淀过程。

(2)气浮池。通过微气泡和悬浮颗粒的吸附,使其相对密度小于水而上浮去除的过程。

(3)澄清池。通过沉淀的泥渣与原水悬浮颗粒接触吸附而加速沉降去除的沉淀过程。

二、悬浮颗粒在静水中的自由沉淀

三种假设:

(1)水中沉降颗粒为球形,其大小、形状、质量在沉降过程中均不发生变化;

(2)颗粒之间距离无穷大,沉降过程互不干扰;

（3）水处于静止状态，且为稀悬浮液。

基于以上假设，静水中的悬浮颗粒仅受到重力和水的浮力这两种力的作用。由于悬浮颗粒的密度大于水的密度，重力对其的作用大于浮力的作用，因此开始时颗粒沿重力方向以某一加速度下沉，同时受到水对运动颗粒所产生的摩擦阻力作用，随着颗粒沉降速度的增加，水流阻力不断增大。当颗粒的沉降速度增加到一定值后，颗粒所受重力、浮力和水的阻力三者达到平衡，如图4-1所示，颗粒的加速度为零，此时的颗粒开始匀速下沉，并自此开始作匀速下沉运动。

图4-1　自由沉淀受力分析

以 F_1、F_2、F_3 分别表示颗粒的重力、浮力和下沉过程中受到的水流阻力，则

$$F_1 = \frac{1}{6}\pi d^3 \rho_s g \tag{4-1}$$

$$F_2 = \frac{1}{6}\pi d^3 \rho_l g \tag{4-2}$$

$$F_3 = \lambda \rho_l A \frac{u^2}{2} \tag{4-3}$$

式中　d——球形颗粒直径；

ρ_s、ρ_l——颗粒、水的密度；

u——颗粒沉降速度；

λ——阻力系数，是雷诺数 $Re = \rho ud/\mu$ 和颗粒形状的函数，其中 μ 为水的动力黏度，对于层流，$\lambda = 24/Re$；

A——颗粒的投影面积。

自由沉淀可用牛顿第二定律表述为

$$m\frac{\mathrm{d}u}{\mathrm{d}t} = F_1 - F_2 - F_3 = \frac{1}{6}\pi d^3(\rho_s - \rho_l)g - \lambda \rho_l A \frac{u^2}{2} \tag{4-4}$$

自由沉降达到平衡状态时，$\frac{\mathrm{d}u}{\mathrm{d}t} = 0$，式(4-4)整理后得沉速公式

$$u = \sqrt{\frac{4gd(\rho_s - \rho_l)}{3\lambda \rho_l}} \tag{4-5}$$

在 $Re < 1$ 范围内，呈层流状态，将相应的阻力系数代入式(4-5)，得斯笃克斯(Stokes)公式

$$u = \frac{gd^2(\rho_s - \rho_l)}{18\mu} \tag{4-6}$$

斯笃克斯公式表明影响沉淀（上浮）速度的诸因素。

（1）颗粒沉速 u 的决定因素是 $\rho_s - \rho_l$。当 $\rho_s < \rho_l$ 时，u 呈负值，颗粒上浮；当 $\rho_s > \rho_l$ 时，u 呈正值，颗粒下沉；$\rho_s = \rho_l$ 时，$u = 0$，颗粒在水中呈相对静止状态。

（2）沉速 u 与颗粒直径 d 的平方成正比，颗粒越大，沉速越快。所以增大颗粒直径 d，可大大地提高下沉（或上浮）效果。

（3）u 与 μ 成反比，μ 决定于水质与水温。在水质相同的条件下，水温高则 μ 值小，有利于颗粒下沉（上浮）；水温低则 μ 值大，不利于颗粒下沉（上浮），所以低温水

难处理。

水中悬浮物的组成比较复杂，颗粒形状多样，且粒径不均匀，密度也有差异，采用斯笃克斯公式计算颗粒的沉速十分困难，因此公式(4-6)并不直接用于工艺计算。

第二节　沉淀池的沉淀原理

一、理想沉淀池

(一) 理想沉淀池的三个假定

(1)颗粒处于自由沉淀状态。

(2)水流沿着水平方向作等速流动，在过水断面上各点流速相等，颗粒的水平分速等于水流流速。

(3)颗粒沉到池底即认为已被去除。

(二) 理想沉淀池的沉淀过程分析

理想沉淀池工作状况如图4-2所示。理想沉淀池分流入区、流出区、沉淀区和污泥区。从池中的点 A 进入的颗粒运动轨迹是水平流速 v 和颗粒沉速 u 的矢量和。直线Ⅰ表示从池顶 A 点开始下沉而能够沉到池底的颗粒的运动轨迹。直线Ⅱ表示从池顶 A 点开始下沉而不能够沉到池底的颗粒的运动轨迹。直线Ⅲ表示从池顶 A 点开始下沉而正好沉到池底最远处 D 点的颗粒的运动轨迹。

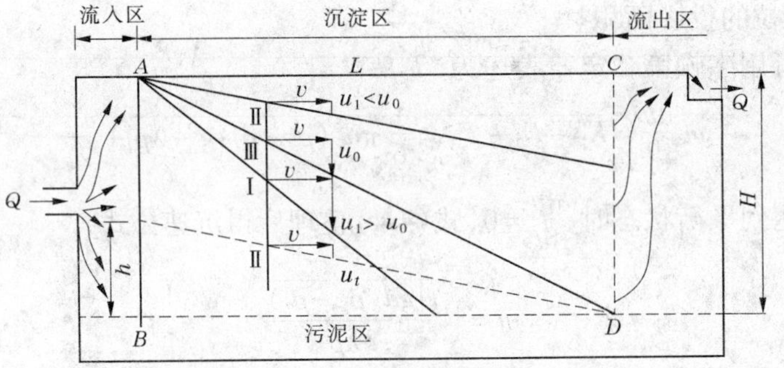

图4-2　理想沉淀池工作状况

将直线Ⅲ代表的颗粒具有的沉速定义为 u_0，故可得关系式

$$\frac{u_0}{v}=\frac{H}{L} \tag{4-7}$$

式中　u_0——颗粒沉速；

v——水流速度，即颗粒的水平分速；

H——沉淀区水深；

L——沉淀区长度。

显然，沉速 $u_t \geq u_0$ 的颗粒，都可在 D 点前沉淀掉，见轨迹Ⅰ所代表的颗粒。沉速 $u_t < u_0$ 的颗粒，视其在流入区所处位置而定。如果靠近水面进入则不能被去除，见轨迹Ⅱ实

线所代表的颗粒；如果靠近池底进入就能被去除，见轨迹Ⅱ虚线所代表的颗粒。

轨迹Ⅲ所代表的颗粒沉速 u_0 具有特殊意义，通常称为截流沉速。实际上，它反映了沉淀池所能全部去除的颗粒中的最小颗粒的沉速。

水平流速 v 和沉速 u_0 都与沉淀时间 t 有关：

$$t=\frac{V}{Q}=\frac{L}{v}=\frac{H}{u_0} \tag{4-8}$$

$$v=\frac{Q}{HB} \tag{4-9}$$

其中 Q——沉淀池设计流量，m^3/s；

B——沉淀池宽度，m；

V——沉淀池容积，m^3。

由此可以导出：

$$\frac{Q}{A}=u_0=q \tag{4-10}$$

式中 A——沉淀池表面积，$A=BL$；

q——表面负荷率或溢流率。

表面负荷率表示在单位时间内通过沉淀池单位表面积的流量，单位为 $m^3/(m^2 \cdot h)$，其数值等于截留沉速，但含义却不同。

理想沉淀池总的沉淀效率，在设定了截留沉速 u_0 以后，由两部分组成。一部分是 $u_i \geqslant u_0$ 的颗粒去除率，这类颗粒将全部沉掉。若所有沉速小于截留沉速 u_0 的颗粒重量占原水中全部颗粒重量的百分率为 P_0，则本部分去除率为 $(1-P_0)$。另一部分是 $u_i<u_0$ 的颗粒去除率，这类颗粒部分沉到池底被去除。设这类颗粒中某一沉速 u_i 的颗粒浓度为 C_i，沿着进水区高度 H 的截面进入的总量则为 $QC=HBvC_i$，只有位于池底以上 h_i 高度内的部分才能全部沉到池底，其重量为 h_iBvC_i，则沉速为 u_i 的颗粒去除率为：

$$E_i=\frac{h_iBvC_i}{HBvC_i}\cdot\frac{HBvC_i}{HBvC_0}=\frac{u_i}{u_0}\cdot dP_i=\frac{u_i}{Q/A}\cdot dP_i \tag{4-11}$$

式中 C_0——原水中悬浮物浓度；

dP_i——具有沉速为 u_i 的颗粒重量占原水中全部颗粒重量的百分率。

因此所有 $u_i<u_0$ 的颗粒去除率为：

$$E=\int_0^{P_0}\frac{u_i}{Q/A}\cdot dP_i=\frac{1}{Q/A}\int_0^{P_0}u_i dP_i \tag{4-12}$$

故理想沉淀池总的沉淀效率为：

$$P=(1-P_0)+\frac{1}{Q/A}\int_0^{P_0}u_i\,dP_i \tag{4-13}$$

由公式(4-13)得知：

(1)悬浮物在沉淀池中的去除率取决于沉淀池的表面负荷 q 和颗粒沉速 u_i，而与其他因素（如水深、池长、水平流速和沉淀时间）无关。这一理论由哈真在1904年提出。

(2)当去除率一定时，颗粒沉速 u_i 越大，则表面负荷越高，产水量越大；当产水量和表面积不变时，u_i 越大，则去除率越高。颗粒沉速 u_i 的大小与凝聚效果有关，所以生产上一般很重视混凝工艺。

(3)颗粒沉速 u_i 一定时,增加沉淀池表面积可以提高去除率。当沉淀池容积一定时,池深较浅则表面积大,去除率可以提高,这就是"浅池理论",是斜板(管)沉淀池的理论发展基础。

二、影响沉淀池沉淀效果的因素

理想沉淀池的假定条件之一是水流稳定和流速分布均匀。水在其中的停留时间 t_d(h)(即理论停留时间)可以按下式计算:

$$t_d = \frac{V}{Q}$$

式中 V——沉淀池的有效容积,m^3;

Q——沉淀池的设计流量,m^3/h。

然而在实际沉淀池中水流不稳定,流速分布也不均匀,其中流速较小的一部分水流通过沉淀区的时间将大于理论停留时间 t,这是所谓"滞流";而流速较大的部分水流通过沉淀区的时间将会小于理论停留时间,这就是所谓"短流"。当短流流速超过一定值,就会将颗粒挟带出沉淀池外,从而影响沉淀效果。出现短流和滞流的因素很多,归纳起来有三点。

(一)沉淀池进、出水的影响

通常,沉淀池中水平流速为 3 ~ 20 mm/s,而进水穿孔花墙孔眼的流速一般达 0.1 ~ 0.2 m/s,为前者的若干倍,所以相对沉淀池中的水流而言,进入沉淀池的水流具有很大的动能,在沉淀池中能持续很长距离才逐渐消失(见图 4-3)。由图可见这种经穿孔花墙的射流将加剧水的紊动,从而影响沉淀效果。同时,在沉淀池出水区由于集水设施的影响,使流线逐渐密集,流速逐渐增加,也有一段长度不能起沉淀作用。集水孔眼流速越大,集水堰负荷越大,对沉淀效果的影响就越严重。

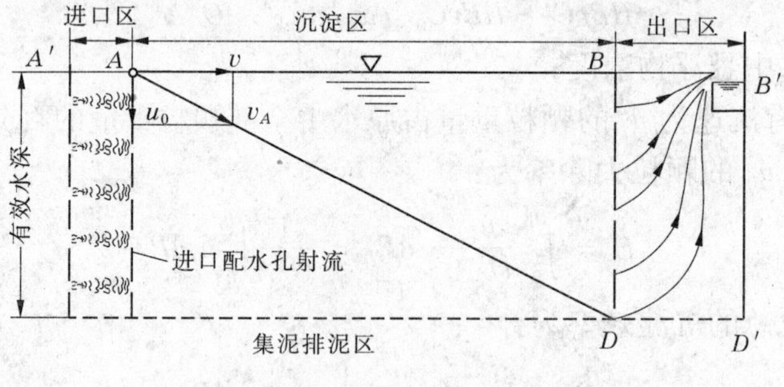

图 4-3 进水口射流及集水的影响

(二)异重流的影响

浑水由于其中含有大量杂质颗粒,密度比清水大,它进入沉淀池后会潜入沉淀池底以较上部水流快的速度向前流动,形成所谓密度异重流。水的密度还与水温有关,当进水温度低于池内水温时,也会潜入池底部运动;当进水温度高于池内水温时,进水则有可能趋向沉淀池表面流动;这两种情况都会形成所谓温差异重流(见图 4-4)。无论哪种异重流在沉淀池中都会产生短流或滞流，影响沉淀效果。

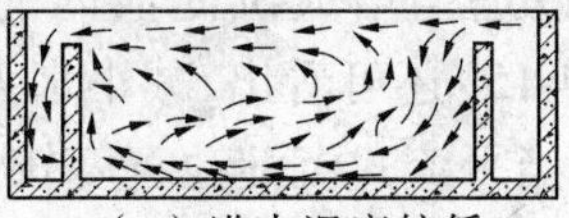

（a）进水温度较低

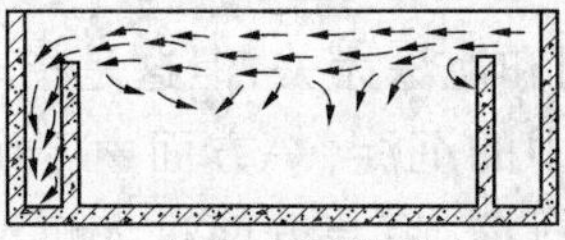

（b）进水温度较高

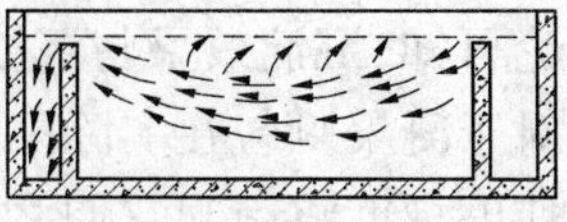

（c）进水温度相等

图 4-4 温差异重流

（三）水流紊动性和稳定性的影响

水流的紊动性和稳定性都是指水流状态。水流的紊动性用雷诺数 Re 作为判别指标，水流的稳定性用弗劳德数 Fr 作为判别指标。

由水力学可知水流的雷诺数（Re）按下式计算：

$$Re=\frac{v\rho R}{\mu}=\frac{vR}{\gamma} \tag{4-14}$$

式中 v——水在沉淀池中的水平流速；

R——沉淀池的水力半径；

μ——水的动力黏度；

γ——水的运动黏度，$\gamma=\mu/\rho$；

ρ——水的密度。

式（4-14）表明，雷诺数代表着在水的流动过程中惯性力与黏滞力的比值。雷诺数 Re 小，表明水流的紊动性小，颗粒沉降时所受的水流干扰小，有利于颗粒的沉降。一般认为，水在沉淀池中的流动属明渠均匀流，要使水流处于层流状态，雷诺数应控制在 500 以下，可以用减小水平流速 v 和水力半径 R 来达到目的。然而，降低水平流速会增加沉淀池造价并带来许多其他不利影响；要通过对沉淀池分层分格来增大水流湿周、减小水力半径，从而降低 Re，在实际工程中也是困难的。对大多数平流式沉淀池而言，水流的雷诺数均在 4 000 ~ 20 000，实际上都处于紊流状态。因此，在平流式沉淀池中，虽然为了减小紊流状态水流中的脉动分速及小涡旋对颗粒沉降的干扰，应该尽可能地降低水流的雷诺数，但没有必要过分地强调雷诺数的控制。

水流的弗劳德数（Fr）按下式计算：

$$Fr=\frac{v^2}{Rg} \tag{4-15}$$

式中 g——重力加速度；

R——水力半径；

v——水平流速。

式（4-15）表明，弗劳德数 Fr 代表着水流动过程中惯性力与重力的比值，Fr 越大，水流的惯性力作用就越大，抗外界干扰的能力就越强，即水流不容易受温度异重流、密度异重流、风浪引起的池面水流及沉淀池内局部构造等外界因素的干扰，有利于颗粒的沉降。

也就是说，*Fr* 越大，水流的稳定性就越高。一般认为平流式沉淀池的 *Fr* 数宜大于 10^{-5}。

为了提高水流的稳定性，可以适当增大沉淀池内的水平流速（设计时可按 10 ~ 25 mm/s 考虑）。从式（4-14）和式（4-15）还可看出，减小水力半径 *R* 可以同时起到降低雷诺数、增大弗劳德数的作用。因此，当平流式沉淀池宽度较大时应进行适当的纵向分格。

（四）其他因素的影响

由浅层沉淀理论可知，沉淀效果与沉淀时间和池深无关，但这是指非凝聚颗粒在理想沉淀池中的沉淀。对于凝聚颗粒在实际沉淀池中的沉淀，一方面由于沉淀池内水流流速分布不均而产生的速度梯度将引起它们之间的碰撞，另一方面进入沉淀池的凝聚颗粒大小不同，沉速各异，沉速大的颗粒在沉降过程中能追上沉速小的颗粒与之碰撞，这些都使杂质颗粒的絮凝过程在沉淀池内继续进行。沉淀时间越长，这种絮凝就进行得越充分，沉淀效果就越好。

同理，沉淀池水深越大，因颗粒沉速不同而引起的絮凝也将进行得越完善，这也可以在一定程度上提高沉淀效果。因此，在水处理工程中，应保证水在沉淀池中有一定的停留时间（一般为 1 ~ 3 h）和采用适宜的沉淀池深度（一般为 3 ~ 3.5 m）。

此外，沉淀池内水流转折会形成滞水区，池内所设的支柱、刮泥架等障碍物会增加局部水流的紊动性，因惯性力作用形成的股流，因风吹形成的偏流和短流等都会降低沉淀池的沉淀效果，这些也应在沉淀池设计中充分注意。

第三节　沉淀池的类型及其适用性

一、沉淀池的类型与选用

作为依靠重力作用进行固液分离的装置，可以分为两类：一类是以沉淀有机固体为主的装置，通称为沉淀池；另一类则是以沉淀无机固体为主的装置，通称为沉砂池。

（一）沉淀池的分类

1. 按水流方向分类

按沉淀池的水流方向不同，可分为平流式沉淀池、竖流式沉淀池、辐流式沉淀池。见图 4-5。

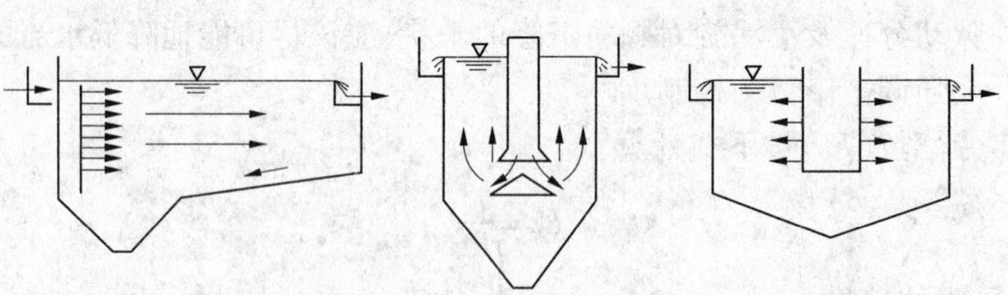

（a）平流式沉淀池　　（b）竖流式沉淀池　　（c）辐流式沉淀池

图 4-5　按水流方向不同划分的沉淀池

（1）平流式沉淀池。被处理水从池的一端流入，按水平方向在池内向前流动，从另一端溢出，池表面呈长方形，在进口处底部设有污泥斗。

（2）竖流式沉淀池。表面多为圆形，也有方形、多角形。水从池中央下部进入，由下向上流动,沉淀后上清液由池面和池边溢出。

(3)辐流式沉淀池。池表面呈圆形或方形,水从池中心进入,沉淀后从池子的四周溢出,池内水流呈水平方向流动,但流速是变化的。

2. 按工艺布置分类

按工艺布置不同,可分为初次沉淀池、二次沉淀池。

(1)初次沉淀池。设置在沉砂池之后,某些生物处理构筑物之前,主要去除有机固体颗粒,可降低生物处理构筑物的有机负荷。

(2)二次沉淀池。设置在生物处理构筑物之后,用于沉淀生物处理构筑物出水中的微生物固体,与生物处理构筑物共同构成处理系统。

3. 按颗粒沉降距离分类

按截流颗粒沉降距离不同,可分为一般沉淀池、浅层沉淀池。斜板或斜管沉淀池的沉降距离仅为 30 ~200 mm,是典型的浅层沉淀池。斜板沉淀池中的水流方向可以布置成同向流(水流与污泥方向相同)、异向流(水流与污泥方向相反)、侧向流(水流与污泥方向垂直),见图 4-6。

图 4-6 斜板或斜管沉淀池

(二)沉淀池的选用

选用沉淀池时一般应考虑以下几方面的因素。

(1)地形、地质条件。不同类型沉淀池选用时会受到地形、地质条件限制,例如平流式沉淀池一般布置在场地平坦、地质条件较好的地方。沉淀池一般占生产构筑物总面积的 25% ~40% 。当占地面积受限时,平流式沉淀池的选用就会受到限制。

(2)气候条件。寒冷地区冬季时,沉淀池的水面会形成冰盖,影响处理和排泥机械运行,将面积较大的沉淀池建于室内进行保温会提高造价,因此选用平面面积较小的沉淀池为宜。

(3)水质、水量。原水的浊度、含沙量、沙粒组成、水质变化直接影响沉淀效果。例如斜管沉淀池积泥区相对较小,原水浊度高时会增加排泥困难。

(4)运行费用。不同的原水水质对不同类型沉淀池的混凝剂消耗也不同;排泥方式的不同会影响到泥水浓度和厂内自用水的耗水率;斜板、斜管沉淀池板材需要定期更新等,会增加日常维护费用。

二、平流式沉淀池

(一)基本构造

平流式沉淀池按其各部分在沉淀工艺中的功能,可分为进水区、沉淀区、存泥区、出水区四部分。

1. 进水区

进水区的作用是使水量和颗粒浓度均匀地分布在沉淀池起端的整个横断面上，并尽量降低水流的动能以减少扰动，同时应避免在进水分配中造成絮粒的破碎。

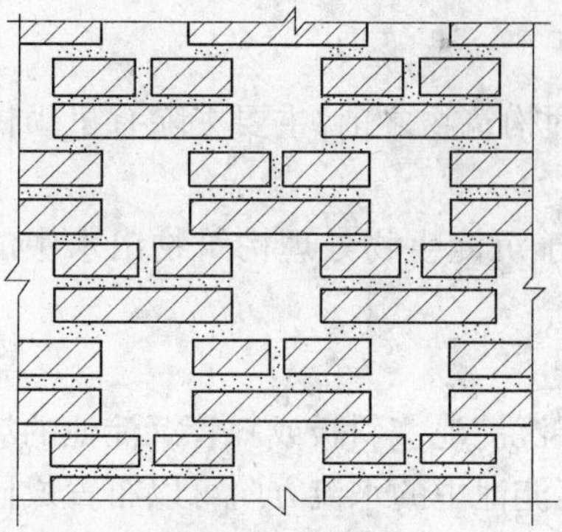

图 4-7 穿孔墙

一般的做法是使水流从絮凝池直接经穿孔配水墙流入沉淀池（见图 4-7），避免采用进水管或进水槽，因为进水管（槽）中流速过小，絮体会沉淀；流速过大，絮体又容易破碎。为了防止絮体破碎，洞口流速应不超过絮凝池末端的水流速度，即不大于 0.15 ~ 0.20 m/s，并以此控制洞口的总面积。穿孔墙洞口的形式一般有圆形、矩形以及断面沿水流逐渐放大的喇叭形。目前以矩形洞口采用较多，但从减小进水紊流区的作用范围考虑，采用喇叭形洞口较理想，因为它可以减小孔口进水射流的影响。但由于喇叭形洞口施工较困难，所以实际上并不多见。矩形洞口的边长一般为 50 ~ 150 mm，洞口的布置应使最上面一排洞口在设计水位以下 12 ~ 15 cm，最下一排洞口在沉淀池积泥高度以上 30 ~ 50 cm。在配水花墙处由于流速较小而易积泥，因此应考虑设置排泥管。

2. 沉淀区

沉淀区的作用是使杂质颗粒在较好的水力条件下靠自重从水流中沉淀分离。为此，必须减小池中水流的紊动性，提高水流的稳定性。如前所述，减小沉淀池过水断面的水力半径可以同时起到降低雷诺数 Re 和提高弗劳德数 Fr 的作用，从而达到减小紊动性、提高稳定性的目的。

通常用导流墙对平流式沉淀池进行纵向分格，以增大湿周，减小水力半径，但分格过多将增加造价；同时水流转折过多，不利于沉淀，排泥处理也较困难。通常每格 3 ~ 8 m，最大不超过 15 m。如果宽度 $B \leqslant 8$ m，则可以不考虑纵向分格，并控制长宽比 $L/B \geqslant 4$。

平流式沉淀池的有效水深一般为 $H = 3.0 \sim 3.5$ m。在确定池深时，应考虑各处理构筑物在高程上的配合，避免沉淀池架空修建，同时考虑积泥深度和超高。对于平流式沉淀池，积泥深度一般在 1.0 m 左右，超高为 0.3 m。

平流式沉淀池长度按公式 $L = vT$ 考虑，并控制长深比 $L/H \geqslant 10$。

3. 出水区

出水区的作用是均匀收集沉淀池上层清水，避免带出絮体，一般采用平顶堰、齿形堰或带孔口的集水管（渠）集水（见图 4-8）。

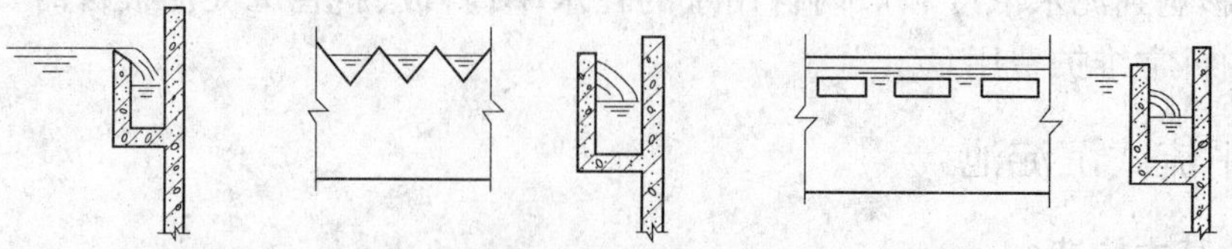

（a）平顶堰　（b）齿形堰　（c）孔口

图 4-8 沉淀池出口布置

由于出口处的堰流改变了沉淀池的水流，不可避免地造成堰口附近流线集中。如果水流向上的分速大于颗粒在净水中的沉速，颗粒将被水流带出池外，使出水水质恶化。集水堰口负荷越高，流线将越密集，水流向上的分速就越大，出水带走细小絮粒（俗称"跑矾"）的现象就越严重。因此，改善沉淀池出口设计对提高沉淀效率有很重要的意义。

若采用出水堰集水，为了实现均匀出水，要求堰顶上的水深（通常小于 5 cm）沿池宽保持一致。因此，首先应在施工中保证堰顶水平，高低误差一般不应超过 2 mm。堰口负荷以不超过 500 $m^3/(m^2 \cdot d)$ 为宜，为此，应适当增加出水堰的长度，图 4-9 为常用的措施之一。这样布置出水堰有两个优点：一方面增加出水堰长度，可以降低堰口负荷，减小无效沉淀区的体积；另一方面在一定的沉淀距离以后即开始集水，可以集取池面已澄清的水，同时又使其后池内的水平流速降低，从而延长这部分水的沉淀时间，提高沉淀效率。

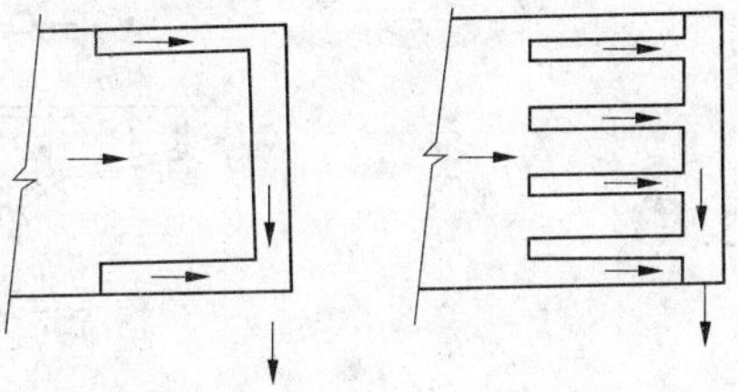

图 4-9　增加出水堰长度的措施

若采用孔口集水，则孔口流速一般为 0.6 ~ 0.7 m/s，孔径 20 ~ 30 mm，淹没式孔口在设计水面以下 12 ~ 15 cm，以适应池中水位变化。淹没式孔口出流量决定于孔口前后的水位差，因而受出水水位的影响很大。当集水渠中水流不畅而产生壅水时，将使各孔口前后的水位差不同，从而造成孔口出水不均，因此通常用自由出流的形式。只要施工时保证各孔口位置在水平方向的精确度，就可以保证出水的均匀性。

4. 存泥区和排泥措施

存泥区的作用是存积污泥，定期排除，以便沉淀池能连续工作。排泥不畅，污泥淤积过多，将严重影响出水水质和操作管理。

设计沉淀池时应根据沉积的污泥量和排泥周期考虑积泥区的大小，根据污泥的沉积规律和排泥方式布置积泥区。

沉淀池排泥方式有人工排泥、多斗底重力排泥、穿孔管排泥和机械排泥四种形式。目前，应用最多的是多斗底重力排泥，随着我国排泥机械生产逐步系列化、定型化，机械排泥的应用也将越来越广泛。

1）多斗底重力排泥

实践证明，在沉淀池前部 1/5 ~ 1/3 长度范围内积泥最多，越往后越少。因此，通常在沉淀池前段 1/3 池长范围内设小排泥斗，在后段 2/3 范围内设大排泥斗，每个排泥斗设有快开排泥阀，通过池底排泥管排除污泥。阀杆一般接长，高出池顶，操作盘安装在池顶阀杆支座上，也可以用有多个吸入口的排泥管同时排除几个排泥斗的污泥（见图 4-10），这样可以减少排泥管的数目，便于操作管理。排泥管管径应根据池底各排泥斗的污泥负荷通过计算确定。

为了使沉积的污泥在排泥时能顺着斗壁自行滑下，排泥斗斜壁与水平之夹角需要保持一定的值，根据沉淀池污泥自然下滑的规律，通常采用 30° ~ 45°。排泥斗的数量和大小应根据原水浊度、沉淀池尺寸等通过技术经济比较后确定。

多斗底重力排泥浓度较高，排泥水头损失小，可以分斗排泥，排泥均匀而无干扰。其

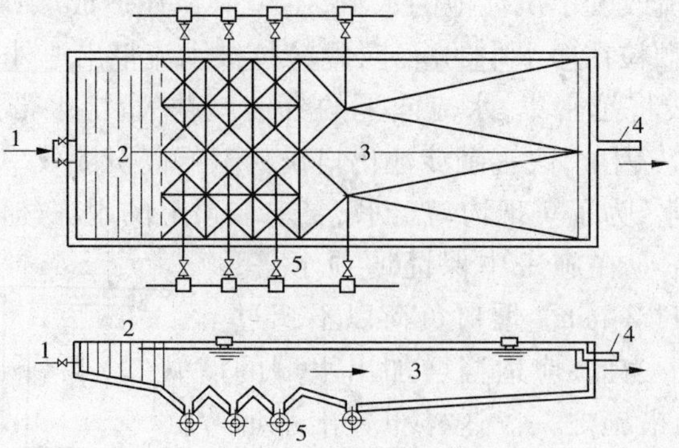

1—进水管；2—隔板絮凝池；3—沉淀池；
4—出水管；5—排泥管

图 4-10　多斗底沉淀池

缺点是排泥操作劳动强度大，排泥不彻底，需人工定期清洗，同时，池底结构复杂，施工较困难，适于原水浊度不高的中、小型水厂。

2）机械排泥

机械排泥是利用机械装置将沉积于池底的污泥刮在一起，然后通过排泥泵或真空虹吸作用将其排至池外。根据排泥机械结构和排泥方式的不同，又分为桁架虹吸式、牵引刮泥式、中心悬挂刮泥式等许多种。由于桁架虹吸式是利用沉淀池内外的水位差虹吸排泥，节省了排泥泵，因而目前应用较多。

桁架式多口虹吸式吸泥机装置如图 4-11 所示，吸泥动力来自沉淀池本身的虹吸水头。刮泥板 1、吸泥口 2、吸泥管 3、排泥管 4，并排安装在桁架 5 上，整个桁架利用电动机和传动机构 6 通过滚轮 11 架设在沉淀池壁 9 的轨道 7 上，以 0.6～1.2 m/min 的速度往复行进。在行进过程中将池底积泥刮到一起，然后由吸泥管吸入，经排泥管排入排泥沟 10。虹吸作用是用真空泵或水射器抽走排泥管中的气体后实现的，适用于具有 2.5～3 m 虹吸水头的沉淀池。吸泥机可以设计成各种跨度，目前最大跨度已达 26 m。

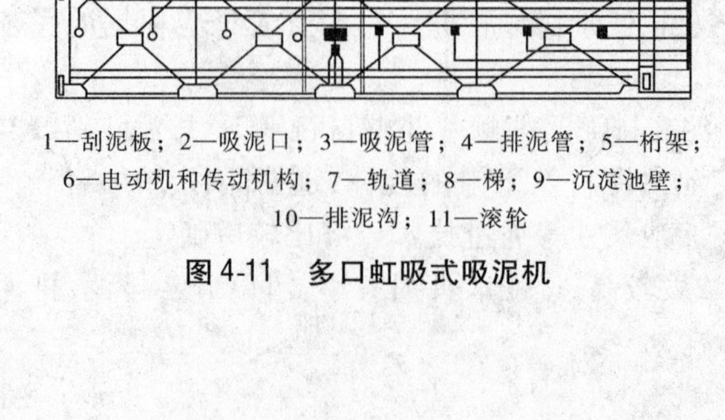

1—刮泥板；2—吸泥口；3—吸泥管；4—排泥管；5—桁架；
6—电动机和传动机构；7—轨道；8—梯；9—沉淀池壁；
10—排泥沟；11—滚轮

图 4-11　多口虹吸式吸泥机

牵引式刮泥机是用慢动卷扬机和不锈钢钢丝绳牵引设于池底的刮泥机在沉淀池中往复运动，把沉积在池底的污泥刮向设于池端的集泥斗（槽）中，然后利用穿孔管或排泥阀定期排出池外，刮泥机往复刮泥行程均由行程开关自动控制。

由于机械排泥装置排泥彻底，效果好，可连续排泥，一般不需定期放空清洗沉淀池，减小了工人劳动强度，易于实现自动化。同时，沉淀池可做成平底，使池底结构简单，池深较小，可充分利用沉淀池容积。缺点是增加了设计维修工作量，排泥浓度较低，排泥耗水量较大。适用于原水浊度高，排泥次数多，地下水位较高的大、中型水厂。

（二）设计计算

平流式沉淀池通常按表面负荷率 q（可参照表 4-1 所列数值选用）和水平流速 v 进行设计计算，也可以按水流在沉淀池中的停留时间 T 和水平流速进行，并按对水流紊动性和稳定性的要求进行工艺布置。

水平流速是指沉淀池过水断面上的平均流速，根据我国现有平流式沉淀池的运行经验，水平流速以 10～25 mm/s 为宜。

水在沉淀池中的停留时间又称为沉淀时间，这也是平流式沉淀池设计中的一个重要控制指标。《室外给水设计规范》（以下简称《规范》）规定，当混凝沉淀时，“平流式沉淀池沉淀时间应根据原水水质、水温等，参照相似条件下的运行经验确定，一般宜为 1.0～3.0 h”。在选用沉淀时间时，若原水以泥沙为主且浊度中等，沉淀时间可适当缩短，当原水以色度或有机质为主或温度较低时，应选用较长的沉淀时间。

表 4-1　设计表面负荷率参考指标

原水性质	表面负荷率 q（$m^3/(m^2\cdot h)$）
原水浊度 100～250 度的混凝沉淀	1.88～2.92
浊度大于 500 度的混凝沉淀	1.04～1.67
低浊度高色度水的混凝沉淀	1.25～1.67
低温低浊度的混凝沉淀	1.04～1.46
不用凝聚剂的自然沉淀	0.42～0.63

按液面负荷、水平流速和沉淀时间计算沉淀池池体的步骤及方法如下：

（1）沉淀池表面积 A（m^2）

$$A = Q/q \tag{4-16}$$

式中　Q——处理水量，m^3/h；

q——表面负荷率，$m^3/(m^2\cdot h)$，可按表 4-1 选用。

（2）沉淀池长 L（m）

$$L = 3.6vT \tag{4-17}$$

式中　v——水平速度，mm/s；

T——沉淀时间，h。

（3）池宽 B（m）

$$B = A/L \tag{4-18}$$

(4)有效水深通常取3.0～3.5。

$$H=\frac{QT}{BL} \tag{4-19}$$

(5)复核沉淀水力条件，主要求出水流稳定性指标弗劳德数，看其是否在$10^{-5}\sim10^{-4}$之间。

如果只知道沉淀时间和水平流速，则池体计算如下：

(1)沉淀池表面积

$$A=QT/H \tag{4-20}$$

(2)沉淀池长

$$L=3.6vT \tag{4-21}$$

(3)沉淀池宽

$$B=\sqrt{\frac{A}{\beta}} \tag{4-22}$$

式中　β——沉淀池长宽比，通常不小于4，否则水流的稳定性差。

沉淀池数一般不少于2个，以便清洗检修时不停止供水。

在工艺布置上，《规范》规定沉淀池长深比不得小于10。这一规定实际上是对水平流速与截流速度之比的控制，比值大，则可确保颗粒沉到池底。目前设计中采用的水平流速一般较高，算得的池体较长，因而都能满足这一要求。

为了提高沉淀池的体积利用率，改善絮体沉降条件，通常宜布置成直流式，即水流经沉淀池时在平面上不产生转折，见图4-12(a)，但这对整个水厂的工艺布置不利。此时可采用转折式，见图4-12(b)，或回流式，见图4-12(c)。回流式因其沉淀效果较差而很少采用。

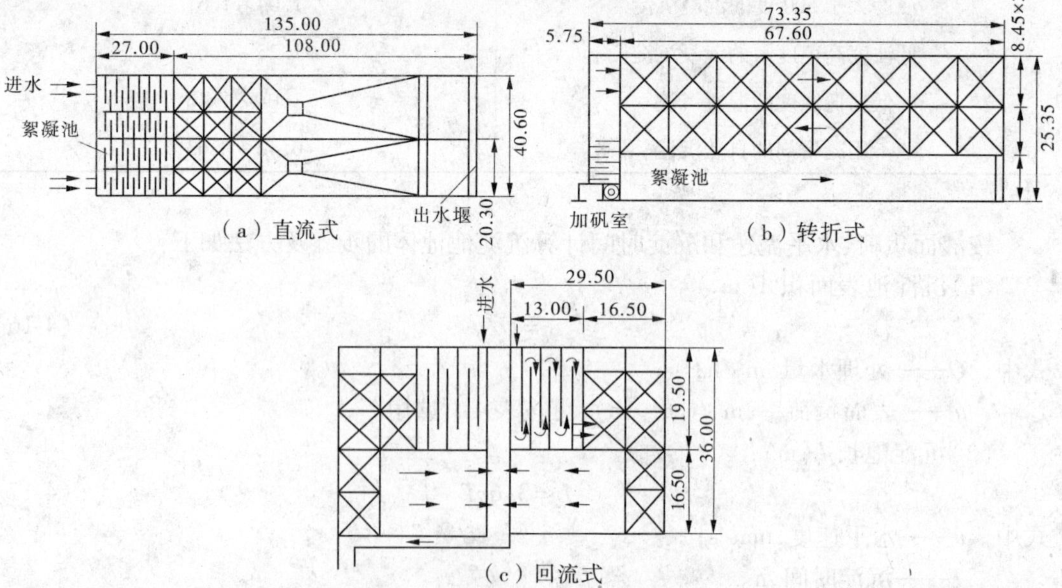

图4-12　平流式沉淀池布置形式　(单位:m)

【例题4-1】　已知：处理水量$Q=24\ 000\ m^3/d$(包括水厂自用水量)。设计数据：沉

淀时间 $T=1.5\ \text{h}$,液面负荷率 $q=2\ \text{m}^3/(\text{m}^2\cdot\text{h})$,水平流速 $v=15\ \text{mm/s}$,采用斗底式重力排泥。

1. 沉淀池表面积 A

$$A=\frac{Q}{q}=\frac{24\ 000}{24\times 2}=500(\text{m}^2)$$

采用 2 格,则每格的面积为 250 m^2。

2. 沉淀池长 L

$$\begin{aligned}L&=3.6vT\\&=3.6\times15\times1.5\\&=81(\text{m})\end{aligned}$$

3. 沉淀池宽 B

$$B=\frac{A'}{L}=\frac{250}{81}=3.1(\text{m})$$

采用 3 m。

为了便于布置,沿池长方向将沉淀池分成三段,每段长 28 m,总宽度为 9 m。采用多斗底重力排泥,沉淀池及其斗底布置如图 4-13 所示。

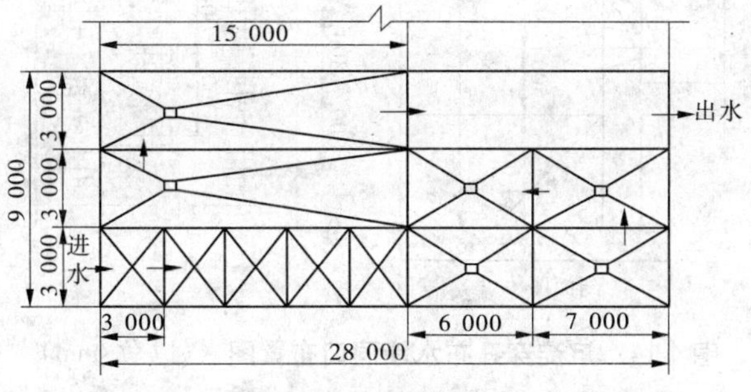

图 4-13　沉淀池多斗底布置图　(单位:mm)

4. 沉淀池深 H

$$H=H_1+H_2+H_3$$

式中　H_1——沉淀池有效水深,采用 3 m;

H_2——沉淀池超高,采用 0.3 m;

H_3——沉淀池存泥斗深度,斗壁倾角采用 45°,则存泥斗深度为 1.0 m。

所以沉淀池总深度为:

$H=3\ \text{m}+0.3\ \text{m}+1.0\ \text{m}=4.3\ \text{m}$

5. 进水设计

絮凝池与沉淀池之间用穿孔布水墙,墙宽为 3 m,高 3.2 m。

穿孔布水墙所需洞口总面积 Ω:

$$\Omega=Q/v$$

式中　v——穿孔布水墙洞口流速,采用 0.15 m/s,则:

$$Q=\frac{24\ 000}{86\ 400\times2}=0.14(\text{m}^3/\text{s})$$

$$\Omega = \frac{Q}{v} = \frac{0.14}{0.15} = 0.933(\text{m}^2)$$

洞口采用喇叭形,入口尺寸 $\omega_1 = 10\ \text{cm} \times 10\ \text{cm}$,出口尺寸 $\omega_2 = 15\ \text{cm} \times 15\ \text{cm}$。所以所需洞口数

$$n = \frac{\Omega}{\omega_1} = \frac{0.933}{0.1 \times 0.1} = 93.3(\text{个})$$

取 $n = 93$。

洞口布置如图 4-14 所示。

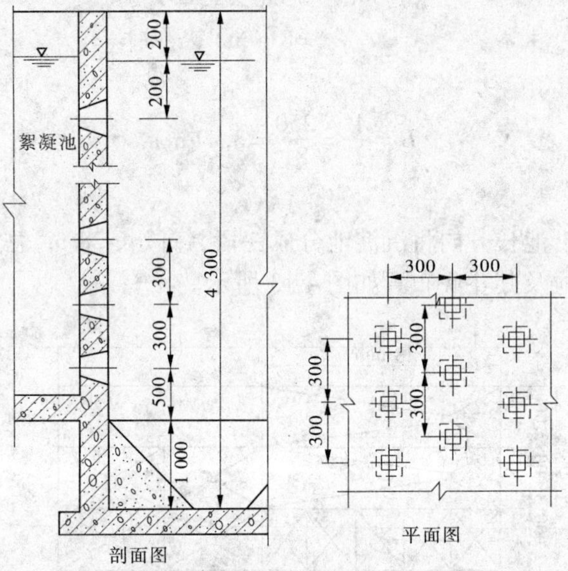

图 4-14　沉淀穿孔布水墙洞口布置图　(单位:mm)

6. 出水设计

出水端部采用溢流堰与集水槽,取堰口负荷 $q = 12.5\ \text{m}^3/(\text{m}^2 \cdot \text{h})$,则堰口长度为:

$$\frac{24\ 000}{24 \times 2} \div 12.5 = 40(\text{m})$$

布置如图 4-15 所示。

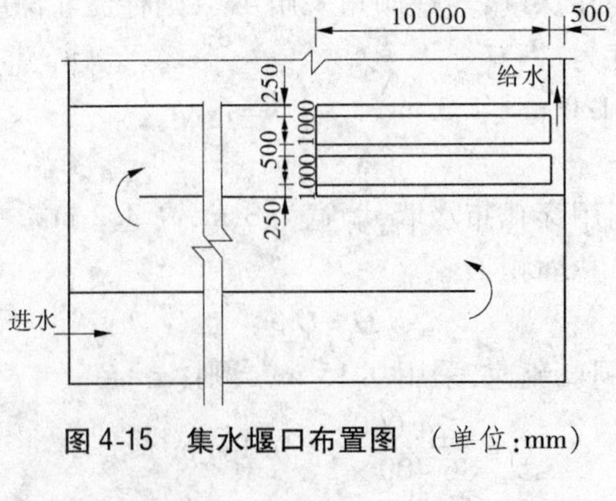

图 4-15　集水堰口布置图　(单位:mm)

集水渠采用平底均匀集水，出口自由出流，其起点水深为 H_1，终点水深为 H_2，则：

$$H_1 = 1.73\sqrt[3]{\frac{Q^2}{gb^2}}$$

$$H_2 = \sqrt[3]{\frac{Q^2}{gb^2}}$$

池壁集水支渠

$$Q = \frac{0.14}{4} = 0.035(\mathrm{m^3/s})$$

取 $b = 0.25$ m，则 $H_1 = 0.22$ m，$H_2 = 0.13$ m。

集水总渠集水情况与支渠有些不同，计算 H_1 时仍可用式(4-23)，已知 $Q = 0.14\ \mathrm{m^3/s}$，取 $b = 0.60$ m，故 $H_1 = 0.31$ m。

为了保证集水均匀，堰后跌水采用0.10 m，支渠高 $H = 0.22 + 0.10 = 0.32$(m)。

为了保证集水支渠出口自由出流，出口跌水采用0.10 m，总渠高度 $H = 0.32 - 0.13 + 0.10 + 0.31 = 0.60$(m)

为了防止沉淀池超负荷运行时水流外溢，应设溢流管。溢流管口位置高于集水支渠堰口标高0.15 m，溢流管径与絮凝池进口管径相同。

7. 水流稳定性校核

弗劳德数：

$$Fr = \frac{v^2}{Rg}$$

式中 v——沉淀池内平均水平流速，$v = 15$ mm/s；

g——重力加速度，$g = 980\ \mathrm{cm/s^2}$；

R——水力半径，cm。

$$R = \frac{\omega}{x} = \frac{300 \times 300}{300 + 2 \times 300} = 100(\mathrm{cm})$$

$$Fr = \frac{1.5^2}{100 \times 980} = 2.3 \times 10^{-5}$$

Fr 大于 10^{-5}，故水流的稳定性可以满足要求。

第四节　斜管(板)沉淀池

一、概述

由沉淀效率公式 $E = \frac{u_i}{Q/A}$ 介绍了哈真浅层沉淀理论，指出在沉淀池中分散、非结绒颗粒的沉淀效果只与颗粒沉速及沉淀面积有关。因此，对沉淀构筑物而言，只要能增加沉淀面积，就可以改善沉淀效果，提高产水量。在哈真理论指导下，曾经出现过多层沉淀池、多层多格沉淀池等高效沉淀构筑物，但都因排泥问题没有解决好而未能得到推广应用。

直到1959年，日本宇野昌彦、田中和美等水处理专家在斜板沉淀试验中成功地用泥水分流方法巧妙地解决了排泥问题以后,浅层沉淀理论才真正进入实用阶段。之后,美国从1964年开始试验和采用斜管沉淀技术,1967年瑞典首先试验和应用同向流斜板分离器“兰美拉”(Lamella),使斜管(板)沉淀技术有了进一步发展。

我国在1965年即开始斜管沉淀试验,1972年第一座生产性上向流斜管沉淀池正式投产使用。从此,斜管(板)沉淀技术在我国得到推广应用,先后新建和改建了上百座斜管(板)沉淀池,总结和积累了许多有益的经验。

按水流方向斜管(板)沉淀池可以分为上向流、下向流和横向流三种,上向流斜管(板)沉淀池,斜管(板)与水平面成45°~60°角,放置于沉淀池中,水流从下向上流动,杂质颗粒沉于斜管(板),沉泥积到一定程度时,便由于重力作用而自动从斜管(板)下滑到池底,再由排泥系统排出池外,清水则向上流动,由上部集水系统收集后流往滤池。下向流的水流方向与沉泥的滑动方向相同,通常又称为同向流。横向流的水流呈水平流动,在池中只能装置平斜板或带翼斜板(称迷宫式)。

二、斜板沉淀池沉淀效率分析

如图4-16所示,设原有一平流式沉淀池长为 L,池深为 H。现在池中加装水平隔板,将沉淀池分为4层,每层高度为 $H/4$。

设水平流速 v 和沉速 u 不变,则分层后的沉降轨迹坡度不变。由图中可以看出,如果仍然保持原沉淀效率,则沉淀池的长度可以缩短到 $L/4$,即沉淀池的体积可以缩小到原来的1/4。

公式证明:

$$E=\frac{u_i}{\dfrac{Q}{A}}=\frac{u_i}{\dfrac{BHv}{BL}}=\frac{u_i}{\dfrac{\dfrac{H}{4}}{\dfrac{L}{4}}v}$$

可见,当沉淀效率一定时,若池深缩小为原来的 $1/n$,则池长也缩短为原来的 $1/n$,当 Q 不变时,池体可缩小为原来的 $1/n$。

如若分层后池长仍为 L,由图4-17可见,水平流速可增加为原来的4倍。假定 E 保持不变,则处理能力可提高到原来的4倍。

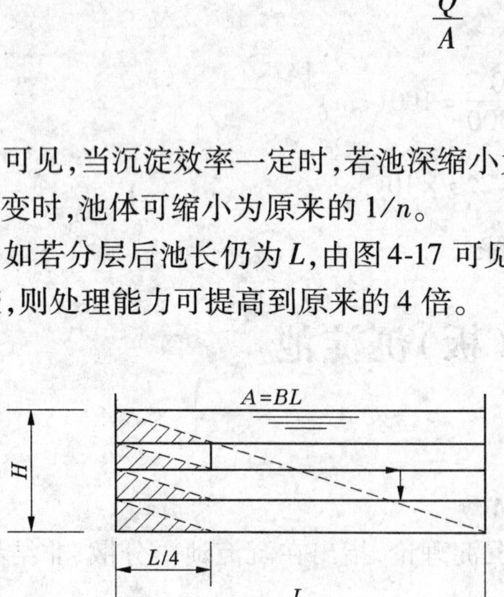

图4-16 沉淀池分层后长度缩短

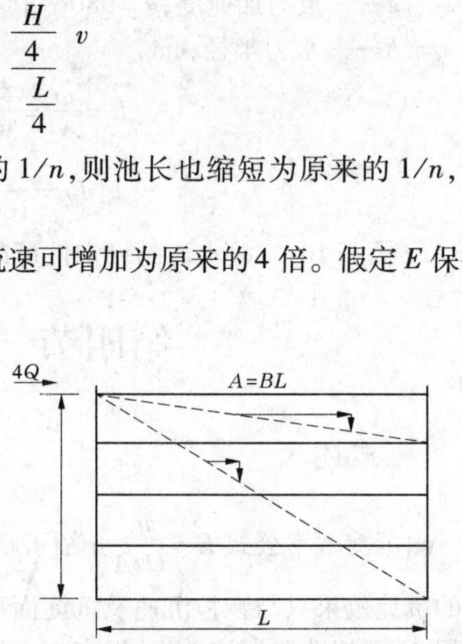

图4-17 沉淀池分层后水平流速增加

一层处理水量 $Q=(4v)\cdot\frac{H}{4}B=vHB$

全池处理水量 $Q'=4[(4v)\cdot\frac{H}{4}B]=4vHB=4Q$

可见,当沉淀效率一定时,若池深减小为原来的 $1/n$,则全池的处理水量将提高到原来的 n 倍。

若单从沉淀效率公式看,池深减小为 $H/4$,水平速度不变,则池深减小后的沉淀效率为:

$$E'=\frac{u_i}{\frac{\frac{H}{4}}{L}v}=4\frac{u_i}{\frac{Hv}{L}}=4\frac{u_i}{\frac{Q}{A}}=4E$$

即当水平流速不变时,池深减小为原来的 $1/n$,沉淀效率则可提高到原来的 n 倍。

再设颗粒沉速 u_i 和处理水量 Q 不变,由于在沉淀池中加装水平隔板后沉淀面积增加,由下式:

$$E'=\frac{u_i}{\frac{Q}{nA}}=n\frac{u_i}{\frac{Q}{A}}=nE$$

可见,分层以后沉淀效率 E,将提高相应的倍数。

当然,为了解决排泥问题,应该用倾斜隔板或管代替水平隔板,而它们在水平方向的投影面积就是加装斜管(板)以后增加的沉淀面积。从上述理论分析可知,若斜管(板)的水平投影面积较平流式沉淀池高 n 倍,则在相同的处理水量条件下,沉淀效率可提高 n 倍。但实际上由于各方面的原因,产水量的提高并不与沉淀面积的增加成正比。目前正在使用的斜管(板)沉淀池中,斜管(板)的水平投影面积一般比沉淀池表面积高 10~20 倍,但实际上的处理水量,对上向流沉淀而言,只能提高 3~5 倍,对同向流沉淀只能提高 8~10 倍,都远远低于理论值。

三、影响斜管(板)沉淀效率的因素及设计指标

(一)倾角(θ)

前已述及,斜管(板)沉淀池的沉淀效率主要取决于斜管(板)的水平投影面积。因此,斜管(板)的倾角 θ 是一个十分重要的因素,倾角越小,斜管(板)在水平方向投影面积越大,处理能力也越大。在上升流速相同的条件下,若以 $\theta=60°$时的净水能力为 Q,则 $\theta=45°$时,净水能力将为 $1.41Q$;$\theta=30°$时,净水能力将为 $1.73Q$。即倾角 θ 越小,净水能力越大。

但是,要斜管(板)沉淀池正常工作,必须保证斜管(板)上的沉泥能自然下滑,这就要求它有一定的倾角而不能无限制地减小。试验研究表明,异向流时,其倾角以 45°~60° 为宜,一般可采用 60°,当同向流时,沉淀区一般可采用 40°,排泥区一般可采用 60°。

(二)斜管(板)长度(L)

理论和实践都证明,斜管(板)长度也是影响沉淀效果或决定沉淀池液面负荷的主要

因素之一,斜管(板)越长,沉淀面积就越大,处理效果就越好。我国使用的斜管总长度以 800 ~ 1 000 mm 为宜,以 1 000 mm 长居多。

(三)管径、板距及断面形状

从增大沉淀面积、提高沉淀效率上考虑,管径和板距越小越好。但从施工安装和排泥看,过小的管径或板距将给斜管(板)加工带来困难,使用时容易堵塞,因而又都不宜太小。两者综合考虑,斜管管径以 25 ~ 35 mm 为宜;同向流斜板板距以 35 mm 为宜,横向流斜板板距以 50 ~ 150 mm 为宜,生产上多采用 100 mm。

(四)进水方向

上向流斜管(板)沉淀池进水方向有三种(见图 4-18)。通过试验认为(b)、(c)两种进水方向较好。(a)种方向进水时,水流转弯将直冲斜板中的沉泥,不利于沉泥的下滑。

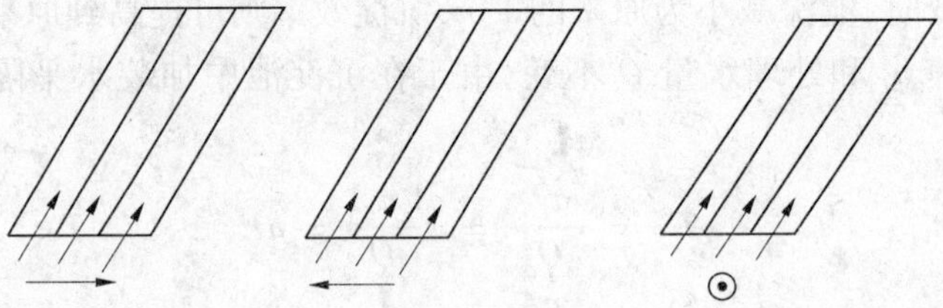

(a)水流方向向右　(b)水流方向向左　(c)水流方向向纸面

图 4-18　斜管(板)沉淀池进水方向

(五)管中(板间)流速及表面负荷

斜管中(板间)的流速是指沿管(板)轴线方向的水流速度。流速太大,会将杂质带出斜管(板),而影响出水水质;流速太小又将在提高处理水量方面失去意义。因此流速应根据原水水质、出水水质、水温、药剂种类及投加量、所采用的管长 l、管径 d(板距)而定,在上向流斜管沉淀池设计中可采用 3.0 ~ 3.5 mm/s。

为了确定处理一定水量所需的斜管(板)沉淀池表面积,在设计中常常将水在斜管(板)中的轴向流速 v 换算成垂直向上的流速 v',即 $v' = v\sin\theta$。从而得到单位表面积斜管(板)沉淀池的产水量(液面负荷率)。一般来说上向流斜管(板)沉淀池和横向流斜板沉淀池的液面负荷率为 9.0 ~ 11.0 $m^3/(h \cdot m^2)$(3 ~ 6 mm/s)。下向流斜板沉淀池的液面负荷率为 30 ~ 40 $m^3/(h \cdot m^2)$(8 ~ 11 mm/s)。

四、斜管(板)沉淀池的水力条件

斜管(板)沉淀池沉淀效率高、处理水量大的原因除了沉淀面积大和颗粒沉降距离短以外,水力条件好也是一个重要因素。

前已述及,颗粒沉降的水力条件是用水流的 Re 数和 Fr 数为指标来衡量的。对于斜板沉淀池,若 $v = 3 \sim 6$ mm/s,板距 $p = 50 \sim 100$ mm 时,水流的 Re 通常在 100 ~ 400 之间,对于斜管沉淀池,若管径为 25 ~ 50 mm,Re 仅为 20 ~ 100,都远远小于平流式沉淀池 Re 数,属于层流状态。

就弗劳德数 Fr 而言,由于斜管(板)沉淀池水力半径的大大减小和水流速度的提高,弗劳德数可以比平流式沉淀池提高一个数量级，达到 $10^{-3} \sim 10^{-4}$，即水流的稳定性明显地提高。

五、斜管（板）沉淀池的设计计算

（一）斜管（板）沉淀池表面积

通常按选定的液面负荷率确定斜管（板）沉淀池清水区净面积 F'。

设计斜管（板）沉淀池的总平面积为 F，它包括斜管（板）的净出口总面积 F'，斜管（板）本身及支承系统所占的面积和无效面积 ΔF（第一块斜管（板）的水平投影面积）等三部分，即

$$F = KF' + \Delta F \tag{4-23}$$

式中 K——斜管（板）的结构系数，与斜管（板）的内径或边距及管壁厚有关，对于塑料六边形蜂窝斜管（板），K 可取 1.03。

若已知处理水量为 Q，综合考虑各种因素选定的液面负荷率为 q，则按液面负荷率的定义可得沉淀池表面积为：

$$F' = \frac{Q}{q} \tag{4-24}$$

求出沉淀池表面积 F' 以后，再考虑结构系数 K 和无效面积 ΔF，即可确定池长和池宽。

（二）沉淀池高度

上向流斜管（板）沉淀池的高度 H 包括配水区高度 H_1、斜管体高度 H_2、清水区高度 H_3 和超高 H_4 四部分。超高 H_4 通常为0.3 m，为避免日光照射使苔藓在斜管上繁殖，并使少数穿越斜管（板）的杂质颗粒能继续沉淀而不被水流带出池外，清水区高度 H_3 不宜小于1.0 m；我国通常采用的斜管长度为1.0 m，倾角为60°，故斜管体高 H_2 为0.87 m；配水区高度 H_1 包括布水和积泥两部分，配水区高度应尽量减小水流紊动，避免絮体破碎，保证配水均匀。积泥高度则应视所采用的排泥方式而定。当采用机械排泥时，沉淀池为平底，整个配水区高度一般不宜小于1.5 m，以便于安装和检修（见图4-19），此时斜管（板）沉淀池高约为：

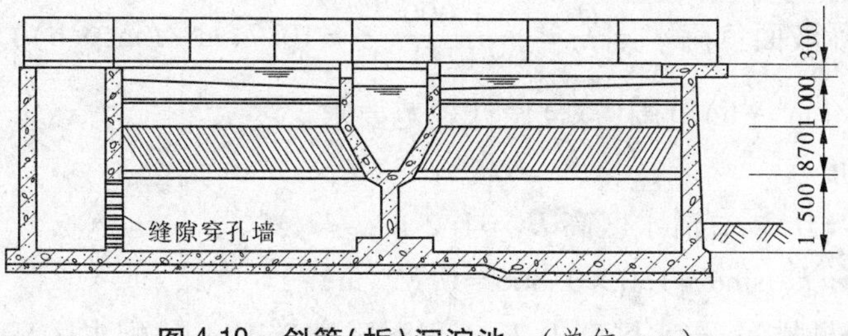

图4-19 斜管（板）沉淀池 （单位：mm）

$$H = H_1 + H_2 + H_3 + H_4 = 1.50 + 0.87 + 1.00 + 0.30 = 3.67 \approx 3.7 \text{(m)}$$

当采用多斗底重力排泥时，配水区高度可采用 1.2 m，另应加斗底的高度 H_5（见图4-20），此时斜管（板）沉淀池高度约为：

$$H=1.2+0.87+1.2+0.3+H_5\approx 3.6+H_5(\text{m})$$

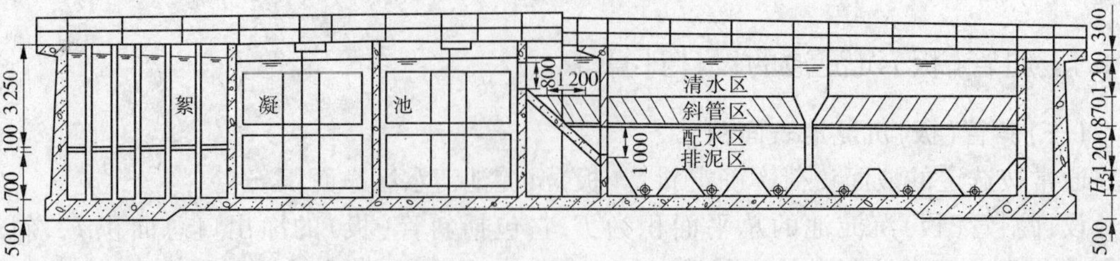

图 4-20　多斗底斜管沉淀池　（单位:mm）

(三)进水和出水

斜管(板)沉淀池可采用缝隙进水墙或下向流斜管(板)进水,以减小紊流对沉淀的干扰,实现均匀配水。由于只能在斜管下部和积泥区上部的范围内布置进水,因此与平流式沉淀池相比,进水量大而进水面积小,若采用穿孔墙配水,则开孔范围小,开孔比相对增大,影响配水均匀性,故一般不采用穿孔墙进水。

集水系统应保证斜管(板)出水均匀,目前多采用带孔眼的集水槽,也可采用带三角锯齿或薄壁平顶堰的集水槽或穿孔集水管,其间距一般采用 1.2 ~ 1.8 m。

(四)计算示例

【例题 4-2】　已知进水量 24 000 m^3/d,试设计斜管沉淀池。

设计采用数据:液面负荷率取 $q=11\ m^3/(m^2\cdot h)$,采用内切圆直径 $d=25$ mm 的正六边形聚氯乙烯塑料蜂窝斜管,管壁厚 $\delta=0.4$ mm,管长 $l=1\ 000$ mm,倾角 $\theta=60°$。

1. 清水区面积和平面尺寸

清水区净面积　$$F'=\frac{Q}{q}=\frac{24\ 000}{24\times 11}=90.9(m^2)$$

考虑结构系数 $k=1.03$,斜管部分面积为:

$$kF'=1.03\times 90.9=93.6(m^2)$$

斜管部分采用 $8\ m\times 12\ m=96\ m^2>93.6\ m^2$。为了配合絮凝池宽度,使进水区沿12 m长的一边进水。

故斜管的实际液面负荷 $q'=\dfrac{Q}{F'}=\dfrac{1\ 000}{8\times 12/1.03}=10.7(m^3/(m^2\cdot h))$

在 $9\sim 11\ m^3/(m^2\cdot h)$范围,符合设计规范要求。

2. 沉淀池高度

采用超高 $H_4=0.3$ m;清水区高 $H_3=1.2$ m;

斜管体高 $H_2=l\cdot\sin\theta=1.0\times 0.866\approx 0.87(m)$;

采用平底,机械排泥,布水区高 1.2 m,积泥区高 0.4 m,故配水区高 $H_1=1.6$ m;

沉淀池总高度 $H=1.6+0.87+1.2+0.3=3.97(m)$;

取 $H=4.0$ m(见图 4-24),其中超高 0.33 m。

3. 进水

采用下向流斜管进水,斜管倾角 45°,沿沉淀池 12 m 侧布置,下向流斜管部分短边宽

1.2 m(参见图 4-20),下向流斜管过水总面积约为:

$$f = 12 \times 1.2\cos 45° = 10.2(\text{m}^2)$$

管中轴向流速

$$v' = \frac{24\ 000}{24 \times 3\ 600 \times 10.2} = 27.2(\text{mm/s})$$

v'小于絮凝池出口流速,絮体不会破碎。

4. 集水系统

集水系统采用带孔眼的集水槽,布置如图 4-21 所示。

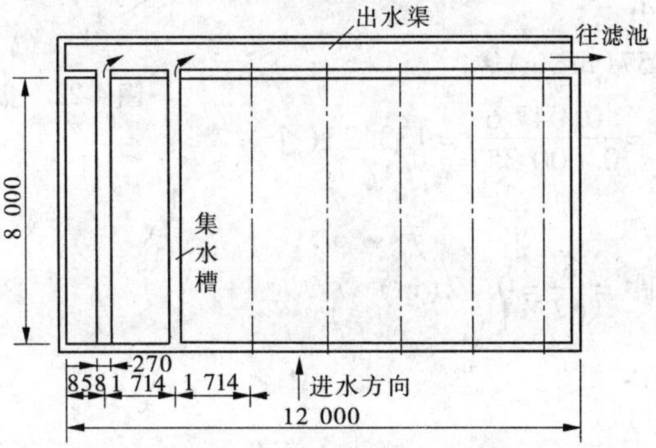

图 4-21 集水槽布置 (单位:mm)

1)穿孔集水槽计算

集水槽长 8 m,设 7 条,间距 1 714 mm。

槽宽 $$b = 0.9(\beta q')^{0.4}$$

式中 q'——每条槽的集水量,m^3/s;

β——超载系数,取 $\beta = 1.2$。

则

$$b = 0.9 \times \left(1.2 \times \frac{24\ 000}{24 \times 3\ 600} \times \frac{1}{7}\right)^{0.4}$$

$$= 0.9 \times \left(1.2 \times \frac{0.278}{7}\right)^{0.4}$$

$$= 0.9 \times 0.047\ 6^{0.4}$$

$$= 0.266(\text{m})$$

取 $b = 0.27$ m。

采用平底,槽起点水深

$$H_1 = 1.73\sqrt[3]{\frac{Q^2}{gb^2}} = 1.73\sqrt[3]{\frac{0.047\ 6^2}{9.81 \times 0.27^2}}$$

$$= 1.73 \times 0.147 = 0.25(\text{m})$$

槽终点水深

$$H_2 = \sqrt[3]{\frac{Q^2}{gb^2}} = 0.147 \approx 0.15(\text{m})$$

考虑槽外超高 0.1 m,孔上水头 0.07 m,槽内跌落 0.08 m,则集水槽高度 $H = 0.10 +$

0.07 +0.08 +0.25 =0.50(m)

为了施工方便，采用钢制集水槽，高 0.5 m，宽 0.27 m，断面见图 4-22。

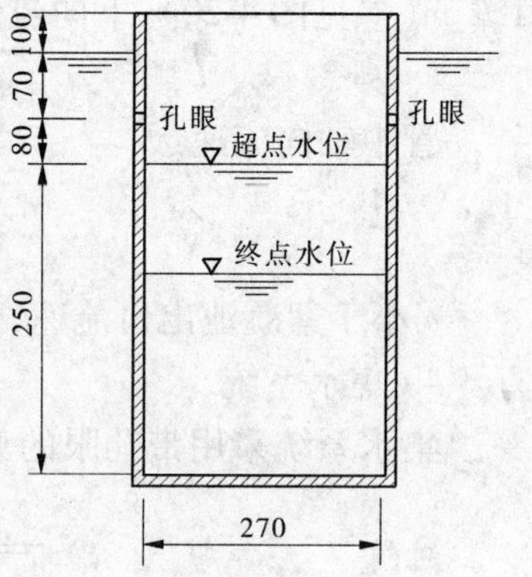

图 4-22 集水槽断面图 （单位：mm）

2）集水孔计算

取集水孔 $d=25$ mm，孔上水头 0.07 m，流量系数 $\mu=0.62$

$$q''=\mu\omega\sqrt{2gh}$$
$$=0.62\times\frac{\pi}{4}\times0.025^2\times\sqrt{2\times9.81\times0.07}$$
$$=0.000\ 357(m^3/s)$$

每条槽的孔眼数：$n=\frac{0.047\ 6}{0.000\ 357}=133.33$（个）

取 $n=134$ 个。

槽每边 67 个孔，孔距 $=\frac{8}{67}=0.12$(m)

3）出水渠计算

渠宽 $b'=0.9(\beta Q)^{0.4}$
$$=0.9\times(1.2\times0.278)^{0.4}=0.58(m)$$

采用平底，起点水深：

$$H_1=1.73\sqrt[3]{\frac{Q^2}{gb^2}}=1.73\times\sqrt[3]{\frac{(1.2\times0.278)^2}{9.81\times0.58^2}}=0.56(m)$$

终点水深：

$$H_2=\sqrt[3]{\frac{Q^2}{gb^2}}=0.32(m)$$

渠中起点水位低于集水槽终点水位 0.1 m，渠顶与池顶平，上部走道供交通用，渠高 1.21 m，宽 0.58 m，如图 4-23 所示。

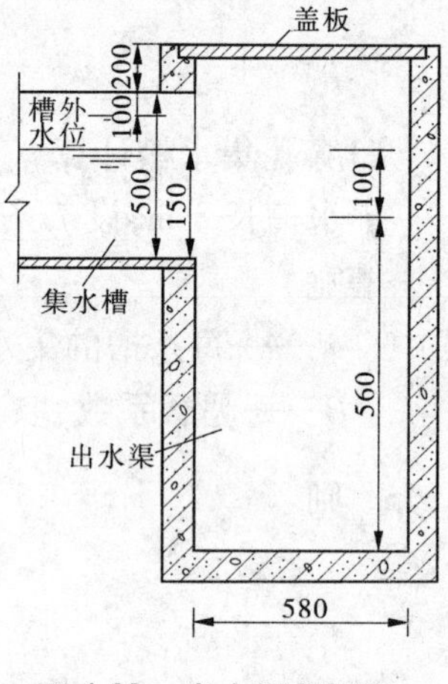

图 4-23 出水渠断面积

（单位：mm）

5. 排泥系统

池子为平底，采用跨度为 8 m 的钢丝绳牵引刮泥机，直板形橡胶刮泥板，行程开关控制往复进行，速度 1 m/min。在沉淀池两端均设集泥槽，槽内设等距布孔排泥穿孔管和快开排泥阀（见图 4-24）。刮泥机与快开排泥阀联动，当刮泥机运行到池两端时，可自动使排泥阀打开排泥。

穿孔管段长 $L=8.0$ m，首端与末端积泥均匀度 $m=0.85$，查《给水排水设计手册》第 3 册表 7-15 得孔口面积与穿孔管段面积之比 $K_\omega=0.16$。

取孔口直径 $d=25$ mm，孔口面积 $\omega_0=0.000\ 49$ m^2。

取孔距 $S=0.3$ m，孔眼数目：

$$m=\frac{L}{S}-1=26（个）。$$

孔眼总面积 $\sum\omega_0=26\times0.000\ 49=0.012\ 74(m^2)$。

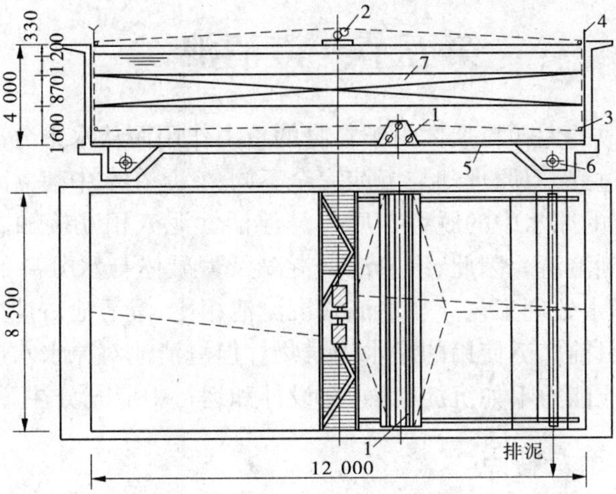

1—刮泥机；2—卷扬机；3—轮；4—操作杆；5—集泥区；6—排泥管；7—斜管

图 4-24　沉淀池高度及排泥布置图　（单位：mm）

穿孔管截面积　$\omega = \dfrac{\sum \omega_0}{K_\omega} = \dfrac{0.012\ 74}{0.16} = 0.079\ 6\ (\mathrm{m^2})$

穿孔管管径　$D_0 = \sqrt{\dfrac{4\omega}{\pi}} = \sqrt{\dfrac{4 \times 0.079\ 6}{\pi}} = 0.318(\mathrm{m})$

取 $D_0 = 300$ mm，孔眼向下与垂线成45°交叉排列。

6. 水力条件校核

1）雷诺数 Re

水力半径　$R = \dfrac{d}{4} = \dfrac{25}{4} = 6.25(\mathrm{mm}) = 0.625\ \mathrm{cm}$

当水温 $t = 20$ ℃时，水的运动黏滞系数 $\gamma = 0.01\ \mathrm{cm^2/s}$。

管内流速

$$v = \frac{Q}{F'\sin\theta} = \frac{0.278}{90.9 \times 0.866} = 0.003\ 5(\mathrm{m/s}) = 3.5\ \mathrm{mm/s}$$

所以　$Re = \dfrac{Rv}{\gamma} = \dfrac{0.625 \times 0.35}{0.01} = 21.9 \leqslant 200$

水流的紊动性小，有利于沉淀。

2）弗劳德数 Fr

$$Fr = \frac{v^2}{Rg} = \frac{0.35^2}{0.625 \times 980} = 2.0 \times 10^{-4} \geqslant 10^{-4}$$

水流的稳定性高，有利于沉淀。

3）斜管中的沉淀时间

$$T = \frac{l}{v} = \frac{1\ 000}{3.5} = 286(\mathrm{s}) = 4.76\ \mathrm{min}$$

在 2 ~ 5 min，符合要求。

第五节　澄清池

沉淀是使絮凝生成的大颗粒絮体由于自身的重力作用而从水中分离的过程。澄清也是杂质从水中分离的过程,但原理却与沉淀完全不同,它是在水中建立一定浓度的悬浮活性泥渣,使加过凝聚剂的原水中的脱稳杂质与悬浮活性泥渣相互接触、吸附、凝聚、分离,从而使原水较快地得到澄清。因此,澄清池把混凝及絮凝体与水分离的过程综合于一个构筑物中完成,简化了水处理工艺。与平流式沉淀池相比,澄清池占地少、投资省、生产能力高、处理效果好,是目前广泛使用的净水构筑物。但澄清池对原水水质、水量、水温及凝聚剂等因素变化的适应能力不如沉淀池强,在设计和运行中应充分注意。

一、澄清池的类型及特点

澄清池按其作用方式大致可分为两类:悬浮泥渣型和循环泥渣型。

(一)悬浮泥渣型澄清池

悬浮泥渣型澄清池的工作情况是:加药后的原水自下而上流动,活性泥渣由于重力作用在上升水流中处于悬浮平衡状态,形成悬浮泥渣层。当原水流过悬浮泥渣层时,水中脱稳的杂质便充分与悬浮泥渣层的颗粒碰撞凝聚,并被截留下来。当悬浮泥渣层的颗粒浓度超过所需要的浓度时,多余的泥渣可通过排泥系统排出池外。最常见的悬浮泥渣型澄清池有悬浮澄清池和脉冲澄清池两种。

1. 单层锥底式悬浮澄清池

单层锥底式悬浮澄清池的构造如图 4-25 所示,池分 3 格,每格平面均呈长条形,故又称为廊道式澄清池。两边为澄清室,中间为泥渣浓缩室,池底均为锥形。图 4-26 为锥底悬浮澄清池流程图。加过药剂的原水经气水分离器 1 分离释放进水中挟带的空气后,从池底的穿孔配水管 2 流入澄清室,并自下而上通过悬浮泥渣层 3,水中脱稳的杂质微粒被

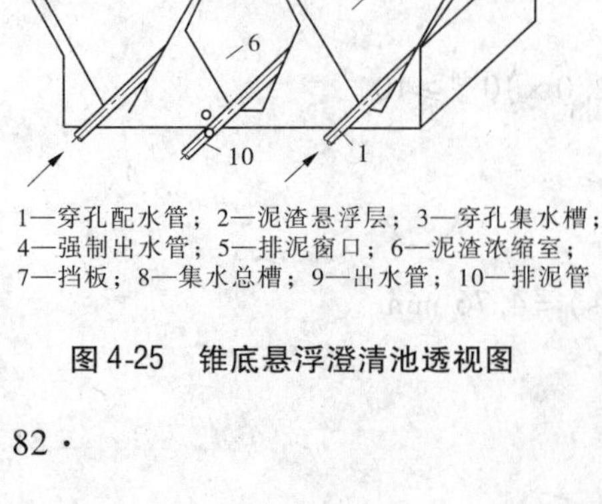

1—穿孔配水管;2—泥渣悬浮层;3—穿孔集水槽;
4—强制出水管;5—排泥窗口;6—泥渣浓缩室;
7—挡板;8—集水总槽;9—出水管;10—排泥管

图 4-25　锥底悬浮澄清池透视图

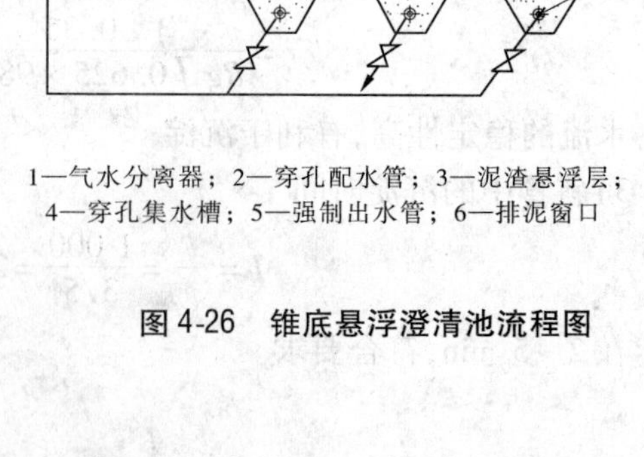

1—气水分离器;2—穿孔配水管;3—泥渣悬浮层;
4—穿孔集水槽;5—强制出水管;6—排泥窗口

图 4-26　锥底悬浮澄清池流程图

活性泥渣颗粒吸附截留，清水上升由穿孔集水槽(管)4 流出，悬浮泥渣层中不断增加的泥渣在强制出水管 5 的作用下，经排泥窗口 6 进入泥渣浓缩室，经重力浓缩到一定浓度后由穿孔排泥管定期排除。原水中的气体进入澄清池，将破坏悬浮泥渣层的正常工作，使出水水质恶化。因此应设气水分离器，水在气水分离器中的停留时间不小于 45 s，水深不小于 1.0 m，分离器底应低于澄清池水面 0.5 m(见图 4-27)，出水管流速为 0.4 ~ 0.6 m/s。

锥底悬浮澄清池处理效果易受水温、水质和水量变化的影响，但构造简单，操作容易，适用于原水悬浮物含量小于 3 000 mg/L 的中小型水厂。

2. 脉冲澄清池

脉冲澄清池也是一种悬浮泥渣澄清池。它利用设于池上的脉冲发生器将一级泵站的连续来水变成澄清池周期性断续进水，使悬浮泥渣交替地膨胀和收缩，并自动调节悬浮层泥渣浓度的分布，获得良好的净水效果。

脉冲发生器有多种形式，目前广泛使用的有真空泵脉冲发生器和钟罩式脉冲发生器两种。脉冲澄清池的构造见图 4-28。

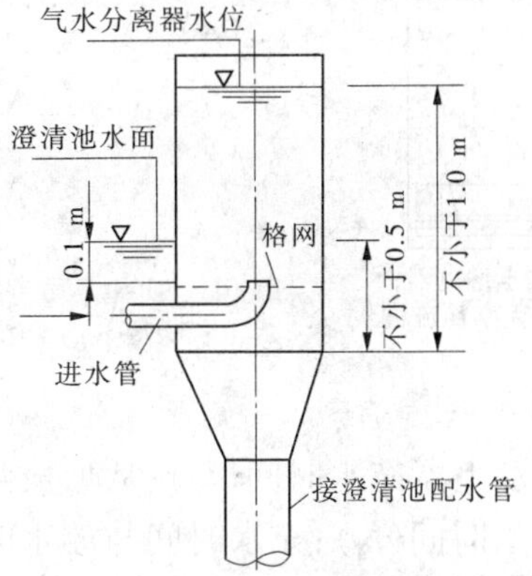

图 4-27　气水分离器

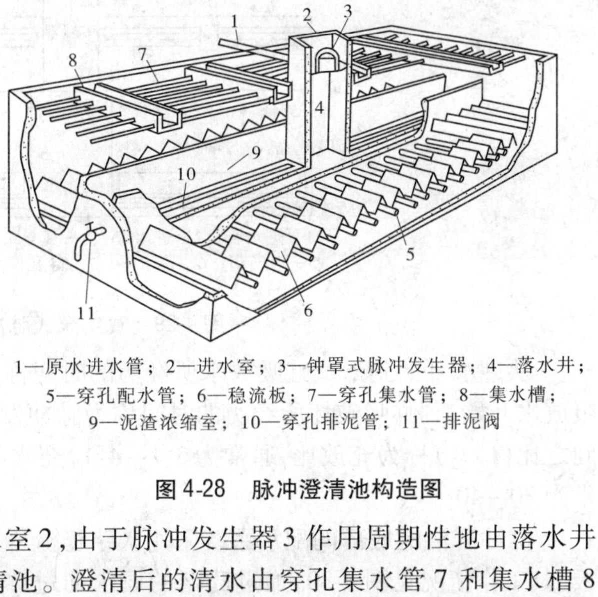

1—原水进水管；2—进水室；3—钟罩式脉冲发生器；4—落水井；5—穿孔配水管；6—稳流板；7—穿孔集水管；8—集水槽；9—泥渣浓缩室；10—穿孔排泥管；11—排泥阀

图 4-28　脉冲澄清池构造图

水由原水进水管 1 连续进入进水室 2，由于脉冲发生器 3 作用周期性地由落水井 4，穿孔配水管 5 和稳流板 6 进入澄清池。澄清后的清水由穿孔集水管 7 和集水槽 8 流出，过剩的泥渣在泥渣浓缩室 9 内浓缩以后，经穿孔排泥管 10 由排泥阀 11 排出池外。

在进水室充水期间，由于脉冲发生器没有工作，没有水进入澄清池，池内的悬浮泥渣层由于泥渣的自重作用而被压缩。当进水室充水到一定高度，脉冲发生器动作，进水室中的水在很短时间内进入澄清池底部配水系统，并从配水管的孔口以高速喷出，经人字稳流板间的缝隙整流以后在池内上升，被压缩的悬浮泥渣层在上升水流作用下膨胀。当进水室的水放完以后，脉冲发生器便停止工作，悬浮泥渣层重新因自重作用而压缩。如此周而复始，循环不已，悬浮泥渣层便在进水“脉冲”作用下有规律地膨胀收缩，上下运动，这样不仅有利于水中脱稳的杂质与活性泥渣间的碰撞吸附，而且能使悬浮泥渣层的颗粒浓度在运动中更趋均匀，接触凝聚作用发挥得更充分，还能防止颗粒在池底沉积。过剩的泥渣在脉冲放水期间流入浓缩室。

图 4-29 为真空泵式脉冲发生器,其工作原理如下:

原水由进水管 1 不断进入进水室 2,但由于真空泵 3 造成进水室真空,水并不沿落水井流入澄清池,而是逐渐充满进水室。这就是脉冲发生器充水过程。当水位达到进水室的最高水位时,电接点继电器 4 会自动打开空气阀 5,破坏进水室真空。此时进水室的水与继续流入的原水一起经落水井 6、穿孔配水管 7、人字稳流板 8 迅速向澄清池放水,进水室水位迅速下降,这就是脉冲发生器放水过程。当进水室内水位下降到最低水位时,电接点继电器又会自动关闭空气阀,真空泵再次使进水室形成真空,进水室内水位逐渐上升,脉冲发生器重新处于充水状态。如此循环往复,使脉冲澄清池正常工作。

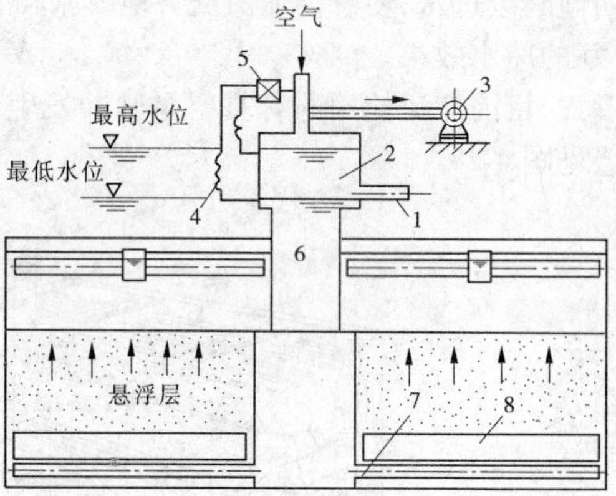

1—进水管; 2—进水室; 3—真空泵; 4—电接点继电器;
5—空气阀; 6—落水井; 7—穿孔配水管; 8—人字稳流板

图 4-29 真空泵式脉冲发生器

从进水开始到形成虹吸放水所经历的时间称为脉冲发生器充水时间(t_1);从形成虹吸放水开始,到虹吸破坏所经历的时间称为脉冲发生器放水时间(t_2);充水时间与放水时间之比($t_1:t_2$)称为充放比,通常为 3:1 ~4:1,充水时间与放水时间之和称为脉冲周期,通常为 30 ~40 s。

脉冲澄清池底部的配水系统采用人字稳流板,其工作情况见图 4-30,加过药剂的原水通过穿孔管从与垂线成 45°斜向下交错布置的小孔喷出,流速高达 2.5 ~3.0 m/s,水流在池底折而向上,并在稳流板下的空间内剧烈翻腾,形成小涡体群,这有利于杂质颗粒脱稳形成微凝絮,并防止池底沉积泥渣,然后水流才以 50 ~80 mm/s 的流速通过稳流板间的缝隙进入悬浮泥渣层,进行接触凝聚,同时穿孔配水管和人字稳流板还有利于均匀配水,避免局部上升流速过大而破坏悬浮泥渣层的正常工作。

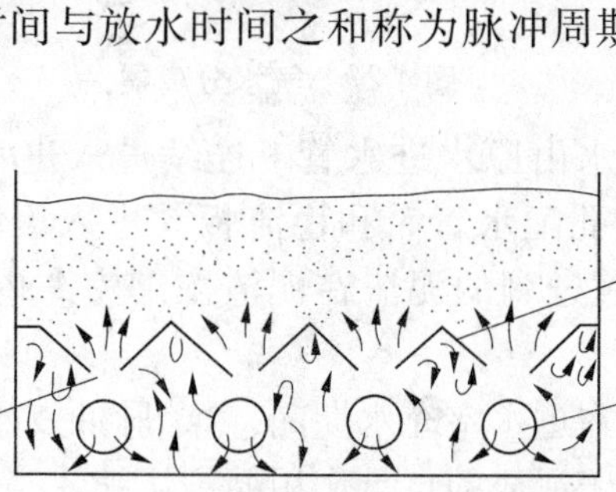

1—穿孔配水管; 2—稳流板; 3—配水缝隙

图 4-30 稳流板工作示意图

由于在脉冲澄清池内原水与药剂混合充分,布水较均匀,活性泥渣与水中脱稳的杂质是动态接触凝聚,水量稳定时,处理效果较好,进水浊度在 3 000 mg/L 以下的大、中、小型水厂均可采用。其缺点是池体结构较复杂，对水质水量变化比较敏感，故操作管理要求高。我国编有脉冲澄清池标准图，图号为 C5772，处理水量为 320 ~ 1 000 m^3/h。

(二)循环泥渣型澄清池

循环泥渣型又称为回流泥渣型。一定浓度的活性泥渣在澄清池内循环流动，在这个过程中，加过药的原水与活性泥渣彼此混合，水中脱稳的细小微粒被大颗粒活性泥渣吸附，从水中分离出来，使水得到澄清，多余的泥渣经浓缩后定期排出池外。属于循环泥渣型的澄清池主要有机械搅拌澄清池和水力循环澄清池两种。

1. 机械搅拌澄清池

机械搅拌澄清池（又名机械加速澄清池），是利用机械的搅拌提升作用使活性泥渣在池内循环流动并与原水充分混合絮凝，从而完成澄清过程。

机械搅拌澄清池主要由第一絮凝室、第二絮凝室、分离室和泥渣浓缩室组成。加过药剂的原水在第一絮凝室和第二絮凝室内与高浓度的回流泥渣混合，原水中脱稳的杂质微粒与大颗粒活性泥渣充分碰撞，接触凝聚，然后在分离室中实现泥水分离，清水向上经集水系统流走，泥渣下沉重新回流，过剩的泥渣在泥渣浓缩室中浓缩后定期排除。机械搅拌澄清池的构造如图 4-31 所示，其工艺过程简述如下：

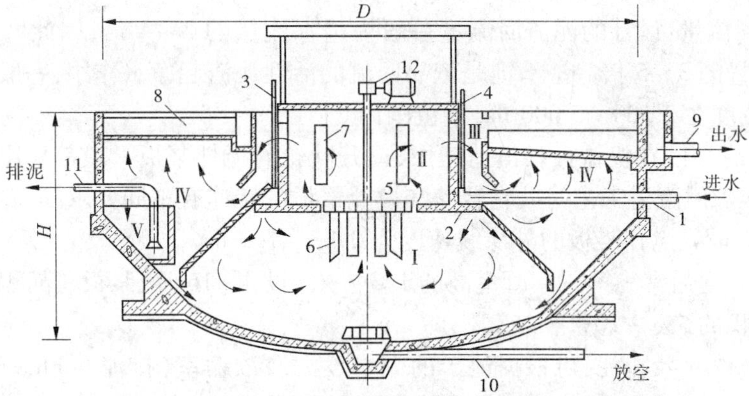

Ⅰ.第一絮凝室；Ⅱ.第二絮凝室；Ⅲ.导流室；Ⅳ.分离室；Ⅴ.泥渣浓缩室
1—原水进水管；2—配水槽；3—透气管；4—投药管；5—提升叶轮；6—搅拌叶片；
7—导流板；8—集水槽；9—出水管；10—放空管；11—排泥管；12—动力装置

图 4-31 机械搅拌澄清池

原水由进水管 1 通过环形三角配水槽 2 的缝隙均匀流入第一絮凝室Ⅰ。因原水中可能含有的气体会聚积在三角配水槽顶部，故应安装透气管 3。加注凝聚剂的地点，按实际情况和运转经验确定，可由投药管 4 加于澄清池进水管、三角形配水槽、管道混合器或水泵吸水管内等处，也可数处同时投加药剂。由于叶轮 5 的提升作用，将水从第一絮凝室Ⅰ提升到第二絮凝室Ⅱ，并形成活性泥渣的回流，又由于叶片 6 的搅拌作用，使来自三角配水槽的原水与回流的活性泥渣充分混合。混合后的水进入第二絮凝室继续进行絮凝。在第二絮凝室内侧设有导流板 7，用以提高絮凝效果并消除因叶轮提升而引起的旋流，使水平稳地经导流室Ⅲ进入分离室Ⅳ。泥水分离后，清水向上经集水槽 8 流至出水管 9；向下沉的泥渣沿锥底的回流缝回到第一絮凝室，重新参加絮凝。一部分过剩的泥渣进入浓缩室Ⅴ进行浓缩脱水，至适当浓度后经排泥管11排除。在澄清池底部设放空管10，以备放空检修之用；当泥渣浓缩室排泥量不够时，也可兼作排泥用。

机械搅拌澄清池具有适应性强、工作稳定、管理方便、处理效果良好等一系列优点，适用于处理原水悬浮物长期低于5 000 mg/L的大、中、小型水厂。我国自1965年在山东德州建造的第一座机械搅拌澄清池投入运行以来，至今全国各地已大量采用，单池处理能力已达4 270 m^3/h，池径达36 m，多用钢筋混凝土建造，小型机械搅拌澄清池也可用钢板制作。

采用的设计和运行数据如下：

(1)分离室上升流速：我国一般采用0.8～1.1 mm/s，也有采用更高上升流速的实例。当处理低温低浊水时可酌减至0.7～0.9 mm/s。

(2)停留时间：停留时间是指从原水进池到澄清水出池的总时间，一般采用1.2～1.5 h，主要取决于原水水质、水温及管理水平。如果水中悬浮颗粒细小，胶体物质较多，水温较低时，停留时间宜延长。

(3)各部分容积比：容积比是指第一絮凝室、第二絮凝室及分离室容积之比，传统采用2∶1∶7。但它不是设计控制数据，仅仅是校核参数，其主要目的是保持合理的混合絮凝及沉降分离时间。

(4)泥渣回流量：设计的泥渣回流量一般为进水流量的2～4倍，因此叶轮的提升流量应为进水流量的3～5倍。澄清池是依靠回流的活性泥渣起净水作用，一般应保证足够的回流量，其浓度在2 500～5 000 mg/L范围内。

(5)搅拌和提升：在机械搅拌澄清池中，提升叶轮与搅拌桨板一般都采用变速电动机驱动，同轴旋转。但澄清工艺对叶轮转速和搅拌桨板的转速有不同要求，叶轮的外缘线速度为0.5～1.5 m/s，搅拌桨板的外缘线速度为0.33～1.0 m/s。

搅拌桨板高度通常为第一絮凝室高的1/3左右，设4～16片，桨板总面积按第一絮凝室最大纵断面积的5%～10%来计算。

(6)泥渣浓缩室及排泥：可根据池子的大小设泥渣浓缩室（排泥斗）1～3个，其容积为澄清池总容积的1%～4%，定时自动排泥，排泥周期一般为0.5～1.0 h，排泥历时为5～60 s，泥渣含水率为97%～99%（按重量计），排泥耗水量占进水量的2%～10%。在小型池子中可不设排泥斗，只设中心排泥管（兼作放空用）。当进水悬浮物含量经常超过1 000 mg/L及池直径大于等于24 m时，澄清池应设机械刮泥装置，将池底积泥刮至中央后，由中心排泥管排出池外。

(7)为了掌握澄清池各部分的运行情况，需要在进水管、第一絮凝室、第二絮凝室、分离室和出水槽、泥渣浓缩室等处设取样管，由运行人员定期采集澄清池各部分水样。

我国编有机械搅拌澄清池标准图供设计时选用，均配有搅拌提升设备和机械刮泥设备，出水浊度一般不超过10 mg/L。

2. 水力循环澄清池

水力循环澄清池是借进水喷射形成真空，引起高浓度泥渣回流并与加过药剂的原水充分混合，促进混凝反应和接触凝聚，加速泥水分离。其工作原理与机械搅拌澄清池相同。

水力循环澄清池构造如图4-32所示:原水经进水管1从池底进入,经喷嘴2高速喷入喉管3,并在喉管下部喇叭口4附近形成低压区而吸入回流泥渣。原水与回流的活性泥渣在喉管3中剧烈混合后进入第一絮凝室5和第二絮凝室6,完成吸附、凝聚。从第二絮凝室流出的泥水混合液在分离室7中进行泥水分离,清水向上经集水槽8收集后流出澄清池;泥渣则一部分进入泥渣浓缩室9,经浓缩后定期排出池外,另一部分被吸入喉管重新循环,如此周而复始。

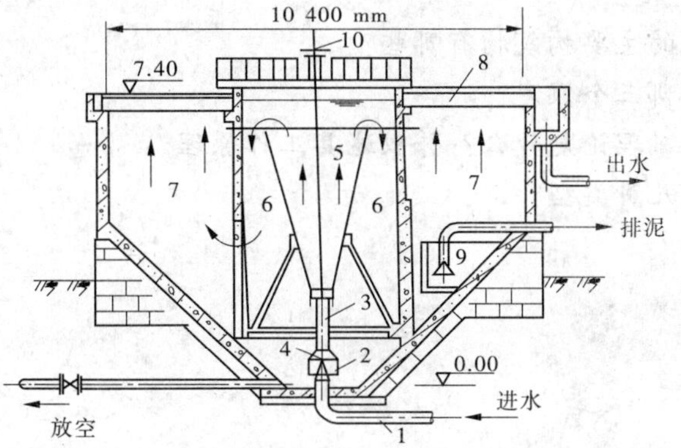

1—进水管；2—喷嘴；3—喉管；4—喇叭口；5—第一絮凝室；6—第二絮凝室；
7—分离室；8—集水槽；9—泥渣浓缩室；10—升降螺杆

图4-32 水力循环澄清池

水力循环澄清池是依靠水力喷射形成泥渣回流,其有效作用范围不大(直径不大于15 m),结构简单,不需要机械设备,但泥渣回流量难以控制。由于絮凝室容积较小,絮凝时间较短,回流泥渣接触絮凝作用发挥不好,其处理效果较机械加速澄清池差,耗药量大,对原水水量、水质、水温的适应性差。因此,只适于处理原水悬浮物含量长期低于2 000 mg/L,单池产水量一般不大于7 500 m^3/d的中小型水厂。此时出水浊度可控制在10 mg/L左右,否则池深太大而不经济。排泥装置与机械加速澄清池相同,排泥耗水量一般为5%左右,运行时应注意定时排泥。

水力循环澄清池的标准图为S771,处理能力40 ~ 320 m^3/h。

小 结

本章主要介绍了给水处理中常见沉淀池的类型,并重点介绍了平流式沉淀池、斜管沉淀池的结构和设计计算。混凝使絮体长大,沉淀就是让长大的絮体沉淀下去,从而达到去除的目的。本章通过沉淀原理分析了理想沉淀池的沉淀过程,得出沉淀效率公式 $P=(1-P_0)+\frac{1}{Q/A}\int_0^{P_0}u_i\mathrm{d}P_i$,对此公式分析可知:①沉淀效果与混凝效果有很大的关系;②沉淀池的面积影响沉淀效果,在处理水量不变的情况下,面积越大沉淀效果越好,从而提出了浅池理论,斜管沉淀池即是浅池理论发展而来的。

平流式沉淀池由进水区、沉淀区、出水区、存泥区四部分构成,在设计时主要是根据液面负荷、水平流速、沉淀时间计算各部分尺寸。斜管沉淀池由清水区、斜管区、配水区、积泥区组成,在设计时主要是根据液面负荷计算各部分尺寸。

常见的澄清池有:①悬浮泥渣型澄清池:单层锥底式悬浮澄清池,脉冲澄清池;②循环泥渣型澄清池:机械搅拌澄清池,水力循环澄清池。

思考题与习题

1. 完成沉淀过程的主要构筑物有哪些?
2. 理想沉淀池有哪三个假定?
3. 斜管沉淀池基础理论是什么?并叙述其工作原理。
4. 常见澄清池有几种类型?

第五章　过　滤

【教学目标】　本章介绍了过滤机理、过滤过程、过滤池的类型、普通快滤池的结构组成;要求重点学习普通快滤池的结构组成及各部分的设计要素,掌握普通快滤池反冲洗的基本要素,能进行冲洗水供给的设计。

在常规水处理工艺中,原水经混凝沉淀后,沉淀(澄清)池的出水浊度通常在10度以下,为了进一步降低沉淀(澄清)池出水的浊度,还必须进行过滤处理。过滤一般是指以粒状材料(如石英砂等)组成具有一定孔隙率的滤料层来截留水中悬浮杂质,从而使水获得澄清的工艺过程,过滤工艺采用的处理构筑物称为滤池。

滤池通常设在沉淀池或澄清池之后。过滤的作用是:一方面进一步降低水的浊度,使滤后水浊度达到生活饮用水标准;另一方面为滤后消毒创造良好条件,这是因为水中附着于悬浮物上的有机物、细菌乃至病毒等在过滤的同时随着水的浊度降低被部分去除,而残存于滤后水中的细菌、病毒等也因失去悬浮物的保护或吸附,将在滤后消毒过程中容易被消毒剂杀灭。因此,在生活饮用水净化工艺中,过滤是极为重要的净化工序,有时沉淀池或澄清池可以省略,但过滤是不可缺少的,它是保证生活饮用水卫生安全的重要措施。

第一节　滤池的工作过程和类型

一、滤池的工作过程

滤池形式各异,但过滤原理基本一样,基本工作过程也相同,即过滤和冲洗交替进行。以普通快滤池为例,简要介绍快滤池的基本构造和工作过程。

普通快滤池又称四阀滤池,图5-1是小型水厂滤池的格数较少时,采用的单行排列布置的普通快滤池,大中型水厂由于滤池格数较多,可采用双行对称排列,两排滤池中间布置管渠和阀门,称为管廊。普通快滤池本身包括浑水渠(进水渠)、冲洗排水槽、滤料层、承托层和配水系统五个部分。管廊内主要是进水、清水、冲洗水、冲洗排水(或废水渠)等五种管渠及其相应的控制阀门。

过滤时,关闭冲洗水支管4上的阀门与排水阀5,开启进水支管2与清水支管3上的阀门,原水经进水总管1、进水支管2由浑水渠13流入冲洗排水槽6后从槽的两侧溢流进入滤池,经过滤料层7、承托层8后,由底部配水系统的配水支管9汇集,再经配水系统干管10、清水支管3,进入清水总管12流往清水池。原水流经滤料层时,水中杂质即被截留在滤料层中。随着过滤的进行,滤料层中截留的杂质越来越多,滤料颗粒间孔隙逐渐减少,滤料层中的水头损失也相应增加。当滤层中的水头损失增加到设计允许值(一般小于2.0～2.5 m)以致滤池产水量减少,或水头损失不大但滤后水质不符合要求时,滤池须停止过滤进行反冲洗,从过滤开始到过滤结束所经历的时间称为过滤周期。

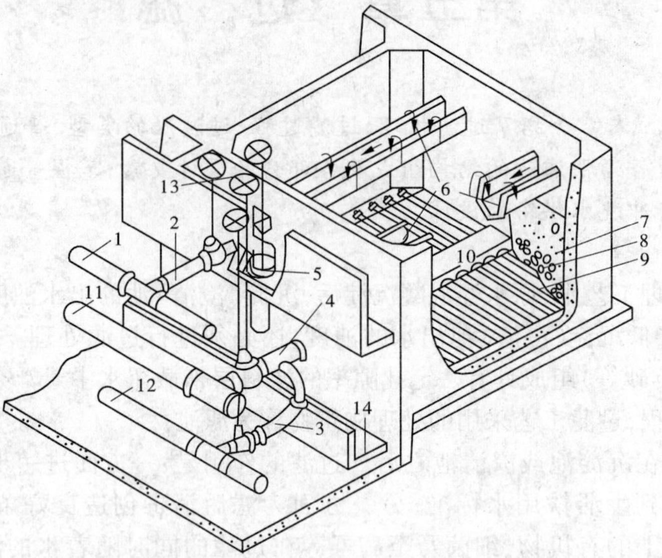

1—进水总管；2—进水支管；3—清水支管；4—冲洗水支管；5—排水阀；
6—冲洗排水槽；7—滤料层；8—承托层；9—配水支管；10—配水干管；
11—冲洗水总管；12—清水总管；13—浑水渠；14—废水渠

图5-1　普通快滤池构造图

反冲洗时,关闭进水支管2与清水支管3上的阀门,开启排水阀5与冲洗水支管4上的阀门,冲洗水(即滤后水)由冲洗水总管11、冲洗水支管4,经底部配水系统的配水干管10、配水支管9及支管上均匀分布的孔眼中流出,均匀地分布在整个滤池平面上,自下而上穿过承托层8及滤料层7。滤层在均匀分布的上升水流中处于悬浮状态,滤层中截留的杂质在水流剪力和滤料颗粒间的碰撞摩擦作用下从滤料颗粒表面剥离下来,随反冲洗废水进入冲洗排水槽6,再汇集入浑水渠13,最后经排水管和废水渠14排入下水道或回收水池。冲洗一直进行到滤料基本洗干净为止。冲洗结束后,即可关闭冲洗水支管4上的阀门与排水阀5,开启进水支管2与清水支管3上的阀门,过滤重新开始。

从过滤开始到冲洗结束所经历的时间称为快滤池工作周期。工作周期的长短涉及到滤池的实际工作时间和反冲洗耗水量,因而直接影响到滤池的产水量。工作周期过短,滤池日产水量减少,快滤池工作周期一般为12～24 h。

快滤池的产水量受诸多因素影响,其中最主要的是滤速。滤速相当于滤池负荷,是指单位时间、单位表面积滤池的过滤水量,单位为$m^3/(m^2 \cdot h)$,通常化简为m/h。《室外给水设计规范》规定:当滤池的进水浊度在10度以下时,单层石英砂滤料滤池的正常滤速可采用8～10 m/h,双层滤料滤池的正常滤速宜采用10～14 m/h,三层滤料滤池的正常滤速宜采用18～20 m/h。

二、滤池的类型

人类早期使用的滤池称为慢滤池,其主要是依靠滤层表面因藻类、原生动物和细菌等微生物生长而生成的滤膜去除水中的杂质。慢滤池能较为有效地去除水中的色度、臭和味，但由于滤速太慢（滤速仅为0.1～0.3 m/h）、占地面积太大而被淘汰。快滤池就是针对这一缺点而发展起来的，其中以石英砂作为滤料的普通快滤池使用历史最久。在此基础上，为了增加滤层的含污能力以提高滤速和延长工作周期、减少滤池阀门以方便操作和实现自动化，人们从不同的工艺角度进行了改进和革新，出现了其他形式的快滤池，大致分类如下：

（1）按滤料层的组成可分为单层石英砂滤料、双层滤料、三层滤料、均质滤料、新型轻质滤料滤池等。

（2）按阀门的设置可分为普通快滤池、双阀滤池、单阀滤池、无阀滤池、虹吸滤池、移动冲洗罩滤池等。

（3）按过滤的水流方向可分为下向流、上向流、双向流滤池等。

（4）按工作的方式可分为重力式滤池、压力式滤池。

（5）按滤池的冲洗方式可分为高速水流反冲洗滤池，气、水反冲洗滤池，表面助冲高速水流反冲洗滤池。

第二节　过滤原理

一、过滤机理

以单层石英砂滤池为例，简要介绍其过滤机理。石英砂滤料粒径通常为0.5～1.2 mm，滤料层厚度一般为700 mm左右。石英砂滤料新装入滤池后，经高速水流反洗，向上流动的水流使砂粒处于悬浮状态，从而使滤料粒径自上而下大致按由细到粗的顺序排列，称为滤料的水力分级。这种水力分级作用，使滤层中孔隙尺寸也因此由上而下逐渐增大。设表层滤料粒径为0.5 mm，并假定以球体计，则表层细滤料颗粒之间的孔隙尺寸约为80 μm。而经过混凝沉淀后的悬浮物颗粒尺寸大部分小于30 μm，这些悬浮颗粒进入滤池后却仍然能被滤层截留下来，且在孔隙尺寸大于80 μm的滤层深处也会被截留。这个事实说明，过滤显然不是机械筛滤作用的结果。经过众多研究者的研究，认为过滤主要是悬浮颗粒与滤料颗粒之间黏附作用的结果。

悬浮颗粒与滤料颗粒之间黏附包括颗粒迁移和颗粒附着两个过程。过滤时，水在滤层孔隙中曲折流动，被水流挟带的悬浮颗粒，依靠颗粒尺寸较大时产生的拦截作用、颗粒沉速较大时产生的沉淀作用、颗粒惯性较大时产生的惯性作用、较小颗粒的布朗运动产生的扩散作用及非球体颗粒由于速度梯度产生的水动力作用，脱离水流流线而向滤料颗粒表面靠近接触，此种过程称为颗粒迁移。当水中悬浮颗粒迁移到滤料表面上时，则在范德华引力、静电力、某些化学键和某些特殊的化学吸附力、絮凝颗粒的架桥作用下，附着在滤料颗粒表面上，或者附着在滤料颗粒表面原先黏附的杂质颗粒上，此种过程称为颗粒附着。

事实证明，当水中的悬浮物颗粒未经脱稳时，其过滤效果很差。因此，过滤效果主要取决于滤料颗粒和水中悬浮颗粒的表面物理化学性质，而无需增大水中悬浮颗粒的尺寸。

相反，若水中悬浮颗粒尺寸过大时，会形成机械筛滤而造成表层滤料很快堵塞。在过滤过程中，特别是过滤后期，当滤层中孔隙尺寸逐渐减小时，表层滤料的筛滤作用也不能完全排除，快滤池运行中应尽量避免这种现象出现。

根据上述过滤机理，在水处理技术中出现了“直接过滤”工艺。所谓直接过滤是指原水不经沉淀而直接进入滤池过滤。在生产中，直接过滤工艺的应用方式有两种：①原水加药后不经任何絮凝设备直接进入滤池过滤的方式称“接触过滤”；②原水加药混合后先经过简易微絮凝池（絮凝时间通常在几分钟），待形成粒径在 40 ~ 60 μm 的微絮粒后即刻进入滤池过滤的方式称“微絮凝过滤”。

采用直接过滤工艺时要求：①原水浊度较低（一般要求常年原水浊度低于 50 度）、色度不高、水质较为稳定；②滤料应选用双层、三层或均质滤料，且滤料粒径和厚度要适当增大，以提高滤层含污能力；③需投加高分子助凝剂（如活化硅酸等）以提高微絮粒的强度和黏附力；④滤速应根据原水水质决定，一般在 5 m/h 左右。

二、滤层内杂质分布规律

过滤过程中，水中悬浮颗粒在与滤料颗粒黏附的同时，还存在着因孔隙中水流剪力作用不断增大而导致颗粒从滤料表面上脱落的趋势。在过滤的初期阶段，滤料层比较干净，孔隙率较大，孔隙流速较小，水流剪力也较小，因而黏附作用占优势。由于滤料在反洗以后形成粒径上小下大的自然排列，滤层中孔隙尺寸由上而下逐渐增大，所以，大量杂质将首先被表层的细滤料所截留。随着过滤时间的延长，滤层中杂质逐渐增多，孔隙率逐渐减小，表层的细滤料中的水流剪力亦随之增大，脱落作用占优势，最后被黏附上的颗粒将首先脱落下来，或者被水流挟带的后续颗粒冲刷，不再有黏附现象，于是，悬浮颗粒便向下层移动并被下层滤料截留，下层滤料的截留作用才逐渐得到发挥。但是下层滤料的截留作用还没有得到完全发挥时，过滤就被迫停止。这是由于表层滤料粒径最小，黏附比表面积最大，截留悬浮颗粒量最多，而滤料颗粒间孔隙尺寸又最小，因而，过滤到一定阶段后，表层滤料颗粒间的孔隙将逐渐被堵塞，严重时，会产生筛滤作用而形成“泥膜”，见图 5-2（a）。其结果是：在一定过滤水头下，滤速急剧减小或者在一定滤速下，水头损失达到极限值；或者因滤层表面受力不均匀而使泥膜产生裂缝，水流自裂缝中流出，造成短流而使出水水质恶化，见图 5-2（b）。当上述情况其中一种出现时，过滤就将被迫停止，从而造成整个滤层的截留悬浮固体能力未能发挥出来，使滤池工作周期大大缩短。

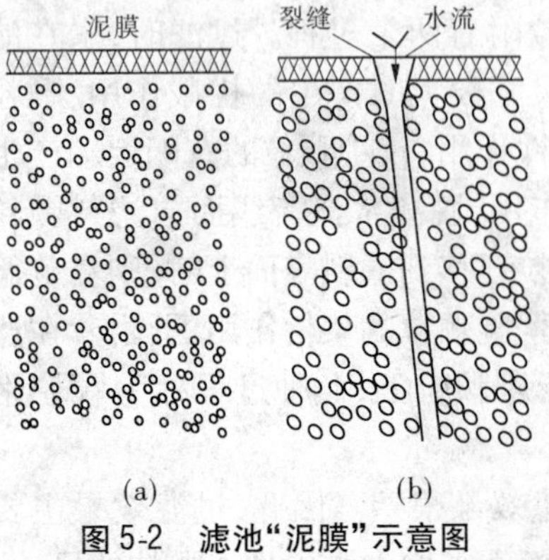

图 5-2　滤池“泥膜”示意图

过滤时，杂质在滤料层分布不均匀的程度与进水水质、水温、滤料粒径、形状和级配、滤速、凝聚微粒强度等多种因素有关。衡量滤料层截留杂质能力的指标通常有滤层截污量和滤层含污能力等。单位体积滤层中所截留的杂质量称为滤层截污量。在一个过滤周期内，整个滤层单位体积滤料中的平均含污量称为“滤层含污能力”，单位为 g/cm^3 或 kg/m^3。

三、提高过滤效率的途径

提高滤层含污能力的根本途径是尽量使杂质在滤层中均匀分布。为此，出现了"反粒度"过滤，即沿过滤水流方向滤料粒径逐渐由大到小。具有代表性的有双层滤料、三层滤料及均质滤料等，见图 5-3。

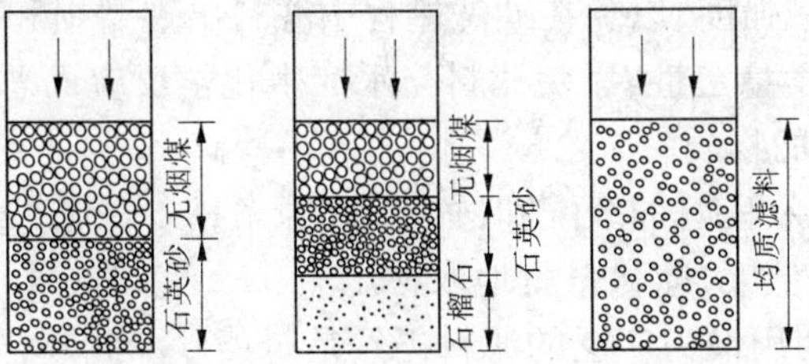

(a)双层滤料　(b)三层滤料　(c)均质滤料

图 5-3　滤料示意图

(一)双层滤料

双层滤料的组成：上层采用密度较小、粒径较大的轻质滤料(如无烟煤，密度约为 1.5 g/cm^3，粒径为 0.8～1.8 mm)，下层采用密度较大、粒径较小的重质滤料(如石英砂，密度约为 2.65 g/cm^3，粒径为 0.5～1.2 mm)，见图 5-3(a)。由于两种滤料的密度差，在一定反冲洗强度下，经反冲洗水力分级后，粒径较大的轻质滤料(无烟煤)仍分布在滤层的上层，粒径较小的重质滤料(石英砂)则位于下层。虽然每层滤料粒径自上而下仍是由小到大，但对整个滤层来讲，上层滤料的平均粒径总是大于下层滤料的平均粒径。实践证明，双层滤料含污能力较单层滤料约高 1 倍以上。因此，在相同滤速下，可延长过滤周期；在相同过滤周期下，可提高滤速。

(二)三层滤料

三层滤料的组成：上层采用小密度、大粒径的轻质滤料(如无烟煤，粒径为 0.8～1.6 mm)，中层采用中等密度、中等粒径的滤料(如石英砂，粒径为 0.5～0.8 mm)，下层采用小粒径、大密度的重质滤料(如石榴石、磁铁矿等，粒径为 0.25～0.5 mm)，见图 5-3(b)。就整个滤层而言，各层滤料平均粒径由上而下递减。如果三种滤料经反冲洗后在整个滤层中适当混杂，则称"混合滤料"。尽管称之为混合滤料，每层仍以其原有滤料为主，掺有少量其他滤料。这种滤料组合不仅可以提高滤层的含污能力，且因下层重质滤料粒径很小，对保证滤后水质有很大作用。

(三)均质滤料

均质滤料的组成：所谓"均质滤料"，是指沿整个滤层深度方向的任一横断面上，滤料组成和平均粒径均匀一致，见图 5-3(c)。它并非指整个滤层的粒径完全相同，滤料粒径仍存在一定程度的差别。采用均质滤料，反冲洗时要求滤料层不能膨胀，为此应采用气、水反冲洗。

无论采用双层滤料、三层滤料或均质滤料都是对滤层组成的变动，但其滤池构造和工作过程与单层滤料滤池基本相同。

第三节　滤　料

在水处理中,过滤是利用具有一定孔隙率的滤料层截留水中悬浮杂质的。给水处理中所用的滤料,必须符合以下要求:

(1)具有足够的机械强度,以免在冲洗过程中滤料出现磨损和破碎现象;

(2)具有足够的化学稳定性,以免滤料与水产生化学反应而恶化水质,尤其不能含有对人体健康和生产有害的物质;

(3)具有合适的粒径、良好的级配和适当的孔隙率;

(4)货源充足,价格低廉,应尽量就地取材。

迄今为止,生产中使用最为广泛的滤料仍然是石英砂。此外,随着双层和多层滤料的出现,常用的滤料还有无烟煤、磁铁矿、金钢砂、石榴石、钛铁矿、天然锰砂等。另外,还有聚苯乙烯及陶粒等轻质滤料。

一、滤料粒径级配

滤料颗粒都具有不规则的形状,其粒径是指正好可通过某一筛孔的孔径,滤料粒径级配是指滤料中各种粒径颗粒所占的重量比例。

生产中,滤料的粒径级配通常以最大粒径 d_{max}、最小粒径 d_{min} 和不均匀系数 K_{80} 来表示。这也是我国《室外给水设计规范》(GBJ 13—86)中所采用的滤料粒径级配法,见表5-1。

$$K_{80}=\frac{d_{80}}{d_{10}} \tag{5-1}$$

式中　d_{10}——通过滤料重量10%的筛孔孔径,mm;

d_{80}——通过滤料重量80%的筛孔孔径,mm。

其中 d_{10} 又称为有效粒径,它反映滤料中细颗粒尺寸;d_{80} 反映滤料中粗颗粒尺寸。由此可见,K_{80} 的大小反映了滤料颗粒粗细不均匀程度,K_{80} 越大,则粗细颗粒的尺寸相差越大,颗粒越不均匀,对过滤和反冲洗都会产生非常不利的影响。因为 K_{80} 较大时,滤层的孔隙率小、含污能力低,从而导致过滤时滤池工作周期缩短;反冲洗时,若满足细颗粒膨胀要求,粗颗粒将得不到很好清洗;反之,若为满足粗颗粒膨胀要求,细颗粒可能被冲出滤池。K_{80} 越接近于1,滤料越均匀,过滤和反冲洗效果愈好,但滤料价格很高。为了保证过滤和反洗效果,通常要求 $K_{80}<2.0$。

滤料粒径级配除采用最大粒径、最小粒径和不均匀系数表示以外,还可采用有效粒径 d_{10} 来表示。另外,在生产中也有用 K_{60}($K_{60}=d_{60}/d_{10}$)代替 K_{80} 来表示滤料不均匀系数,d_{60} 的含义与 d_{10} 或 d_{80} 相同。

二、双层及多层滤料级配

双层滤料经反冲洗以后,有可能出现部分混杂(在煤－砂交界面上),这主要取决于煤、砂的密度差、粒径差及煤和砂的粒径级配、滤料形状、水温及反冲洗强度等因素。我国常用的双层滤料和三层滤料粒径级配见表5-1。

表 5-1　滤料级配及滤速

类别	滤料组成			滤速(m/h)	强制滤速(m/h)
	粒径(mm)	不均匀系数 K_{80}	厚度(mm)		
单层石英砂滤料	$d_{min}=0.5$，$d_{max}=1.2$	<2.0	700	8~10	10~14
双层滤料	无烟煤 $d_{min}=0.8$，$d_{max}=1.8$	<2.0	300~400	10~14	14~18
	石英砂 $d_{min}=0.5$，$d_{max}=1.2$	<2.0	400		
三层滤料	无烟煤 $d_{min}=0.8$，$d_{max}=1.6$	<1.7	450	18~20	20~25
	石英砂 $d_{min}=0.5$，$d_{max}=0.8$	<1.5	230		
	重质矿石 $d_{min}=0.25$，$d_{max}=0.5$	<1.7	70		

注：滤料密度一般为：石英砂 2.60~2.65 g/cm^3；无烟煤 1.40~1.60 g/cm^3；重质矿石 4.70~5.00 g/cm^3。

生产经验表明，煤－砂交界面混杂厚度在 5 cm 左右，对过滤有益无害。三层滤料反冲洗后，滤层中也存在适当混杂，但上层仍然以煤粒为主，中层以石英砂为主，下层以重质矿石为主。就整个滤层而言，滤层孔隙尺寸由上而下递减。

三、滤料筛分

工程中，要求滤料必须在一定粒径范围内，并满足级配指标要求，故应对滤料进行筛选。以石英砂滤料为例，取某砂样 300 g，洗净后于 105 ℃恒温箱中烘干，待冷却后称取 100 g，放于一组筛子过筛，筛毕称出留在各个筛子上的砂量，并计算出通过相应筛子的砂量，填入表 5-2，然后据此表给出筛分曲线，见图 5-4。

表 5-2　筛分试验记录

筛孔(mm)	留在筛上的砂量		通过该号筛的砂量	
	质量(g)	百分比(%)	质量(g)	百分比(%)
2.362	0.1	0.1	99.9	99.9
1.651	9.3	9.3	90.6	90.6
0.991	21.7	21.7	68.9	68.9
0.589	46.6	46.6	22.3	22.3
0.246	20.6	20.6	1.7	1.7
0.208	1.5	1.5	0.2	0.2
筛底盘	0.2	0.2	—	—
合计	100.0	100.0		

根据图 5-4 筛分曲线，可求得 $d_{10}=0.4$ mm，$d_{80}=1.34$ mm，因此，$K_{80}=\frac{1.34}{0.4}=3.35$。由于 $K_{80}>2.0$，故该滤料不符合级配要求，必须进行筛选。假定设计要求：$d_{10}=0.55$ mm，$K_{80}=2.0$，则 $d_{80}=2.0\times0.55=1.10$(mm)。按此要求筛选滤料，步骤如下：首先，自横坐标 0.55 mm 和 1.10 mm 两点分别作垂线与筛分曲线相交，自两交点作平行线与右边纵坐标轴相交。然后，以两交点分别作为 10% 和 80%，并在 10% 和 80% 之间分成了等分，以此向上下两端延伸，即得 0 和 100% 之点重新建立新坐标，如图 5-4 右侧纵坐标所示。最后，再自新坐标原点和 100% 作平行线与筛分曲线相交，此两点以内即为所选滤料，其余部分应全部筛除（图中阴影部分）。由图可知，粗颗粒（$d>1.54$ mm）约筛除 13%，细颗粒（$d<0.44$ mm）约筛除 13%，共计 26% 左右。目前我国选用滤料粒径比较简便，只分最大和最小粒径，在采购或筛分砂样时，只要用两种筛把大于和小于规定尺寸的砂筛去即可，不必再做筛分曲线。单层石英砂滤料的最大粒径是 1.2 mm，最小粒径0.5 mm，所以只要筛去大于 1.2 mm 和小于 0.5 mm 的颗粒就可铺入滤池。

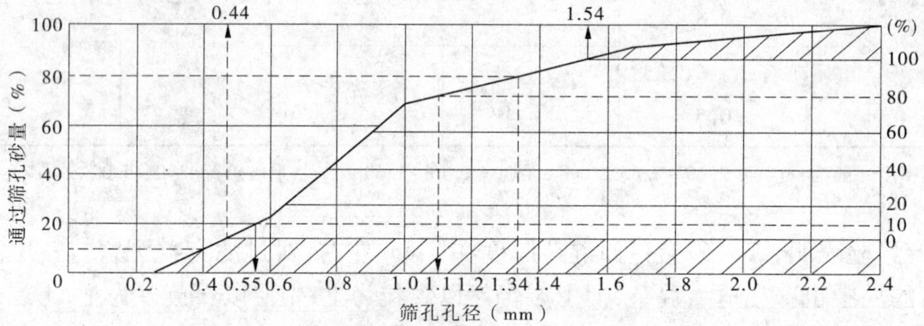

图 5-4　滤料筛分曲线

四、滤料层孔隙率的测定

滤料层孔隙率是指滤料层中的孔隙所占的体积与滤料层总体积之比，用 m 表示。滤料层孔隙率测定方法与步骤如下：

(1) 取一定量的滤料，在 105 ℃下烘干、称重。

(2) 用比重瓶测出其密度。

(3) 将滤料放入过滤筒中，用清水过滤一段时间，待其压实后，量出滤层体积。

(4) 按下式求出滤料孔隙率：

$$m=1-\frac{G}{\rho V} \tag{5-2}$$

式中　G——滤料质量，kg；

ρ——滤料颗粒密度，kg/m³；

V——滤料层体积，m³。

滤料层孔隙率的大小影响快滤池的过滤效率，一般来讲，孔隙率越大，滤层的含污能力越高，滤池的工作周期就越长。滤料层孔隙率与滤料颗粒的形状、粒径、均匀程度以及滤料层的压实程度等因素有关。形状不规则和粒径均匀的滤料,孔隙率较大。一般石英砂滤料层的孔隙率在0.42左右。

在过滤和反冲洗过程中,滤料由于碰撞、摩擦会出现破碎和磨蚀而变细,从而造成滤料层孔隙率减小,对过滤产生不利影响。因此,在生产中应根据具体情况更换滤料。

第四节　快滤池反冲洗配水系统和承托层

一、配水系统

快滤池反冲洗配水系统位于滤池底部,其作用如下:一是反冲洗时,使反冲洗水在整个滤池平面上均匀分布;二是过滤时,能均匀地收集滤后水。配水均匀性对反冲洗效果至关重要。若配水不均匀,水量小处,反冲洗强度低,滤层膨胀不足,滤料得不到足够的清洗;水量大处,因滤层膨胀过甚,造成滤料流失,反冲洗流速很大时,还会使局部承托层发生移动,过滤时造成漏砂现象。

根据反冲洗时产生的阻力大小,配水系统可分为大阻力、中阻力和小阻力三种。

(一)大阻力配水系统

常用的大阻力配水系统是"穿孔管大阻力配水系统",见图5-5。它是由居中的配水干管(或渠)和干管两侧接出的若干根间距相等且彼此平行的支管构成。在支管下部开有两排与管中心铅垂线成45°角且交错排列的配水孔。反冲洗时,水流从干管起端进入后流入各支管,由各支管孔口流出,再经承托层自下而上对滤料层进行冲洗,最后流入排水槽。

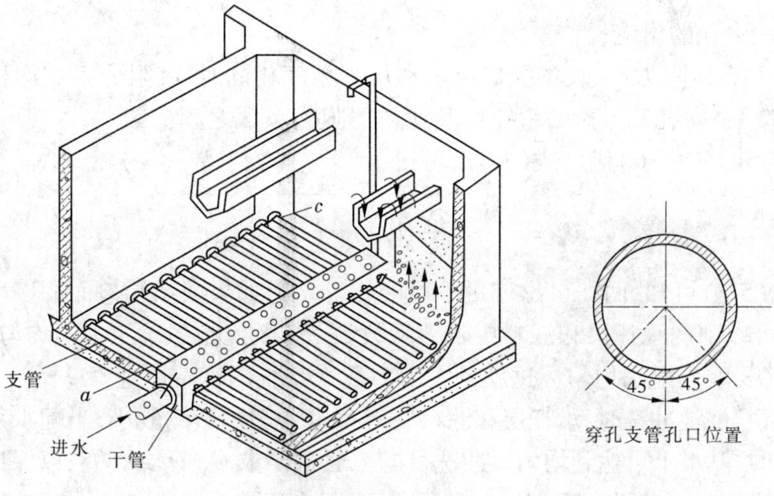

图5-5　穿孔管大阻力配水系统

穿孔支管上孔眼总面积占滤池面积的0.20%~0.28%,冲洗时孔眼处的流速和水头损失很大,而配水干管和支管中的水头损失相比很小,就可做到各孔眼的流量相差不大于5%,冲洗时配水比较均匀。

图5-5所示的大阻力配水系统中，a孔和c孔分别是距进口最近和最远的两孔，因此也是孔口内压力水头相差最大的两孔。在配水系统中，如果a孔和c孔的出流量近似相等，则其余各孔口的出流量更相近，即可认为在整个滤池平面上冲洗水是均匀分布的。大阻力配水系统的干管和支管均可近似看做沿程均匀泄流管路，若假定干管及支管的沿程水头损失忽略不计且各支管进口局部水头损失又基本相等，则由水力分析可得a孔与c孔内的压力水头关系：

$$H_c = H_a + \frac{1}{2g}(v_1^2 + v_2^2) \tag{5-3}$$

式中 H_a——a孔内的压力水头，m；

H_c——c孔内的压力水头，m；

v_1——干管起端流速，m/s；

v_2——支管起端流速，m/s。

a孔和c孔内的压力水头与自孔口流出后的终点水头之差，即为水流经孔口、承托层和滤料层的总水头损失，分别以H'_a和H'_c表示。由于反冲洗排水槽上缘水平，可以认为冲洗时自各孔口流出后的终点水头相同。式(5-3)中H_a和H_c均减去同一终点水头，可得：

$$H'_c = H'_a + \frac{1}{2g}(v_1^2 + v_2^2) \tag{5-4}$$

由于水头损失与流量的平方成反比，则有：

$$H'_a = (S_1 + S'_2)Q_a^2 \tag{5-5}$$

$$H'_c = (S_1 + S''_2)Q_c^2 \tag{5-6}$$

式中 Q_a——a孔的出流量；

Q_c——c孔的出流量；

S_1——孔口阻力系数，各孔口尺寸和加工精度相同时，其阻力系数均相同；

S'_2、S''_2——a孔和c孔处承托层及滤料层阻力系数之和。

将式(5-5)、式(5-6)代入式(5-4)，可得：

$$Q_c = \sqrt{\frac{S_1 + S'_2}{S_1 + S''_2}Q_a^2 + \frac{1}{S_1 + S''_2} \times \frac{v_1^2 + v_2^2}{2g}} \tag{5-7}$$

分析式(5-7)可知，两孔口出流量不可能相等。但如果减小孔口面积以增大孔口阻力系数S_1，就可以削弱承托层和滤料层阻力系数S'_2、S''_2及配水系统压力不均匀的影响，从而使Q_a接近Q_c，实现配水均匀。这就是大阻力配水系统的基本原理。

一般来讲，滤池冲洗时，承托层和滤料层对布水均匀性影响较小，当配水系统配水均匀性符合要求时，基本上可达到均匀反冲洗目的。通常要求$Q_a/Q_c \geqslant 0.95$，以保证配水系统中任意两孔口出流量之差不大于5%，由此得出，大阻力配水系统构造尺寸应满足下式：

$$\left(\frac{f}{\omega_1}\right)^2 + \left(\frac{f}{n\omega_2}\right)^2 \leqslant 0.29 \tag{5-8}$$

式中 f——配水系统孔口总面积，m^2；

ω_1——干管截面积，m^2；

ω_2——支管截面积，m^2；

n——支管根数。

式(5-8)表明，反冲洗配水的均匀性只与配水系统构造尺寸有关，而与反冲洗强度和滤池面积无关。但实际上，当单池面积过大时，影响配水均匀性的其他因素也将对冲洗效果产生影响，故单池面积一般不宜大于 100 m^2。

穿孔管大阻力配水系统的构造尺寸可根据设计参数来确定，见表 5-3。

表 5-3　穿孔管大阻力配水系统设计参数

类别	设计参数	类别	设计参数
干管起端流速	1.0 ~ 1.5 m/s	配水孔口直径	9 ~ 12 mm
支管起端流速	1.5 ~ 2.0 m/s	配水孔间距	75 ~ 300 mm
孔口流速	5.0 ~ 6.0 m/s	支管中心间距	0.2 ~ 0.3 m
开孔比	0.2% ~ 0.25%	支管长度与直径比	<60

注：1. 开孔比(α)是指配水孔口总面积与滤池面积之比；

2. 当干管(渠)直径大于 300 mm 时，干管(渠)顶部也应开孔布水，并在孔口上方设置挡板；

3. 干管(渠)的末端应设直径为 40 ~ 100 mm 排气管，管上安装阀门。

大阻力配水系统的优点是配水均匀性较好，但系统结构较复杂，检修困难，而且水头损失很大(通常在 3.0 m 以上)，冲洗时需要专用设备(如冲洗水泵)，动力耗能多，故不能用于反冲洗水头有限的虹吸滤池和无阀滤池，此时，应采用中、小阻力配水系统。

(二)中、小阻力配水系统

由式(5-7)可知，如果将干管起端流速 v_1 和支管起端流速 v_2 减小至一定程度，配水系统压力不均匀的影响就会大大削弱，此时即使不增大孔口阻力系数 S_1，同样可以实现均匀配水，这就是小阻力配水系统的基本原理。

生产中，小阻力配水系统不再采用穿孔管系统而通常采用较大的底部配水空间，其上铺设钢筋混凝土穿孔滤板，见图 5-6(a)、(c)。由于水流进口断面积大、流速较小，底部配水室内压力将趋于均匀，从而达到均匀配水的目的。

另外，滤池采用气、水反冲洗时，还可以采用长柄滤头，见图 5-6(b)。

小阻力配水系统的配水均匀性取决于开孔比的大小，开孔比越大，则孔口阻力越小，配水均匀性越差。小阻力配水系统的开孔比通常都大于 1.0%，水头损失一般小于 0.5 m。由于其配水均匀性较大阻力配水系统差，故使用有一定的局限性，一般多用于单格面积不大于 20 m^2 的无阀滤池、虹吸滤池等。

由于孔口阻力与开孔比成反比，故开孔比愈大，孔口阻力愈小。大阻力配水系统如果增大开孔比到 0.60% ~ 0.80%，就可以减小孔眼中的流速，从而减少配水系统的阻力。所谓“中阻力配水系统”，就是指其开孔比介于大、小阻力配水系统之间，水头损失一般为 0.5 ~ 3.0 m。中阻力配水系统的配水均匀性优于小阻力配水系统。常见的中阻力配水系统有穿孔滤砖等，见图 5-7。

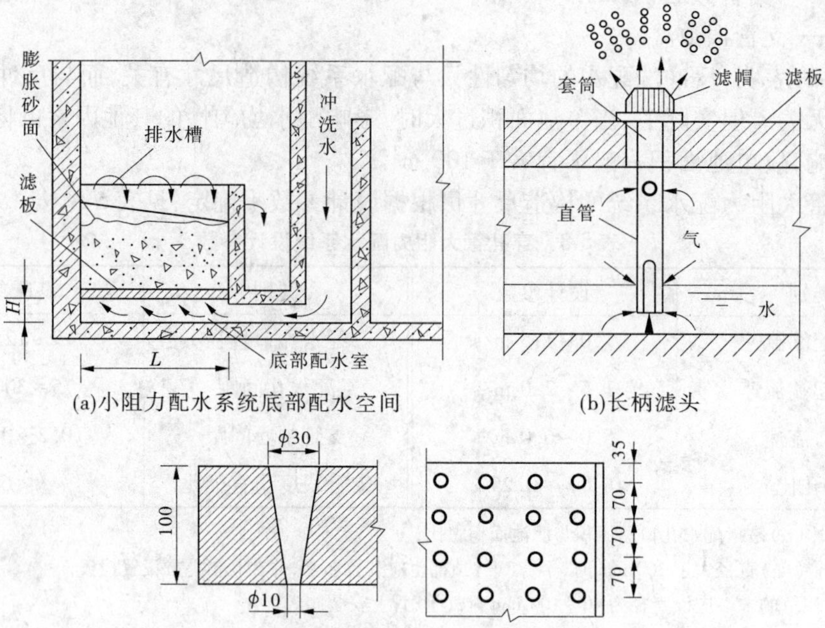

(a)小阻力配水系统底部配水空间　(b)长柄滤头

(c)钢筋混凝土穿孔滤板

图 5-6　小阻力配水系统

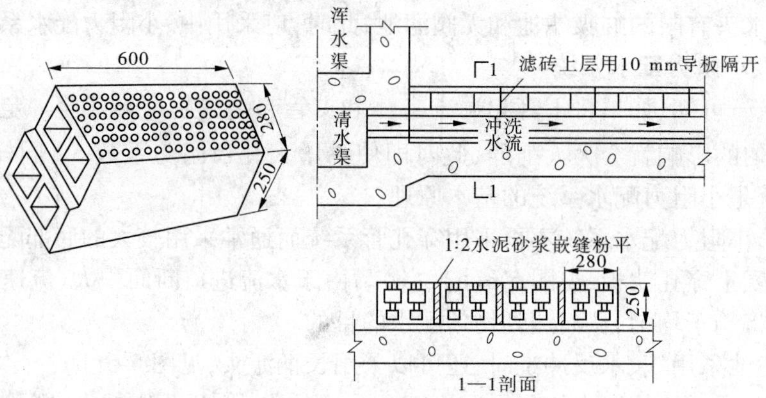

图 5-7　穿孔滤砖

二、承托层

承托层设于滤料层和底部配水系统之间。其作用如下：一是支承滤料，防止过滤时滤料通过配水系统的孔眼流失，为此要求反冲洗时承托层不能发生移动。二是反冲洗时均匀地向滤料层分配反冲洗水。滤池的承托层一般由一定级配天然卵石或砾石组成，铺装承托层时应严格控制好高程，分层清楚，厚薄均匀，且在铺装前应将黏土及其他杂质清除干净。采用大阻力配水系统时，单层或双层滤料滤池的承托层粒径和厚度见表 5-4。

如果采用中、小阻力配水系统，承托层可以不设，或者适当铺设一些粗砂或细砾石，视配水系统具体情况而定。

表 5-4　单层或双层滤料滤池承托层粒径和厚度

层次(自上而下)	粒径(mm)	厚度(mm)
1	2～4	100
2	4～8	100
3	8～16	100
4	16～32	本层顶面高度至少应高出配水系统孔眼 100

第五节　滤池的冲洗

滤池过滤一段时间后，当水头损失增加到设计允许值或滤后水质不符合要求时，滤池须停止过滤进行反冲洗。反冲洗的目的是清除截留在滤料层中的杂质，使滤池在短时间内恢复过滤能力。

一、滤池冲洗方法

快滤池的反冲洗方法有三种：高速水流反冲洗，气、水反冲洗，表面辅助冲洗加高速水流反冲洗。

高速水流反冲洗是当前我国广泛采用的一种冲洗方法，其操作简便，滤池结构和设备简单，故本节作为重点介绍。

(一)高速水流反冲洗

高速水流反冲洗是利用高速水流反向通过滤料层时，产生的水流剪力和流态化滤层造成滤料颗粒间碰撞摩擦的双重作用，把截留在滤料层中的杂质从滤料表面剥落下来，然后被冲洗水带出滤池。为了保证反冲洗达到良好效果，要求必须有一定的冲洗强度、适宜的滤层膨胀度和足够的冲洗时间，称之为冲洗三要素。生产中，冲洗强度、滤层膨胀度和冲洗时间应根据滤料层的类别来确定，见表 5-5。

表 5-5　冲洗强度、膨胀度和冲洗时间

序号	滤层	冲洗强度($L/(s\cdot m^2)$)	膨胀度(%)	冲洗时间(min)
1	石英砂滤料	12～15	45	7～5
2	双层滤料	13～16	50	8～6
3	三层滤料	16～17	55	7～5

注：1. 设计水温按 20 ℃计，水温每增减 1 ℃，冲洗强度相应增减 1%；

2. 由于全年水温、水质有变化，应考虑有适当调整冲洗强度的可能；

3. 选择冲洗强度应考虑所用混凝剂品种；

4. 膨胀度数值仅作设计计算用。

1. 滤层膨胀度

滤层膨胀度是指反冲洗时滤层膨胀后所增加的厚度与滤层膨胀前厚度之比，用 e 表示：

$$e = \frac{L - L_0}{L_0} \times 100\% \tag{5-9}$$

式中　L_0——滤层膨胀前厚度，cm；

L——滤层膨胀后厚度，cm。

理想的膨胀率应该是截流杂质的那部分滤料恰好完全膨胀起来而下层最大颗粒滤料刚开始膨胀，见表5-5。

2. 反冲洗强度

反冲洗强度是指单位面积滤层上所通过的冲洗流量，以 $L/(s \cdot m^2)$ 计。也可换算成反冲洗流速，以 cm/s 计，$1\ cm/s = 10\ L/(s \cdot m^2)$。

冲洗效果决定于反冲洗强度（即冲洗流速）。反冲洗强度过小，滤层膨胀度不够，滤层孔隙中水流剪力小，截留在滤层中的杂质难以被剥落，滤层冲洗不净；反冲洗强度过大时，滤层膨胀度过大，由于滤料颗粒过于离散，滤层孔隙中水流剪力降低，滤料颗粒间相互碰撞摩擦的几率减小，滤层冲洗效果差，严重时还会造成滤料流失。故反冲洗强度过大或过小，冲洗效果均会降低。

生产中，反冲洗强度的确定还应考虑水温的影响，夏季水温较高，水的黏度较小，所需反冲洗强度较大；冬季水温低，水的黏度大，所需反冲洗强度较小。一般来说，水温增减1 ℃，反冲洗强度相应增减1%。

3. 冲洗时间

冲洗时间长短也影响滤池的冲洗效果。当冲洗强度和滤层膨胀度都满足要求但反冲洗时间不足时，滤料颗粒表面的杂质因碰撞摩擦时间不够而不能得到充分清除；同时，冲洗废水也因排除不彻底导致污物重返滤层，覆盖在滤层表面而形成“泥膜”或进入滤层形成“泥球”。因此，足够的冲洗时间也是保证冲洗效果的关键，冲洗时间可按表5-5选用，也可根据冲洗废水的允许浊度决定。

对于非均匀滤料，在一定冲洗强度下，粒径小的滤料膨胀度大，粒径大的滤料膨胀度小。因此，要同时兼顾粗、细滤料膨胀度要求是不可能的。理想的膨胀率应该是截留杂质较多的上层滤料恰好完全膨胀起来而下层最大颗粒滤料刚刚开始膨胀，这样才能获得较好的冲洗效果。因此，设计或操作中，可以最粗滤料刚开始膨胀作为确定冲洗强度的依据。如果由此而导致上层细滤料膨胀度过大甚至引起滤料流失，滤料级配应加以调整。

（二）气、水反冲洗

高速水流反冲洗虽然操作方便，池子和设备较简单，但冲洗耗水量大，水力分级现象明显，而且，未被反冲洗水流带走的大块絮体沉积于滤层表面后，极易形成“泥膜”，妨碍滤池正常过滤。因此，为了改善反冲洗效果，需要采取一些辅助冲洗措施，如气、水反冲洗等。

气、水反冲洗的原理是：压缩空气进入滤池后，利用上升空气气泡产生的振动和擦洗作用，将附着于滤料表面的杂质清除下来并使之悬浮于水中，然后再用水反冲把杂质排出池外。空气由鼓风机或空气压缩机和储气罐组成的供气系统供给，冲洗水由冲洗水泵或冲洗水箱供应，配气、配水系统多采用长柄滤头。气、水反冲洗操作方式有以下几种：

(1)先进入压缩空气擦洗,再进入水反冲。

(2)先进入气－水同时反冲,再进入水反冲。

(3)先进入压缩空气擦洗,再进入气－水同时反冲,最后进入水反冲。

确定冲洗程序、冲洗时间和冲洗强度时,应考虑滤池构造和滤料种类、密度、粒径级配及水质、水温等因素。目前我国还没有气－水反冲洗控制参数和要求的统一规定,生产中多根据经验选用。

采用气－水反冲洗有以下优点:空气气泡的擦洗能有效地使滤料表面污物破碎、脱落,故冲洗效果好,节省冲洗水量;冲洗时滤层不膨胀或微膨胀,不产生或不明显产生水力分级现象,从而提高滤层含污能力。但气、水反冲洗需增加气冲设备(鼓风机或空气压缩机和储气罐),池子结构及冲洗操作也较复杂。国外采用气、水反冲洗比较普遍,我国近年来气、水反冲洗也日益增多。

二、冲洗水的供给

普通快滤池反冲洗水供给方式有两种:冲洗水泵和冲洗水塔(箱)。水泵冲洗建设费用低,冲洗过程中冲洗水头变化较小,但由于冲洗水泵是间歇工作,且设备功率大,在冲洗的短时间内耗电量大,使电网负荷极不均匀;水塔(箱)冲洗操作简单,补充冲洗水的水泵较小,并允许在较长的时间内完成,耗电较均匀,但水塔造价较高。若有地形可利用时,采用水塔(箱)冲洗较好。

(一)冲洗水塔(箱)

水塔(箱)冲洗如图5-8所示,为避免冲洗过程中冲洗水头相差太大,水塔(箱)内水深不宜超过3 m。水塔(箱)容积按单格滤池所需冲洗水量的1.5倍计算:

$$W=\frac{1.5qFt\times 60}{1\ 000}=0.09Fqt \qquad (5\text{-}10)$$

式中 W——水塔(箱)容积,m^3;

F——单格滤池面积,m^2;

t——冲洗历时,min;

q——反冲洗强度,$L/(s\cdot m^2)$。

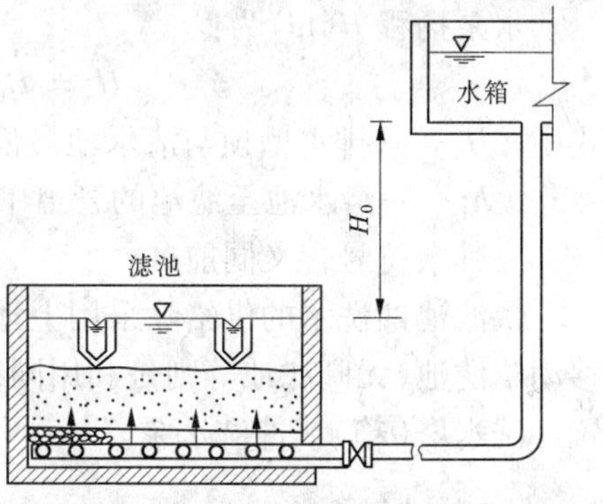

图5-8 水塔冲洗

水塔(箱)底高出滤池冲洗排水槽顶高度H_0,可按下式计算:

$$H_0 = h_1 + h_2 + h_3 + h_4 + h_5 \qquad (5\text{-}11)$$

式中 h_1——从水塔(箱)至滤池的管道中总水头损失,m;

h_2——滤池配水系统水头损失,m,大阻力配水系统按孔口平均水头损失计算:

$$h_2=\frac{1}{2g}\left(\frac{q}{10\alpha\mu}\right)^2 \qquad (5\text{-}12)$$

其中 α——配水系统开孔比,普通快滤池 $\alpha=0.2\%\sim0.28\%$,计算时以 $\alpha=0.2\sim0.28$ 代入;

μ——孔口流量系数,可采用0.62;

h_3——承托层水头损失,m;

$$h_3 = 0.022\,qZ \tag{5-13}$$

其中　q——反冲洗强度,L/(s · m²);

Z——承托层厚度,m;

h_4——滤料层水头损失,m;

$$h_4 = \left(\frac{\rho_s}{\rho_l} - 1\right)(1 - m)L_0 \tag{5-14}$$

其中　ρ_s——滤料密度,kg/m³;

ρ_l——水的密度,kg/m³;

m——滤料膨胀前的孔隙率;

L_0——滤料膨胀前的厚度,m;

h_5——备用水头,一般取1.5~2.0 m。

(二)水泵冲洗

水泵冲洗如图5-9所示,冲洗水泵要考虑备用,可单独设置冲洗泵房,也可设于二级泵站内。水泵流量Q(L/s)按冲洗强度和滤池面积计算:

$$Q = qF \tag{5-15}$$

式中　q——反冲洗强度,L/(s · m²);

F——单格滤池面积,m²。

水泵扬程H(m)为:

$$H = H_0 + h_1 + h_2 + h_3 + h_4 + h_5 \tag{5-16}$$

式中　H_0——排水槽顶与清水池最低水位高差,m;

h_1——清水池至滤池的管道中总水头损失,m;

其余符号含义同前。

快滤池冲洗水的供给除采用上述冲洗水泵和冲洗水塔(箱)两种方式外,虹吸滤池、移动罩滤池、无阀滤池等则是利用同组其他格滤池的出水及其水头进行反冲洗,而无需设置冲洗水塔(箱)或冲洗水泵。

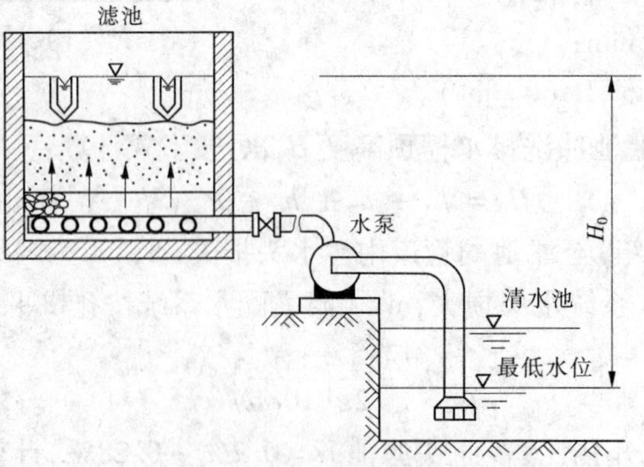

图5-9　水泵冲洗

三、冲洗废水的排除

滤池冲洗废水的排除设施包括反冲洗排水槽和废水渠。反冲洗时，冲洗废水先溢流入反冲洗排水槽，再汇集到废水渠后排入下水道(或回收水池)，见图5-10。

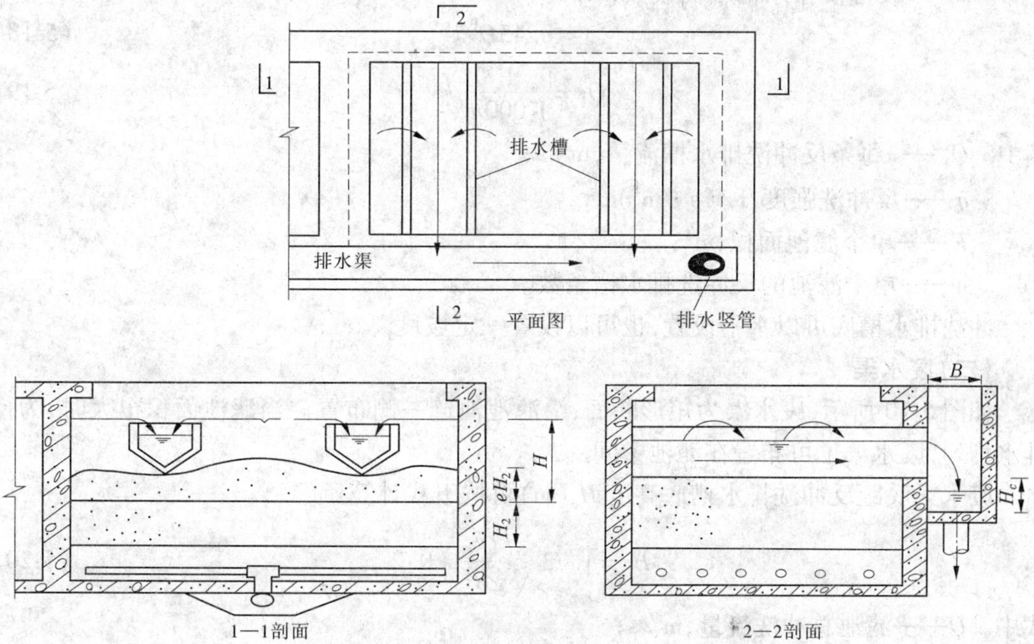

图5-10　反冲洗废水排除示意图

(一)反冲洗排水槽

为了及时均匀地排除冲洗废水，反冲洗排水槽设计应符合以下要求：

(1)冲洗废水应自由跌落进入反冲洗排水槽，再由反冲洗排水槽自由跌落进入废水渠，以避免形成壅水，使排水不畅而影响冲洗均匀。为此，要求反冲洗排水槽内水面以上保持7 cm左右的超高，废水渠起端水面低于反冲洗排水槽底20 cm。

(2)反冲洗排水槽口应力求水平一致，以保证单位槽长的溢入流量相等。故施工时其误差应限制在2 mm以内。

(3)反冲洗排水槽总平面面积一般应小于25%的滤池面积，以免影响上升水流的均匀性。

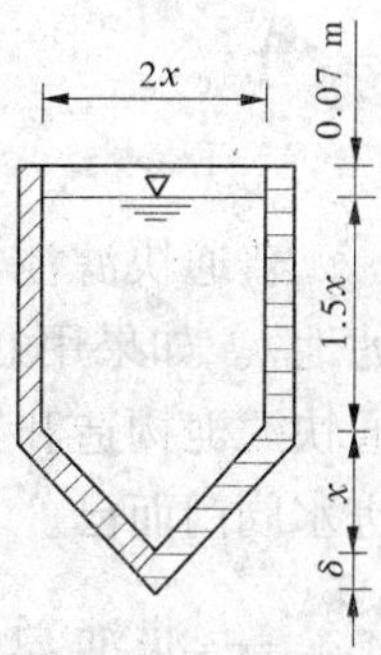

图5-11　反冲洗排水槽断面

(4)相邻两槽中心距一般为1.5~2.0 m，间距过大会影响排水的均匀性。

(5)反冲洗排水槽高度要适当。槽口太高，废水排除不净；槽口太低，会使滤料流失。为避免冲走滤料，滤层膨胀面应控制在槽底以下。生产中常用的反冲洗排水槽断面如图5-11所示，反冲洗排水槽顶距未膨胀滤料表面的高度H(m)为：

$$H = eH_2 + 2.5x + \delta + 0.07 \tag{5-17}$$

式中　e——冲洗时滤层膨胀度(%);

H_2——未膨胀滤料层厚度,m;

δ——反冲洗排水槽底厚度,m;

0.07——反冲洗排水槽超高,m;

x——反冲洗排水槽断面模数,m;

$$x = 0.45 Q_1^{0.4} \tag{5-18}$$

$$Q_1 = \frac{1}{1\ 000n} qF \tag{5-19}$$

其中　Q_1——每条反冲洗排水槽流量,m^3/s;

q——反冲洗强度,$L/(s \cdot m^2)$;

F——单个滤池面积,m^2;

n——单个滤池的反冲洗排水槽条数。

冲洗排水槽底可以水平设置,也可以设置一定坡度。

(二)废水渠

如图5-10所示,废水渠为矩形断面,沿滤池池壁一侧布置。当滤池面积很大时,为使排水均匀,废水渠也可布置在滤池中间。

废水渠底距反冲洗排水槽底高度 H_c(m)可按下式计算:

$$H_c = 1.73 \sqrt[3]{\frac{Q^2}{gB^2}} + 0.2 \tag{5-20}$$

式中　Q——滤池总冲洗流量,m^3/s;

B——废水渠宽度,m;

g——重力加速度,9.81 m/s^2;

0.2——废水渠起端水面低于反冲洗排水槽底高度,m。

第六节　普通快滤池的设计

普通快滤池设有四个阀门,即进水阀、排水阀、反冲洗阀、清水阀,故又称之为“四阀滤池”。如果用虹吸管代替进水阀门和排水阀门,则又称为“双阀滤池”。双阀滤池与普通快滤池构造和工艺过程完全相同,仅以排水虹吸管和进水虹吸管分别代替排水阀门和进水阀门而已。

一、滤池总面积及单池面积

如前所述,滤速相当于滤池负荷,是指单位时间、单位表面积滤池的过滤水量。由此可得出滤池总面积 F(m^2)为:

$$F = \frac{Q}{v} \tag{5-21}$$

式中　Q——设计流量(水厂供水量与水厂自用水量之和),m^3/h;

v——设计滤速,m/h。

在设计流量一定时，设计滤速愈高，滤池面积愈小，滤池造价愈低，反之亦然。设计滤速的确定应以保证滤后水质为前提，同时考虑经济影响和运行管理。一般情况下，当水源水质较差、滤前处理效果难以保证及从总体规划考虑，需要适当保留滤池生产潜力时，设计滤速宜选用低一些。设计滤速范围见表5-1。

单池面积可根据滤池总面积与滤池个数确定：

$$F' = \frac{F}{n} \tag{5-22}$$

式中 F'——单池面积，m^2；

n——滤池个数。

滤池个数直接涉及到滤池造价、冲洗效果和运行管理。滤池个数多时，单池面积小，冲洗效果好，运转灵活，强制滤速低（强制滤速是指1个或2个滤池停产检修时，其余滤池在超过正常负荷下的滤速，用 v_n 表示），但滤池总造价高，操作管理较麻烦。若滤池个数过少，一方面因单池面积过大，布水均匀性差，冲洗效果欠佳；另一方面当某个滤池反冲洗或停产检修时，对水厂生产影响较大，且强制滤速高，安全性差。设计中，滤池个数应通过技术经济比较确定，但不得少于2个。单池面积与滤池总面积的关系参考表5-6。

表5-6　单池面积与滤池总面积

滤池总面积（m^2）	单池面积（m^2）	滤池总面积（m^2）	单池面积（m^2）
60	15～20	250	40～50
120	20～30	400	50～70
180	30～40	600	60～80

二、滤池长宽比

单个滤池平面可为正方形也可为矩形。滤池长宽比决定于处理构筑物总体布置，同时与造价也有关系，应通过技术经济比较确定。单个滤池的长宽比可参考表5-7。

表5-7　单个滤池长宽比

单个滤池面积（m^2）	长:宽
≤30	1:1
>30	1.25:1～1.5:1
选用旋转式表面冲洗时	1:1、2:1、3:1

三、滤池总深度

滤池总深度包括：

（1）滤池保护高度：0.20～0.30 m；

（2）滤料表面以上水深：1.5～2.0 m；

(3)滤层厚度:单层砂滤料一般为0.70 m,双层及多层滤料一般为0.70～0.80 m;
(4)承托层厚度:见表5-4。
考虑配水系统的高度,滤池总深度一般为3.0～3.5 m。

四、管(渠)设计流速

快滤池管(渠)断面应根据设计流速来确定,见表5-8。

表5-8 快滤池管(渠)设计流速

管渠	设计流速(m/s)	管渠	设计流速(m/s)
进水	0.8～1.2	冲洗水	2.0～2.5
清水	1.0～1.5	排水	1.0～1.5

注:考虑到处理水量有可能增大,流速不宜取上限值。

第七节 其他形式滤池

普通快滤池有成熟的运转经验,运行稳妥可靠,但所需阀门较多、造价高、操作管理较麻烦。目前通过对普通快滤池的改造出现了虹吸滤池、无阀滤池、双阀滤池、移动冲洗罩滤池、压力滤池等,现作一介绍。

一、虹吸滤池

(一)虹吸滤池构造和工作过程

虹吸滤池用虹吸原理控制进水和反冲洗,一般由数格滤池组成一组,一组滤池的平面形状多为矩形,呈双排布置,两排中间为清水渠,在清水渠的一端设有清水出水堰以控制清水渠内水位。每格单元滤池都设有排水虹吸管和进水虹吸管分别用来代替排水阀门和进水阀门,依靠这两个虹吸可控制虹吸滤池的过滤和反冲洗。排水虹吸管和进水虹吸管的虹吸形成与破坏均借助真空系统的作用。

过滤过程:图5-12(a)为虹吸滤池的过滤过程,待滤水由进水总渠1经进水虹吸管2流入单元滤池进水槽3,再经溢流堰4溢流入布水管5后进入滤池。溢流堰4起调节进水槽3中水位的作用。进入滤池的水自上而下通过滤层6进行过滤,滤后水经承托层7、小阻力配水系统8、底部配水空间9进入清水室10,由连通孔11进入清水渠12,汇集后经清水出水堰溢流进入清水池。

在过滤过程中,随着滤料层中截留悬浮杂质的不断增加,过滤水头损失不断增大,由于清水出水堰上的水位不变,因此滤池内水位不断地上升。当某一格单元滤池的水位上升到最高设计水位(或滤后水浊度不符合要求)时,该格单元滤池便需停止过滤,进行反冲洗。此时,滤池内最高水位与清水出水堰堰顶高差,即为最大过滤水头(H_8),亦即终期允许水头损失值,一般采用1.5～2.0 m。

反冲洗过程:图5-12(b)为虹吸滤池的反冲洗过程,反冲洗时,应先破坏该格单元滤池的进水虹吸,使该格单元滤池停止进水,但过滤仍在进行,故滤池水位逐渐下降。当滤池内水位下降速度显著变慢时,利用真空系统抽出排水虹吸管 13 中的空气使之形成虹吸,滤池内剩余待滤水被排水虹吸管 13 迅速排入滤池底部排水渠 15,滤池内水位迅速下降。待池内水位低于清水渠 12 中的水位时,反冲洗正式开始,滤池内水位继续下降。当滤池内水面降至冲洗排水槽 14 顶端时,反冲洗水头达到最大值。在反冲洗水头的作用下,其他 5(或 7)格单元滤池的滤后水源源不断地从清水渠 12 经连通孔 11、清水室 10 进入该格单元滤池的底部配水空间 9,清水经小阻力配水系统 8、承托层 7 沿着与过滤时相反的方向自下而上通过滤料层 6,对滤料层进行反冲洗。冲洗废水经排水槽 14 收集后由排水虹吸管 13 排入滤池底部排水渠 15,经排水水封井溢流进入下水道。待反冲洗废水变清(废水浊度 20 度左右)后,破坏排水虹吸管 13 的真空,冲洗停止。然后再用真空系统使进水虹吸管 2 恢复工作,过滤重新开始。运行中,6(或 8)格单元滤池将轮流进行反冲洗,应避免 2 格以上单元滤池同时冲洗。

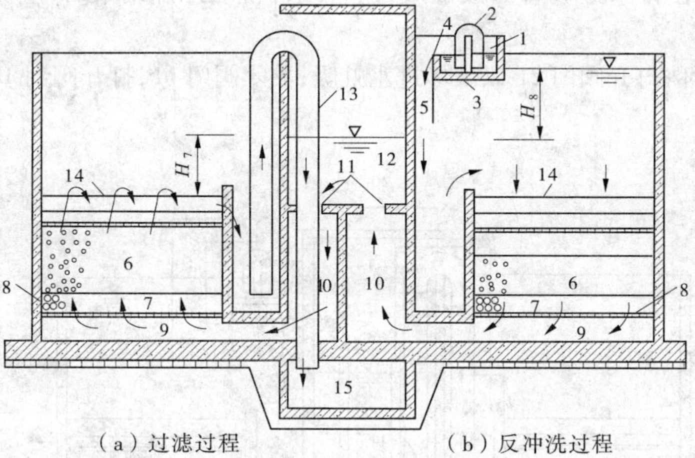

（a）过滤过程　　（b）反冲洗过程

1—进水总渠；2—进水虹吸管；3—进水槽；4—溢流堰；5—布水管；
6—滤料层；7—承托层；8—配水系统；9—底部配水空间；10—清水室；
11—连通孔；12—清水渠；13—排水虹吸管；14—排水槽；15—排水渠

图 5-12　虹吸滤池过滤及反冲洗过程

反冲洗时,清水出水堰堰顶与反冲洗排水槽顶高差,即为最大冲洗水头(H_7),冲洗水头一般采用 1.0 ~ 1.2 m。由于冲洗水头的限制,虹吸滤池只能采用小阻力配水系统。冲洗强度和冲洗历时与普通快滤池相同。

为了适应滤前水水质的变化和调节冲洗水头,通常在清水渠出水堰上设置可调节堰板,以便根据运转的实际情况进行调节。

(二)虹吸滤池的水力自控系统

图 5-13 是一种常见的虹吸滤池水力自控系统。

1. 水力自控运行工作过程

虹吸滤池过滤后期,由于滤池内水位上升至最高水位,排水虹吸辅助管 3 的管口被淹没,水开始由排水虹吸辅助管 3 溢流进排水渠 19。此时,在水射器 4 处产生负压抽气作用，通过抽气管5使排水虹吸管2形成虹吸，滤池内水位快速下降，当降至滤池清水渠22的水位以下时，冲洗自动开始。由于进水虹吸破坏管15的管口与大气相通，空气进入进水虹吸管1后，进水虹吸被破坏，进水停止，池中水位继续下降，当水位下降到计时水槽6缘口以下时，排水虹吸管2在排水的同时，通过排水虹吸破坏管7抽吸计时水槽6中的水，直至将水吸完（吸空时间可通过计时调节阀16控制），使排水虹吸破坏管7管口露出，空气进入排水虹吸管，虹吸即被破坏，冲洗结束。由于各格单元滤池底部相通，池内水位回升，封住进水虹吸破坏管15的管口，并借进水虹吸辅助管8、水射器9和抽气管10抽出进水虹吸管1内的空气，形成虹吸，进水重新开始。此时，滤池内水位继续上升，当超过清水渠内的水位时，过滤又自动重新开始，最终实现虹吸滤池的过滤与反冲洗自动交替进行。

2. 强制操作

（1）强制冲洗：打开强制虹吸辅助管12上的阀门11及抽水管14上的阀门18，就可以依靠水力作用使排水虹吸管形成虹吸，进行反冲洗。冲洗结束后，应关闭阀门11和18。

（2）强制破坏：打开阀门21以破坏进水虹吸；关闭阀门11，打开阀门18和20可以破坏排水虹吸。

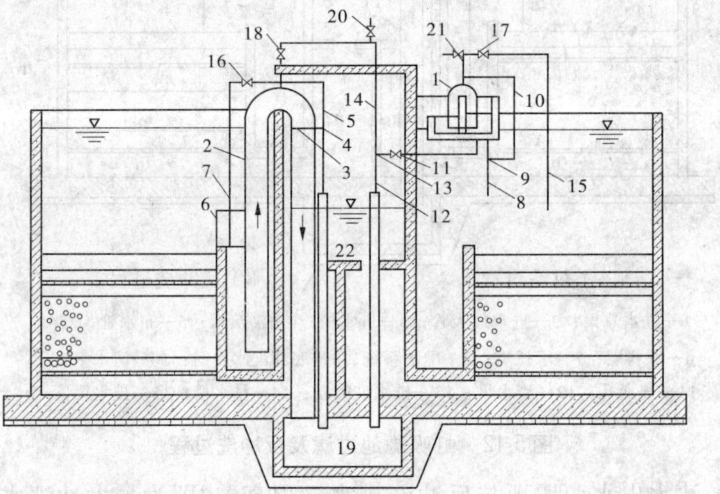

1—进水虹吸管；2—排水虹吸管；3—排水虹吸辅助管；4—水射器；5—抽气管；
6—计时水槽；7—排水虹吸破坏管；8—进水虹吸辅助管；9—水射器；10—抽气管；
11—强制虹吸辅助管的阀门；12—强制虹吸辅助管；13—水射器；14—抽水管；
15—进水虹吸破坏管；16—计时调节阀；17—破坏管封闭阀门；18—强制操作阀门；
19—排水渠；20—强制破坏阀门；21—强制破坏阀门；22—清水渠

图5-13　虹吸滤池水力自控示意

（三）虹吸滤池的设计要点

1. 单元滤池的格数

由于虹吸滤池的冲洗水是由同组其他格单元滤池的滤后水通过清水渠直接供给的，因此当一格单元滤池反冲洗时，其所需的反冲洗水量不能大于同组其他格单元滤池的过

滤水量之和,即

$$3.6qF \leqslant (n-1)v_nF \tag{5-23}$$

式中 n——单元滤池的格数;

F——单元滤池的面积,m^2;

q——反冲洗强度,$L/(s \cdot m^2)$;

v_n——强制滤速,m/h。

强制滤速是指在进水量不变的条件下,一格单元滤池反冲洗时同组其他格单元滤池的滤速。由于一格单元滤池冲洗时,滤池总进水流量($Q = nvF$)仍保持不变,即

$$Q = nvF = (n-1)v_nF \tag{5-24}$$

故

$$v_n = \frac{n}{n-1}v \tag{5-25}$$

式中 v——设计滤速,m/h。

将式(5-25)代入式(5-23)得

$$n \geqslant \frac{3.6q}{v} \tag{5-26}$$

以单层石英砂滤料虹吸滤池为例,按设计规范,若选用的反洗强度 $q = 15\ L/(s \cdot m^2)$,$v = 9$ m/h,则 $n \geqslant 6$ 格。分格数少时,一方面冲洗强度不能保证;另一方面在滤池总面积一定时则单元滤池面积大,因虹吸滤池采用的是小阻力配水系统,冲洗均匀性就差。分格数多,则滤池的造价增加。因此,在我国规范规定的滤速和反冲洗强度下,虹吸滤池分格数一般为6~8格。

2. 虹吸滤池的总深度

虹吸滤池的总深度 H(m)为:

$$H = H_1 + H_2 + H_3 + H_4 + H_5 + H_6 + H_7 + H_8 + H_9 \tag{5-27}$$

式中 H_1——滤池底部配水空间高度,一般取 0.3 m;

H_2——小阻力配水系统的高度,0.1~0.2 m;

H_3——承托层厚度,一般取 0.2 m;

H_4——滤料层厚度,0.7~0.8 m;

H_5——冲洗时滤层膨胀高度,m,$H_5 = H_4 \times e$;

H_6——反冲洗排水槽高度,m,$H_6 = 2.5x + \delta + 0.07$;

H_7——清水出水堰堰顶与反冲洗排水槽顶高差,即为最大冲洗水头,采用 1.0~1.2 m;

H_8——滤池内最高水位与清水出水堰堰顶高差,即为最大过滤水头,采用 1.5~2.0 m;

H_9——滤池保护高度,一般取 0.15~0.3 m。

虹吸滤池的总深度一般为 4.5~5.5 m。

3. 虹吸管

通常排水虹吸管流速宜采用 1.4~1.6 m/s,进水虹吸管流速宜采用 0.6~1.0 m/s,为了防止排水虹吸管进口端形成涡旋挟带空气,影响排水虹吸管工作,可在该管进口端设

置防涡栅。

虹吸滤池的主要优点是：无需大型阀门及相应的开闭控制设备，不设管廊，操作管理方便，易于实现自动化；它利用同组其他单元滤池的出水及其水头进行反冲洗，不需要设置冲洗水塔（箱）或冲洗水泵；出水水位高于滤料层，过滤时不会出现负水头现象。主要缺点：池深比普通快滤池大且池体构造复杂；反冲洗水头低，只能采用小阻力配水系统，冲洗均匀性较差；冲洗强度受其余几格滤池的过滤水量影响，故冲洗效果不像普通快滤池那样稳定。

二、重力式无阀滤池

（一）构造及工作过程

重力式无阀滤池的构造如图 5-14 所示。过滤时，待滤水经进水分配槽 1，由 U 形进水管 2 进入虹吸上升管 3，再经伞形顶盖 4 下面的配水挡板 5 整流和消能后，均匀地分布在滤料层 6 的上部，水流自上而下通过滤层 6、承托层 7、小阻力配水系统 8 进入底部配水空间 9，然后清水从底部配水空间经连通渠（管）10 上升到冲洗水箱 11，冲洗水箱水位开始逐渐上升，当水箱水位上升到出水渠 12 的溢流堰顶后，溢流入渠内，最后经滤池出水管进入清水池。冲洗水箱内贮存的滤后水即为无阀滤池的冲洗水。

过滤开始时，虹吸上升管内水位与冲洗水箱中水位的高差 H，称为过滤起始水头损失，一般为 0.2 m 左右。

在过滤过程中，随着滤料层内截留杂质量的逐渐增多，过滤水头损失也逐渐增加，从而使虹吸上升管 3 内的水位逐渐升高。如图 5-14 所示，当水位上升到虹吸辅助管 13 的管口时（这时的虹吸上升管内水位与冲洗水箱中水位的高差 H 称为终期允许水头损失，一般采用 1.5 ~ 2.0 m），水便从虹吸辅助管 13 中不断向下流入水封井 16 内，依靠下降水流在抽气管 14 中形成的负压和水流的挟气作用，抽气管 14 不断将虹吸管中空气抽出，使虹吸管中真空度逐渐增大。其结果是虹吸上升管 3 中水位和虹吸下降管 15 中水位都同时上升，当上升管中的水越过虹吸管顶端下落时，下落水流与下降管中上升水柱汇成一股冲出管口，把管中残留空气全部带走，形成虹吸。此时，由于伞形盖内的水被虹吸管排出池外，造成滤层上部压力骤降，从而使冲洗水箱内的清水沿着与过滤时相反的方向自下而上通过滤层，对滤料层进行反冲洗。冲洗后的废水经虹吸管进入排水水封井 16 排出，冲洗时水流方向见图 5-15。

在冲洗过程中，冲洗水箱内水位逐渐下降。当水位下降到虹吸破坏斗 17 缘口以下时，虹吸管在排水的同时，通过虹吸破坏管 18 抽吸虹吸破坏斗中的水，直至将水吸完，使管口与大气相通，空气由虹吸破坏管进入虹吸管，虹吸即被破坏，冲洗结束，过滤自动重新开始。

在正常情况下，无阀滤池冲洗是自动进行的，但是，当滤层水头损失还未达到最大允许值而因某种原因（如周期过长、出水水质恶化等）需要提前冲洗时，可进行人工强制冲洗。强制冲洗设备是在虹吸辅助管与抽气管相连接的三通上部，接一根压力水管，夹角为 15°，并用阀门控制。当需要人工强制冲洗时，打开阀门，高速水流便在抽气管与虹吸辅助管连接三通处产生强烈的抽气作用，使虹吸很快形成，进行强制反洗。

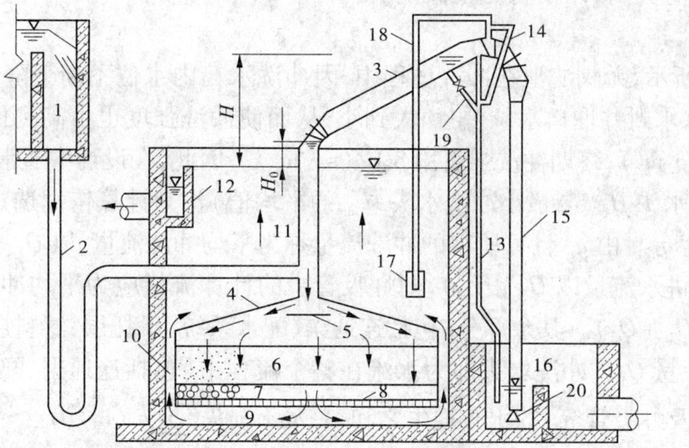

1—进水分配槽；2—进水管；3—虹吸上升管；4—顶盖；5—挡板；6—滤料层；
7—承托层；8—配水系统；9—底部配水空间；10—连通渠；11—冲洗水箱；
12—出水渠；13—虹吸辅助管；14—抽气管；15—虹吸下降管；16—水封井；
17—虹吸破坏斗；18—虹吸破坏管；19—压力水管；20—锥形挡板

图 5-14　无阀滤池过滤过程

（二）重力式无阀滤池的设计要点

1. 冲洗水箱

重力式无阀滤池冲洗水箱与滤池整体浇制，位于滤池上部。水箱容积 $V(\mathrm{m}^3)$ 按冲洗一次所需水量确定：

$$V=0.06qFt \tag{5-28}$$

式中　q——冲洗强度，$\mathrm{L/(s\cdot m^2)}$；

F——滤池面积，m^2；

t——冲洗时间，min，一般取 4 ~6 min。

考虑到反冲洗时冲洗水箱内水位是变化的，为减小反冲洗强度的不均匀程度，应采用两格以上滤池合用一个冲洗水箱，以减小冲洗水箱水深。

设 n 格滤池合用一个冲洗水箱，则水箱平面面积应等于单格滤池面积的 n 倍。水箱有效水深 $\Delta h(\mathrm{m})$ 为：

$$\Delta h=\frac{V}{nF}=\frac{0.06qFt}{nF}=\frac{0.06}{n}qt \tag{5-29}$$

由此可见，用一个冲洗水箱的滤池格数越多，所需冲洗水箱深度便越小，滤池总高度可以降低，这样不仅可以降低造价，也有利于与滤前处理构筑物在高程上的衔接，同时冲洗强度的不均匀程度也可降低。一般情况下，多以 2 格滤池合用一个冲洗水箱。实践证明，若合用水箱的滤池过多，当其中一格滤池的冲洗即将结束时，虹吸破坏管刚露出水面，由于其余数格滤池不断向冲洗水箱大量供水，管口很快又被水封，致使虹吸破坏不彻底，造成该格滤池时断时续地不停冲洗。

考虑到一格滤池检修时不影响其他格滤池生产，通常在冲洗水箱内根据滤池分格情况设置隔墙，其间用连通管相连，管上设闸板，平时开启，以便反冲洗时水经连通管冲洗另一格滤池,检修时关闭,以便将滤池放空。

2. 虹吸管计算

如图 5-15 所示,无阀滤池在冲洗过程中,因冲洗水箱内水位不断下降,反冲洗水头(水箱内水位与排水水封井堰口水位差)由大到小,从而使冲洗强度也由高到低,一般初始冲洗强度为 12 L/(s · m^2),终期冲洗强度用 8 L/(s · m^2)。因此,在设计中通常以平均冲洗水头 H_a(即最大冲洗水头 H_{max} 与最小冲洗水头 H_{min} 的平均值)作为计算依据选定冲洗强度,称之为平均冲洗强度 q_a。由 q_a 计算所得的冲洗流量称为平均冲洗流量,以 Q_1 表示。冲洗时,若滤池继续进水(进水流量以 Q_2 表示),则虹吸管中的计算流量应为平均冲洗流量与进水流量之和(即 $Q = Q_1 + Q_2$)。其余部分(包括连通渠、配水系统、承托层、滤料层)所通过的计算流量仍为冲洗流量 Q_1。冲洗水头即为水流在整个流程中(包括连通渠、配水系统、承托层、滤料层、挡水板及虹吸管等)的水头损失之和,总水头损失 $\sum h$ (m)为:

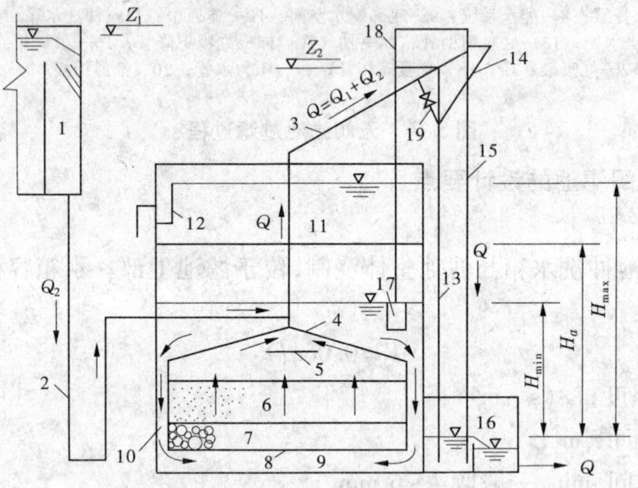

1—进水分配槽;2—进水管;3—虹吸上升管;4—顶盖;5—挡板;
6—滤料层;7—承托层;8—配水系统;9—底部配水空间;10—连通渠;
11—冲洗水箱;12—出水渠;13—虹吸辅助管;14—抽气管;15—虹吸下降管;
16—水封井;17—虹吸破坏斗;18—虹吸破坏管;19—压力水管

图 5-15 无阀滤池冲洗过程

$$\sum h = h_1 + h_2 + h_3 + h_4 + h_5 + h_6 \tag{5-30}$$

式中 h_1——连通渠水头损失,m;

h_2——小阻力配水系统水头损失(视所选配水系统类型而定),m;

h_3——承托层水头损失,m;

h_4——滤料层水头损失,m;

h_5——挡板水头损失,一般取 0.05 m;

h_6——虹吸管沿程和局部水头损失之和,m。

按平均冲洗水头和计算流量即可求得虹吸管管径。管径一般采用试算法确定:即初步选定管径,算出总水头损失 $\sum h$,当 $\sum h$ 接近 H_a 时,所选管径适合,否则重新计算。

在有地形可利用的情况下(如丘陵、山地),降低排水水封井堰口标高以增加可利用的冲洗水头,可以减小虹吸管管径以节省建设费用。无阀滤池在运行过程中,由于实际运行条件的改变或季节的变化往往需要调整反冲洗强度。为此应在虹吸下降管管口处设置反冲洗强度调节器,见图 5-16。反冲洗强度调节器由锥形挡板和螺杆组成。后者可使锥形挡板上、下移动以控制出口开启度。当需要增大反冲洗强度时,可降低锥形挡板高度,增大出口面积,减少出口阻力;当需要减小冲洗强度时,可升高锥形挡板高度,从而减小出口面积,增大出口阻力。

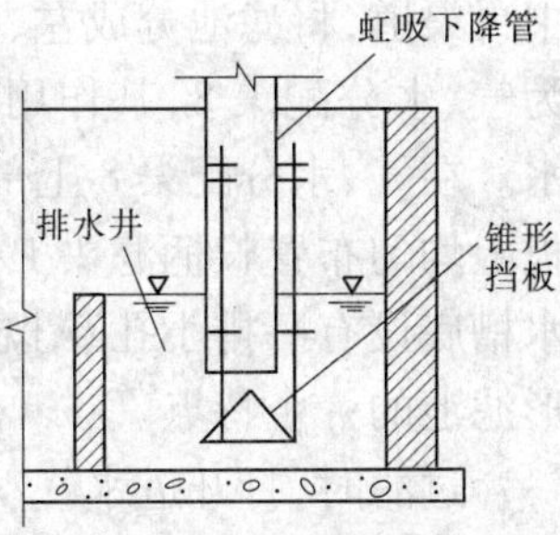

图 5-16　反冲洗强度调节器

3. 进水分配槽

进水分配槽的作用,是通过槽内堰顶溢流使各格滤池独立进水,并保持进水流量相等。分配槽堰顶标高应等于虹吸辅助管和虹吸上升管连接处的管口标高再加进水管水头损失,再加 10 ~ 15 cm 富余高度,以保证堰顶自由跌水。槽底标高应考虑气、水分离效果,若槽底标高较高,大量空气会随水流进入滤池,无法正常进行过滤或反洗。通常,将槽底标高降至滤池出水渠堰顶以下约 0.5 m。

4. 反冲洗时自动停止进水装置

无阀滤池因不设置进水阀门,而往往造成反冲洗时不能停止进水。这样不仅浪费水量,而且使虹吸管管径增大。为此,应考虑设置冲洗时自动停止进水装置,见图 5-17。

其工作原理是:过滤开始前,进水总渠 1 中的水由连通管 6 流出,借虹吸抽气管 4 抽吸进水虹吸管 2 中的空气,使进水虹吸产生,滤池进水过滤。反冲洗时,由于排水虹吸管的抽吸作用,U 形存水弯水面将迅速下降至冲洗水箱水面以下,故虹吸破坏管 5 的管口很快露出水面,空气进入,破坏虹吸,进水很快停止。反冲洗完毕后,由于其他滤池的过滤没有停止,滤后水充满冲洗水箱,U 形存水弯中水面上升使虹吸破坏管口重新被水封,进水虹吸管又形成虹吸,滤池进水恢复,过滤重新开始。

5. U 形存水管

为防止滤池冲洗时空气经进水管进入虹吸管,造成虹吸被破坏,应在进水管上设置 U 形存水弯。为安装方便,同时也为了水封更加安全,常将存水弯底部置于水封井的水面以下。

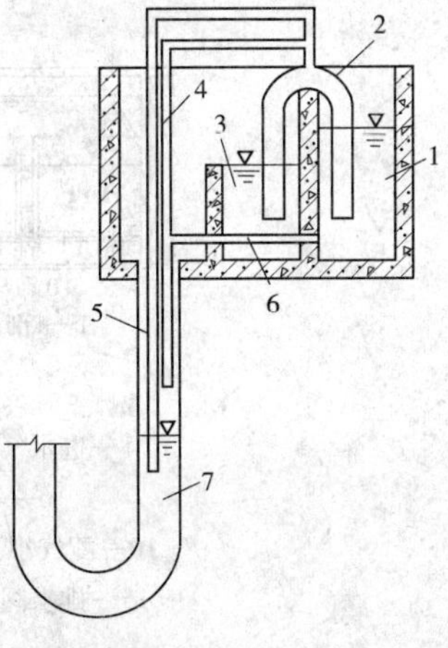

1—进水总渠;2—进水虹吸管;
3—进水虹吸水封;4—虹吸抽气管;
5—虹吸破坏管;6—连通管;
7—U 形存水管

图 5-17　虹吸式自动停止进水装置

三、V 形滤池

V 形滤池是由法国德格雷蒙(DEGREMONT)公司设计的一种快滤池,其命名是因滤池两侧(或一侧也可)进水槽设计成 V 字形。

V 形滤池的构造见图 5-18。通常一组滤池由数只滤池组成。每只滤池中间设置双层中央渠道，将滤池分成左、右两格。渠道的上层为排水渠 7，作用是排除反冲洗废水；下层为气、水分配渠 8，其作用如下：一是过滤时收集滤后清水，二是反冲洗时均匀分配气和水。在气、水分配渠 8 上部均匀布置一排配气小孔 10，下部均匀布置一排配水方孔 9。滤板上均匀布置长柄滤头 19，每 1 m^2 布置 50～60 个，滤板下部是底部空间 11。在 V 形进水槽底设有一排小孔 6，既可作为过滤时进水用，又可冲洗时供横向扫洗布水用，这是 V 形滤池的一个特点。

过滤时，打开进水气动隔膜阀 1 和清水阀 16，待滤水由进水总渠经进水气动隔膜阀 1 和方孔 2 后，溢过堰口 3 再经侧孔 4 进入 V 形进水槽 5，然后待滤水通过 V 形进水槽底的小孔 6 和槽顶溢流均匀进入滤池，自上而下通过砂滤层进行过滤，滤后水经长柄滤头 19 流入底部空间 11，再经配水方孔 9 汇入中央气、水分配渠 8 内，由清水支管流入管廊中的水封井 12，最后经出水堰 13、清水渠 14 流入清水池。

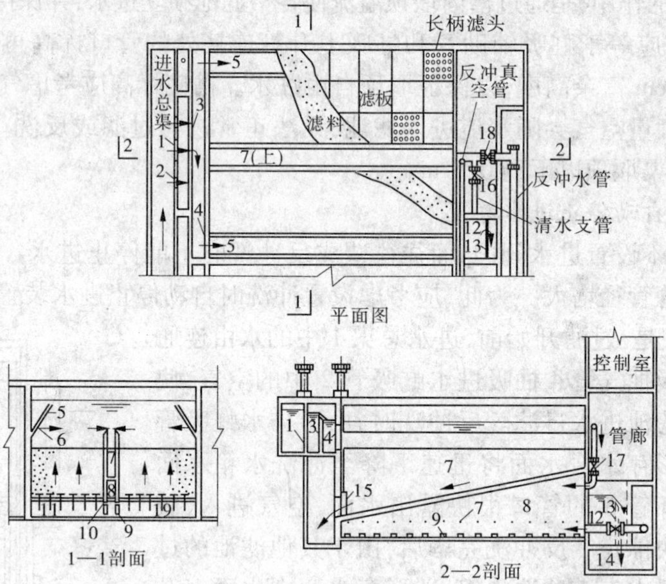

1—进水气动隔膜阀；2—方孔；3—堰口；4—侧孔；5—V 形进水槽；
6—小孔；7—排水渠；8—气、水分配渠；9—配水方孔；
10—配气小孔；11—底部空间；12—水封井；13—出水堰；14—清水渠；
15—排水阀；16—清水阀；17—进气阀；18—冲洗水阀；19—长柄滤头

图 5-18　V 形滤池构造简图

冲洗时，关闭气动隔膜阀 1 和清水阀 16，但两侧方孔 2 常开，故仍有一部分水继续进入 V 形进水槽并经槽底小孔 6 进入滤池。而后开启排水阀 15，滤池内浑水从中央渠道的上层排水渠 7 中排出，待滤池内浑水面与 V 形槽顶相平，开始反冲洗操作。

冲洗操作过程：

(1)进气：启动鼓风机，打开进气阀 17，空气经中央渠道下层的气、水分配渠 8 的上部配气小孔 10 均匀进入滤池底部，由长柄滤头 19 喷出，将滤料表面杂质擦洗下来并悬浮于水中。此时 V 形进水槽底小孔 6 继续进水，在滤池中产生横向水流的表面扫洗作用下，将杂质推向中央渠道上层的排水渠7。

(2)进气、水:启动冲洗水泵,打开冲洗水阀18,此时空气和水同时进入气、水分配渠8,再经方孔9(进水)、小孔10(进气)和长柄滤头19均匀进入滤池。使滤料得到进一步冲洗,同时,表面扫洗仍继续进行。

(3)单独进水漂洗:关闭进气阀17停止气冲,单独用水再反冲洗,加上表面扫洗,最后将悬浮于水中杂质全部冲入排水渠7,冲洗结束。停泵,关闭冲洗水阀18,打开气动隔膜阀1和清水阀16,过滤重新开始。气冲强度一般在14~17 L/(s·m^2)内,水冲强度约4 L/(s·m^2),表面扫洗强度1.4~2.0 L/(s·m^2)。因水流反冲强度小,故滤料不会膨胀,总的反冲洗时间为10~12 min。V形滤池冲洗过程全部由程序自动控制。

V形滤池的主要特点是:①采用较粗滤料、较厚滤料层以增加过滤周期或提高滤速。一般采用砂滤料,有效粒径d_{10}=0.95~1.50 mm,不均匀系数K_{60}=1.2~1.6,滤层厚0.95~1.35 m。根据原水水质、滤料组成等,滤速可在7~20 m/h范围内选用。②反冲时滤层不膨胀,不发生水力分级现象,粒径在整个滤层的深度方向分布基本均匀,即所谓“均质滤料”,从而提高了滤层的含污能力。③采用气、水反冲再加始终存在的表面扫洗,冲洗效果好,冲洗耗水量大大减少。④可根据滤池水位变化自动调节出水蝶阀开启度来实现等速过滤。⑤滤池冲洗过程可按程序自动控制。

小　结

原水经混凝沉淀后,沉淀(澄清)池的出水浊度通常在10度以下,为了进一步降低水的浊度,还必须进行过滤处理。在生活饮用水净化工艺中,过滤是极为重要的净化工序,有时沉淀池或澄清池可以省略,但过滤是不可缺少的,它是保证生活饮用水卫生安全的重要措施。

本章主要介绍了快滤池的工作过程、过滤机理,过滤池的构造等内容。普通快滤池由进水渠、冲洗排水槽、滤料层、承托层、配水系统五部分组成。滤料的选用要注意滤料粒径的级配及孔隙率;为了提高过滤效率,通常会选用双层滤料、三层滤料、均质滤料。承托层设于滤料层和底部配水系统之间,一般由一定级配的天然卵石或砾石组成,铺装承托层时应严格控制好高程,分层清楚,厚薄均匀。配水系统位于滤池底部,其作用是使反冲洗水在整个滤池平面上均匀分布,且能均匀地收集滤后水;根据配水时阻力的大小分为大阻力、中阻力、小阻力三种,应根据滤池面积合理选用。滤池冲洗有高速水流反冲洗,气、水反冲洗,表面辅助冲洗加高速水流反冲洗三种方法,在进行冲洗设计时应考虑冲洗三要素:滤层膨胀度、反冲洗强度、冲洗时间。

同时介绍了几种常见滤池的工作原理、过滤过程及设计要点。如:虹吸滤池、重力式无阀滤池、V形滤池等。

思考题与习题

1.试述快滤池的过滤机理。

2. 什么是直接过滤？直接过滤工艺有哪两种方式？采用直接过滤工艺应注意哪些问题？

3. 大阻力配水系统和小阻力配水系统的基本原理各是什么？两者各有何优缺点？

4. 滤池的冲洗排水槽设计应符合哪些要求，并说明理由。

5. 虹吸滤池和无阀滤池的反冲洗强度是如何调节的？

6. 何谓 V 形滤池？其主要特点是什么？

7. 简要地综合评述普通快滤池、虹吸滤池、无阀滤池及 V 形滤池的主要优缺点和适用条件。

8. 取某天然河砂砂样 200 g，筛分试验结果见下表，根据设计要求：$d_{10}=0.54$ mm，$K_{80}=2.0$。试问筛选这批滤料时，共需筛除百分之几天然砂粒？

筛孔(mm)	留在筛上的砂量		通过该号筛的砂量	
	质量(g)	百分比(%)	质量(g)	百分比(%)
2.362	0.8			
1.651	18.4			
0.991	40.6			
0.589	85.0			
0.246	43.4			
0.208	9.2			
筛底盘	2.6			
合计	200.0			

9. 现有一座无阀滤池，两格合用一个冲洗水箱，单格面积 $F=15\ m^2$，冲洗强度 $q=15$ L/(s · m^2)，冲洗时间 $t=5$ min。求：

(1)冲洗水箱容积；

(2)冲洗水箱的有效水深。

10. 设计一组虹吸滤池，初选设计滤速 $v=6$ m/h，格数 $n=6$ 格。根据《室外给水设计规范》规定，若要求冲洗强度应达到 15 L/(s · m^2)，求：

(1)该设计是否符合要求？（通过计算说明）

(2)若不符合要求，应如何调整设计？

11. 现有一组虹吸滤池，分格数 $n=6$ 格，滤速 $v=10$ m/h。求：当一格滤池冲洗时，其余各格滤池的滤速(即强制滤速)是多少(滤池总进水量不变)？

第六章　消　毒

【教学目标】 本章介绍了常见的几种消毒方法,氯消毒的原理;要求学生可以根据水质合理地确定加氯点和加氯量,达到良好的消毒效果。

为了保障人民的身体健康,防止水致疾病的传播,生活饮用水中不应含有致病微生物,即常见的传染性肝炎病毒、痢疾病毒、眼结膜炎病毒、脑膜炎病毒等。消毒就是杀灭水中对人体健康有害的致病微生物、保证水质的一种措施。我国2007年《生活饮用水卫生标准》中规定:细菌总数不超过100个/mL,总大肠菌群不得检出。

江河中的水经过雨水的冲刷汇流,受到各种杂质的污染,经过混凝、沉淀和过滤等净化过程,水中大部分悬浮物质被去除,同时黏附在悬浮物颗粒上的大部分细菌、大肠杆菌、病原菌和其他微生物也被去除,但是还有一定数量的微生物,包括对人体有害的病原菌和病毒,要用消毒的方法来去除,才能供应用户。

水的消毒方法可分为物理消毒和化学消毒两大类。物理方法有加热法、紫外线法、超声波法等;化学方法有加氯法(或加漂白粉)、臭氧法或其他氧化剂法等。这些方法各有特点,但由于氯价格低廉、消毒效果良好和使用较方便等,所以目前大多数水厂仍然以加氯法消毒为主。

第一节　氯消毒

一、氯消毒的原理

氯气加入水中后,产生一系列化学反应。氯首先迅速水解产生次氯酸,其反应式如下:

$$Cl_2 + H_2O \longrightarrow HOCl + H^+ + Cl^- \quad (6\text{-}1)$$

次氯酸是一种弱电解质,它按下式离解成 H^+ 和 OCl^-

$$HOCl \longrightarrow H^+ + OCl^- \quad (6\text{-}2)$$

对于消毒机理,近代认为,次氯酸HOCl起了主要的消毒作用。其解释是细菌表面带有负电荷,离子状态的 OCl^- 由于同性电斥力而很难靠近细菌表面,因此消毒效果很差。次氯酸HOCl是很小的中性分子,只有它才能很快地扩散到细菌表面,并透过细胞壁进入细菌内部,借氯原子的氧化作用破坏菌体内的酶系统(酶是促进葡萄糖吸收和新陈代谢作用的催化剂)而使细菌死亡。

既然HOCl在消毒中起主要作用,所以加氯消毒的效果视次氯酸HOCl的多少而定。HOCl与 OCl^- 在水溶液中的比值决定于pH值与温度。图6-1表示在0 ℃和20 ℃时,不同pH值时 HOCl 和 OCl^- 的比例。pH值高时,OCl^- 较多,当pH值 >9 时,OCl^- 接近

100%；pH 值低时，HOCl 较多，当 pH 值 <6 时，HOCl 接近 100%。当 $pH = 7.54$ 时，HOCl 和 OCl^- 大致相等。从图中可以看出 pH 值越低，所含的 HOCl 越多，消毒作用越强。

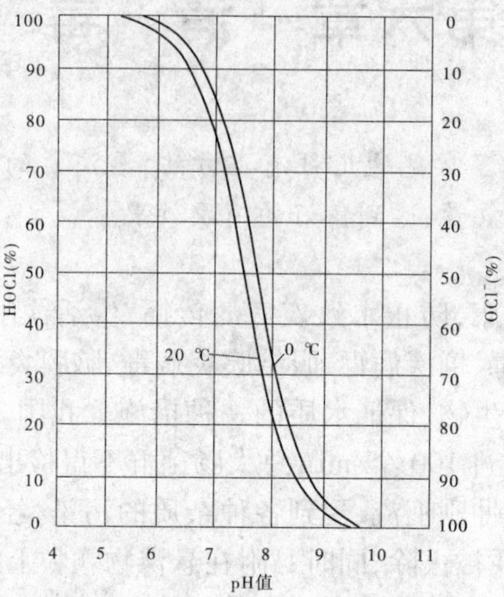

图 6-1　不同 pH 值和水温时，水中 HOCl 和 OCl^- 的比例

当水中有氨时（不少地面水源中，由于有机污染而常含有一定量的氨），式(6-1)所产生的 HOCl 就会和氨化合产生一类叫胺的化合物，化学反应如下：

$$NH_3 + HOCl \longrightarrow NH_2Cl + H_2O \tag{6-3}$$

$$NH_3 + 2HOCl \longrightarrow NHCl_2 + 2H_2O \tag{6-4}$$

$$NH_3 + 3HOCl \longrightarrow NCl_3 + 3H_2O \tag{6-5}$$

NH_2Cl、$NHCl_2$ 和 NCl_3 分别叫做一氯胺、二氯胺和三氯胺（三氯化氮）。究竟产生哪一种氯胺，决定于水的 pH 值、温度以及氯和氨的比例。一般讲，当 pH 值大于 9 时，一氯胺占优势；当 pH 值为 7 时，一氯胺和二氯胺同时存在，近似等量；当 pH 值小于 6.5 时，主要为二氯胺；而三氯胺只有 pH 值为 4.5 以下时才产生。

氯胺消毒实际上还是依靠 HOCl，但进行得比氯消毒缓慢，这是由于只有当 HOCl 因消毒而消耗后，式(6-3)至式(6-5)的反应才向左边进行，继续供给消毒所需的 HOCl。根据实验结果，用氯消毒在 5 min 内可杀灭细菌达 99% 以上；而用氯胺杀菌时，相同的条件下，5 min 内只达到 60%，需要将水与氯胺的接触时间延长到 2 h，才能达到 99% 以上的灭菌效果，因此氯胺消毒需要较长的接触时间。

比较三种氯胺的消毒效果，$NHCl_2$ 要胜过 NH_2Cl，当 pH 值低时，$NHCl_2$ 所占的比例大，消毒效果较好。NCl_3 消毒作用极差且具有恶臭，一般自来水中 pH 值 $\geqslant 6.5$，不太可能产生 NCl_3。

水中 HOCl 和 OCl^- 中所含的氯总量称为游离性或自由性氯，氯胺所含的氯总量则称为化合性氯。自由性氯的消毒效能比化合性氯要高得多。为此，可以将氯消毒分为两大类：自由性氯消毒和化合性氯消毒。

化合性氯（即氯胺）的特点是消毒作用见效较慢，但消失也慢。当城市供水管网延伸很远时，使用氯胺消毒有利于管网内保持一定的剩余氯，有可能不需再在管网中途加；另外还可以解决氯臭问题，因游离氯容易产生氯臭，特别是水里含有酚时问题更突出，而使用氯胺消毒可以使氯臭味大大减轻。当水里不含氨或含氨量很少时，为了实施氯胺消毒，还要人工加氨。

二、加氯量和余氯

消毒时的水中加氯量，可以分为两部分，即需氯量和余氯。需氯量指用于杀死细菌、氧化有机物和还原性物质等所消耗的部分。另外，为了抑制水中残存细菌的再度繁殖，管网中尚需维持少量剩余氯。我国生活饮用水卫生标准中规定：出厂水游离性余氯在接触 30 min 后应不低于 0.3 mg/L，在管网末梢应不低于 0.05 mg/L。后者的余氯量虽还具有杀菌力，但对再次污染的消毒尚嫌不够，可作为预示再次受到污染的信号。

以下分析不同情况下加氯量与剩余氯量之间的关系：

(1)如水中无细菌、有机物和还原性物质等，则需氯量为零，加氯量等于剩余氯量，如图 6-2 中虚线所示，它与坐标轴成 45°交角。只有在纯净的蒸馏水中加氯时，因为水中不含杂质，才可能出现这种情况。

(2)天然水源多少要受到各种杂质的污染，为了氧化有机物和细菌，需要消耗一定的氯量，这就是需氯量，水质越差，需氯量越大。加氯量必须超过需氯量，才能保证一定的剩余氯量。当水中的有机物较少，而且主要不是游离氨和含氮化合物时，在满足了需氯量 *OM* 以后，就会出现剩余氯，如图 6-2 中斜实线所示。

(3)当水中的有机物主要是氨和含氮化合物时，情况比较复杂。如图 6-3 所示，当起始的需氯量 *OA* 满足以后，随着加氯量的增加，剩余氯也增加。到某一加氯量后，加氯量增加，余氯量反而下降，如 *HB* 段，*H* 点称为峰点。随着加氯量继续增加，剩余氯反而上升，如 *BC* 段，*B* 点称为折点。

图 6-3 中，曲线 *AHBC* 与斜虚线间的纵坐标值 b 表示需氯量；曲线 *AHBC* 的纵坐标值 a 表示余氯量。通常可把曲线分为 4 个区：

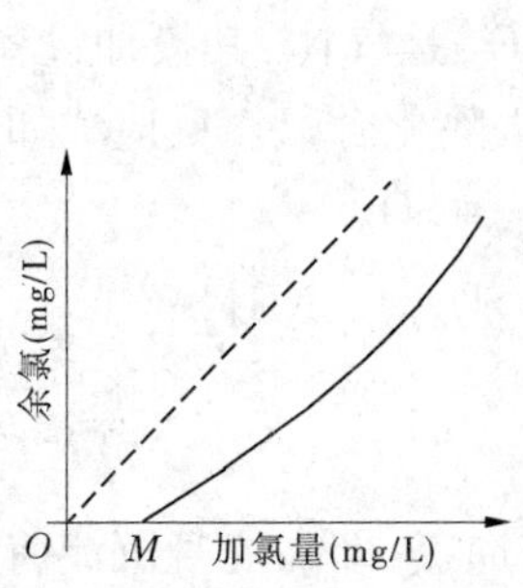

图 6-2　加氯量与余氯的关系

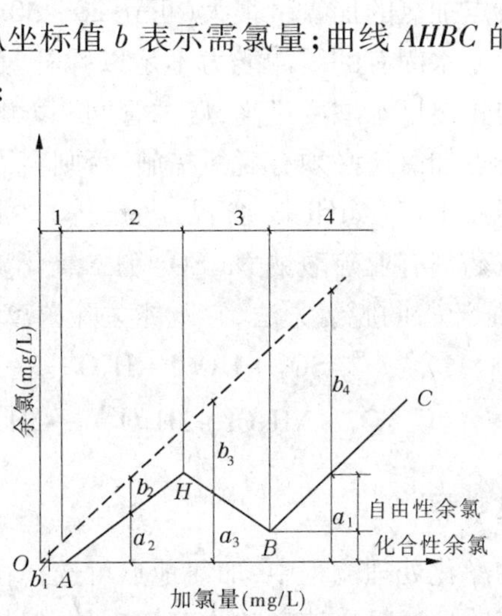

图 6-3　折点加氯

在第 1 区，即曲线 *OA* 段，表示水中杂质把氯消耗，余氯量为零，需氯量为 b_1。这时虽然也能杀死一些细菌，但消毒效果不可靠。

在第 2 区，即曲线 AH，加氯后，氯与氨发生反应，有余氯存在，所以有一定消毒效果，但余氯为化合性氯，其主要成分是一氯胺。

在第 3 区，仍然产生化合性余氯，但由于加氯量增加了，开始下列化学反应：

$$2NH_2Cl + HOCl \longrightarrow N_2\uparrow + 3HCl + H_2O \tag{6-6}$$

反应结果使氯胺被氧化成为一些不起消毒作用的化合物，余氯反而逐渐减少了，最后到最低的折点 B。

超过折点 B 以后，进入第 4 区，即曲线 BC 段，此后已经没有消耗氯的杂质了，此时出现自由性氯，该区消毒效果最好。

从整个曲线看，到达峰点 H 时，余氯最高，但这是化合性余氯而非自由性余氯。到达折点时，余氯最低。如继续加氯，余氯增加，此时所增加的是自由性氯。加氯量超过折点需要量时称为折点氯化。

上述曲线的测定，应结合生产实际进行。有的水厂生产实践表明，当水中氨含量在 0.3 mg/L 以下时，加氯量通常控制在折点后；水中氨含量高于 0.5 mg/L 时，峰点 H 以前的化合性余氯量已够消毒，加氯量可控制在峰点前以节约加氯量；水中氨含量在 0.3 ~ 0.5 mg/L 范围内，加氯量难以掌握，如控制在峰点前，往往由于化合性余氯较少，有时达不到要求，控制在折点后则浪费加氯量。

缺乏试验资料时，一般的地面水经混凝、沉淀和过滤后或清洁的地下水，加氯量可采用 1.0 ~ 1.5 mg/L；一般的地面水经混凝、沉淀而未经过滤的可采用 1.5 ~ 2.5 mg/L。

当原水受到严重污染，采用普通的混凝、沉淀和过滤加上一般加氯量的消毒方法不能解决问题时，折点加氯法的效果却很显著。

由于折点加氯的加氯量很大（可达 20 ~ 30 mg/L 或更高），从式(6-1)可知，有时所产生的盐酸使原水固有的缓冲能力不足以弥补氢离子急剧增加的需要，使水的 pH 值大为降低。为防止出厂水酸度过高，腐蚀管网并影响用户使用，必须加碱以调整 pH 值。

采用折点加氯还必须有脱氯措施，否则会因剩余氯过高而使水中出现强烈的氯味，影响饮用及工业生产（如印染、食品、药厂等）。脱氯法有化学药剂法和活性炭吸附法等。常用的脱氯药剂有亚硫酸钠 Na_2SO_3 和二氧化硫 SO_2。SO_2 是气体，其投加设备与氯气相同，是目前最流行的脱氯方法，它既能去除游离氯，又能去除化合氯。反应式如下：

$$SO_2 + HOCl + H_2O \longrightarrow 3H^+ + Cl^- + SO_4^{2-} \tag{6-7}$$

$$SO_2 + NH_2Cl + 2H_2O \longrightarrow 2H^+ + Cl^- + SO_4^{2-} + NH_4^+ \tag{6-8}$$

三、加氯点

在水的净化处理流程中，加氯地点可选择在：①滤前加氯，即在混凝沉淀前加氯，其主要目的在于改良混凝沉淀和防止藻类生长，但易生成大量氯化副产物；②滤后加氯，其目的是杀灭水中病原微生物，它是最常用的消毒方法；③中途加氯，在输水管线较长时，在管网中途的加压泵站或贮水池泵站补充加氯，此法既可保证末梢水余氯量，又不使水厂附近的管网水含余氯过高。

四、加氯设备

近年来，自来水厂的加氯自动化发展很快，特别是新建的大中型水厂，大多采用自动监测和自动加氯技术，因此加氯设备除了加氯机和氯瓶外，还相应设置了自动监测（如余氯自动连续监测）和自动控制装置。自动加氯机配以相应的自动监测和自动控制设备，能随着流量、氯压等变化自动调节加氯量，保证了制水质量。加氯机形式很多，可根据加氯量大小、操作要求等选用。氯瓶是一种储氯的钢制压力容器，将氯气液化后灌入钢瓶内有利于贮藏和运输。

干燥的氯气和液氯的化学活性很小，因而对铜、铁和钢等金属都没有腐蚀性，但遇水或受潮则化学活性增强，会严重腐蚀金属，因此必须严格防止水或潮气进入钢瓶。所以在生产上钢瓶内的液氯不宜全部用空，更不能抽吸成真空。一般氯对塑料和橡胶也有腐蚀作用，且容易使之老化，但玻璃、陶瓷不受氯溶液腐蚀。

贮存在钢瓶内的液氯转化为气体加到水中。液氯气化时，要吸收大量的热。生产上常用自来水浇洒在氯瓶的外壳上以供给热量。

氯瓶不能在烈日下暴晒或靠近高温处，以免气化时压力过高发生爆炸。瓶内的液氯一般只装满80%左右，留出了一些气化的空间，当气温升高时瓶内压力上升较小，危险较小，又便于取用氯气。

加氯间应靠近投加地点，并和其他工作室隔开，房屋应坚固、防火、保温、通风。在加氯间的出入处，应设有工具箱、抢修用具和防毒面具等。加氯间和氯库内应有测定空气中氯浓度的仪表和报警装置。所有照明和通风设备的开关都应设在加氯间外面。加氯间应有直接通到室外的大门，门朝外开。为了观察情况应设置观察孔。加氯间需要采暖时，应该用暖气，暖气的散热片不要靠近氯瓶和加氯机。

加氯间及氯库应有通风设备。由于氯比空气重，所以排气孔应设在房屋最低处，进气孔设在高处。氯库一般与加氯间合建，有利于搬运。也可独立建造氯库。库内应设置机械搬运设备，并能直接从运输氯瓶的车辆上起吊。为防止日光暴晒，可设百叶窗。库房容量一般按 15 ~ 30 d 最大用量计算。

五、其他氯消毒

（一）漂白粉消毒

漂白粉消毒的原理和氯消毒相同。漂白粉是用氯气和石灰制成，分子式可写成 $CaOCl_2$，有效氯约30%。还有一种叫漂白精，化学式是 $Ca(OCl)_2$，有效氯≥60%。两者均为白色粉末，有氯味，受热、光和潮湿后易分解，使含氯量降低，因此须放在阴凉、干燥和通风良好之处。

漂白粉需配成溶液加注，漂白粉与水反应如下：

$$2CaOCl_2 + 2H_2O \longrightarrow CaCl + Ca(OH)_2 + 2HOCl \qquad (6\text{-}9)$$

和氯消毒一样，HOCl 起消毒作用。

配制漂白粉溶液时，应先调成浆糊状，再加水配成 1% ~2% 的浓度（以有效氯计）。当投加在滤后水中时，溶液须经过 4 ~24 h 的澄清，如加入浑水中则可在配制后立即使用。漂白粉投加设备的设计计算及操作与凝聚剂相似。

(二)次氯酸钠消毒

电解食盐水所得的氯气与 NaOH 作用即得 NaOCl:

$$2NaOH + Cl_2 \longrightarrow NaOCl + NaCl + H_2O \quad (6\text{-}10)$$

次氯酸钠的消毒作用仍靠 HOCl,反应如下

$$NaOCl + H_2O \longrightarrow HOCl + NaOH \quad (6\text{-}11)$$

NaOCl 不含悬浮杂质,适用于滤后消毒。其缺点为电耗大,价格贵,且次氯酸钠不宜久存,夏季当天制取当天用完,冬季可以贮存一周。

第二节 其他消毒方法

一、臭氧消毒

除了氯消毒外,国外特别是法国、瑞士等国家的水厂不少采用臭氧消毒。近年来上海、北京等地的水厂也开始使用。它有很强的杀菌力,不需要很长的接触时间,就能杀死一般细菌,对病毒、芽孢等也有很大的杀伤效果。臭氧消毒不受水中氨氮和 pH 值的影响,而且不像一般的氯消毒有可能形成三氯甲烷等致癌化合物。臭氧除消毒外,还能氧化水中有机物质,对于除铁、除锰、除臭、除味和去色也有良好的效果。

当臭氧用于消毒过滤水时,其投加量一般不大于 1 mg/L;如用于去色和除臭、味,则可增加至 4 ~ 5 mg/L。剩余臭氧量和接触时间是决定臭氧处理效果的主要因素。一般来说,如维持剩余臭氧量为 0.4 mg/L,接触时间为 15 min,可得到良好的消毒效果,包括病毒的消灭。

臭氧是由空气通过高压放电生产的,常以空气为原料,空气中含有 21% 的氧气,也有用纯氧为原料。臭氧化的工艺包括空气净化干燥系统,以提高臭氧发生器的效率并减少腐蚀;臭氧发生系统,主要是臭氧发生器,以及臭氧和水接触反应系统,主要是接触池和臭氧尾气的回收利用装置。

臭氧消毒的主要缺点是臭氧发生装置较为复杂,投资大和运行费用较高,生产 1 kg 臭氧需耗电 15 ~ 20 kWh。臭氧在水中不稳定,容易散失,因而不能在配水管网中继续保持杀菌能力。臭氧也不能贮存,只能边生产边使用。

二、二氧化氯消毒

二氧化氯消毒具有与通常氯消毒不同之处:二氧化氯一般只起氧化作用,不起氯化作用,因此它与水中杂质形成的三氯甲烷等比氯消毒要少得多。

二氧化氯也不与氨反应,在 pH 值为 6 ~ 10 范围内的杀菌效率几乎不受 pH 值影响。二氧化氯的消毒能力次于臭氧但高于氯,且具有很强的除酚能力。

二氧化氯由亚氯酸钠和氯反应而成:

$$2NaClO_2 + Cl_2 \longrightarrow 2ClO_2 + 2NaCl \quad (6\text{-}12)$$

由于亚氯酸钠较贵,且二氧化氯生产出来即须应用,不能贮存,所以只有水源严重污

染(含氨氮达几个 mg/L 或有大量酚存在)而氯消毒困难时,才采用二氧化氯消毒。

三、紫外线消毒

紫外线具有消毒能力,能使空气中和水中的细菌停止生命活动。根据实验,波长为 2 000 ~2 950 Å 的紫外线有明显的杀菌作用,而波长为 2 600 ~2 650 Å 的紫外线杀菌能力最强。一般消毒用的紫外线灯管(外形和日光灯一样),它的波长约为 2 537Å。

紫外线杀菌设备有两种形式,即将紫外线灯管放在水中或放在水面上。紫外线消毒的优点是管理简单、杀菌速度快;缺点是经过消毒的水无持续杀菌能力,细菌可能在管网中再行繁殖,成本也较高。一般仅在特殊情况下小规模使用。

小　结

地表水受到各种杂质的污染,经过混凝、沉淀和过滤等净化过程,水中大部分悬浮物质被去除,同时黏附在悬浮物颗粒上的大部分细菌、大肠杆菌、病原菌和其他微生物也被去除,但还有一定数量的微生物,需用消毒的方法去除,才能满足生活饮用水水质标准。我国《生活饮用水卫生标准》中规定:细菌总数不超过 100 个/mL,总大肠菌群不得检出。

本章主要介绍了氯消毒和其他的消毒方法。对于氯消毒机理,认为次氯酸 HOCl 起了主要的消毒作用。为了抑制水中残存细菌的再度繁殖,管网中尚需维持少量剩余氯。我国生活饮用水卫生标准中规定:出厂水游离性余氯在接触 30 min 后应不低于 0.3 mg/L,在管网末梢应不低于 0.05 mg/L,依次确定加氯量 。

在水的净化处理流程中,加氯地点可选择在:①滤前加氯,即在混凝沉淀前加氯,其主要目的在于改良混凝沉淀和防止藻类生长;②滤后加氯,其目的是杀灭水中病原微生物,它是最常用的消毒方法;③中途加氯,在输水管线较长时,在管网中途的加压泵站或贮水池泵站补充加氯,此法既可保证末梢水余氯量,又不使水厂附近的管网水含余氯过高。

思考题与习题

1. 常用的消毒方法都有哪些?各有什么优缺点?
2. 简述氯消毒的原理。
3. 加氯量如何确定?

第七章 城市给水处理系统

【教学目标】 本章介绍了给水处理工艺系统的选择原则，一般地表水处理系统，特种水处理系统，给水厂工艺设计实例。要求掌握一般地表水处理系统的工艺流程。熟悉高浊度水处理系统的工艺流程。熟悉微污染水源水处理及水的除藻。要求掌握水厂的平面与高程布置。

给水处理的主要任务和目的是通过必要的处理方法去除水中杂质，以优良安全的水质供给人们使用。

给水处理的方法一般根据水源水质和用水对象对水质的要求而确定。由于水源水质的差异以及要求达到的水质目标不同，因此采用的给水处理工艺也不相同。如果原水水质好，处理工艺就可以简化，水质要求的目的就容易达到。而现实情况是原水污染在加剧，影响人体健康的有机物和无机杂质不断增加，水处理工艺流程也趋于复杂。

第一节 给水处理工艺系统的选择原则

一、净水工艺选择原则

净水工艺选择的原则应是针对当地原水水质的特点以最低的基建投资和检查运行费用达到要求的出水水质。在进行净水工艺选择时，必须充分掌握以下资料：

(1)原水水质的历史资料：对原水的水质应该作长期的观察。就地表水而言，丰水期和枯水期的水质、受潮汐影响河流的涨潮与落潮水质以及表层与深层的水质都要加以分析比较。

(2)污染物的形成及其发展趋势：对产生污染物的原因进行分析，寻找污染源。对潜在的污染影响和今后发展的趋势也应做出分析与判断。

(3)出水水质的要求：不同的供水对象对水质的要求有所不同。就城市供水而言，必须符合国家规定的水质要求。在确定水质目标时还应结合今后水质可能的提高做出相应规划考虑。

(4)当地或者相类似水源净水处理的实践：当地已有给水处理厂，其处理效果是对所采用净水工艺最可靠的验证，也是选择净水工艺的重要参考内容。

(5)操作人员的校验和管理水平：要使工艺过程达到预期的处理目标，操作管理人员具有十分重要的作用。同样的处理设备由于操作人员的不同可能产生不同的效果。因此在工艺选择时，应尽量选择符合当地习惯和使用要求的净水工艺。

(6)场地的建设条件：不同处理工艺对于占地和地基承载等会有不同的要求，因此在工艺选择时还应结合建设场地可能提供的条件进行综合考虑。有些处理工艺对气温关系密切(如生物处理),在其选用时还应充分注意当地的气候条件。

(7)今后可能的发展:随着水质要求的提高,或者原水水质的变化,可能会对今后净水工艺提出新的要求,因此选择的工艺要求对今后的发展具有较大的适应性。

(8)经济条件:经济条件是工艺选择中一个十分重要的因素。有些工艺虽然对提高水质有较好的效果,但是由于投资较大或者运行费用较高而难以被接受。因此工艺选择还应结合当地的经济条件进行考虑。

二、水处理工艺选择时必需的试验

为了准确确定设计参数和验证拟采用的工艺处理效果,要进行必要的试验。除了对水质指标进行全面检测和分析以外,常用的水处理试验有搅拌试验、多嘴沉降管沉淀试验、泥渣凝聚性能试验和滤柱试验等。

(一)搅拌试验

搅拌试验的目的是分析絮凝过程的效果,选择合适的混凝剂品种、投加量、投加次数及次序。

在定量的烧杯中,投加不同品种与剂量的混凝剂和絮凝剂,同时可以进行 pH 值的调整。在设定的 G 值条件下进行模拟混合絮凝的机械搅拌,观察絮凝体的形成过程情况,测定沉淀水的浊度、色度、沉淀污泥百分比、污泥的沉降速度等,另外还可检测沉淀水的耗氧量等其他指标。

(二)多嘴沉降管沉淀试验

用沉降管模拟池子深度,在不同深度处设置取样管嘴,原水在沉降管中完成混合、絮凝,然后进行静止沉淀。在不同沉淀时间和不同的深度,取样测定其剩余浊度。通过绘制沉降曲线,得出不同截留速度时的浊度去除率,现时可以分析不同沉速颗粒的组成百分比。对比不同深度处的沉降曲线,可以分析出颗粒在沉降过程中继续絮凝的情况。

(三)泥渣凝聚性能试验

进行泥渣凝聚性能试验,有助于分析泥渣接触型澄清池澄清分离性能及絮凝剂对澄清的影响。

在 250 mL 的量筒中放入搅拌试验的泥渣,泥渣可以在不同的烧杯中收集,但须是在同一混凝剂加注量下形成的泥渣。注入泥渣后的量筒静置 10 min,用虹吸抽出过剩泥渣,在量筒中仅剩余 50 mL 泥渣。在量筒中放入带有延伸管的漏斗,延伸管伸至离量筒底约 10 mm,在漏斗中断续地小量加入搅拌试验澄清的水,多余的水将从量筒顶端溢出。记录不同泥渣膨胀高度时的水流上升流速,上升流速可通过注入 100 mL 水的时间计算。上升流速与膨胀泥渣体积的关系呈线性。

(四)滤柱试验

对于模拟滤柱试验,可以对不同过滤介质的过滤性能进行比较,选择合适的滤料规格和厚度。对于活性炭等吸附介质的吸附效果,也可以采用类似方法进行试验。

对于过滤水浊度和水头损失,可以在试验过程中分层检测,进行不同滤速的比较。通过滤柱试验,对反冲洗效果进行分析,观察反冲洗时滤料的膨胀情况、双层或多层滤料不同滤层间的掺混情况以及冲洗排水的浊度变化等。

为观察过滤和反冲洗情况，滤柱采用有机玻璃制作。滤柱直径一般不小于150 mm，以避免界壁对过滤效果的影响。为了防止过滤过程中滤层中出现负压，滤柱应有足够的高度。在试验时，可以并行设置多个滤柱来比较不同滤料、不同级配和厚度时的情况。

第二节 一般地表水处理系统

对于一般地表水处理工艺流程的选择，应当根据原水水质与用水水质要求的差距、处理规模、原水水质相似的城市或工厂的水处理经验、水处理试验资料、处理厂地区有关的具体条件等因素综合分析，进行合理的流程组合。

一般地表水处理系统，指的是常规水处理，即被处理原水在水温、浊度（含沙量）以及污染物含量方面均在常见的范围内。因此，一般地表水处理系统是指对一般浊度的原水采用混凝、沉淀、过滤、消毒的净水过程，以去除浊度、色度、细菌和病毒为主的处理工艺，在水处理系统中是最常用、最基本的方法。

根据原水水质的不同，一般地表水处理系统可以分为以下几种工艺流程。

一、采用简单消毒处理工艺

对于没有受到污染，水质优良的原水，如果除细菌以外各项指标均符合出水水质要求，采用简单的消毒处理工艺即可满足净水水质要求的标准。这种方法在一般地表水系统中很难应用，而更多地用于处理优质地下水。

二、采用直接过滤处理工艺

当原水浊度较低，经常在15 NTU以下，最高不超过25 NTU，色度不超过20度，一般在过滤前可以省去沉淀工艺，而直接采用过滤工艺。

直接过滤工艺又可以分为在过滤前设置絮凝设施和不设置两种情况。过滤前设置絮凝设施，是在原水加注混凝剂后，经快速的混合而流入絮凝池，在池中形成一定大小的絮凝，之后进入快滤池。不设置絮凝设施的情况是，采用煤、砂双层滤料，原水加注混凝剂并经快速混合后，直接进入滤池。这种情况中的絮凝过程是在滤层中进行前。加注混凝剂的原水悬浮物在滤层中一方面完成絮凝过程，同时也被部分截除，而在砂层中被充分去除掉。

直接过滤形成的絮体并不需要太大，故药耗相对较少，又被称为微絮凝过滤。由于直接过滤截留的悬浮物数量比一般滤池为多，所以在滤层选择上应注意有较高的含污能力，一般采用双层滤料。

三、混凝、沉淀、过滤、消毒处理工艺

由于人类对环境的影响，一般地表水浊度均超过了直接过滤所允许的范围，所以、要求在过滤前设置混凝反应池、沉淀池，以去除大部分悬浮物质。

原水在投加混凝剂并经快速混合后进入絮凝反应池，在絮凝池中形成分离沉降所需要的絮状体。为有效提高絮状体的沉降性能，在快速混合后可以再投加高分子絮凝剂，通过架桥和吸附作用形成较易沉降的絮状体。

根据原水的水质情况，在进入混合前可投加 pH 调整剂和氧化剂。当原水碱度不能满足混凝要求的最佳 pH 值时，需要投加 pH 调整剂。例如原水碱度较低时，投加石灰或氢氧化物，为了去除有机物需要形成较低 pH 值时，则加酸处理。投加氧化剂的目的是改善混凝性能，氧化部分有机物和保持净水处理构筑物的清洁，避免藻类滋生。

经过混凝、沉淀、过滤、消毒处理后，如果出水水质 pH 值不能满足水质稳定要求时，应在最后投加 pH 调整剂，时出水水质达到稳定。

第三节　地下水除铁、除锰和除氟

一、除铁和除锰

(一)含铁含锰地下水的水质

我国有丰富的地下水资源，其中有不少地下水源含有过量的铁和锰，称为含铁含锰地下水。

微量的铁和锰是人体必需的元素，但饮用水中含有超量的铁和锰，会产生异味和色度。当水中含铁量小于 0.3 mg/L 时无任何异味；含铁量为 0.5 mg/L 时，色度可达 30 度以上；含铁量达 1.0 mg/L 时便有明显的金属味。水中含有超量的铁和锰，会使衣物、器具洗后染色。含锰量大于 1.5 mg/L 时会使水产生金属涩味。锰的氧化物能在卫生洁具和管道内壁逐渐沉积，产生锰斑。当管中水流速度和水流方向发生变化时，沉积物泛起会引起"黑水"现象。因此，《生活饮用水卫生规范》规定，饮用水中铁的含量不应超过 0.3 mg/L，锰的含量不应超过 0.1 mg/L。

生产用水，由于水的用途不同，对水中铁和锰含量的要求也不尽相同。纺织、造纸、印染、酿造等工业企业，为保证产品质量，对水中铁和锰的含量有严格的要求。软化、除盐系统对处理水中铁和锰的含量，亦有较严格的要求。但有些工业企业用水对水中铁和锰含量并无严格要求或要求不一。因此，对工业企业用水中铁、锰含量不宜作出统一的规定，设计时应根据工业用水系统的用水要求确定。

试验研究和实践经验表明，合理选择工艺流程是地下水除铁、除锰成败的关键，并将直接影响水厂的经济效益。工艺流程选择与原水水质密切相关，而天然地下水水质又是千差万别的，这就给工艺流程选择带来很大困难。因此，掌握较详尽的水质资料，在设计前进行除铁、除锰试验，以取得可靠的设计依据是十分必要的。如无条件进行试验也可参照原水水质相似水厂的经验，通过技术经济比较后确定除铁、除锰工艺流程。

(二)除铁除锰方法

1. 除铁除锰原理

1)除铁原理

(1)二价铁氧化成三价铁的反应式为：

$$Fe^{2+} + [O] \longrightarrow Fe^{3+}$$

氧化成的三价铁将作为氢氧化铁固体从水中析出：

$$Fe^{3+} + 3H_2O \longrightarrow Fe(OH)_3 \downarrow + 3H^+$$

(2)二价铁的空气氧化。对于含铁的地下水,可以通过曝气,利用空气中的 O_2 将 Fe^{2+} 氧化成 Fe^{3+},后者再与水中的氢氧根作用形成 $Fe(OH)_3$ 沉淀析出物而被过滤去除。

$$4Fe^{2+} + 10H_2O \longrightarrow 4Fe(OH)_3 \downarrow + 8H^+$$

每氧化 1 mg/L 的二价铁,理论上需氧 $2 \times 16/(4 \times 55.8) = 0.14$ (mg/L)。生产中实际需氧量远高于此值。

(3)铁的药剂氧化。用于地下水除铁的氧化药剂主要为氯,其反应式如下:

$$Cl_2 + H_2O \longrightarrow HOCl + H^+ + Cl^-$$

$$2Fe^{2+} + HOCl \longrightarrow 2Fe^{3+} + Cl^- + OH^-$$

按此理论反应式,每氧化 1 mg/L 的 Fe^{2+} 理论上需要 $2 \times 35.5/(2 \times 55.8) = 0.64$ (mg/L)的 Cl_2。

2)除锰原理

(1)技术原理。锰氧化的反应式为:

$$Mn^{2+} + [O] \longrightarrow MnO_2 \downarrow$$

(2)锰氧化的需氧量。二价锰与氧反应的反应式为:

$$2Mn^{2+} + O_2 + 2H_2O \longrightarrow 2MnO_2 \downarrow + 4H^+$$

理论上,每氧化 1 mg/L 的 Mn^{2+} 需要 $2 \times 16/(2 \times 54.9) = 0.29$ (mg/L)的氧。二价锰与氯反应的反应式为:

$$Cl_2 + H_2O \longrightarrow HOCl + H^+ + Cl^-$$

$$Mn^{2+} + HOCl + H_2O \longrightarrow MnO_2 \downarrow + Cl^- + 3H^+$$

理论上,每氧化 1 mg/L 的 Mn^{2+} 需要 $2 \times 35.5/54.9 = 1.29$ (mg/L)的氯。

2. 除铁方法

地下水除铁技术发展至今已有多种方法。如接触过滤氧化法、曝气氧化法、药剂氧化法等。工程中最常用的也是最经济的工艺是接触过滤氧化法。

1)曝气氧化法

曝气氧化法是利用空气中的氧将二价铁氧化成三价铁使之析出,然后经沉淀、过滤予以去除。

2)氯氧化法

氯是比氧更强的氧化剂,可在广泛的 pH 范围内将二价铁氧化成三价铁,反应瞬间即可完成。含铁地下水经过氯氧化后,通过絮凝、沉淀和过滤以去除水中生成的 $Fe(OH)_3$ 悬浮物。当原水含铁量少时,可省去沉淀池;当含铁量更少时,还可省去絮凝池,采用投氯后直接过滤。

3)接触过滤氧化法

接触过滤氧化法是以溶解氧为氧化剂,以固体催化剂为滤料,以加速二价铁氧化的除铁方法。含铁地下水经曝气充氧后进入滤池,二价铁首先被吸附于滤料表面,然后被氧化,氧化生成物作为新的催化剂参与反应,称为自催化氧化反应。为避免过滤前生长 Fe^{3+} 穿越滤层,应尽量缩短充氧至进入滤层的流经时间。

3. 除锰方法

地下水中的锰一般以二价形态存在,是除锰的主要对象。锰不能被溶解氧氧化,也难于被氯直接氧化。工程实践中主要采用的除锰方法有:高锰酸钾氧化法、氯接触过滤法和生物固锰除锰法等。

中国市政工程东北设计研究院、哈尔滨建筑大学和吉林大学经多年研究,发现了除锰的生物氧化机制,确定了以空气为氧化剂的生物固锰除锰技术。在pH中性范围内,二价锰的空气氧化是以 Mn^{2+} 氧化菌为主的生物氧化过程。Mn^{2+} 首先吸附于细菌表面,然后在细菌胞外酶的催化下氧化为 Mn^{4+},从而由水中除去。含锰地下水经曝气充氧后(pH值宜在6.5以上),进入生物除锰滤池。生物除锰滤池必须经除锰菌的接种、培养和驯化,运行中滤层的生物量保持在几十万个/g湿砂以上。曝气也可采用跌水曝气等简单的充氧方式。

(三)影响除铁除锰的主要因素

1.铁和锰在处理过程中的相互干扰

地下水中往往同时含有 Fe^{2+} 和 Mn^{2+},在处理过程中存在着相互的干扰。因此在处理工艺的选择时,应根据原水中 Fe^{2+} 和 Mn^{2+} 的含量进行统一考虑。

2.水中溶解硅酸的影响

地下水中不同程度地含有溶解性硅酸,一般在15~30 mg/L。溶解性硅酸含量对曝气氧化除铁有明显影响。溶解性硅酸能与 $Fe(OH)_3$ 表面进行化学结合,形成趋于稳定的高分子,分子量在1万以上。所以溶解性硅酸含量越高,形成 $Fe(OH)_3$ 粒径越小,凝聚越困难。工程实践表明,水的碱度较低和溶解性硅酸较高,特别是大于40~50 mg/L时,就不能应用空气自然氧化法除铁。

3.碱度、pH值的影响

从铁锰被去除的化学方程式得知,水的pH值越高,越有利于反应向铁锰的氧化方向进行。接触氧化除铁,要求水的pH值在6.0以上;接触氧化除锰,要求水的pH值至少在7.0以上。

4.有机物的影响

能反映有机物的水质指标有 NH_3、NH_4^+、NO_3^-、NO_2^-、色度和腐殖酸等。在除铁锰滤池中,作吸附剂、催化剂的熟砂滤料表面,吸附了大量难以被氧化的有机质铁锰络合物,它就降低了滤料的催化作用和氧化再生能力,从而使氧化过程和再吸附过程受到阻碍。去除有机物以在滤前水中连续加氯的方式最为经济有效。

(四)工艺流程

1.除铁工艺流程

含铁原水的处理一般可采用如图7-1的工艺流程。

2. 除锰工艺流程

除锰工艺流程见图7-2。

3.除铁除锰工艺流程

对于铁、锰共存的地下水,其处理工艺流程一般可组合成图7-3的各种流程。

流程(a)是以氯为氧化剂的化学氧化除铁除锰流程。本流程是根据 Fe^{2+} 与 Mn^{2+} 氧化还原电位的差异而采用的两级过滤流程,先用氯氧化除铁,然后再用氯接触过滤除锰。当原水中含锰、含铁量较小时,也可应用一级滤池除铁、除锰。

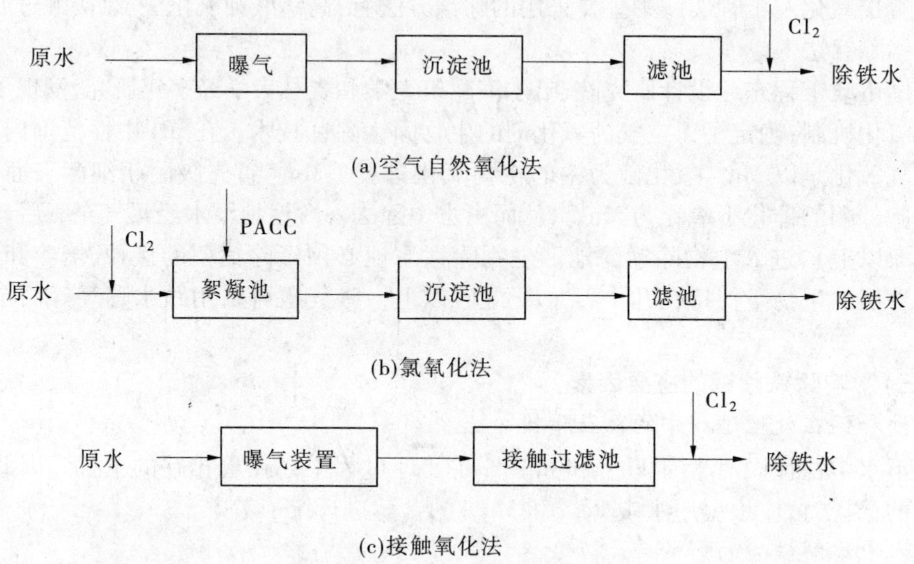

图 7-1　除铁工艺流程

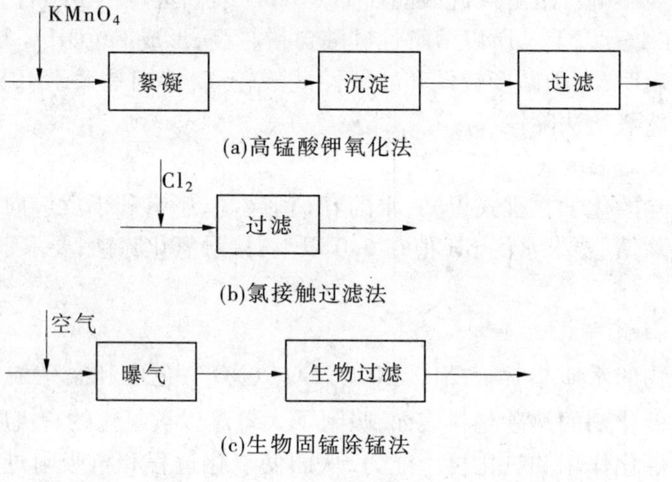

图 7-2　除锰工艺流程

为节省投氯量,可采用流程(b),先以空气为氧化剂经接触过滤除铁,再投氯用氯接触过滤除锰。

流程(c)是先用空气氧化接触过滤除铁,再用 $KMnO_4$ 除锰。当锰含量大于 1.0 mg/L 时需在除锰滤池前设沉淀池。

流程(d)是以空气为氧化剂的接触过滤除铁和生物固锰除锰相结合的流程。该滤池滤层为生物滤层,存在着以除锰菌为核心的微生物群系。除铁也在同一滤层完成,其氧化机制仍以接触氧化为主。

当含 Fe^{2+} 量大于 10 mg/L,含 Mn^{2+} 量大于 1.0 mg/L 时,可采用两级曝气两级过滤流程如流程(e)。一级用做接触氧化除铁,二级用做生物除锰。

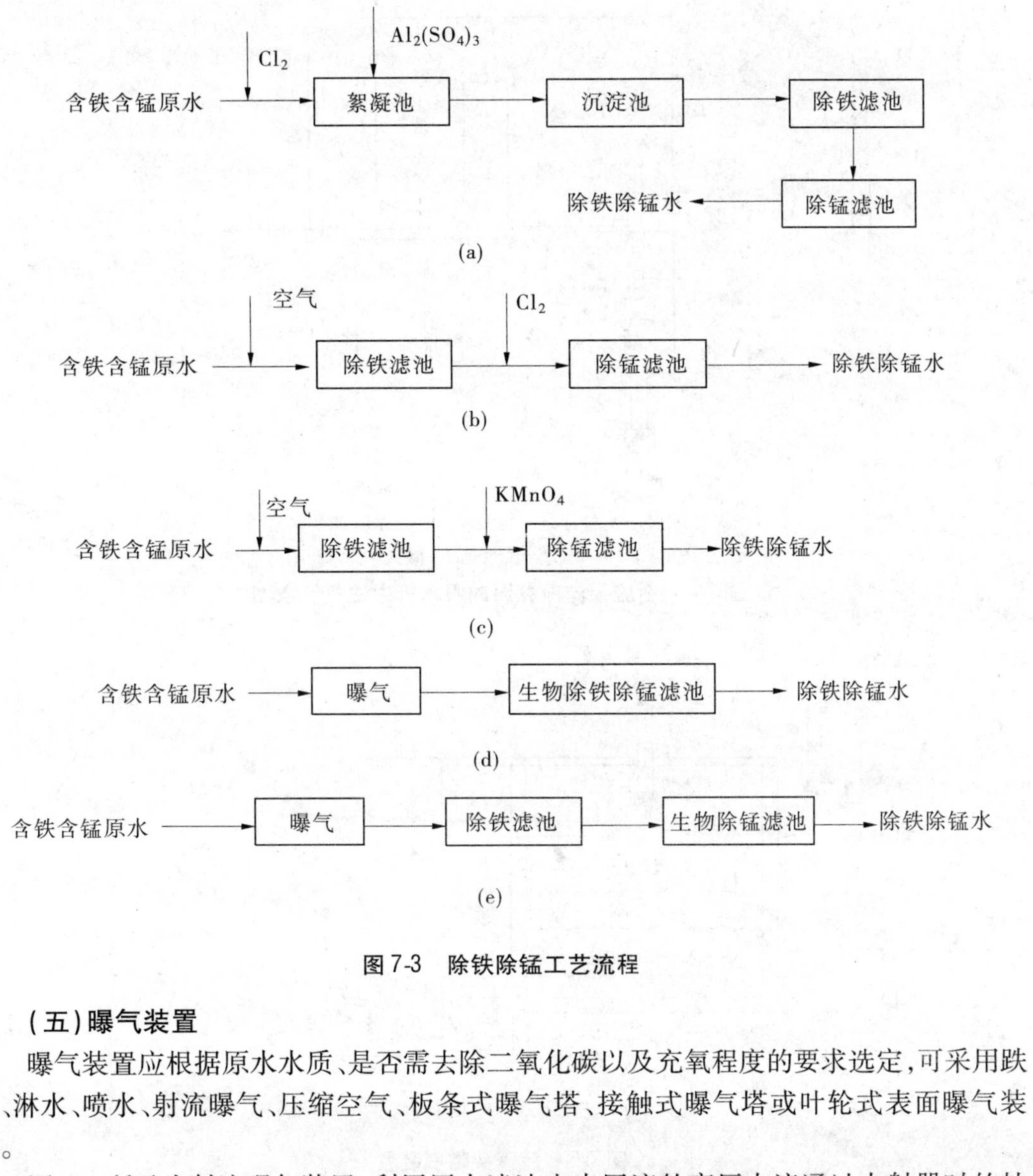

图7-3　除铁除锰工艺流程

(五)曝气装置

曝气装置应根据原水水质、是否需去除二氧化碳以及充氧程度的要求选定,可采用跌水、淋水、喷水、射流曝气、压缩空气、板条式曝气塔、接触式曝气塔或叶轮式表面曝气装置。

图7-4所示为射流曝气装置,利用压力滤池出水回流的高压水流通过水射器时的抽吸作用吸入空气,进入深井泵吸水管中。该曝气装置具有曝气效果好、构造简单、管理方便等优点,适合于地下水中铁、锰的含量不高且无需消除水中二氧化碳以提高pH值的小型除铁除锰装置。

莲蓬头和穿孔管是一种喷淋式曝气装置,地下水通过莲蓬头和穿孔管上的小孔向下喷淋,把水分散成许多小水滴与空气接触,从而实现水的曝气。

图7-5所示为莲蓬头曝气装置,孔眼直径可采用4~8 mm,孔眼流速为1.5~2.5 m/s,安装高度为1.5~2.5 m,每个莲蓬头的服务面积为1.0~1.5 m^2。

图7-6为接触式曝气塔构造图,塔中填料层层数可为1~3层,填料采用30~50 mm粒径的焦炭块或矿渣,每层填料厚度为300~400 mm,为便于清理,层间净距不宜小于

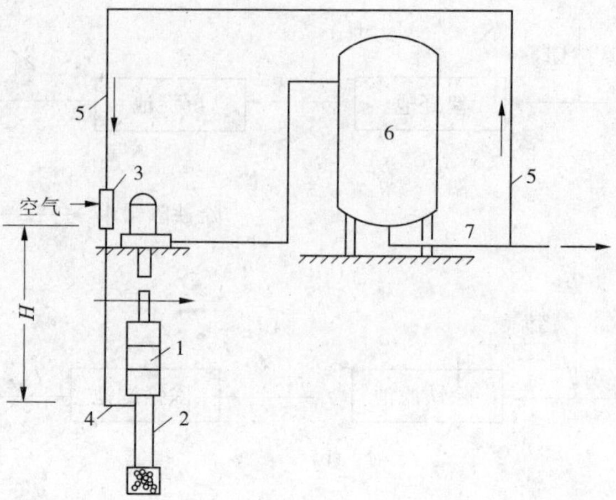

1—深井泵;2—吸水管;3—射流泵;4—气水乳浊液输送管;
5—压力除铁水管;6—压力除铁滤池;7—除铁压力水(送往用户)

图7-4　射流泵向深井泵的吸水管中注气示意图

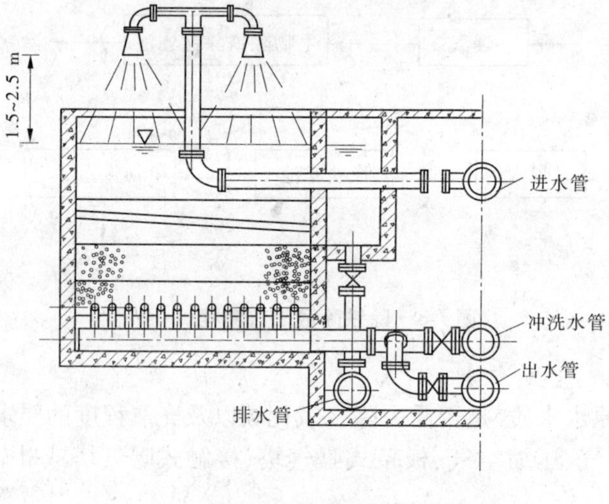

图7-5　莲蓬头曝气装置

600 mm。将地下水送至塔顶,经穿孔管均匀分布后,经填料逐层淋下,汇集于下部集水池中。由于水中部分铁质沉积于填料表面,对水中二价铁的氧化有接触催化作用。

当地下水含铁量为5～10 mg/L时,填料因铁质堵塞需一年左右更换一次,费工费时。所以接触式曝气塔多用于含铁量不高于10 mg/L的地下水的曝气。当含铁量更高时,可采用板条式曝气塔。

(六)除铁、除锰滤池

滤池类型应根据原水水质、工艺流程和处理水量等因素来选择。

普通快滤池和压力滤池工作性能稳定,滤层厚度及反冲洗强度的选择有较大的灵活性,是除铁除锰工艺中常用的滤池形式。前者主要用于大、中型水厂,后者主要用于中、小型水厂；无阀滤池构造简单、管理方便，也是除铁除锰工艺中常用的滤池类型之一；双级压力滤池是新型除铁除锰构筑物，它使两级过滤一体化，造价低，管理方便。其上层主要除铁，下层主要除锰，工作性能稳定可靠，处理效果良好。

除铁、除锰滤池的滤料宜采用天然锰砂或石英砂等。除铁、除锰滤池滤料的粒径：石英砂宜为 $d_{min}=0.5$ mm，$d_{max}=1.2$ mm；锰砂宜为 $d_{min}=0.6$ mm，$d_{max}=1.2\sim2.0$ mm；厚度宜为 800～1 200 mm；滤速宜为 5～7 m/h。

除铁、除锰滤池宜采用大阻力配水系统，其承托层可按前述章节选用。当采用锰砂滤料时，承托层的顶面两层需改为锰矿石。滤池的冲洗强度和冲洗时间可按有关规范采用。

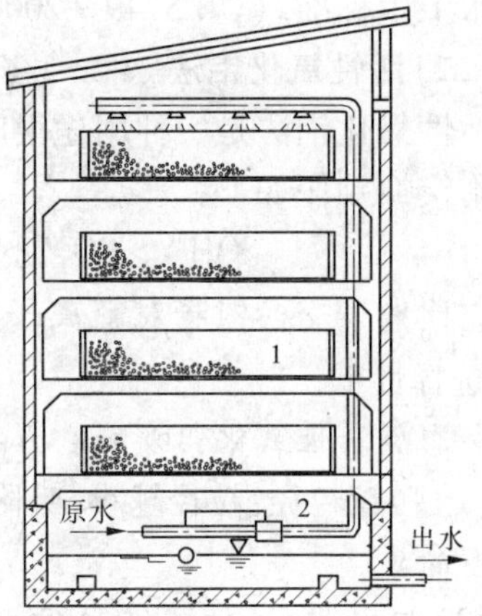

1—焦炭层；2—浮球阀

图 7-6　曝气塔曝气装置

二、除氟

氟是人体正常代谢的必需微量元素之一，人体各种组织普遍含有氟，其中以骨骼和牙齿的含量为最多。当人们长期饮用含氟量低于 0.5 mg/L 的地下水，就会造成龋齿病增加。但长期摄入氟化物含量过高的饮水，将引起牙齿和骨骼为主的慢性疾病，前者称为氟斑牙，后者称为氟骨病，是严重危害人类健康的地方病。

我国《生活饮用水卫生标准》（GB 5749—2006）规定，氟化物的含量不得超过 1.0 mg/L。当原水氟化物含量超过标准时，就应设法进行处理。氟化物含量过高的原水往往呈偏碱性，pH 值常大于 7.5。

（一）除氟的方法

除氟的方法主要有以下几种：

（1）吸附过滤法：含氟水通过滤层，氟离子被吸附在由吸附剂组成的滤层上。当吸附剂的吸附能力降至一定极限值，出水含氟量达不到规定时，用再生剂再生，恢复吸附剂的除氟能力，以此循环以达到除氟的目的。主要的吸附剂有活性氧化铝、活性炭和磷酸三钙等。

（2）膜法：利用半透膜分离水中的氟化物，包括电渗析和反渗透两种方法。膜法处理的特点是在除氟的同时，也去除水中的其他离子，尤其适合于含氟苦咸水的淡化。

（3）絮凝沉淀法：在含氟水中投加絮凝剂，使之生成絮体而吸附氟离子，经沉淀和过滤将其去除。主要的絮凝剂为铝盐，包括硫酸铝、氯化铝和碱式氯化铝等。

（4）离子交换法：利用离子交换树脂的交换能力，将水中的氟离子去除。

当处理水量较大时，宜选用活性氧化铝法；当除氟的同时要求去除水中氯离子和硫酸根离子时，宜选用电渗析法；絮凝沉淀法适用于含氟量偏低的除氟处理，这是由于除氟所需的絮凝剂投加量远大于除浊要求的投加量，容易造成氯离子或硫酸根离子超过《生活饮用水卫生标准》(GB 5749—2006)的规定。

(二)活性氧化铝法

活性氧化铝法是一种用途很广的吸附剂,具有很大的表面积。活性氧化铝对阴离子的吸附交换顺序如下:

$$OH^- > PO_4^{3-} > F^- > SO_3^{2-} > SO_4^{2-} > Cl^- > NO_3^- > S^-$$

它比离子交换树脂对氟离子有较高的吸附选择性,而对水体中常有的离子(SO_4^{2-}、Cl^-)选择性低。

1. 影响活性氧化铝吸附能力的主要因素

(1)颗粒粒径:粒径越小,吸附容量越高,但粒径越小,颗粒的强度越低,将会影响其使用寿命。

(2)原水的 pH 值:当 pH 值 >5 时,pH 值越低,活性氧化铝吸附容量越高。

(3)原水的初始氟浓度:初始氟浓度越高,吸附容量越高。

(4)原水的碱度:重碳酸根浓度高,活性氧化铝吸附容量将降低。

(5)砷的影响:活性氧化铝对水中的砷有吸附能力。砷在活性氧化铝上的积聚将造成对氟离子吸附容量的下降,且使再生时洗脱砷离子比较困难。

2. 处理流程

活性氧化铝除氟处理工艺流程见图 7-7。

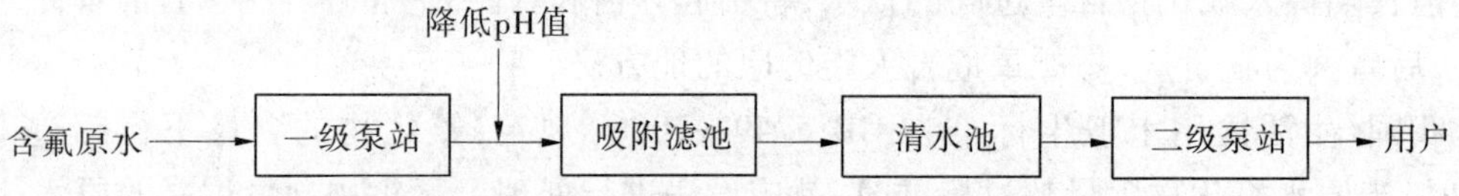

(a)敞开式吸附滤池方式

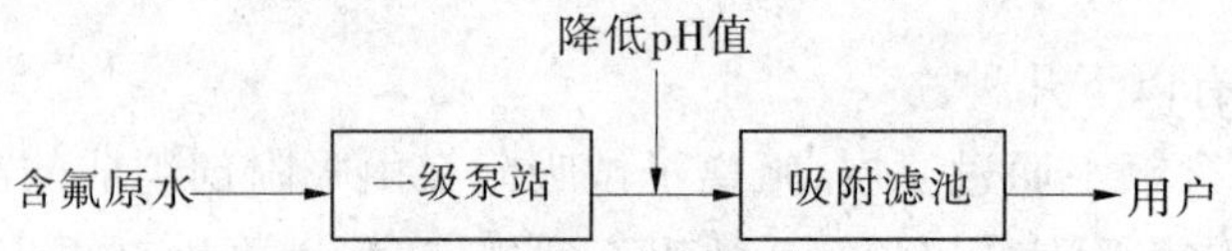

(b)压力式吸附滤池方式

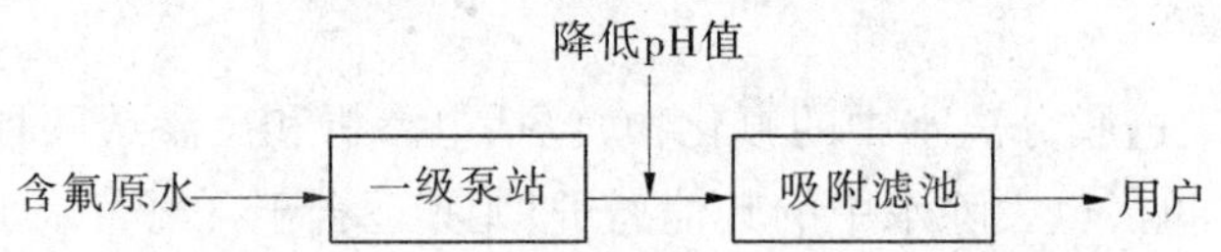

(c)串联吸附滤池方式

图 7-7　活性氧化铝除氟工艺流程

当原水浊度大于 5 NTU 或含砂量较高时,应在吸附滤池前设置预处理。消毒工艺应在除氟处理工艺之后。

3. 工艺设计

(1)活性氧化铝的粒径应小于2.5 mm,宜为0.5~1.5 mm。

(2)原水接触滤料之前,宜投加硫酸、盐酸、醋酸等酸性溶液或投加二氧化碳气体降低pH值,调整pH值在6.0~7.0。

(3)吸附滤池的滤速和运行方式可按下列规定采用:①当滤池进水pH值大于7.0时,应采用间断运行方式,其滤速宜为2~3 m/h,连续运行时间4~6 h,间断4~6 h。②当滤池进水pH值小于7.0时,应采用连续运行方式,其滤速宜为6~8 m/h。

(4)滤池滤料厚度可按下列规定选用:①当原水含氟量小于4 mg/L时,滤料厚度宜大于1.5 m;②当原水含氟量大于4 mg/L时,滤料厚度宜大于1.8 m。

(5)滤池滤料再生处理的再生液宜采用氢氧化钠溶液,或采用硫酸铝溶液。采用氢氧化钠再生时,再生过程可采用反冲—再生—二次反冲—中和4个阶段;采用硫酸铝再生时,可省去中和阶段。

第四节　特种水处理系统

一、高浊度水处理系统

(一)高浊度水的水质特点及工艺选择因素

高浊度水是指浊度较高的含沙水体,并且具有清晰的界面分选沉降。通常情况下指以粒径不大于0.025 mm为主组成的含沙量较高的水体。在我国,以黄河流域和长江上游各江河采用的处理工艺较为典型。

在工艺流程选择时一般要考虑以下几个方面的因素。

1. 水文和泥沙

(1)水沙典型年和多年最大断面平均含沙量。水沙典型年作为重要的设计依据,要求对取水河流的年际和年内的水沙分配情况、最大断面平均含沙量、洪水流量、枯水流量、沙量等进行研究。水沙典型年的选择要符合规范对取水保证率和供水保证率的要求。如果处理能力不能满足要求,应采取相应的措施,例如在流程中增加调蓄水库,以达到要求的供水保证率。

(2)沙峰延续时间和间隔时间。通过分析沙峰延续时间和间隔时间,确定避沙峰调蓄水库的容积和允许补充调蓄水库的时间,为增大取水和净化能力补充调节蓄水库水量,来保证安全供水。

(3)泥沙粒径。泥沙粒径的组成,直接决定着高浊度水液面沉速大小。故需要确定稳定泥沙的最大数值来选择取水和净水能力。可以通过多年最大断面平均含沙量系列,选择分析最大或较大的各项有关泥沙粒径资料。在缺乏粒径分析资料时,可以采用类似工程经验。

对于非稳定泥沙的粒径研究同样也很重要。例如在中下游粗沙较多的河段,泥沙对水泵的磨损较为严重,排泥水量的电耗较大。为此需要排除粒径大于0.03 mm的泥沙。

(4)脱流和断流。调蓄水库的容积确定,与取水口的脱流、断流关系密切。一些游荡性河段沙洲出没无常，主流变化不定。需要研究取水口的脱流情况以及从脱流到归槽的时间间隔。

河道断流的情况时有发生，有些河道受沿河取水的影响，河水流量在枯水期已经出现减少的趋势。因此需要设计较大的调蓄水库来满足要求的供水保证率。

(5)冰凌。同一河道，其冰凌情况也有所差异。一般采取有效排冰措施即可正常供水。对于河道封冻和冰凌期停止引水的工程，需要增大调蓄水库以满足供水要求。

2. 药剂使用情况

高浊度水的处理需要投加的混凝剂，要求有较高的有效范围。而一般的混凝剂有效范围均较低。目前在水处理工艺中使用较多的是聚丙烯酰胺。

当沉淀构筑物设计浑液面沉速为常数时，稳定泥沙含量越大，聚丙烯酰胺的投加量越大，所以处理最大含沙量一般采用小于 100 kg/m^3 的使用量。

3. 排泥

高浊度水处理厂一般采用刮泥机械进行排泥，除非供水量特别小的水厂有采用斗底排泥的。在下游段大型预沉池中，多采用挖泥船来排泥，有些工程采用水力冲洗排泥。

为了减轻下游河床的淤积，保证洪水期两岸堤坝安全，不准将未经处理的排泥水直接排入河道，对于泥沙处置可以采取相应措施来合理利用，如盖淤还耕、生产砖瓦、加固大堤、改造低洼的盐碱地等。

另外还需要考虑取水口、调蓄水库、净水厂的地形地质条件选择。

(二)高浊度水处理的工艺流程选择

与一般水处理工艺流程不同，高浊度水处理工艺受河道泥沙的影响大，一般设有调蓄水库。在沉淀过程中，往往采用二次沉淀。

1. 不设调蓄水库时的处理工艺

多沙高浊度水一般见于长江上游各江河中。稳定泥沙以及含沙量的比例较小，沙粒比较容易下沉，并且取水可以保证，故一般不设置调蓄水库，采用的工艺为二级或三级絮凝沉淀。如图 7-8 所示。

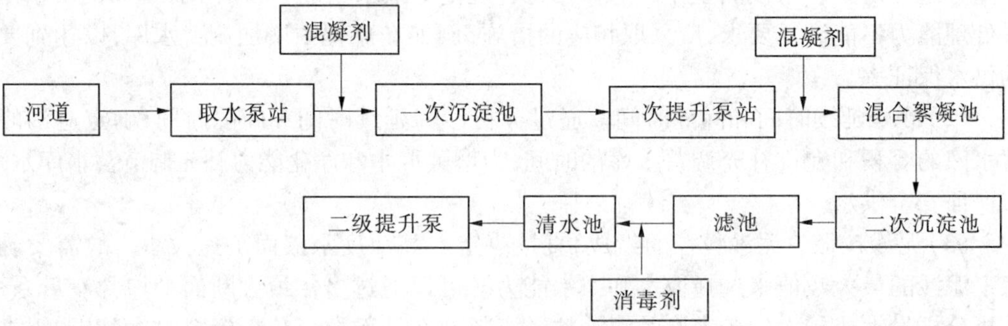

图 7-8 不设调蓄水库时的二次沉淀处理工艺

2. 设浑水调蓄水库时的处理工艺

浑水调蓄水库可以用于一次沉淀池的泥沙沉淀，设计水库时，为便于排除泥沙、节电和管理，除死库容外，一般将沉淀部分和蓄水部分分别设置。多采用沉沙条渠进行自然沉淀，或采用平流式沉淀池、辐流式沉淀池等进行自然沉淀。其工艺流程如图 7-9 所示。

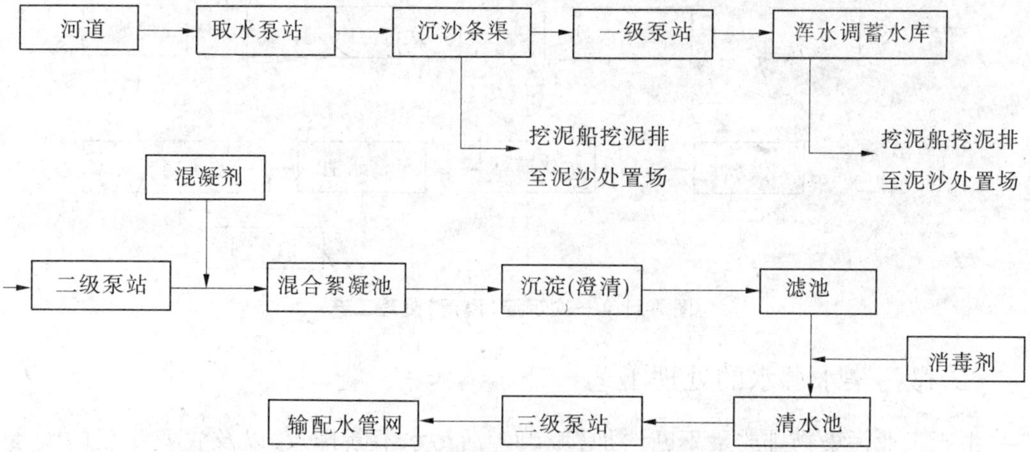

图 7-9　设浑水调蓄水库自然沉淀处理工艺

3. 设清水调蓄水库的处理流程

由于地形、地质条件的限制，以及供水安全方面的考虑，在高浊度水处理流程上采用清水调蓄水库，如图 7-10 所示。

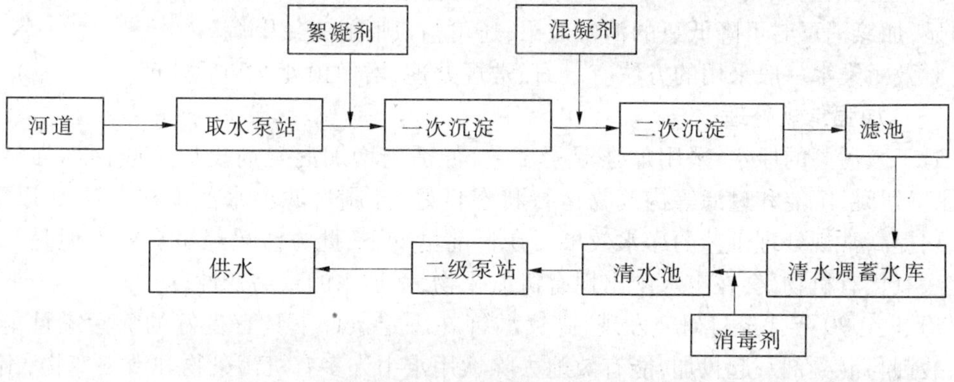

图 7-10　设清水调蓄水库自然沉淀处理工艺

清水调蓄水库库容根据避沙峰、取水口脱流、河道断流和取水口冰害等因素确定。水厂不能取水运行时，则要消耗清水调蓄水库的水量。一旦水厂恢复取水运行，要及时补充清水调蓄水库所消耗的水量。

4. 一次沉淀（澄清）处理工艺

一次沉淀（澄清）处理工艺主要用于一些中小型工程。其工艺流程如图 7-11 所示。一次沉淀（澄清）处理构筑物多采用水旋絮凝混凝澄清池一类的新型处理构筑物，这类构筑物在沙峰时，为减少出水浊度，除投加絮凝剂外，同时也投加混凝剂，河水较清时则仅投加混凝剂。由于这类池型采用絮凝混凝沉淀和沉淀泥渣的二次分离技术，故占地小，效率高。

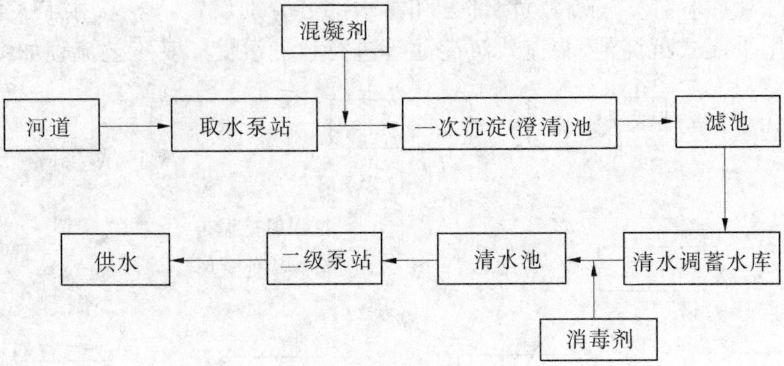

图 7-11　一次沉淀(澄清)处理工艺

二、微污染水源水的处理工艺

由于工业污染物排放量不断增加,城市生活污水不断排入,以及农业化肥的大量使用,使地表水源受到的污染越来越重,优质的水源越来越少,而传统的常规净化工艺对这些有机物很难有效去除。

微污染水源就是指水的物理、化学和微生物指标不能达到《地表水环境质量标准》中作为生活饮用水源水的水质要求。污染物的种类很多,但此处主要是指受到有机物污染的水源,这类水中氨氮(NH_3-N)含量高,有机物指标 BOD、COD、TOC 等数量高,水的气味明显,加氯消毒时可降低氯的消毒效果,还可与氯形成三氯甲烷。

对微污染水一般采用的方法有:加强常规处理、增加预处理和后处理。

(一)加强常规处理

对于微污染的原水,采用加强混凝工艺,如适当增加混凝剂投加量或预加强氧化剂等,保持絮凝、沉淀和过滤等构筑物运行状态良好,控制过滤出水浊度在 1 NTU 以下,则可达到提高常规处理工艺的净水效果。在目前情况下,此方法最经济有效。但是采取预氯化法氧化有机物,会在出水中出现有机氯化物,增加水的致突变性。

20 世纪 90 年代经过研究发现,高锰酸钾在一定条件下具有良好的除污染性能。将高锰酸钾与混凝剂一起投加,能有效地去除饮用水中许多有机污染物和致突变物,出水进行氯化消毒时生成的有机物量明显下降。此法增加投资较少,也不需要改变常规处理流程,不需要添加大型处理设备,运行费用较低。

加强常规处理的工艺流程如图 7-12 所示。

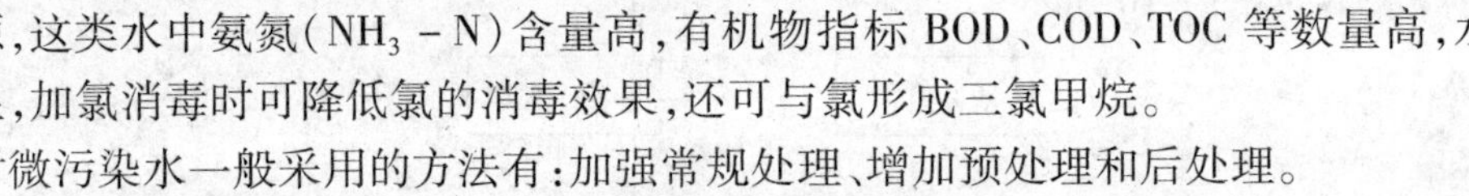

图 7-12　加强常规处理工艺流程

(二)生物预处理

微污染原水在向水中加氯之前,先有效地去除水中的有机物,是控制出厂水三氯甲烷含量的基本途径。原水先进行生物预处理,就是仿照自然界自然充氧再生的过程,对微污染原水用人工充氧和培养好氧微生物,在水厂中强化再生水资源的可行处理方法。

微污染原水中的有机物浓度与污水相比是很低的,但水的生物可处理性是相近的,又因有机物浓度低,微生物生长缓慢,因此微污染原水只适合用生物膜法进行生物预处理。常用的是陶粒生物滤池和生物接触氧化池。

微污染原水进入生物滤池后,依靠浸没于水下的长满生物膜的滤料载体,在足够的曝气充氧条件下,水流在与生物膜和氧的不断接触中,通过微生物的絮凝、吸附、氧化、生物降解和硝化等综合作用,水中的有机物和氨氮逐渐被去除。其处理工艺流程如图7-13所示。

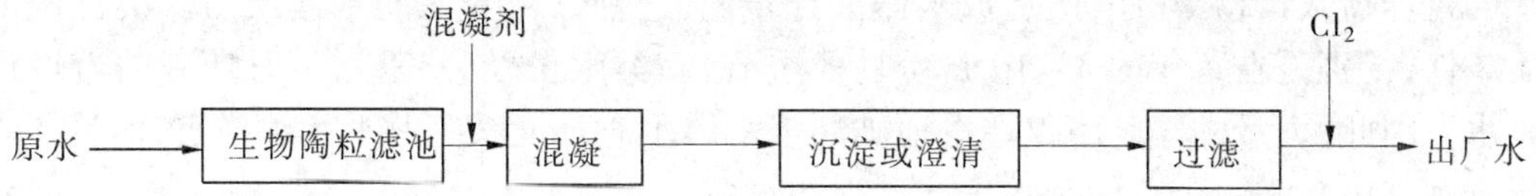

图7-13 设置生物滤池的工艺流程图

(三)深度处理

深度处理主要有臭氧、活性炭、膜处理以及臭氧－生物活性炭等。

臭氧－生物活性炭处理的特点是:

(1)利用 O_3 的强氧化能力,把大分子有机物和腐殖酸氧化成小分子有机物,同时改变分子的某些基因,有利于活性炭吸附且避免不可逆吸附。

(2) O_3 使水中的有机物和活性炭表面的有机官能团均处于活化状态,提高了吸附的可能性。

(3) O_3 使原来不能被生物降解的有机物变为可生物降解的,提高了有机物的可生化性。

(4) O_3 增加了水中溶解氧含量,使得好氧菌和硝化菌在活性炭表面形成生物膜,可以更好地降解吸附在活性炭中的有机物和氨氮,从而延长了活性炭的工作周期,提高了活性炭的吸附效率。对去除水中的COD、色度与臭、味、酚、氨氮、油等均有明显效果。

实际应用中,臭氧投加点也可在砂滤池之后,活性炭滤池以前。臭氧－生物活性炭法投资较大,日常运行费用也高。其基本流程见图7-14。

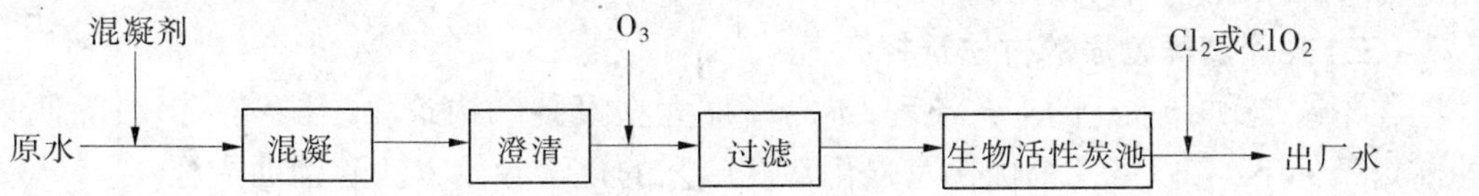

图7-14 生物活性炭法工艺流程

三、水的除藻

近年来,随着工农业生产的迅猛发展和现代化建设步伐的加快,我国许多大的江河湖泊正面临着日趋严重的水源污染问题。据统计,饮用水源受污染率已高达90%以上。由于水源污染,导致水中藻类物质快速生长,直接影响了自来水的生产,对水质和水处理工艺带来了诸多不利影响。随着饮用水水质标准的不断提高,如何能够有效地防治和去除其对制水生产过程和对水质的影响,已成为水厂要致力解决的难题之一。

(一)藻类的成因及危害

藻类通常是指一群在水中以浮游方式生活,能进行光合作用的自养型微生物,个体大小一般在2~200 μm,其种类繁多,均含叶绿素,在显微境下观察是带绿色的有规则的小个体或群体。由于它们是水体中重要的有机物质制造者,故在整个水体生态系统中占有举足轻重的作用,是生态系统中不可缺少的一个环节。但由于近年来经济的快速发展,常常忽略了环境保护,大量工业废水、农田灌溉和生活污水排入水体,从而使得江河湖海近岸的营养盐大量富集、超标,造成水体富营养化,这种富营养化的水体成为藻类泛滥的物质条件,特别是在每年的5~10月份夏秋季节,藻类生长极为旺盛,不时地威胁着城市的供水。因此,大量的藻类不仅严重地破坏了水体生态环境系统的平衡和稳定,而且还直接影响到城市自来水企业的制水生产过程和水质。

(二)藻类对制水的影响

含藻原水进入净水厂后,对制水生产工艺、药耗以及构筑物池壁都会产生极大的不利影响,主要表现在以下几个方面:

(1)在光合作用下,水中pH值升高,且由于藻类作用,溶解氧增加,矾花密度降低,沉淀去除率下降,导致需要投加的混凝剂增多,高藻水的处理需要消耗大量的混凝剂。

(2)藻类物质在滤池中可大量繁殖,会使滤料层堵塞,使过滤周期缩短,减少产水量,增加冲洗水量并影响出水水质。

(3)对混凝土池壁构成很大的威胁,构筑物池壁由于藻类等物质的长期腐蚀,致使池壁粗糙老化,反过来又给藻类物质的寄生繁殖,水垢、青苔的附着生长,提供了有利的栖息场所。

(4)藻类细胞成层成为黏质物,附在混凝土池壁表面,形成一层润滑层,既影响制水过程中的感官质量,又增加了洗池的频率和费用,以及工人的劳动强度。

(5)藻类的存在使水质变化,从而干扰水处理操作,造成处理上的麻烦,生长着和死亡的藻类都会使水中有机物增加,增加氯耗,高藻水的处理更需要消耗大量的消毒剂。

(6)对水质影响更为严重的是有些藻类的降解产物中含有四氯乙烷、二甲基二硫化物等毒性物质,能引起人、动物中毒。

(三)去除藻类物质的方法选择

在不改变现有水厂的工艺流程,不需增加大型设备和构筑物,且经济有效、简便易行的前提条件下,有以下几个优化及强化常规工艺的化学除藻方法和辅助措施。

(1)折点加氯杀藻。把反应池前的加氯量加大,以氧化水中的有机物,杀灭藻类。这是一种较为简单的能快速杀藻的方法,在国内水厂使用较多,能够有效地杀灭藻类,抑制藻类产生和繁殖。据有关实验表明,采用该种方法,除藻率一般能达到50%左右,并能除去水中的一部分异味,除藻后的原水再经常规水处理工艺,能使饮用水中不含或稍含藻。

但这种较为简捷的除藻工艺同时存在着某些不足之处:①当水中含有大量天然有机物如腐殖质、灰黄酸、富里酸及藻类代谢产物时,这些天然的有机物就成为卤代烃形成的前驱物质,再经加氯杀藻,卤代烃形成的几率就大大增加了,目前已被证实卤代烃对人体健康具有较大危害，其中1,2－二氯乙烷、1,1,2,2－四氯乙烷、四氯乙烯、三氯乙烯、三溴甲烷、六氯苯为强致癌物。因此，这种方法用于给水处理在国外已被限制使用。②由于要达到杀灭藻类的目的，投加时需要很大的氯量，导致了单位水量成本的增加。例如，长沙市三水厂针对上述存在的问题，在采用滤前加氯杀藻处理时，使得每月氯耗高达4.2 kg/km^3，严重超出了公司计划指标，并且由于氯的投加量还不足以杀灭藻类而使得除藻效果甚微。

(2)二氧化氯杀藻。ClO_2是一种强氧化剂，具有更好的灭菌、除藻和除臭效果，并且能够有效地控制卤代烃的生成量，降低矾耗，改善水质。根据有关实验发现：二氧化氯优于液氯，具有较高的氧化－还原电势，比液氯杀菌能力强，由于它不像Cl_2以亲电取代为主，而是以氧化反应为主，经氧化的有机物多降解为氧基因为主的产物，不会产生卤代烃等消毒副产物，对人体的副作用小。但其成本较氯气高，生产条件较为苛刻，目前国内的部分制水企业正研究它来代替氯气消毒的可行性。伴随新型的、简单的ClO_2制取方法的出现，其在给水处理中会得到更广泛的应用。

(3)加助凝剂，即HCA－1阳离子净水剂杀藻。HCA－1属阳离子型线性高分子聚合物，它是二甲基二烯丙基季胺盐的聚合物，水溶性好，能完全溶解于水成真溶液，质量符合生活饮用水处理剂标准。其作用机理是借助聚合物本身含有的阳离子基团和活性吸附基团，对悬浮胶粒和含负电荷的物质通过电中和及吸附架桥等作用使之失稳、絮凝。由于有机高分子有极高的聚合度，故其架桥作用远较多核型无机混凝剂强烈，且由于藻类表面带负电荷，易与阳离子型HCA－1接触，所以在反应池投加HCA－1助凝剂能使水中的微生物絮凝成团，加速其沉淀去除。

(4)加助凝剂高锰酸盐(PPC)复合药剂。它是一种新型、高效的助凝剂，合肥自来水公司PPC预处理技术对合肥巢湖原水中藻类的去除效果已有资料证实。在一定范围内PPC的投量和它的除藻效率成正比关系。预处理中PPC的投量越高，沉淀水和滤后水中藻类的去除率呈不断上升趋势。但其对低浊、低藻的原水处理效果并不理想。

(5)粉末活性炭(PAC)预处理。在反应池前，把粉末活性炭和混凝剂一起连续投加于原水中，经混合吸附水中有机物和无机杂质后，黏附在絮体上的炭粒大部分在沉淀池中成为污泥排除。粉末活性炭作为助凝剂，可强化反应沉淀池对藻类的去除，并能去除异臭异味，特别是在藻类繁殖季节，用此法可作为应急措施。在我国，合肥自来水公司早已成功采用了该种方法。

(6)防止池壁藻类腐蚀的辅助措施。上述方法，对于水中藻类的抑制和去除都存在着不同的优缺点。为了解决藻类对混凝土构筑物池壁的腐蚀问题，在池壁贴瓷砖或涂装水池专用涂料都不失为一种有效的防腐措施。现新建水厂大多采用了该种方法，对于防止池壁的腐蚀效果较好。

目前，藻类的问题已引起越来越多水厂的重视，我国部分自来水公司对其防治研究有了较为深刻的认识。为了了解藻类季节性变化规律，特别是水源污染较为严重的制水企业，对原水进行全面的检测，并找出与藻类生长相关的项目进行动态分析，初步掌握了藻类变化规律，选择如pH值、藻类计数、氨氮等原水信息提供给水厂，是非常有必要的，以便水厂能够及时地调整制水处理参数，增加藻类去除率，尽可能地减少其对制水过程的影响，以确保出厂水水质，降低生产成本。同时，利于我们根据实际数据采取更为精确有效的抑制藻类生长的措施。

优化及强化常规工艺除藻技术，我国工程技术人员仍然在积极探索中，如利用 ξ 电泳仪，找到去除藻类的最佳的混凝剂用量，并通过优化混凝条件参数和采用预氧化等措施，大大提高常规工艺的除藻能力，已有了令人满意的试验效果，我们期待着有更加有效、简便的方法出现。

第五节 给水厂工艺设计实例

一、水厂的厂址选择

水厂厂址选择应在整个给水系统设计方案中全面规划，综合考虑，通过技术经济比较确定。在选择厂址时，一般应考虑以下几个问题：

(1)厂址应选择在工程地质条件较好的地方。一般选在地下水位低、承载力较大、湿陷性等级不高、岩石较少的地层，以降低工程造价和便于施工。

(2)水厂应尽可能选择在不受洪水威胁的地方，否则应考虑防洪措施。

(3)水厂应尽量设置在交通方便、靠近电源的地方，以利于施工管理和降低输电线路的造价，并考虑沉淀池排泥及滤池冲洗水排出方便。

(4)当取水地点距离用水区较近时，水厂一般设置在取水构筑物附近，通常与取水构筑物建在一起；当取水地点距离用水区较远时，厂址选择有两种方案：一是将水厂设置在取水构筑物附近，二是将水厂设置在离用水区较近的地方。

二、水厂的平面及高程布置

(一)水厂的平面布置

水厂的基本组成分为两部分：①生产构筑物和建筑物，包括处理构筑物、清水池、二级泵站、药剂间等。②辅助建筑物。其中又分生产辅助建筑物和生活辅助建筑物两种。前者包括化验间、修理部门、仓库、车库及值班宿舍等；后者包括办公楼、食堂、浴室、职工宿舍等。生产构筑物及建筑物平面尺寸由设计计算确定。生活辅助建筑面积应按水厂管理体制、人员编制和当地建筑标准确定。生产辅助建筑物面积根据水厂规模、工艺流程和当地具体情况确定。

当各构筑物和建筑物的个数与面积确定之后，根据工艺流程和构筑物及建筑物的功能要求，结合地形和地质条件，进行平面布置。

处理构筑物一般均为分散露天布置。北方寒冷地区需有采暖设备的，可采用室内集中布置。集中布置比较紧凑，占地少，便于管理和实现自动化操作，但结构复杂，管道立体交叉少，造价较高。

水厂平面布置主要内容有：各种构筑物和建筑物的平面定位；各种管道、阀门及管道配件的布置；排水管(渠)及井布置；道路、围墙、绿化及供电线路的布置等。

作水厂平面布置时，应考虑下述几点要求：

(1)布置紧凑，以减少水厂占地面积和连接管(渠)的长度，并便于操作管理。如沉淀池或澄清池应紧靠滤池；二级泵房尽量靠近清水池。但各构筑物之间应留出必要的施工和检修间距及管（渠）道地位。

(2)充分利用地形，力求挖填土方平衡以减少填、挖土方量和施工费用。例如沉淀池或澄清池应尽量布置在地势较高处，清水池尽量布置在地势较低处。

(3)各构筑物之间连接管（渠）应简单、短捷，尽量避免立体交叉，并考虑施工、检修方便。此外，有时也需设置必要的超越管道，以便某一构筑物停产检修时，为保证必须供应的水量采取应急措施。

(4)建筑物布置应注意朝向和风向。如加氯间和氯库应尽量设置在水厂主导风向的下风向；泵房及其他建筑物尽量布置成南北向。

(5)有条件时（尤其是大水厂）最好把生产区和生活区分开，尽量避免非生产人员在生产区通行和逗留，以确保生产安全。

(6)对分期建造的工程，既要考虑近期的完整性，又要考虑远期工程建成后整体布局的合理性，还应考虑分期施工方便。

关于水厂内道路、绿化、堆场等设计要求见《室外给水设计规范》。

水厂平面布置一般均需提出几个方案进行比较，以便确定在技术经济上较为合理的方案。图7-15为水厂平面布置一例。该水厂设计水量为10万 m^3/d，分两期建造。第一期和第二期工程各5万 m^3/d。第一期工程建一座隔板絮凝池加平流沉淀池和一座普通快滤池（双排布置，共6个池），冲洗水箱置于滤池操作室屋顶上。第二期工程同第一期工程。主体构筑物分期建造，水厂其余部分一次建成。全厂占地面积约25 333 m^2（38亩）。生产区和生活区分开。水处理构筑物按工艺流程呈直线布置，整齐、紧凑。

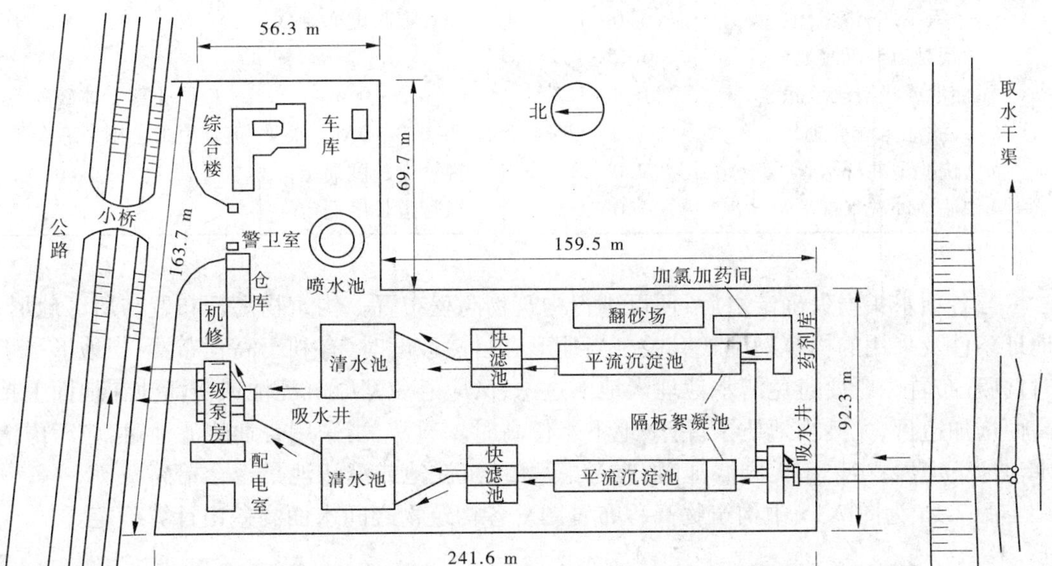

图7-15 水厂平面布置

(二)水厂的高程布置

在处理工艺流程中,各构筑物之间水流应为重力流。两构筑物之间水面高差即为流程中的水头损失,包括构筑物本身、连接管道、计量设备等水头损失在内。水头损失应通过计算确定,并留有余地。

处理构筑物中的水头损失与构筑物型式和构造有关,估算时可采用表7-1数据,一般需通过计算确定。该水头损失应包括构筑物内集水槽(渠)等水头跌落损失在内。

各构筑物之间的连接管(渠)断面尺寸由流速决定,其值一般按表7-2采用。当地形有适当坡度可以利用时,可选用较大流速以减小管道直径及相应配件和阀门尺寸;当地形较平坦时,为避免增加填、挖土方量和构筑物造价,宜采用较小流速。在选定管(渠)道流速时,应适当留有水量发展的余地。连接管(渠)的水头损失(包括沿程和局部)应通过水力计算确定,估算时可采用表7-2数据。

表7-1　处理构筑物中的水头损失

构筑物名称	水头损失(m)	构筑物名称	水头损失(m)
进水井格网	0.2~0.3	普通快滤池	2.0~2.5
絮凝池	0.4~0.5	无阀滤池、虹吸滤池	1.5~2.0
沉淀池	0.2~0.3	移动罩滤池	1.2~1.8
澄清池	0.6~0.8	直接过滤滤池	2.0~2.5

表7-2　连接管中允许流速和水头损失

接连管段	允许流速(m/s)	水头损失(m)	附注
一级泵站至絮凝池	1.0~1.2	视管道长度而定	
絮凝池至沉淀池	0.15~0.2	0.1	
沉淀池或澄清池至滤池	0.8~1.2	0.3~0.5	应防止絮凝体破碎
滤池至清水池	1.0~1.5	0.3~0.5	流速宜取下限留有余地
快滤池冲洗水管	2.0~2.5	视管道长度而定	
快滤池冲洗水排水管	1.0~1.5	视管道长度而定	

当各项水头损失确定之后,便可进行构筑物高程布置。构筑物高程布置与厂区地形、地址条件及采用的构筑物型式有关。当地形有自然坡度时,有利于高程布置;当地形平坦时,高程布置中既要避免清水池埋入地下过深,又应避免絮凝沉淀池或澄清池在地面上抬高而增加造价,尤其当地质条件差、地下水位高时。通常,当采用普通快滤池时,应考虑清水池地下埋深;当采用无阀滤池时,应考虑絮凝、沉淀池或澄清池是否会抬高。

图7-16为图7-15中构筑物高程布置图。各构筑物之间水面高差由计算确定。

三、水厂的生产过程监控与自动控制

水厂生产过程中各工艺参数的连续检测,有利于生产监控和合理调度,有利于各种运行数据的累积分析,更为水厂自动化创造了条件。水厂要实现生产过程自动控制,自动化仪表是必备前提。

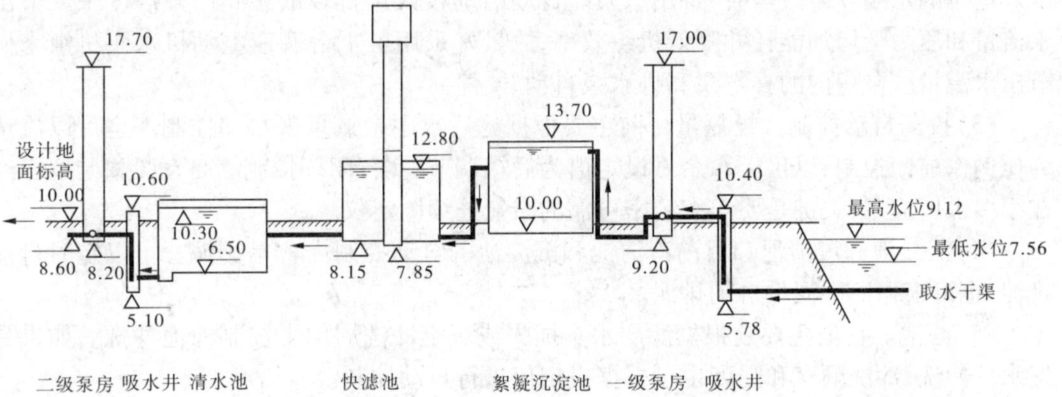

图 7-16 水厂高程布置 (单位:m)

水厂生产过程自动控制不仅是为了节省人力,更主要是加强各自生产过程的合理运行,保证出水水质、水量和水压及生产安全,节省能耗和药耗,实行科学管理。

(一) 水厂内检测仪表的设置

水厂所用的仪表,有一次仪表和二次仪表。一次仪表包括感受器和变送器。前者测定运行参数,后者把感受到的参数值变为电流或电压,传送到检测中心或控制中心。二次仪表把参数值显示在盘面上或电视荧光屏上(CRT),在自动控制系统中,通常显示在荧光屏上。根据我国目前情况,标注较高的检测仪表设置大体如下:

(1)出水流量指示、记录和计算;

(2)出水压力指示、记录;

(3)清水池水位指示、记录,并带有上、下限报警;

(4)原水、沉淀水和滤后水浊度指示、记录,滤后水余氯计;

(5)滤池水头损失指示、记录并带上限报警;

(6)冲洗水塔(箱)水位指示、记录,并带有上、下限报警;

(7)原水水温及水位记录;

(8)根据原水水质情况,安装水质检测仪表,如 pH 计、盐度计、溶解氧计、氨氮计、耗氧计等;

(9)根据需要,设置管网水压遥测装置。

以上检测仪表均安装在各有关生产部位。水厂设置中心控制室,集中安装全厂所有检测参数的二次仪表,并设巡回检测装置,定时打印所有检测参数。随着检测仪表产品不断改进和更新,自动化程度逐步提高,检测仪表设计标注也将不断提高和完善。

(二)水厂自动化设计要求

水厂自动化程度可分成二级。第一级,水厂单项构筑物(如泵房、沉淀池、澄清池、滤池、加药系统等)自动控制;第二级,全厂自动控制。水厂内各工艺过程自动控制内容如下:

(1)取水泵房。取水泵房目前大都根据清水池水位调节水泵机组的运行台数及电动阀的启闭,包括真空泵自动引水及泵房内排水泵的自动开、停。

(2)二级泵房。二级泵房根据出水压力和流量来调节水泵运行台数及阀门的开启度。运行的水泵发生故障时,备用水泵能自动启动投入运行。依靠阀门开启度来调节出水流量和压力会增加能耗并降低机组效率,故最好采用若干台调速电动机水泵机组来调节出水流量。泵房内的真空泵和排水泵自动开、停。

(3)投药自动控制。投氯量目前主要根据滤后水中余氯量来自动控制。也可以流量为比例作前馈控制,以出厂水余氯设定值为后馈调节,实行闭环控制。自动投氯装置已经在很多水厂应用,关键是要求有精密可靠的余氯连续测定仪。

(4)沉淀池和澄清池。目前澄清池和沉淀池的自动控制内容是排泥。可以定时自动排泥,也可根据池中泥位自动排泥。

(5)滤池。目前主要是根据滤层水头损失或规定冲洗周期来控制滤池冲洗。如果是气水反冲洗,冲洗顺序和强度也可根据设定值进行自动控制。

以上各工艺过程均可用 PLC 进行控制。若设备发生故障,均会报警,有的会自动停止运行或采用安全措施。

四、给水处理工艺系统设计计算实例

(一)水厂工艺流程选择

根据原水水质情况和某市自来水公司现有水厂的生产运转经验,决定近期和二期仍采用常规处理工艺,远期考虑增加生物预处理和深度处理工艺。同时,为了节约投药量,提高水厂自动化水平,决定采用已较成熟的自动加矾、加氯技术。在常规处理工艺中,注意选择适合水源水质、水厂规模和地形特点,并有利于提高出厂水水质的处理构筑物。这些构筑物主要包括:隔板、折板组合式絮凝池,新型平流式沉淀池和 V 形滤池。此外,为了保护湘江水源,沉淀池排泥水和滤池反冲洗水均进入回收水池浓缩,上清液回收,下部沉泥用来回填水厂及其周围洼地。

(二)水厂主要构筑物设计

(1)混合。为了降低耗矾率及提供良好的絮凝条件,必须使原水在投加混凝剂后,进行充分与急剧的混合,保证最佳混合效果,本设计采用 *DN*1200 管式静态混合器一个,安装在絮凝池进水总管上。

(2)絮凝与沉淀池。絮凝沉淀池在整个净水系统中,要去除水中绝大部分悬浮固体和其他杂质,随着对自来水水质要求的提高,沉淀池出水浊度目前一般控制在 5 NTU 左右。近年来国内大型水厂絮凝池常采用分组折板、机械搅拌,大容量沉淀池的型式倾向于采用较浅、较长、较窄的平流式沉淀池。

本工程絮凝池选用组合式絮凝池,即前端为隔板絮凝,后半部分为水平折板絮凝。设计时,停留时间取 20 min,隔板间水流流速取 0.6 ~ 0.3 m/s,折板间水流流速取 0.3 ~ 0.10 m/s;采用穿孔管排泥,气动角阀开关。

沉淀池采用沿程出水平流式沉淀池。这种池型对水量、水质的适应范围较大,有运行管理方便、出水水质稳定、矾耗低、操作简便等优点。设计时,沉淀时间取 2.0 h,水平流速取 15 mm/s;采用锯齿形出水堰,单宽流量不大于 250 $m^3/(m \cdot d)$;采用桁架虹吸式排泥。絮凝沉淀池的设计如图 7-17 所示。

(3)滤池及反冲洗系统。过滤装置的形式很多,近几年来,一些大型给水工程纷纷采

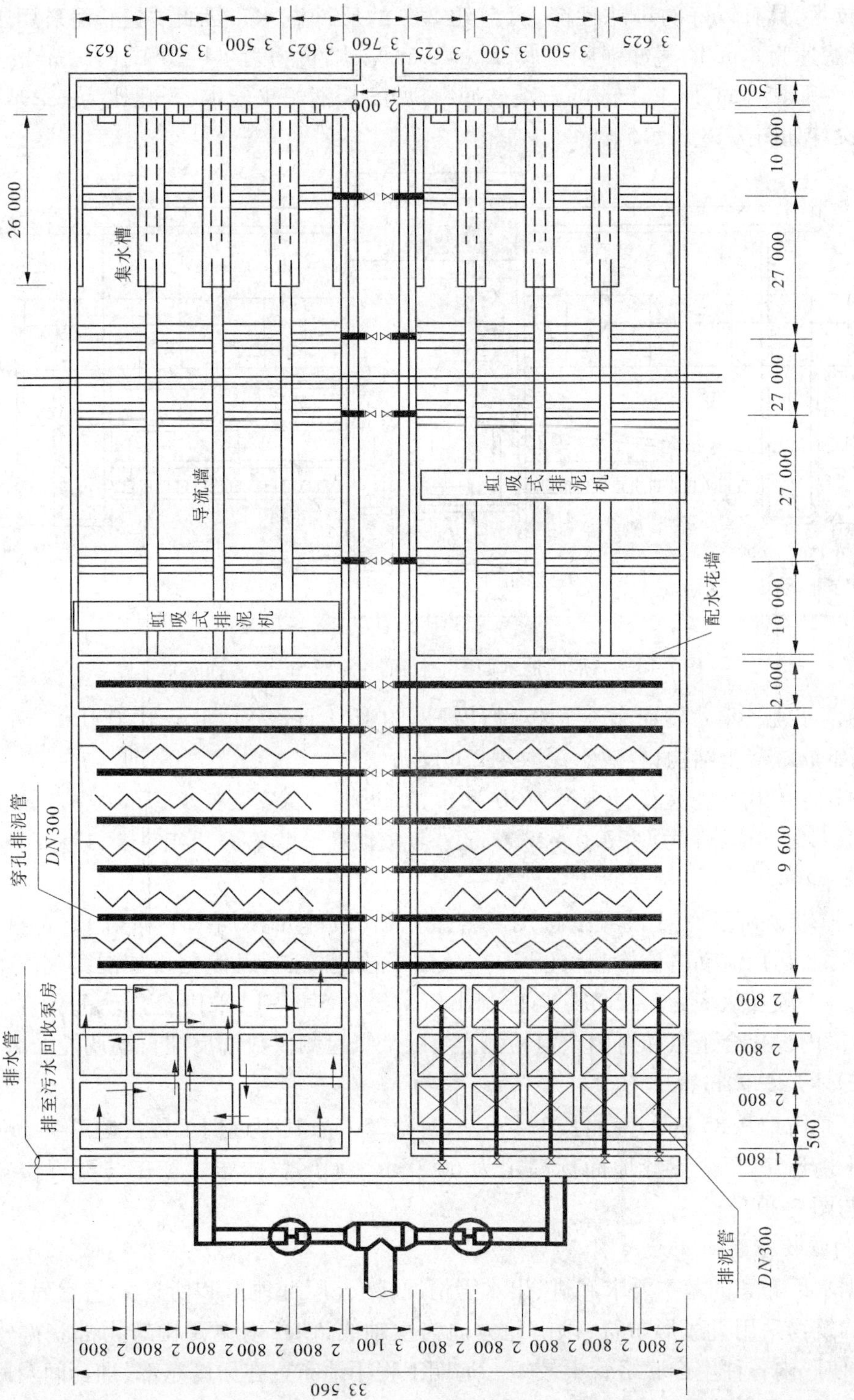

图7-17　絮凝沉淀池平面图　（单位：mm）

用V形滤池。V形滤池综合应用当代过滤技术成果，如均粒滤料、气水反冲洗、V形槽配水等新技术，具有较好的过滤性能，可节约2/3的反冲洗水。因此，本工程采用V形滤池，设计滤速为8 m/h，气冲强度为15 L/(s·m^2)，水冲强度为4～6 L/(s·m^2)；采用粒径为0.9～1.35 mm、厚1.2 m的石英砂滤料，ABS长柄滤头配水，开孔比为1.2%。V形滤池的设计如图7-18所示。

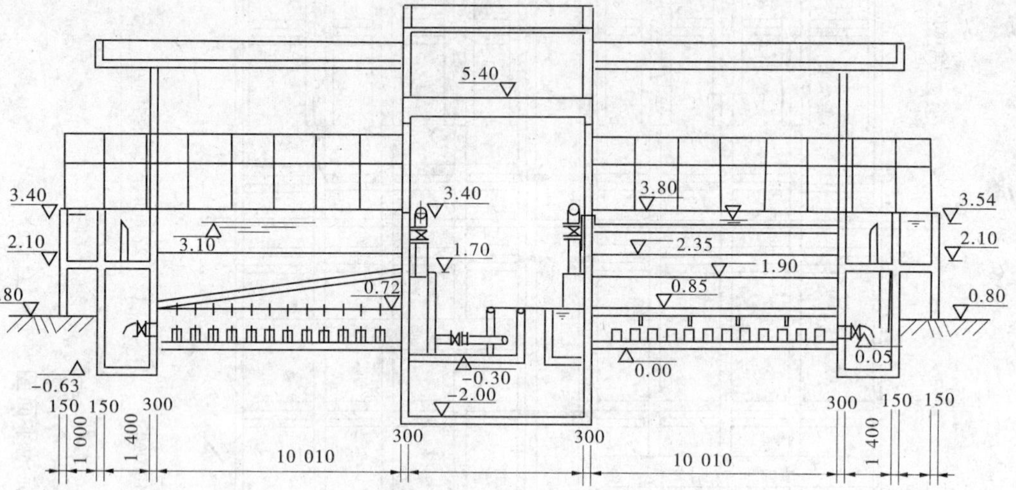

图7-18　V形滤池剖面图　(单位：高程，m；尺寸，mm)

(4)清水池。清水池有效容积按设计规模的10%计算，近期设10 000 m^{3}清水池1座，采用钢筋混凝土结构，有效水深取4.2 m。

(5)送水泵房。土建设计规模为30万m^3/d，近期设备安装按10万m^3/d考虑。时变化系数取1.36，出厂压力取20.0～28.0 m，一期安装卧式离心泵机组3套，1大2小，其中1台为调速水泵。

(6)加矾、加氯系统。混凝剂选用聚合氯化铝(液体)，投加率平均为12 mg/L，采用计量泵投加，运用流动电位检测仪(SCD)，单因子检测控制，以优化投加混凝剂。消毒剂选用液氯，一般加氯率为1～2 mg/L，控制出厂余氯0.5 mg/L，采用全自动远程真空加氯机投加，厂内设化合余氯和自由余氯检测点，以余氯检测仪数据反馈自动调控加氯率。

(三)水厂总体布置

全厂总占地9.85 hm^2，南北长394 m，东西宽250 m，其中近期工程占地7.44 hm^2。根据土方平衡计算，厂区设计地面标高定为66.0 m。水厂总体布置和工艺流程布置详见图7-19与图7-20。

1. 构筑物布置

根据水厂布置的基本要求和进、出水管情况，结合厂址地形和所选工艺流程，决定厂内主要构筑物采用直线形布置，以南北方向为主轴线，使厂内主要构筑物都获得较好朝向，同时使厂内各种生产联络管渠较短。远期工程用地布置在厂区东部，加药间及回收泵房布置在厂区最南端，接近投药点。办公楼、食堂、车库、仓库、维修间等建筑物设置在北面厂前区。

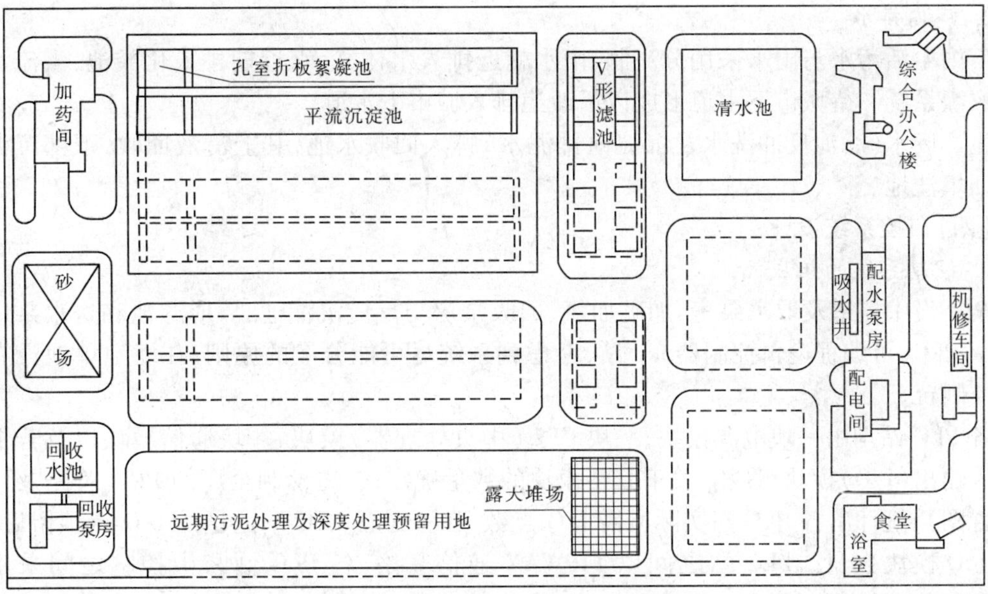

图 7-19　水厂平面布置图

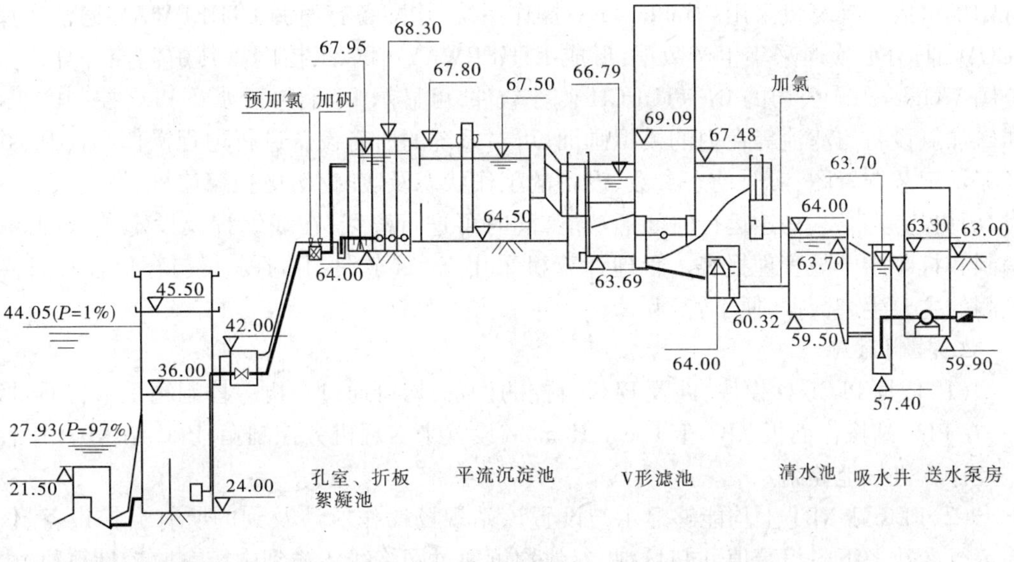

图 7-20　水厂高程布置图　（单位:m）

沉淀池和清水池，其布置方法有二：一是将沉淀池建在清水池顶部，叠合组建，其优点是构筑物占地面积小，有利于增加厂内绿化面积，改善厂区景观，其缺点是土建费用大，有一定的施工难度，增加水头损失；二是将沉淀池与清水池顺流程分开布置，其优点是土建结构简单，易于施工，土建费用小，缺点是占地面积大。两种布置形式经比较，确定选用第二种水厂布置形式，即沉淀池与清水池顺流程分开布置的形式。

2. 厂内排水

厂内生活污水与雨水采用分流制，雨水就近排入水体，污水近期排入化粪池，溢流水进入农灌系统。待城市下水道形成以后改道排入城市下水道。

生产废水（滤池反冲洗水及沉淀池排泥水）排入回收水池，其上清液回收，下部沉泥用来回填洼地。

（四）自控系统设计

1. 控制系统的组成

全厂设中控室及取水泵房、加矾加氯、回收泵房与反应沉淀池、V形滤池和送水泵房等5个PLC（可编程逻辑控制器）子站，考虑到系统尽可能分散的原则，在滤池单池设有PLC控制台。

各PLC站均由一块电源模块、一块CPU（中央处理器）模块、一块通信模块以及若干块输入输出（I/O）模块组成。关于I/O模块的数量确定，首先绘制全厂的PID（管路及仪表布置图），统计出各PLC站实际所需I/O点数，在考虑各PLC站适量的I/O点预留后，确定I/O模块数量。PLC站之间以FIPWAY通信联络，各PLC站与中控室之间采用ETHERWAY通信联络。

中控室由2台分别用于生产管理与监控的Pentiumi II 400计算机及2台Epson彩色打印机组成。计算机采用Windows NT操作系统，均配备有遵循ETHERWAY通信协议的3COM通信网，实时采集生产数据，形成ETHERWAY PLC工控网。其中监控计算机采用美国Wonderware公司的IN－TOUCH监控软件，可显示14个包括涉及PLC控制的机电、加矾加氯设备与滤池等在内的模拟画面，可对系统的所有设备进行远程操作和控制，并具备显示工艺布置图、实时动态参数、设备的工作状态及实时/历史报警信号、在线仪表的实时/历史趋势曲线、马达运行时间等功能，同时可进行离线/在线编程及设定参数的修改，编制和打印生产与管理报表。管理计算机采用Excel软件，用于采集与存储监控计算机检测的主要生产数据，便于管理。

2. 控制原则

（1）依据PLCI/O模块，涉及PLC自控的设备，均可通过在机旁控制箱手/自动转换开关、在PLC站操作面板XBT上Local/Remote设置来实现机旁控制箱、PLC站XBT、中控室监控计算机三地控制。

（2）PLC站XBT上均能够显示与设置该站现场操作所涉及到的所有自控设备、仪表等运行参数上下限报警值，同时这些参数均可通过网络线传输到中控室监控计算机，由它来进行控制。

（3）每个PLC站均设置2个复位按钮（警铃复位、故障复位）、1个警铃、1个故障指示灯。任何自控设备故障由该PLC站的警铃、故障指示灯报警。在故障解除后，方可通过PLC站XBT、中控室监控计算机复位，若未复位故障报警，该设备不能运行。

3. 中控室计算机监控系统

中控室监控计算机采用Windows NT操作系统，与各PLC站之间通过ETHERWAY通信联络实现资源共享，各PLC站之间通过FIPWAY联络，除了对本站设备进行操作显示外，还可了解其他站的情况。所用监控软件为INTOUCH，该软件人机界面友好，能根据需要画链接，比较直观。中控室监控计算机设有取水泵房、加矾间、加氯间、反应沉淀池、回收泵房、V形滤池、公共冲洗泵房、送水泵房、自动化总览、10 kV一次系统、660 V一次系统、低压系统等窗口。另外INTOUCH软件还具有实时、历史趋势功能，能够了解生产参数的动态情况，便于生产调度管理。此外在中控室设有打印机，用于实时报警打印及生产报表打印。

（五）运行结果与设计特点

1. 运行结果

水厂运行已几年，取水泵房、回收泵房、送水泵房水泵机组能完全按程序自动开/停；V形滤池的各项控制指标均能达到技术要求，当滤池进水浊度在10 NTU以下时，可保证滤后水浊度在0.7 NTU以下，同时反冲洗配水、配气均匀；加矾、加氯系统能在不同水质、水量情况下正常工作，实现自动化控制，出厂水浊度、余氯等卫生指标均能按要求控制；系统运行良好，实现全厂工艺自动化，车间无人值守，保证了优质、低耗、安全供水。

2. 设计特点

（1）主要仪器设备从国外引进。为了保证水厂运行可靠，实现生产过程的全自动化控制，水厂主要仪器设备，如原水潜水泵、投氯系统、PLC及在线仪表等均从国外引进。虽然引进设备一次性投资高，但在节能降耗、维护保养、人员配置等方面，效益明显。

（2）采用先进合理的工艺流程。在设计时，为使水厂运行安全可靠，出水水质好，便于实现水厂全过程控制，选用隔板、折板组合式絮凝地，新型平流式沉淀池和V形滤池，以及较成熟的自动加矾、加氯工艺等先进工艺技术。

（3）水厂自动化程度高。整个水厂中所有电动控制设备，均能进行就地手动控制、分控站PLC控制、中央控制室集中控制；水厂整个生产的全过程，包括取水、净水和输配水实现了全自动化控制，大大提高了系统效率，减少了人员配置。

（4）采用潜水泵站取代离心泵站。采用潜水泵站，有利于简化配置，缩小地下构筑物的体积，降低土建造价，减少噪音。另外，潜水泵还易于安装，维护工作量少，便于管理。

（5）对生产废水进行回收处理。为了保护湘江水源，沉淀池排泥水和滤池反冲洗水均进入回收水池浓缩，上清液回收，下部沉泥用来回填水厂及其周围洼地。

小　结

本章涉及五部分内容：给水处理工艺系统的选择原则，一般地表水处理系统，地下水除铁、除锰和除氟，特种水处理系统，给水厂工艺设计实例。

净水工艺流程应根据原水的水质和用户对水质的要求，通过小型试验确定，或参考相似情况下已建成运行的净水厂的工艺流程选定；一般地表水处理工艺流程根据原水水质分为直接过滤，直接消毒，混凝、沉淀、过滤、消毒的常规处理流程；地下水可能存在铁、锰、氟等离子，本部分主要介绍了除铁、除锰、除氟的机理和方法；特种水处理系统讲述了高浊度水处理、微污染水处理、水的除藻；水厂工艺设计要重点了解水厂工艺流程的选择，水厂的总体布置及主要构筑物的设计参数。

思考题与习题

1. 给水处理的任务和目的是什么?
2. 水处理工艺选择时必需的基础资料有哪些?
3. 常用的水处理试验有哪些? 搅拌试验的目的是什么?
4. 什么是一般地表水处理系统? 试述基本处理工艺流程。
5. 地下水除铁除锰的原理和工艺流程是什么?
6. 什么是高浊度水? 在工艺流程选择时一般要考虑哪几个方面的因素?
7. 微污染水源的处理方法有哪些?
8. 净水厂平面布置时,一般要考虑哪些要求?
9. 净水厂如何进行高程布置?

第三篇　污水处理技术

第八章　污水的物理处理

【教学目标】 本章介绍了污水物理处理的基本方法与系统。通过本章的学习，了解格栅的类型及其格栅的清渣方式，能够根据具体情况选择适当的格栅，并能按照要求计算出格栅的尺寸等；了解均和调节的作用、过程；了解沉砂池、沉淀池的基本类型及其常用沉淀池、沉砂池的基本构造，能够根据污水水质、出水要求设计沉淀池和沉砂池。

第一节　格　栅

格栅由一组平行的金属栅条或筛网制成，安装在污水渠道、泵房集水井的进口处或污水处理厂的端部，用以截留较大的悬浮物或漂浮物，以便减轻后续处理构筑物的处理负荷，并使之正常运行。被截留的物质称为栅渣，栅渣的含水率为70%～80%，容重约为750 kg/m^3。

一、格栅分类

按形状，可分为平面格栅与曲面格栅两种。平面格栅由栅条与框架组成，基本形式见图8-1。

图8-1中A型是栅条布置在框架的外侧，适用于机械清渣或人工清渣；B型是栅条布置在框架的内侧，在格栅的顶部设有起吊架，可将格栅吊起，进行人工清渣。

平面格栅的基本参数与尺寸包括宽度 B、长度 L、间隙净空隙 e、栅条至外边框的距离 b。可根据污水渠道、泵房集水井进口管大小选用不同数值。格栅的基本参数见表8-1。

平面格栅的框架用型钢焊接。当平面格栅的长度 $L>1\ 000$ mm时，框架应增加横向肋条。栅条用 A_3 钢制。机械清除栅渣时，栅条的直线度偏差不应超过长度的1/1 000，且不大于200 mm。

按格栅栅条的净间隙，可分为粗格栅（50～100 mm）、中格栅（10～40 mm）、细格栅（3～10 mm）3种。

按清渣方式，可分为人工清渣和机械清渣两种。人工清除的格栅用于小型的处理站，所需截留的污染物较少，应不大于0.2 m^3/d。

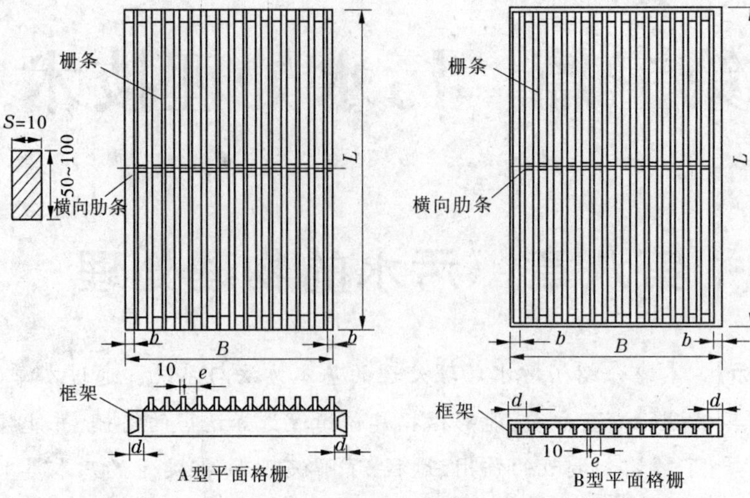

图 8-1　平面格栅　(单位:mm)

表 8-1　平面格栅的基本参数及尺寸　(单位:mm)

名　称	数值
格栅宽度 B	600,800,1 000,1 200,1 400,1 600,1 800,2 000,2 200,2 400,2 600,2 800,3 000,3 200,3 400,3 600,3 800,4 000,用移动除渣机时,$B>4\ 000$
格栅长度 L	600,800,1 000,1 200,…,以 200 为一级增长,上限值决定于水深
间隙净宽 e	10,15,20,25,30,40,50,60,80,100
栅条至外边框距离 b	b 值按下式计算:$b=\dfrac{B-10n-(n-1)e}{2}$;$b\leqslant d$ 式中:B 为格栅宽度;n 为栅条根数;e 为间隙净宽;d 为框架周边宽度

二、格栅的设计

格栅的设计内容包括尺寸计算、水力计算、栅渣量计算。图 8-2 为格栅计算图。

(1)格栅的间隙数

$$n=\frac{Q\sqrt{\sin\alpha}}{ehv} \tag{8-1}$$

式中　n——栅条间隙数,个;

Q——设计流量,m^3/s;

α——格栅倾角(°);

e——栅条净间隙,m;

h——栅前水深,m;

v——过栅流速,m/s,一般情况下为 0.6 ~ 1.0 m/s,最小不宜小于 0.45 m/s。

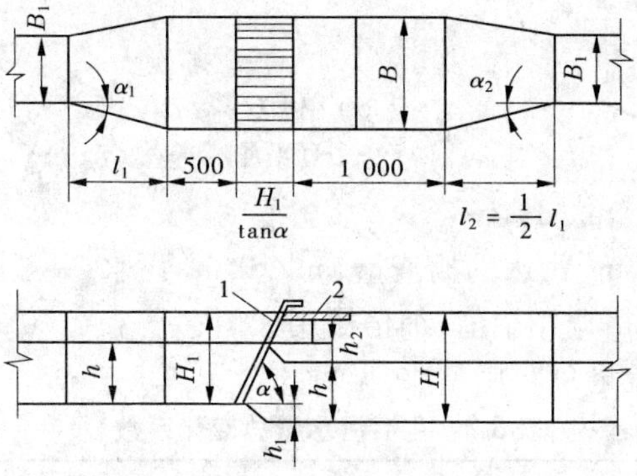

1—栅条;2—工作平台

图8-2　人工清除污物的格栅示意　(单位:mm)

(2)格栅槽宽度

$$B = S(n-1) + en \tag{8-2}$$

式中　B——格栅槽宽度,m;

S——每根格栅条的宽度,m,见图8-1。

(3)进水渠道渐宽部分的长度

$$l_1 = \frac{B - B_1}{2\tan\alpha_1} \tag{8-3}$$

式中　l_1——进水渠道渐宽部分的长度,m;

B_1——进水明渠宽度,m;

α_1——渐宽处角度(°),一般采用10°~20°。

(4)出水渠道渐窄部分的长度l_2。一般$l_2=\frac{1}{2}l_1$。

(5)通过格栅的水头损失

$$h_1 = k\beta\left(\frac{S}{e}\right)^{4/3}\frac{v^2}{2g}\sin\alpha \tag{8-4}$$

式中　h_1——水头损失,m;

β——格栅条的阻力系数,当为矩形断面时,$\beta=2.42$;

k——格栅受污物堵塞时的水头损失增大系数,一般采用$k=3$。

(6)栅后明渠的总高度

$$H = h + h_1 + h_2 \tag{8-5}$$

式中　H——栅后明渠的总高度,m;

h_2——明渠超高,m,一般采用0.3~0.5 m。

(7)格栅槽总长度

$$L = l_1 + l_2 + 0.5 + 1.0 + \frac{H_1}{\tan\alpha} \tag{8-6}$$

$$H_1 = h + h_2 \tag{8-7}$$

式中　L——格栅槽总长度,m;

H_1——格栅前槽高,m。

(8)每日格栅渣量

$$W = \frac{86\ 400QW_1}{1\ 000K_Z} \tag{8-8}$$

式中 W——每日栅渣量,m^3/d;

W_1——每日每 $10^3\ m^3$ 污水的栅渣量,$m^3/10^3m^3$ 污水,一般采用0.1~0.01,粗格栅用小值,中格栅用中值,细格栅用大值;

K_Z——生活污水流量总变化系数,见表8-2。

表8-2 生活污水量总变化系数

平均日流量(L/s)	4	6	10	15	25	40	70	120	200	400	750	1 600
K_Z	2.3	2.2	2.1	2.0	1.89	1.80	1.69	1.59	1.51	1.40	1.30	1.20

【例题8-1】 已知某城市污水处理厂的最大设计污水量 Q_{max} 为0.3 m^3/s,总变化系数 K_Z 为1.50,求格栅各部分尺寸。

解:

(1)栅条的间隙数

设栅前水深 $h=0.4$ m,过栅流速 $v=0.9$ m/s,栅条间隙宽度 $e=0.021$ m,格栅倾角 $\alpha=60°$,则

$$n = \frac{Q_{max}\sqrt{\sin\alpha}}{ehv} = \frac{0.3\sqrt{\sin60°}}{0.021 \times 0.4 \times 0.9} = 36.9(\text{个})$$

取 $n=37$ 个。

(2)栅槽宽度

设栅条宽度 $S=0.01$ m,则

$$B = S(n-1) + en = 0.01 \times (37-1) + 0.021 \times 37 = 0.36 + 0.78 = 1.14(\text{m})$$

(3)进水渠道渐宽部分的长度

设进水渠道 $B_1=0.65$ m,其渐宽部分展开角 $\alpha_1=20°$(进水渠道内的流速为0.77 m/s),则

$$l_1 = \frac{B-B_1}{2\tan\alpha_1} = \frac{1.14-0.65}{2\tan20°} \approx 0.67(\text{m})$$

(4)栅槽与出水渠道连接处的渐缩部分长度

$$l_2 = \frac{l_1}{2} = \frac{0.67}{2} = 0.34(\text{m})$$

(5)通过格栅的压力损失

设栅条断面为锐边矩形断面

$$h_1 = k\beta\left(\frac{S}{e}\right)^{4/3} \times \frac{v^2}{2g}\sin\alpha$$

$$= 3 \times 2.42 \times \left(\frac{0.01}{0.021}\right)^{4/3} \times \frac{0.81}{19.6}\sin 60°$$

$$= 0.097(\text{m})$$

(6)栅后槽总高度

设栅前渠道超高 $h_2 = 0.3$ m

$$H = h + h_1 + h_2 = 0.4 + 0.097 + 0.3 \approx 0.797(\text{m})$$

(7)栅槽总长度

$$L = l_1 + l_2 + 0.5 + 1.0 + \frac{H_1}{\tan\alpha}$$

$$= 0.67 + 0.34 + 0.5 + 1.0 + \frac{0.4 + 0.3}{\tan 60°} = 2.91(\text{m})$$

(8)每日栅渣量

取格栅间隙 21 mm 情况下,1 000 m^3 污水产渣量取 0.08 m^3。

$$W = \frac{Q_{\max} W_1 \times 86\,400}{K_Z \times 1\,000} = \frac{0.3 \times 0.08 \times 86\,400}{1.50 \times 1\,000}$$

$$= 1.38(\text{m}^3/\text{d}) > 0.2\ \text{m}^3/\text{d}$$

宜采用机械格栅。

第二节　均和调节

一、均和调节的作用

由生活中产生的污水有其时段性和集中性,在高峰期的水量很大,而在平时水量又相对较小,而且水质变化也是不均匀的。

水量和水质的变化将严重影响污水处理装置的正常工作。污水处理也是一种生产工艺,其原料是生活过程排出的污水,其产品就是要合乎排放要求或重复利用要求的水质。要使处理后污水水质达到所需要的标准,就要求“原料”质量和数量比较稳定。同样,污水处理装置也是具有一定容积的,物质的转移和转化有一定的速度,因而要求一定的时间,过量的污水通入处理装置,超过处理装置的容许能力,也会引起处理水水质的恶化。

均和调节的目的就是解决进水水量和水质的变化与污水处理装置要求的稳定水量和水质而达到稳定处理效果这一矛盾的。均和调节包括单纯的水量调节和水质调节。水量调节主要是从水量的大小出发,保证进入处理装置的水量达到一定的稳定程度,水质的变化可以不加以考虑,这种情况主要用于污水水质变化不大,处理系统工作对水质的适应性较强的情况下。在水量调节的过程中对污水水质也有一定的调节作用。水质调节是使浓度高时的污水与浓度低时的污水混合,使流入处理装置的污水不超过某一种合适的浓度,以保证处理装置正常工作。在调节水质的过程中,同时也起着一定的水量调节作用。水质调节常用于对污水浓度反应比较敏感的装置。

水量调节要求预先掌握废水排出的基本规律,水质调节要求预先掌握污水水质的变化规律。

二、均和过程和均和池的类型

(一)水量调节

水量调节的方法很多,根据要求的水量调节程度而定。由于不考虑水质问题,调节池内不需要考虑混合措施。调节容量以池出口以上贮水容积计算。

间歇排放的小量污水可参考调节时间等于排放周期,即将一个周期排出的污水全部贮存起来,并连续向外排出,该贮存池为分流贮水池。所排出的水量基本上是均匀的。

限制进入污水处理装置的污水水量不超过一个限值时,水量均和可在一进水渠内进行,在渠内设置侧面溢流堰,超过规定量的污水从侧堰溢流入贮水池,当装置来水减少时,用泵可把贮水池内贮存的污水重新送入侧堰的上游。侧面堰设可调节的闸门,控制溢流流量。

如果进入污水处理装置的污水,有水量变化曲线,则应根据所提供的水量变化曲线,由逐时水量累计曲线求出所需调节池的有效调节容积。

(二)水质调节

由于生产、生活中产生的污水水质不断变化,进行水质调节时,应对不同时间流入的废水进行混合,以使流出水质均匀。混合的方式主要有水泵强制循环、空气搅拌、机械搅拌、水力混合等。

水泵强制循环的混合方法,调节池构造简单,但耗电较大,一般很少采用。

空气搅拌是向调节池内鼓入压缩空气,这种方法混合均匀,能防止污水悬浮物在调节池内沉积,并且同时起着污水预曝气作用,通过预曝气,可去除污水中的还原性物质和一些易被氧化的有机物。用穿孔管鼓风曝气时,一般空气用量可取 $2 \sim 3\ m^3/(m^2 \cdot h)$。这种方法能量消耗较少,操作也方便。但是,管道长期浸泡在污水中,易被腐蚀、堵塞,维修困难。目前这种方法应用得较多。

机械搅拌也是常用的混合方法,它混合均匀,但需要专门的搅拌设备,搅拌设备也容易被腐蚀。水力混合方法设备简单,能克服上述方法的缺点,但混合的均匀程度不够稳定,池结构较为复杂。

图 8-3 表示一种穿孔导流槽的调节池,图 8-4 为一种简单的分段投入式水力混合调节池,它们都能使不同时间的来水混合起来,达到均化的目的。

一般调节池的设置地点,应视具体情况而定,有设置在污水排出点对所排出污水预先加以调节,经调节后输送到污水处理厂;也有设在污水处理厂的进口处,实行集中调节;在处理流程中,如某一操作要求水量水质特别稳定时,可在流程中加设中间调节池;考虑处理厂工作的稳定性问题,为了确保处理的水质能稳定地符合排放标准,也有在处理系统的末端加设出水调节池。采用一次调节或多次调节应视具体情况而定。

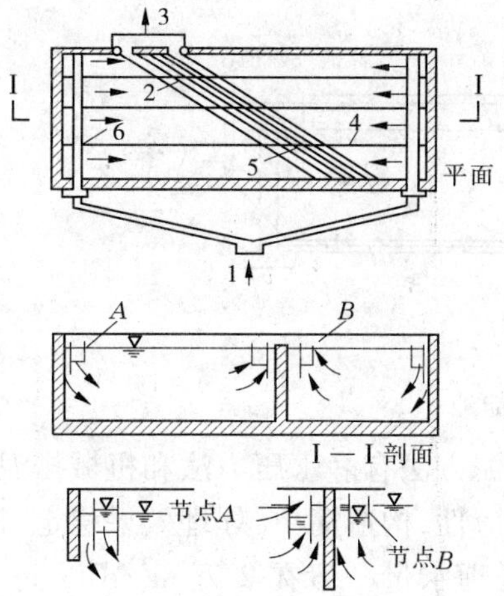

1—进水;2—集水;3—出水;4—纵向隔墙;
5—斜向隔墙;6—配水墙

图 8-3　穿孔导流槽式水质调节池

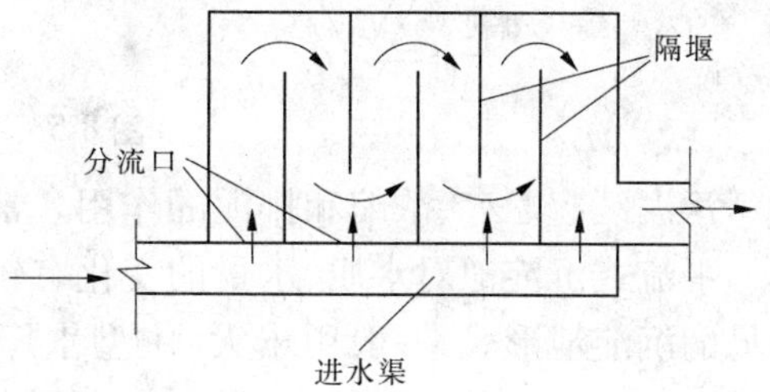

图 8-4　分段投入式水质调节池

第三节　沉淀池

水中悬浮颗粒依靠重力作用从水中分离出来的过程称为沉淀。沉淀这种方法简单易行,效果较好,在污水处理中应用十分广泛。沉淀的理论基础参见第四章内容。

按照工艺布置的不同,可分为初次沉淀池和二次沉淀池。初次沉淀池是一级污水处理厂的主体处理构筑物,或作为二级污水处理厂的预处理构筑物设在生物处理构筑之前。

沉淀池按池内水流方向的不同,可分为平流式沉淀池、辐流式沉淀池、竖流式沉淀池、斜板(斜管)沉淀池;前 3 种形式又称为普通沉淀池。下面分别重点介绍污水处理常用的平流式沉淀池、竖流式沉淀池和辐流式沉淀池的构造、工作特征以及设计要点。

一、平流式沉淀池的构造及设计

(一)平流式沉淀的构造特征

平流式沉淀是利用污水从沉淀池一端流入,按水平方向沿沉淀池长度从另一端流出,污水在沉淀池内水平流动时,污水中的悬浮物在重力作用下沉淀,与污水分离。平流式沉淀池由流入装置、流出装置、沉淀区、缓冲层、污泥区及排泥装置等组成,见图 8-5。

流入装置由设有侧向或槽底潜孔的配水槽、挡流板组成,起均匀布水与消能作用。挡流板入水深不小于 0.25 m,水面以上 0.15 ~0.2 m,距流入槽 0.5 m。

流出装置由流出槽与挡板组成。流出槽设自由溢流堰,溢流堰严格水平,既可以保证水流均匀,又可以控制沉淀池水位。为了减少负荷、改善出水水质,溢流堰可采用多槽沿程布置,如需阻挡浮渣随水流走,流出堰可用潜孔出流。出流挡板入水深 0.3 ~0.4 m,距溢流堰 0.25 ~0.5 m。

缓冲层的作用是避免已沉淀污泥被水流搅起以及缓解冲击负荷。

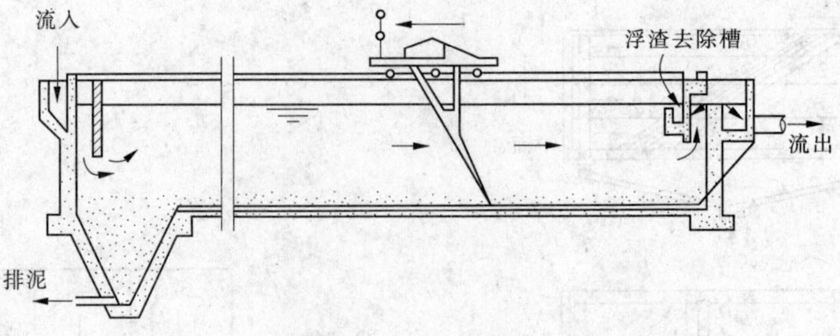

图 8-5 平流式沉淀池

污泥区起贮存、浓缩和排泥的作用。常用的排泥方法有静水压力法和机械排泥法。

平流式沉淀池对水质、水量的变化有较强的适应性,构造简单,处理效果稳定,是一种常见的沉淀池形式,一般用于大、中型水厂,单池处理水量一般在 2 万 m^3/d 以上。平流式沉淀池占地面积相对较大,只有在水厂用地足够大时才可采用。

(二)平流式沉淀池的设计

(1)沉淀池表面积

$$A = \frac{Q \times 3\,600}{q} \tag{8-9}$$

式中 A——沉淀池表面积,m^2;

Q——设计流量,m^3/s;

q——表面负荷,$m^3/(m^2 \cdot h)$,一般采用 1.5 ~ 3.0 $m^3/(m^2 \cdot h)$。

(2)沉淀区有效水深

$$h_2 = qt \tag{8-10}$$

式中 h_2——沉淀部分有效水深,m;

t——沉淀时间,h,一般采用 1.0 ~ 2.0 h。

(3)沉淀区有效容积

$$V = A \times h_2 \tag{8-11}$$

或

$$V = Qt \times 3\,600$$

(4)沉淀区长度

$$L = 3.6vt$$

式中 L——沉淀池长度,m;

v——设计流量时的水平流速,mm/s,一般不大于 5 mm/s。

(5)沉淀区总宽度

$$B = \frac{A}{L} \tag{8-12}$$

式中 B——沉淀区总宽度,m。

(6)沉淀池座数或分隔数

$$n_1 = \frac{B}{b} \tag{8-13}$$

式中 n_1——沉淀池座数或分隔数,个;

b——每座或每格宽度，与刮泥机有关，一般采用 5 ~ 10 m。

为了使水流均匀分布，沉淀区长度一般采用 30 ~ 50 m，长宽比不小于 4∶1，长深比不小于 8，沉淀池的总长度等于沉淀区长度加前后挡板至池壁的距离。

(7) 每日产生的污泥总量

按设计人口计算

$$W = \frac{SNT}{1\,000} \tag{8-14}$$

式中 W——每日产生的污泥总量，m^3；

S——每人每日污泥量，L/(人·d)，一般采用 0.3 ~ 0.8 L/(人·d)；

T——两次清除污泥间隔时间，d，一般采用重力排泥时，$T = 1 \sim 2$ d，采用机械刮泥排泥时，$T = 0.05 \sim 0.2$ d；

N——设计人口数，人。

按去除水中悬浮物质计算

$$W = \frac{86\,400Q(C_1 - C_2)T}{K_2\gamma(100 - p_0)} \times 100 \tag{8-15}$$

式中 C_1——进水悬浮物浓度，mg/L；

C_2——出水悬浮物浓度，mg/L，一般采用沉淀效率 $\eta = 40\% \sim 60\%$；

K_2——生活污水量总变化系数；

γ——污泥容重，t/m^3，约为 1；

p_0——污泥含水率。

(8) 污泥斗容积

$$V_1 = \frac{1}{3}h(f_1 + f_2 + \sqrt{f_1 f_2}) \tag{8-16}$$

式中 V_1——污泥斗容积，m^3；

f_1——沉淀池污泥斗上口面积，m^2；

f_2——沉淀池污泥斗下口面积，m^2；

h——污泥斗高度，m。

(9) 沉淀池总高度

$$H = h_1 + h_2 + h_3 + h_4 \tag{8-17}$$

式中 H——沉淀池总高度，m；

h_1——沉淀池超高，m，一般采用 0.3 ~ 0.5 m；

h_3——缓冲层高度，m，一般采用 0.3 m；

h_4——污泥区高度，m，一般采用污泥斗高度与池底坡度 $i = 1\%$ 的高度之和。

(10) 沉淀池数目。沉淀池数目不少于两座，并应考虑一座发生故障时，另一座能负担全部流量的可能性。

(11) 沉淀池出水堰最大负荷。初次沉淀池不宜大于 2.9 L/(s·m)；二次沉淀池不宜大于 1.7 L/(s·m)。

另外，沉淀池应设置撇渣设施。

【例题 8-2】 某城市污水最大设计流量为 0.289 m^3/s,时变化系数 $K_2=1.2$,初沉池进水中悬浮物质浓度 $C_1=250$ mg/L,处理后污水中悬浮物质含量要求不超过 50 mg/L,污泥含水率为 97%,通过试验取得的沉淀曲线见图 8-6。

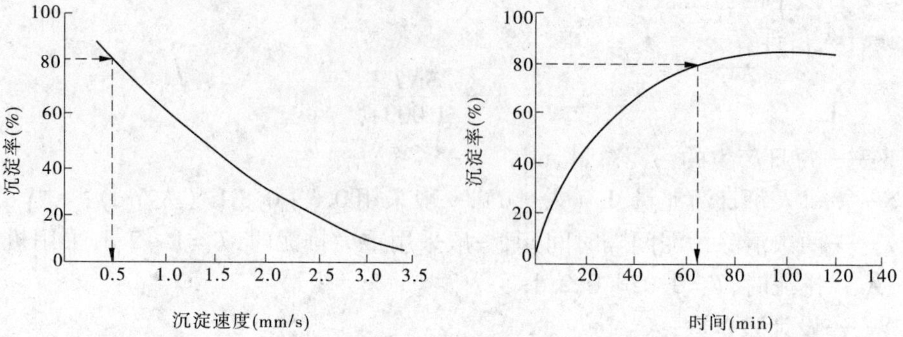

图 8-6 沉淀曲线

解:

1. 各设计参数的确定

应达到的沉淀率为:

$$\eta=\frac{250-50}{250}\times 100\%=80\%$$

根据沉淀曲线,当去除率为 80%,颗粒的沉淀速度 u_0 应为 0.4 mm/s(1.44 m/h),即水力表面负荷应为 $q_0=1.44\ m^3/(m^2\cdot h)$,沉淀时间 t_0 为 65 min,为了使设计留有余地,对水力表面负荷及沉淀时间分别考虑 1.5 及 1.75 的系数,因此设计表面负荷为:

$$q=\frac{q_0}{1.5}=\frac{1.44}{1.5}=0.96(m^3/(m^2\cdot h))$$

设计沉淀时间:

$$t=1.75t_0=1.75\times 65=113.75(min)\approx 1.9\ h$$

2. 沉淀区各部分尺寸的确定

(1)按水力表面负荷计算沉淀区的总有效面积:

$$A=\frac{Q_{max}}{q}=\frac{0.289\times 3\ 600}{0.96}=1\ 083.75(m^2)$$

(2)采用 5 个沉淀池,单池面积 A_1 为 216.75 m^2,单池流量 Q_1 为 208.08 m^3/h。

(3)沉淀池的有效水深

$$h_2=\frac{Q_1\times 1.9}{A_1}=\frac{208.08\times 1.9}{216.75}=1.82(m)$$

每个沉淀池的宽度 b 取 6.0 m,则池长为:

$$L=\frac{A_1}{b}=\frac{216.75}{6}=36.13(m)$$

(4)长宽比校核

36.13:6≈6:1>4:1,合乎规定。

3. 污泥区尺寸的确定

每天产生的污泥量，按公式(8-15)计算：

$$W = \frac{0.289 \times 86\ 400 \times (250 - 50) \times 100 \times 1}{1\ 000 \times (100 - 97) \times 1.2} = 166.7(\text{m}^2)$$

每个沉淀池的污泥量为：

$$W_1 = \frac{166.7}{5} = 33.3(\text{m}^3)$$

贮泥斗的容积：

$$V_1 = \frac{1}{3} \times 2.8 \times (36 + 0.16 + \sqrt{36 \times 0.16}) = 36(\text{m}^3) > 33.3\ \text{m}^3$$

故一个贮泥斗能够容纳下 1 d 的污泥量，设两个贮泥斗可容纳 2 d 的污泥量。

4. 每个沉淀池的结构尺寸

沉淀池的总高度 H：

$$\begin{aligned} H &= h_1 + h_2 + h_3 + h_4 \\ &= 0.3 + 1.82 + 0.8 + 2.8 = 5.72(\text{m}) \end{aligned}$$

5. 沉淀池的总长度 L

沉淀池进口处距进口挡板 0.5 m，出口处挡板与出口间距为 0.3 m，沉淀池总长度为：

$$L = 0.5 + 0.3 + 36 = 36.8(\text{m})$$

计算所得沉淀池的草图见图 8-7。

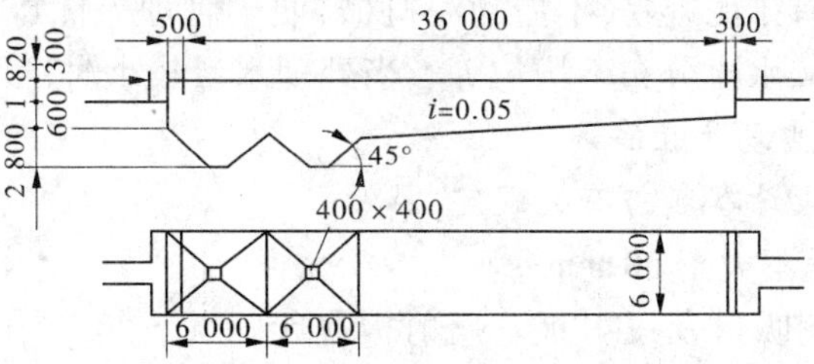

图 8-7　沉淀池计算草图　（单位：mm）

二、竖流式沉淀池的构造与设计

(一) 竖流式沉淀池的构造特征

竖流式沉淀池外表多呈圆形，也有的采用方形和多角形。图 8-8 为圆形竖流式沉淀池。污水由中心管流入，由下部流出，通过反射板的阻挡导向四周，分布于整个池子水平断面上。水流缓缓向上流动，澄清水通过设在池子表面四周的溢流堰流出。悬浮颗粒下沉到污泥斗中，通过排泥管排除。

如图 8-8 所示，沉淀池上部呈圆柱状的部分为沉淀区，其有效深度为中心管喇叭口至水面。池子下部呈截头圆锥状的污泥斗为污泥区，污泥斗上底与池子直径相同，下底直径一般为 400 mm，污泥斗倾角为 50° ~ 60°。竖流式沉淀池靠静压排泥，静水压力为 1.5 ~ 2.0 kPa。在沉淀区与污泥区之间设 0.3 m 的缓冲层。进水中心管出口与反射板间为进水区，反射板起到消能、导向及均匀配水的作用。设于池子上部的溢水堰、集水槽和挡板

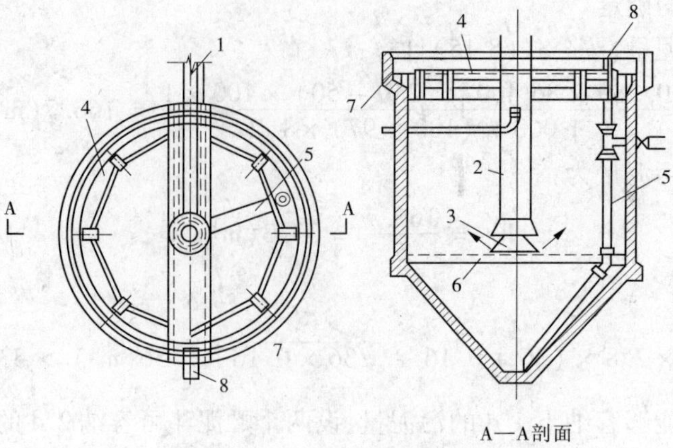

1—进水管；2—中心管；3—反射板；4—挡板；
5—排泥管；6—缓冲层；7—集水槽；8—出水管

图 8-8　圆形竖流式沉淀池

为出水区，出水区常采用锯齿形三角。为防止浮渣外溢，在距池壁 0.4～0.5 m 处设置出水挡板，挡板伸入水中 0.25～0.3 m，高出水面 0.1～0.2 m。

为了保证水流自下而上垂直流动，要求池直径（D）或正方形的边长与沉淀区深度（h）的比值不大于 3，因 D/h 过大，絮凝作用将减弱，发挥不了竖流式沉淀池的优点，所以，池直径多介于 4～8 m，一般不超过 9～10 m。

竖流式沉淀池具有排泥容易，不需刮泥机械，便于管理等优点。其缺点是池深大、造价高、单池处理水量小、水流分布不均匀等。当处理水量较小时，可以采用。

（二）竖流式沉淀池设计计算

1. 竖流式沉淀池设计参数与有关规定

（1）中心管内流速不大于 30 mm/s。

（2）中心管下设喇叭口及反射板。反射板底距污泥表面不小于 0.3 m，反射板距中心管喇叭口之间的缝隙高度为 0.25～0.5 m（见图 8-9）。

（3）沉淀区的过水断面等于池子表面积减去中心管所占的面积，有效高度按中心管喇叭口到污水表面计。

（4）污水上升流速等于颗粒最小沉速 u_0。u_0 与沉淀时间应据沉淀实验曲线确定。如无实验资料时，可以采用设计规范规定数据。

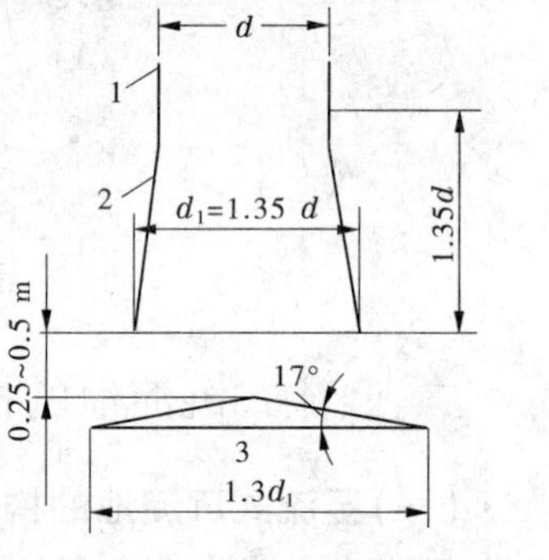

1—中心管；2—喇叭口；3—反射板

图 8-9　中心管与反射板的构造尺寸

2. 竖流式沉淀池设计计算公式

（1）中心管过水断面面积 f_1

$$f_1 = \frac{Q_{\max}}{v_0} \tag{8-18}$$

式中　$Q_{\max}$——单池最大设计流量，m^3/s；

v_0——污水在中心管内的流速，m/s。

(2)沉淀区的有效高度 h_2

$$h_2 = 3\,600vt \tag{8-19}$$

式中 v——污水在沉淀区内上升流速,等于颗粒的最小沉速 u_0,m/s;

t——沉淀时间,h。

h_2 值一般不得小于 2.75 m。

(3)中心管喇叭口与反射板之间的缝隙高度 h_3

$$h_3 = \frac{Q_{max}}{v_1 \pi d_1} \tag{8-20}$$

式中 v_1——污水由中心管与反射板之间缝隙的流出速度,m/s,v_1 可取 0.03 m/s;

d_1——喇叭口直径,m。

(4)沉淀区工作部分(沉淀区)的有效断面面积 f_2

$$f_2 = \frac{Q_{max}}{u_0} \tag{8-21}$$

(5)每个沉淀池的总面积 A_1

$$A_1 = f_1 + f_2 \tag{8-22}$$

(6)沉淀池的直径 D

$$D = \sqrt{\frac{4A_1}{\pi}} \tag{8-23}$$

(7)污泥区容积计算。污泥贮存所需容积计算同平流式沉淀池。截头圆锥部分的容积 V 按下式计算:

$$V = \frac{\pi h_5}{3}(R^2 + Rr + r^2) \tag{8-24}$$

式中 V——截头圆锥部分容积,m^3;

h_5——截头圆锥部分高度,m;

R——截头圆锥上部半径,m;

r——截头圆锥下部半径,m。

(8)沉淀池总高度 H

$$H = h_1 + h_2 + h_3 + h_4 + h_5 \tag{8-25}$$

三、辐流式沉淀池的构造与设计

(一)辐流式沉淀池的构造特征

辐流式沉淀池一般为圆形,直径较大,一般在 20 ~ 30 m 以上,最大可达 100 m,多用于大型污水处理厂。池中心深度为 2.5 ~ 5 m,池周深度为 1.5 ~ 3.0 m,沉淀区的有效水深不大于 4 m,沉淀池直径 D 与沉淀区有效水深的比值宜为 6 ~ 12。图 8-10 为常见的一种辐流式沉淀池构造简图。污水由池中心流入,沿半径方向向池周流动,因此其水力特征是流速方向为水平,流速由大到小变化,故称为辐流式沉淀池。

进水中心管周围为沉淀池进水区。在进水口周围应设置穿孔挡板,使污水入池时得以均匀分配。穿孔挡板的开孔面积总和,应为池断面积的 10% ~ 20%。为拦截浮渣,在

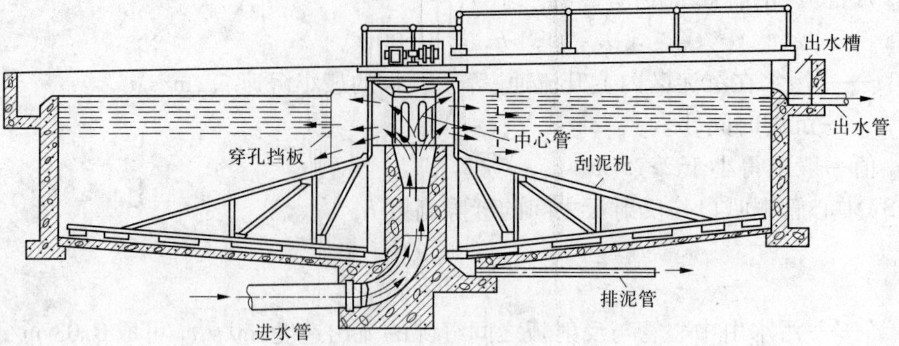

图 8-10　辐流式沉淀池

出水堰前应设有挡板和浮渣收集及排除设备。在池子底部中心处设污泥斗。辐流式沉淀池多采用刮泥机进行刮泥，当沉淀池直径小于 20 m 时，多采用多斗排泥。

（二）辐流式沉淀池的设计计算

1. 辐流式沉淀池设计参数与有关规定

（1）沉淀时间和水力表面负荷一般通过沉淀实验确定。对生活污水沉淀时间（t）一般取 1.5 ~2.5 h；水力表面负荷 q 为 2 ~3.6 $m^3/(m^2 \cdot h)$。

（2）沉淀池的直径不宜小于 16 m。

（3）沉淀池底坡一般采用 0.05，坡向泥斗。

（4）沉淀池一般采用机械排泥，当池子直径较小时，也可采用多斗排泥。排泥机械的转速宜为 1 ~3 r/h，刮泥板外缘线速度不宜大于 3 m/min。

2. 辐流式沉淀池设计计算公式

（1）沉淀区表面积 F

$$F = \frac{Q_{max}}{nq} \tag{8-26}$$

（2）沉淀池直径 D

$$D = \sqrt{\frac{4F}{\pi}} \tag{8-27}$$

（3）沉淀部分有效水深 h_2

$$h_2 = \frac{3\,600 Q_{max} t}{nF} \tag{8-28}$$

（4）沉淀池总高度 H

$$H = h_1 + h_2 + h_3 + h_4 + h_5 \tag{8-29}$$

式中　Q_{max}——最大设计污水量，m^3/s；

q——沉淀池的水力表面负荷值，$m^3/(m^2 \cdot h)$；

n——池数，座；

h_2——沉淀区的有效水深，m；

t——沉淀时间，h；

F——沉淀池的池面面积，m^2；

D——沉淀池的直径,m;

h_1——超高,一般取0.3 m;

h_3——缓冲层高,m;

h_4——污泥斗以上部分的高度(与刮泥机械高度有关),m;

h_5——污泥斗高度,m。

沉淀池污泥量与污泥斗的计算方法与平流式沉淀池相同。

【例题8-3】 某城市最大时污水量为1 800 m^3/h,原污水中悬浮物质浓度 $C_1=250$ mg/L,排放污水悬浮物质允许含量为 $C_2=80$ mg/L,拟用辐流式沉淀池处理,试计算沉淀池的基本尺寸。

解:

1.沉淀池应达到的去除率

$$\eta=\frac{250-80}{250}\times 100\%=68\%$$

根据对沉淀率的要求,沉淀时间取1.5 h。

2.沉淀区容积 V 及其他部位尺寸

$$V=1\ 800\times 1.5=2\ 700(m^3)$$

设两座沉淀池($n=2$),每个沉淀池沉淀区的容积为1 350 m^3。

沉淀区深度定为3.3 m。

每个沉淀池的表面积为:

$$F_1=\frac{Q\cdot t}{n\cdot h_2}=\frac{1\ 800\times 1.5}{2\times 3.3}=409(m^2)$$

沉淀池的直径为:

$$D=\sqrt{\frac{4F_1}{\pi}}=\sqrt{\frac{4\times 409}{3.14}}=22.82(m)\approx 23\ m$$

取沉淀池直径为23 m。

第四节　沉砂池

沉砂池是利用污水中颗粒与水的比重不同,使大颗粒的砂砾、石子、煤渣等无机颗粒沉降。沉砂池一般设于泵站、倒虹管前,以便减轻无机颗粒对水泵、管道的磨损;也可以设在初次沉淀池前,以减轻沉淀池负荷及改善污泥处理构筑物的处理条件。常用的沉砂池有平流式沉砂池、曝气沉砂池、多尔沉砂池和钟式沉砂池等。

一、平流式沉砂池

(一)平流式沉砂池的构造

沉砂池实际上是一个加宽加深的明渠,由入流堰、出流渠、闸板、水流部分及沉砂斗组成,在进水和出水端设有闸板,在池子底部设1~2个沉砂斗,斗下接带闸阀的排砂管用以排砂,也可以用射流泵和螺旋泵排砂,大型沉砂池常采用机械抓砂机排砂。见图8-11。它具有处理无机颗粒效果较好、工作稳定、构造简单、排沉砂较为方便等优点。

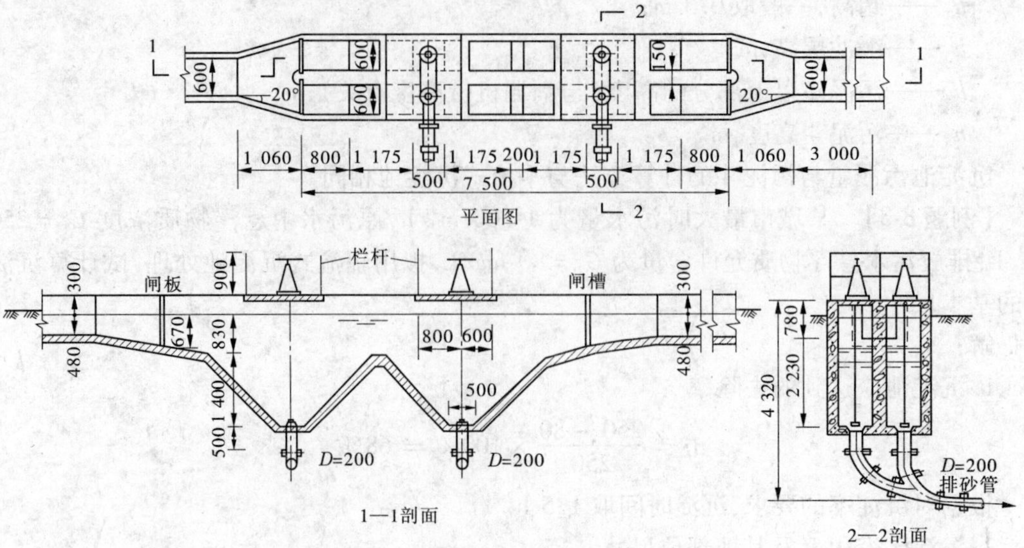

图 8-11　平流沉砂池工艺图　（单位:mm）

（二）平流式沉砂池的设计

（1）沉砂池水流部分的长度

$$L = vt \tag{8-30}$$

式中　L——水流部分长度，m；

v——设计流量时的流速，m/s，一般采用 0.15 ~ 0.30 m/s；

t——设计流量时的停留时间，s，一般采用 30 ~ 60 s。

（2）水流过水断面面积

$$A = \frac{Q_{\max}}{v} \tag{8-31}$$

式中　A——水流过水断面面积，m^2；

$Q_{\max}$——最大设计流量，m^3/s。

（3）沉砂池宽度

$$B = \frac{A}{h_2} \tag{8-32}$$

式中　B——沉砂池宽度，m；

h_2——设计有效水深，m，一般采用 0.25 ~ 1.00 m。

（4）沉砂斗容积

$$V = \frac{86\,400 Q_{\max} t x_1}{10^6 K_{总}} \text{ 或 } V = N x_2 t' \tag{8-33}$$

式中　V——沉砂斗容积，m^3；

x_1——城市污水沉砂量，$m^3/10^6\ m^3$ 污水，一般采用 $30\ m^3/10^6\ m^3$ 污水；

x_2——生活污水沉砂量，L/(人 · d)；

t'——清除沉砂的时间间隔，d；

$K_{总}$——流量总变化系数；

N——沉砂池服务人数。

(5)沉砂池总高度

$$H = h_1 + h_2 + h_3 \tag{8-34}$$

式中 H——沉砂池总高度，m；

h_1——沉砂池超高，m，一般采用0.3～0.5 m；

h_2——沉淀池有效水深，m；

h_3——贮砂斗高度，m。

(6)验算最小流速

$$v_{\min} = \frac{Q_{\min}}{nA_{\min}} \tag{8-35}$$

式中 $v_{\min}$——最小流速，m/s，一般采用 $v \geqslant 0.15$ m/s；

$Q_{\min}$——最小流量，m^3/s，一般采用 $0.75\overline{Q}$；

n——沉砂池个数，个，最小流量时取1；

$A_{\min}$——最小流量时的过水断面面积，m^2。

(三)平流式沉砂池的排砂装置

平流式沉砂池常用的排砂方法与装置主要有重力排砂与机械排砂两类。

二、曝气沉砂池

(一)曝气沉砂池的构造

曝气沉砂池呈矩形，池底一侧有 $i=0.1 \sim 0.5$ 的坡度，坡向另一侧为集砂槽。曝气装置设在集砂槽一侧，空气扩散板距池底0.6～0.9m，使池内水流作旋流运动，无机颗粒之间的互相碰撞与摩擦机会增加，把表面附着的有机物磨去。此外，由于旋流产生的离心力，把相对密度较大的无机物颗粒甩向外层并下沉，相对密度较轻的有机物旋至水流的中心部位随水带走。可使沉砂池中的有机物含量低于10%。集砂槽中的砂可采用机械刮砂、空气提升器或泵吸式排砂机排除。曝气沉砂池断面见图8-12。

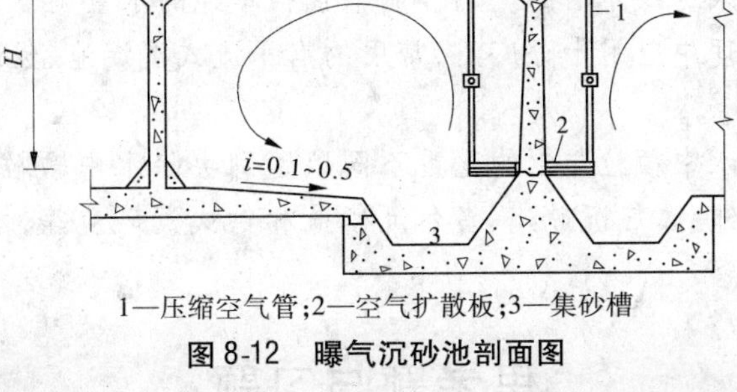

1—压缩空气管；2—空气扩散板；3—集砂槽

图8-12 曝气沉砂池剖面图

(二)曝气沉砂池设计

(1)沉砂池有效容积

$$V = 60Q_{max}t \tag{8-36}$$

式中 V——沉砂池有效容积，m^3；

Q_{max}——设计流量，m^3/s；

t——停留时间，min，一般采用 1～3 min。

（2）水流过水断面面积

$$A = \frac{Q_{max}}{v} \tag{8-37}$$

式中 A——水流过水断面面积，m^2；

v——水平流速，m/s，一般采用 0.06～0.12 m/s。

（3）池总宽度

$$B = \frac{A}{H} \tag{8-38}$$

式中 B——池总宽度，m；

H——有效水深，m，一般采用 2～3 m，宽深比为 1.0～1.5，长宽比可达 5。

（4）池长

$$L = \frac{V}{A} \tag{8-39}$$

式中 L——池长，m。

（5）所需曝气量

$$q = 3\,600QD \tag{8-40}$$

式中 q——所需曝气量，m^3/h；

D——每 1 m^3 污水所需曝气量，m^3/m^3 污水，一般采用 30 $m^3/10^6$ m^3 污水。

小 结

格栅是一种常用污水物理处理方法。常用的格栅有平面格栅和曲面格栅。格栅的设计内容包括尺寸计算、水力计算、栅渣量计算。

均和调节的目的是解决进水水量和水质的变化与污水处理装置要求的稳定水量和水质而达到稳定处理效果这一矛盾的。均和调节包括单纯的水量调节和水质调节。

沉淀池在污水处理中应用十分广泛，常用的有平流式沉淀池、竖流式沉淀池和辐流式沉淀池。

沉砂池是利用污水中颗粒与水的比重不同以达到去除水中颗粒物质的目的，常用的沉砂池有平流式沉砂池、曝气沉砂池、多尔沉砂池和钟式沉砂池等，本章主要介绍了前两种沉砂池。

思考题与习题

1. 常用的预处理方法有哪些？

2. 已知某城市的最大设计污水量 $Q=0.2\ m^3/s$, $K=1.5$,计算格栅各部尺寸。

3. 水量调节池容积应如何确定? 正常运行的平流式沉淀池能否起到水量和水质的调节作用,为什么?

4. 废水均和调节有哪几种方式,各有何优缺点?

5. 设计平流式沉淀池是主要根据沉淀时间、表面负荷还是水平流速? 为什么?

6. 已知某钢铁厂污水流量 $Q=1\ 500\ m^3/h$,时变化系数 $K_h=1.5$,污水中悬浮物 800 mg/L,要求处理后的污水中悬浮物的浓度不超过 10 mg/L,沉渣的含水率为 80%,悬浮物的沉淀曲线如图 8-6 所示,试计算平流式沉淀池的基本尺寸。

7. 试叙述沉砂池的作用及特点,曝气沉砂池工作原理与平流式沉砂池有什么区别?

第九章　活性污泥法

【教学目标】 本章介绍了污水活性污泥处理的基本方法和流程。通过本章学习，了解活性污泥的性质及活性污泥法的净化机理，掌握活性污泥法的基本流程、运行方式及其特点。了解活性污泥曝气的原理、曝气方法、曝气池的基本类型、常用曝气池的构造。了解生物脱氮除磷的机理及其影响因素，掌握常用的脱氮除磷工艺技术。

第一节　活性污泥法的基本流程和活性污泥性质

一、活性污泥法处理流程

污水中含有大量能被生物降解的有机物和一定数量的微生物。污水曝气（注入空气）一段时间后，有机物含量就会降低，并同时形成了易于沉降分离的絮状体，即活性污泥。活性污泥的主体是污水中微生物大量繁殖而形成的多种微生物群体。

活性污泥法是以活性污泥为主体的生物处理方法。传统的系统由曝气池、二次沉淀池、供氧装置和污泥回流设备等组成，其基本工艺流程如图9-1所示。

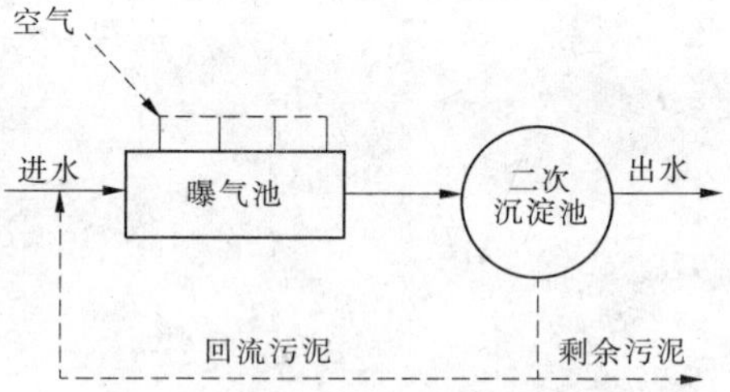

图9-1　活性污泥法的基本流程

污水经过一级处理后与回流的活性污泥同时进入曝气池，向曝气池注入压缩空气进行曝气，使活性污泥呈悬浮状态与污水中的有机污染物充分混合接触，并供给混合液足够的溶解氧。在好氧状态下，经过一段时间，污水中的有机物被活性污泥中的微生物吸附、氧化分解，其浓度逐渐降低而被去除，然后曝气池泥水混合液流入二次沉淀池。活性污泥在二次沉淀池中沉淀下来，澄清水溢流排放。沉淀下来的活性污泥一部分称为回流污泥定量地回流到曝气池，以保证曝气池中具有一定数量的微生物，另一部分称为剩余污泥从系统中排除，送至污泥处理系统继续处理。

二、活性污泥的性质

（一）活性污泥的形态

活性污泥是活性污泥处理系统中的主体作用物质。在活性污泥上栖息着具有强大生命力的微生物群体。在微生物群体新陈代谢功能的作用下，使活性污泥具有将有机物转化为稳定的无机物质的活力，故此称之为"活性污泥"。

活性污泥又称为"生物絮凝体"，其颗粒一般介于0.02～0.2 mm之间。从整体来看，活性污泥具有较大的表面积和很高的含水率，含水率一般都在99%以上，其比重则因含水率不同而异，介于1.002~1.006之间。

活性污泥中的固体物质仅占1%以下，是由无机与有机两部分所组成，组成比例则因原污水性质不同而异。其中有机成分主要是由栖息在活性污泥上的微生物群体所组成。此外，在活性污泥上还夹杂着由入流污水挟带入的有机固体物质。活性污泥的无机组成部分，则全部是由原污水挟带入的，至于微生物体内存在的无机盐类，由于数量极少，可忽略不计。

(二)活性污泥微生物的组成及其在活性污泥中的作用

活性污泥微生物是由细菌类、真菌类、原生动物、后生动物等几种群体所组成的混合培养体，这些微生物群体在活性污泥上形成食物链和相对稳定的小生态系统。

与活性污泥处理系统有关的真菌是微小的腐生或寄生的丝状菌，这种真菌具有分解碳水化合物、脂肪、蛋白质及其他含氮化合物的功能，但若大量异常的增殖会引发污泥膨胀现象。

活性污泥中常见的原生动物有肉足类、鞭毛类和纤毛类等3类，主要摄食对象是细菌。因此，出现在活性污泥中的原生动物，在种属和数量上是随处理水的水质和细菌的状态变化而改变的。如变形虫、鞭毛虫等能直接利用水中的有机物质；纤毛虫能吞食大量的细菌，特别是游离细菌，并可促进活性污泥的絮凝沉淀作用，从而改善出水水质。

可以根据活性污泥中的原生动物判断处理水质的优劣，因而将原生动物称之为活性污泥系统中的指示性生物。由于不同种类的原生动物对环境条件的要求不同，对环境变化的敏感程度也不同，所以可根据原生动物种群的生长情况，判断生物处理构筑物的运转情况及污水净化的效果。例如，对污水进行静态曝气，初期肉足虫和鞭毛虫占优势，然后是自由游泳型纤毛虫占优势，随着活性污泥逐渐成熟，固着型纤毛虫又相继占优势，特别是当钟虫出现较多时，说明污泥成熟，污水处理运行正常。此时若出现大量鞭毛虫和肉足虫，说明运行不正常，污泥状态不佳。原生动物的形体比细菌大得多，在低倍显微镜下即可观察，因此以原生动物作为指示生物是较为方便的。

后生动物仅出现在处理水质优异的完全氧化型的活性污泥系统中，因此后生动物的出现是水质非常稳定的标志。

在活性污泥处理系统中，净化污水的第一承担者，也是主要承担者是细菌，而摄食处理水中游离细菌，使污水进一步净化的原生动物则是污水净化的第二承担者。

原生动物摄取细菌，是活性污泥生态系统的首次捕食者。后生动物摄食原生动物，则是生态系统的第二次捕食者，活性污泥中微生物间的这种增长与递变关系见图9-2。

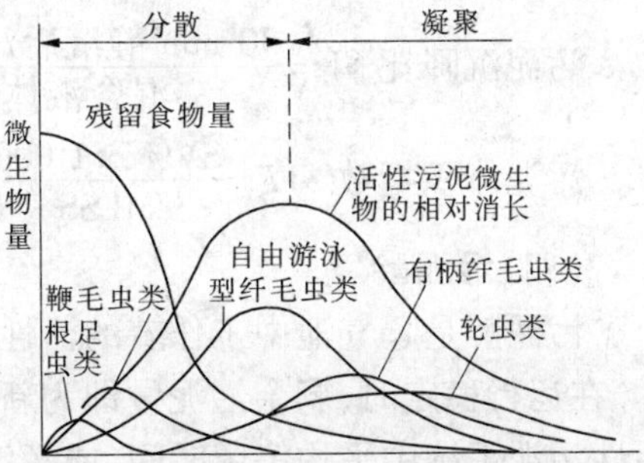

图9-2　微生物增长与递变的关系

三、活性污泥的性能指标

活性污泥的性能决定着净化效果的好坏。在吸附阶段要求污泥颗粒松散、表面积大、易于吸附有机物；在泥水分离阶段，则希望污泥有好的凝聚与沉降性能。反映活性污泥性能的指标有混合液悬浮固体浓度(污泥浓度)、污泥沉降比、污泥体积指数和污泥龄。

(一)混合液悬浮固体浓度(*MLSS*)

MLSS 又称混合液污泥浓度,是指在曝气池单位容积混合液内所含的活性污泥固体物的总量,工程上往往以 *MLSS* 作为间接计量活性污泥微生物量的指标。

混合液悬浮固体中的有机物量称为混合液挥发性悬浮固体(*MLVSS*),用它表示活性污泥微生物量比用 *MLSS* 更为切合实际。对一定的废水而言,f($f = MLVSS/MLSS$)的值比较固定,例如生活污水的 f 为 0.75 左右。以生活污水为主的城市污水也同此值。

(二)污泥沉降比(*SV*)

SV 又称 30 min 沉降率。指混合液在量筒内静置 30 min 后所形成沉淀污泥的容积占原混合液容积的百分率,以%表示。

正常污泥在静置 30 min 后,一般可达到它的最大密度,所以沉降比可以反映曝气池正常运行的污泥数量,可以用于控制剩余污泥的排放,还能反映出污泥膨胀等异常情况。一般城市污水的 *SV* 值在 15% ~30%,污泥沉降比超过正常运行范围,则要分析原因。

(三)污泥体积指数(*SVI*)

污泥体积指数简称“污泥指数”。其物理意义是在曝气池出口处的混合液在静置 30 min后,1 g 干污泥所占的容积(mL)。

$$SVI = \frac{\text{混合液 30 min 静沉后污泥体积(mL/L)}}{\text{混合液污泥干重(g/L)}}$$

$$SVI = \frac{SV\% \times 1\ 000}{MLSS(\text{g/L})} \quad (\text{mL/g})$$

SVI 偏高,说明污泥可能过氧化,此时污泥细碎、松散、体积大,在二次沉淀池中难以沉降。预示着活性污泥有大量流失的可能,出水水质将会恶化,习惯上把这种现象称为污泥膨胀。*SVI* 过低,说明污泥中的污泥杂质多、密实,此时沉降体积小,污泥缺乏活性,对污染物的生物降解能力差。一般情况下,$SVI < 100$ 时,沉降性好,但灰分多;$SVI = 100 \sim 200$ 时,沉降性一般;$SVI > 200$,沉降性不好,易膨胀。

【例题 9-1】 测得生活污水曝气池出口处混合液中活性污泥浓度为 2 000 mg/L,100 mL 混合液经 30 min 沉淀后污泥体积为 24 mL。求挥发性污泥浓度、污泥沉降比和污泥指数。

解:污泥浓度 $MLSS = 2\ 000\ \text{mg/L} = 2.0\ \text{g/L}$

挥发性污泥浓度 $MLVSS = 0.75\ MLSS = 0.75 \times 2\ 000 = 1\ 500(\text{mg/L})$

污泥沉降比 $SV = \frac{\text{30 min 静沉后污泥体积}}{\text{混合液体积}} \times 100\% = \frac{24}{100} \times 100\% = 24\%$

污泥体积指数 $SVI = \frac{\text{SV\%} \times 1\ 000}{\text{MLSS}} = \frac{24\% \times 1\ 000}{2.0} = 120(\text{mL/g})$

(四)污泥龄

污泥龄是曝气池中工作着的活性污泥总量与每日排放的剩余污泥量的比值,单位是 d。在运行稳定时,剩余污泥量即为新增长的污泥量。因此,污泥龄也是新增长的污泥在活性污泥系统中平均停留时间,或污泥增长一倍所需要的时间。污泥龄能反映曝气池中活性污泥的工作情况,有助于说明活性污泥微生物的组成,因为世代时间长于污泥龄的微生物是不可能在系统中繁殖的。污泥龄还可用来控制剩余污泥量的排放。

第二节 活性污泥法的净化机理

一、活性污泥净化反应过程

在活性污泥处理系统中,有机污染物从污水中去除过程的实质就是有机污染物作为营养物质被活性污泥微生物摄取、代谢与利用的过程,也就是所谓的“活性污泥反应”的过程。这一过程的结果是污水得到净化,微生物获得能量合成新的细胞,使活性污泥得到增长。这一过程大致上由下列几个净化阶段所组成。

(一)初期吸附去除

在活性污泥系统内,在污水开始与活性污泥接触后的较短时间内,污水中的有机污染物即被大量去除,出现很高的BOD去除率。这种初期高速去除现象是由物理吸附和生物吸附交织在一起的吸附作用所导致产生的。活性污泥有很大的表面积,在表面上富集着大量微生物,在其外部覆盖着多糖类的黏质层,因而具有很强的吸附能力。

活性强的活性污泥,除应具有较大的表面积外,活性污泥微生物所处在增殖期也起一定作用,一般处在“饥饿”状态的内源呼吸期的微生物,其“活性最强”,吸附能力也强。

被吸附在微生物细胞表面的有机物,在经过数小时的曝气后,才能够相继地被摄入微生物体内。因此,被“初期吸附去除”去除的有机污染物的数量是有一定限度的。

(二)微生物的代谢

存活在曝气池内的活性污泥微生物,不断地从其周围的环境中摄取污水中的有机污染物作为营养加以摄取、吸收。

被摄入细胞体内的有机污染物,在各种胞内酶的催化作用下,微生物对其进行代谢反应。微生物对一部分有机物进行氧化分解,最终形成 CO_2 和 H_2O 等稳定的物质,并从中获取合成新细胞物质所需的能量。另一部分有机污染物被微生物用于合成新细胞,即合成代谢,所需能量取自分解代谢。无论是分解代谢还是合成代谢,都能够去除污水中的有机污染物。

(三)活性污泥微生物的增殖与活性污泥的增长

在曝气池内,活性污泥微生物对污水中有机污染物的降解,其必然结果之一是微生物的增殖,而微生物的增殖,实际上就是活性污泥的增长。

微生物的增殖规律,一般是用其增殖曲线来表示的。增殖曲线所表示的是在某些关键性的环境因素下,微生物种群的增殖和衰减动态。参与活性污泥处理过程的是多种属微生物群体,其增殖规律较为复杂,但其增殖规律的总趋势,仍与纯种微生物相同。

有机物量(F)与微生物量(M)的比值(F/M)是对活性微生物增殖速度产生影响的主要因素,也是BOD去除速度、氧利用速度和活性污泥的凝聚、吸附性能的重要影响因素。

根据图9-3可以看出,整个增长曲线可分为三个阶段。

对数增殖期,又称增殖旺盛期。微生物以最高速度摄取营养物质,也以最高速度增殖。在本期内,微生物的营养丰富、活性强、污泥增长不受营养条件的限制,衰亡的微生物

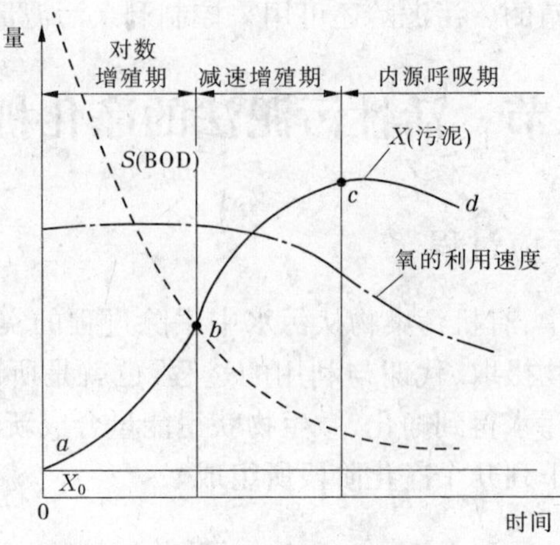

图 9-3　活性污泥增长曲线以及其和有机污染物(BOD)降解、氧利用速度的关系(有机污染物一次投加)

量相对来说是较少的,此时的凝聚性能差,分离效果不好,因而处理效果差,在实际中可不予考虑。

减速增殖期,又称稳定期和平衡期。微生物增殖速度减慢,增殖速度几乎和细胞衰亡速度相等,微生物活体数达到最高水平,但却也趋于稳定。减速增殖期的长短,取决于微生物种属和环境条件。

内源呼吸(代谢)期,又称衰亡期。本期微生物由于得不到充足的营养物质,而开始利用自身内储存的物质或衰死菌体,进行内源代谢以营生理活动。

由此可见,决定污水中微生物活体数量和增殖曲线上升、下降的主要因素是其周围环境中营养物质量的多寡。

二、影响活性污泥净化反应的环境因素

和所有生物相同,活性污泥微生物只有在对它适宜的环境条件下,它的生理活动才能得到正常进行,活性污泥处理技术就是人为地为微生物创造良好的生活环境条件,使微生物以对有机物质降解为主体的生理功能得到强化。

能够影响微生物生理活动的因素较多,其中主要有营养物质、温度、溶解氧以及有毒物质等。

(一)营养物质

活性污泥中微生物细胞是由多种化学成分组成的,因此其生长繁殖需要一定比例的营养物质,其中包括碳、氮、磷、硫、微量元素和维生素等。生活污水中含有微生物所需要的各种比例合适的营养物。但某些生产污水却缺乏一些关键性元素——N、P 等,需要补充,使其平衡,否则会影响微生物的代谢功能,降低处理效果。一般对氮、磷的需要量应满足 BOD_5: N: P = 100: 5: 1的比例。

(二)溶解氧含量

参与污水活性污泥处理的是以好氧呼吸的好氧菌为主体的微生物种群。这样,溶解

氧不足，必将对微生物的生理活动产生不利影响，当溶解氧过低时，丝状菌由于体形长，表面积大，比其他细菌容易夺得氧，因此在竞争中占优势，这就造成活性污泥的恶性膨胀。但是溶解氧也不宜过高，溶解氧过高可导致有机污染物分解过快，从而使微生物缺乏营养，活性污泥易于老化，结构松散。一般来说，溶解氧浓度以不低于2 mg/L为宜。

（三）pH值

微生物的生理活动与环境的酸碱度密切相关，参与污水生物处理的微生物，一般最佳的pH值范围，对于好氧生物处理，pH值以6.5～9.0为宜。pH值低于6.5，真菌即开始与细菌竞争，降低到4.5时，真菌将完全占优势，而原生动物将全部消失，严重影响沉淀分离和出水水质；pH值超过9.0时，微生物代谢速度受到影响。

在活性污泥法中，曝气池混合液对于污水中的酸碱度具有一定的缓冲作用。在驯化过程中，活性污泥可以在pH值一定范围内逐渐适应。但对pH值急变的冲击负荷，则将严重损害活性污泥，恶化处理效果。

（四）水温

水温是影响微生物生长活动的重要因素。城市污水在夏季处理效果好于冬季，说明水温下降是主要原因。在适宜的温度范围内，水温上升会使微生物活动旺盛，提高反应速度。此外，水温上升还有利于混合、搅拌、沉淀等物理过程，但不利于氧的转移。对于生物处理过程，一般认为20～30 ℃时效果最好，35 ℃以上和10 ℃以下净化效果即行降低。因此，对高温工业生产污水要采取降温措施；对寒冷地区的污水，则采取必要保温措施。对于大型污水，如果水温能维持在6～7 ℃，一般采取提高污泥浓度或降低污泥负荷等措施，可保证净化效果。

（五）有毒物质

有毒物质是指对微生物生理活动具有抑制作用的某些无机物质及有机物质，如重金属离子、酚、氰等。但是，有毒物质对微生物的毒害作用，有一个量的概念，即只有在有毒物质在环境中达到某一浓度时，毒害与抑制作用才显露出来。这一浓度称之为有毒物质极限允许浓度，污水中的各种有毒物质只要低于此值，微生物的生理功能就不受影响。

除了以上各项因素外，有机物的化学结构对微生物的生理功能和生物降解过程也有较大的影响。

第三节　曝气方法与曝气池的构造

一、曝气原理

活性污泥曝气是采用相应的设备和技术措施，使空气中的氧转移到混合液中而被微生物利用的过程。曝气的主要作用为充氧、搅动和混合。充氧的目的是提供活性污泥等微生物所需的溶解氧，以保障微生物代谢过程的需氧量，通常曝气池中的溶解氧浓度应控制在2 mg/L以上；混合和搅动的目的是使曝气池中的污泥处于悬浮状态，从而增加废水与混合液的充分接触，提高传质效率，保证曝气池的处理效果。

二、曝气方法及曝气池的分类

（一）曝气方法

曝气方法大体分为两类：一类是鼓风曝气；另一类是机械曝气。此外还有两者相结合的曝气方式，但实际应用较少。

鼓风曝气是指采用曝气器－扩散板或扩散管在水中引入气泡的曝气方式。通常鼓风曝气由鼓风机、曝气器、空气输送管道等组成。根据分散气泡的大小，扩散器又可分为小气泡扩散器、中气泡扩散器、大气泡扩散器、微气泡扩散器。图 9-4 是集中扩散器简图。

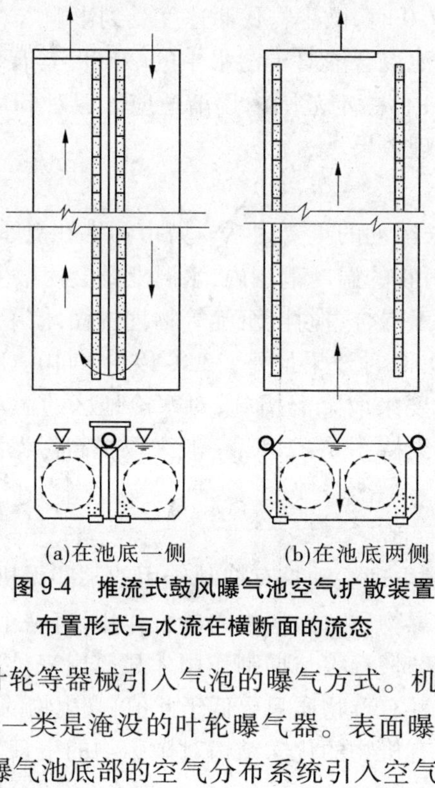

(a)在池底一侧　　(b)在池底两侧

图 9-4　推流式鼓风曝气池空气扩散装置布置形式与水流在横断面的流态

机械曝气是指利用叶轮等器械引入气泡的曝气方式。机械曝气器可以分为两种类型：一类是表面曝气器；另一类是淹没的叶轮曝气器。表面曝气器直接从空气中吸入氧气，叶轮曝气器主要是从曝气池底部的空气分布系统引入空气吸取氧气。表面曝气器设备比较简单，较为常用。

（二）曝气池的分类

曝气池是活性污泥的反应器，是活性污泥系统的核心设备，活性污泥系统的净化效果，在很大程度上取决于曝气池的功能是否能够正常发挥。

曝气池从以下几方面分类：

（1）从混合液流动形态方面，曝气池分为推流式、完全混合式和循环混合式三种；

（2）从平面形状方面，可分为长方廊道形、方形以及环状跑道形等；

（3）从采用的曝气方法方面，可分为鼓风曝气池、机械曝气池以及两者联合使用的机械—鼓风曝气；

（4）从曝气池与二次沉淀池之间的关系，可分为曝气—沉淀池合建式和分建式两种。

三、曝气池

(一)鼓风曝气与长廊式曝气池

鼓风曝气多用于长廊式曝气池。推流式曝气系统(见图 9-4)即属此类,其廊道形式如图 9-5 所示,一般为 1 个廊道或 2 ~5 个廊道。当廊道数为单数时,污水的进、出口分别位于曝气池的两端;当廊道数为双数时,则位于廊道的同一侧。

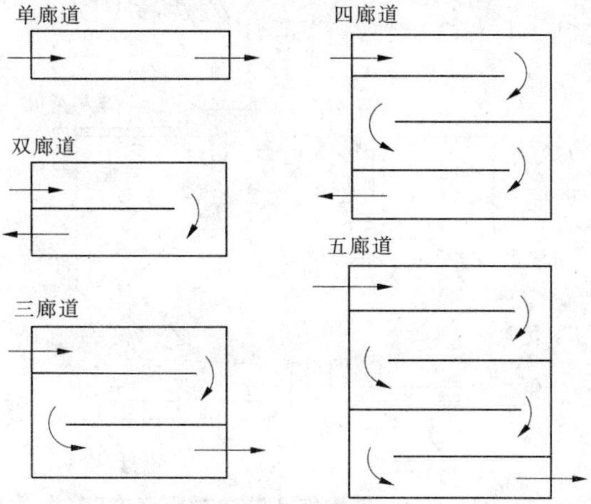

图 9-5　曝气池的廊道组合

为了满足空气搅拌的需要,廊道宽深比不大于 2,多介于 1.0 ~1.5 之间。如果曝气池的宽度较大,则应考虑将空气扩散装置安设在廊道的两侧;也可以按一定的形式,如相互垂直的正交形式或呈梅花形交错式均衡地布置在整个曝气池底。深度大对氧的溶解有利,但基建费与运转费较高,故深度常用 3 ~5 m。为防止短流,廊道长宽比应大于 4 ~5,有的甚至大于 10。

为了使混合液在曝气池内的旋转流动减少阻力,并避免形成死角,将廊道横剖面的 4 个角(墙顶与墙角)做成 45°斜面。在曝气池水面以上应在墙面上考虑 0.5 m 的超高。在池底部应考虑排空措施,按纵向留 2/1 000 左右的坡度,并设直径为 80 ~100 mm 的放空管。此外,考虑到在活性污泥培养、驯化时周期排放清液的要求,在距池底一定距离处设 2 ~3 根排水管,管径也是 80 ~100 mm。

(二)叶轮曝气与圆形(或方形)曝气池

完全混合式曝气池采用圆形(或方形)和叶轮曝气。

在完全混合曝气池中应当首推合建式完全混合曝气沉淀池,简称曝气沉淀池,图9-6 所示为我国从 20 世纪 70 年代起广泛使用的一种形式。

从图 9-6 可见,曝气沉淀池是由曝气区、导流区、沉淀区和回流区 4 部分所组成。考虑到曝气装置的提升能力,曝气区的深度一般在 4 m 以下为宜。位于曝气区和沉淀区之间的导流区的宽度应通过计算确定,一般在 0.6 m 左右,其高度应在 1.5 m 以上。沉淀区的功能主要是泥水分离,上部为澄清区,其深度不宜小于 1.5 m;下部为污泥区,其容积一

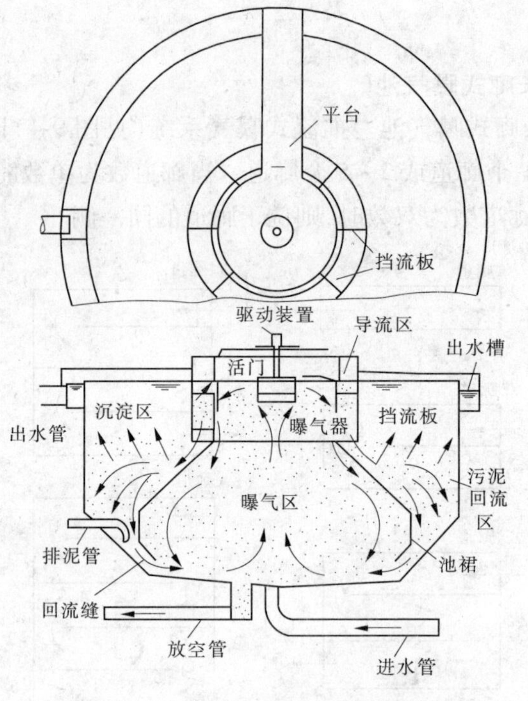

图 9-6　圆形曝气沉淀池剖面示意图

般应不小于 2 h 的存泥量。澄清的处理水沿设于四周的出流堰流出进入排水槽,出流堰多采用锯齿状的三角堰。污泥通过回流缝回流到曝气区,回流缝一般宽 0.15 ~0.20 m。

图 9-7 所示为方形的曝气沉淀池,这种设备用于规模较小的污水处理站。在曝气池内设中心管,曝气器设于中心管上侧,在它的转动作用下,混合液在中心管呈上升流,并从上出口外溢,在池内形成循环流,处理水经设于上侧的出水管进入沉淀区的中心管,混合液由中心管下部溢出进行沉淀固液分离。在沉淀区、污泥区与曝气区中心管之间有回流污泥管相连,在表面曝气器形成的抽升力的作用下,回流污泥被抽升与污水同步进入曝气区的中心管。

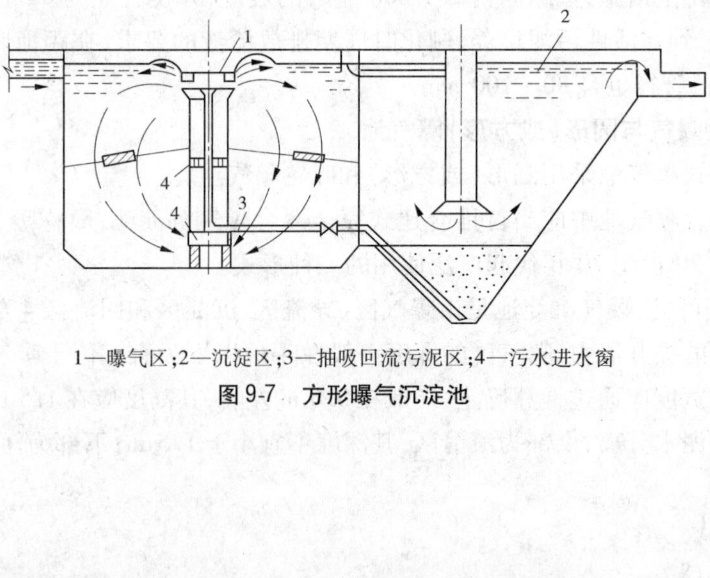

1—曝气区;2—沉淀区;3—抽吸回流污泥区;4—污水进水窗

图 9-7　方形曝气沉淀池

第四节　活性污泥法的运行方式

在生物处理法开创初期采用的传统活性污泥法运行方式，经过几十年的生产实践后，为了解决供氧不足、超负荷和适应工业废水冲击负荷的影响以及降低处理污水的基建费和动力费用等问题，提出了许多改革方案，这就形成了今天的推流式曝气池和完全混合式曝气池两大系统以及其中的各种运行方式。

下面介绍几种常用的运行方式。

一、传统活性污泥法处理系统

传统活性污泥法，又称为普通活性污泥法或推流式活性污泥法，是早期开始使用并一直沿用至今的运行方式。推流式曝气池表面呈长方形，在曝气和水力条件的推动下，曝气池中的水流均匀地推进流动，废水从池首端进入，从池尾端流出，前段液流与后段液流不发生混合。在曝气过程中，从池首至池尾，随着环境的变化，生物反应速度是变化的，F/M 值也是不断变化的，微生物群的量和质不断地变动，活性污泥的吸附、絮凝、稳定作用不断地变化，其沉降－浓缩性能也不断变化。其工艺如图 9-8 所示。

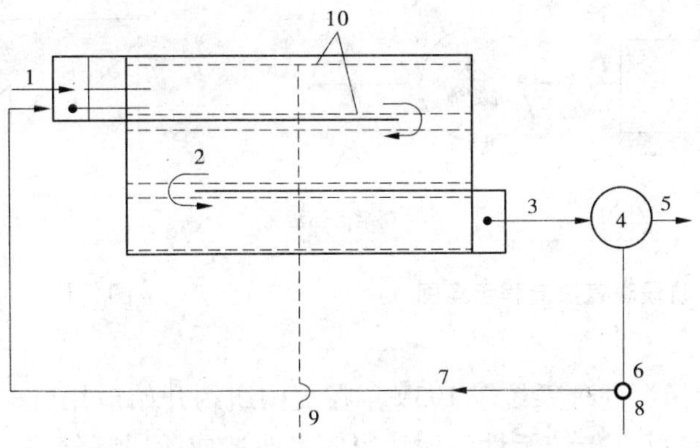

1—经预处理后的污水；2—活性污泥反应器－曝气池；
3—从曝气池流出的混合液；4—二次沉淀池；5—处理后污水；
6—污泥泵站；7—回流污泥系统；8—剩余污泥；
9—来自空压机站的空气；10—曝气系统与空气扩散装置

图 9-8　传统活性污泥法系统

优点：废水浓度自池首至池尾是逐渐下降的，由于在曝气池内存在这种浓度梯度，废水降解反应的推动力较大，效率较高；推流式曝气池可采用多种运行方式；对废水的处理方式较为灵活。

缺点：由于沿池长均匀供氧，会出现池首曝气不足，池尾供气过量的现象，见图 9-9，不适应处理高浓度的有机污水，有害物质浓度不能过高，不抗冲击负荷，且动力费用高。

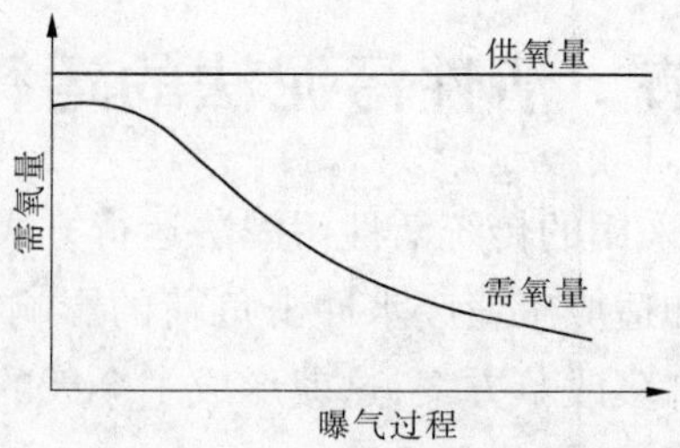

图 9-9　传统法曝气池需氧和供氧曲线

二、阶段曝气活性污泥法系统

阶段曝气活性污泥法系统又称为分段进水活性污泥法系统或多段进水活性污泥法处理系统。其工艺流程见图 9-10。

废水沿池长多点进水，有机负荷分布均匀，使供氧量均化，见图 9-11。克服了推流式供氧的弊病。沿池长 F/M 值分布均匀，充分发挥其降解有机物的能力。该法可提高空气利用率，提高池子工作能力，适用各种水质。其不足是，进水若得不到充分混合，会引起处理效果的下降。

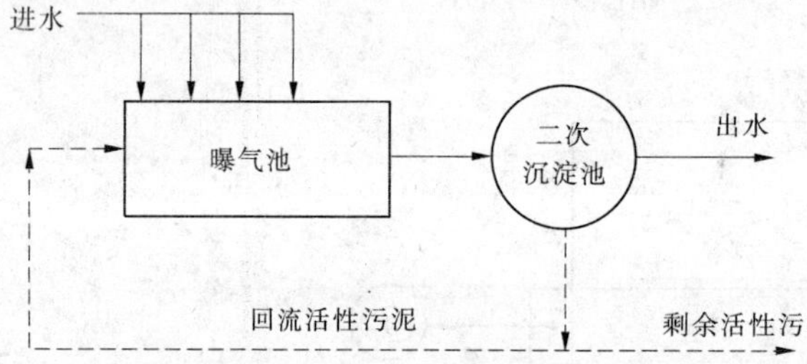

图 9-10　阶段曝气法流程示意图

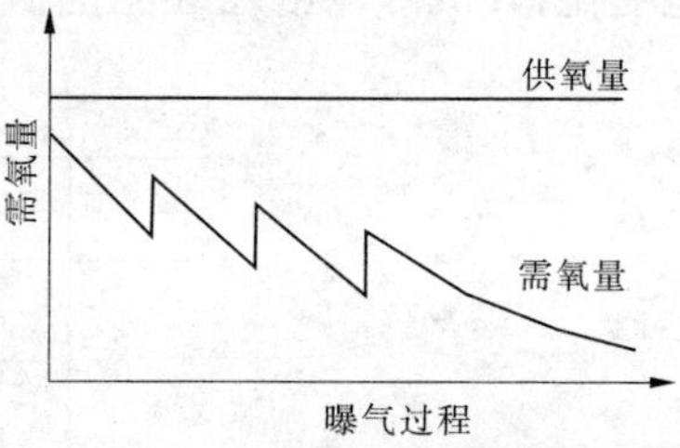

图 9-11　阶段曝气法曝气池的供氧和需氧曲线

阶段曝气活性污泥处理系统于 1939 年在美国纽约开始应用，迄今已有 60 多年的历史，应用广泛，效果良好。传统活性污泥法很容易改造成阶段曝气法，当传统法超负荷时，可采用阶段曝气法。当水质水量相同时，阶段曝气法比传统法的池容积小 30%，BOD 去除率仍可达 90% 以上。

三、吸附－再生活性污泥法系统

该系统又名生物吸附活性污泥法系统或接触稳定法。本工艺 20 世纪 40 年代后期出现在美国。这种运行方式的主要特点是将活性污泥对有机污染物降解的两个过程——吸附和代谢，分别在各自的反应器内进行，工艺流程见图 9-12。

废水和经过在再生池得到充分再生、具有很强活性的活性污泥同步进入吸附池，两者在吸附池中充分接触，废水中大部分有机物被活性污泥所吸附，废水得到净化。由二次沉淀池分离出来的污泥进入再生池，活性污泥在这里将所吸附的有机物进行代谢活动，使有机物降解，微生物增殖，微生物进入内源代谢期，污泥的活性、吸附功能得到充分恢复，

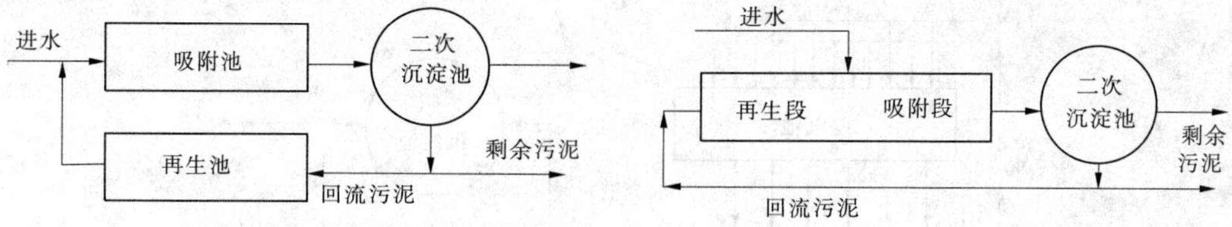

(a)分建式吸附-再生活性污泥法系统　　(b)合建式吸附-再生活性污泥法系统

图 9-12　吸附－再生活性污泥法系统

然后再与废水一同进入吸附池。

特点是:废水与活性污泥在吸附池的接触时间短,吸附池容积较小,由于再生池接纳的仅是浓度较高的回流污泥,因此再生池的容积亦小,吸附池与再生池容积之和仍低于传统曝气池容积;本方法能承受一定的冲击负荷,当吸附池的活性污泥遭到破坏时,可由再生池内的污泥予以补救。

缺点:对废水的处理效果低于传统活性污泥法;此外,对溶解性有机物高的废水,处理效果差。

四、延时曝气活性污泥法系统

该系统又名完全氧化活性污泥法,其工艺流程见图 9-13,是 20 世纪 50 年代初期在美国开始应用的。本法适用于对处理水质要求高,又不宜采用单独污泥处理的小型城镇污水和工业废水。

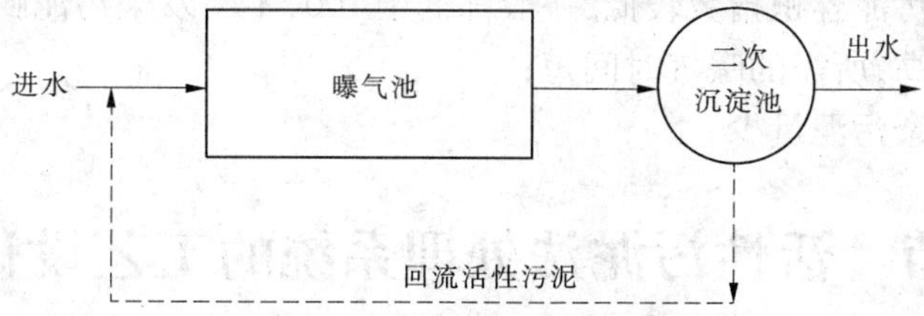

图 9-13　延时曝气法流程示意图

主要特点:有机负荷低,污泥持续处于内源代谢状态,剩余污泥少,且污泥稳定、不需再进行消化处理,这种工艺可称为废水、污泥综合处理工艺;该法还具有处理水质稳定性较高,对废水冲击负荷有较强的适应性和不需设初沉池的特点。

缺点:池子容积大,曝气时间长,建设费和运行费用都较高,而且占用较大面积的土地等。

五、完全混合活性污泥法系统

完全混合式曝气池是废水进入曝气池后与池中原有的混合液充分混合,因此池内混合液的组成、F/M 值、微生物群的量和质是完全均匀一致的,其工艺见图 9-14。

优点:承受冲击负荷的能力强,池内混合液能对废水起稀释作用,对高峰负荷起削弱作用;由于全池需氧要求相同,能节省动力;曝气池和沉淀池可以合建,不需要单独设置污泥回流系统,便于运行管理。

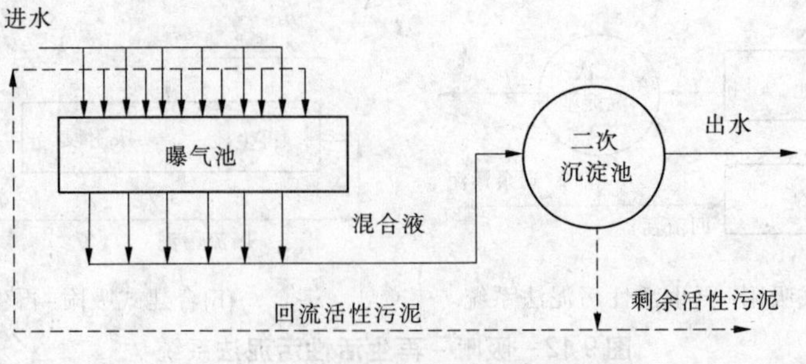

图 9-14　完全混合曝气法流程示意图

缺点：连续进水、出水可能造成短路，易引起污泥膨胀。

六、纯氧曝气活性污泥法系统

纯氧曝气又称富氧曝气，用纯氧直接进行生化处理，与空气法相比具有以下几个特点：

(1)空气中含氧量一般为 21%，一般纯氧中含氧量为 90% ~95%，而氧的分压纯氧比空气高 4.4 ~4.7 倍，因此纯氧曝气能大大提高氧在混合液中的扩散能力；

(2)氧的利用率可以高达 80% ~90%，而空气曝气法仅为 10% 左右，因此达到同等氧浓度所需的气体体积可大大减少；

(3)曝气池内混合液的 *MLSS* 值可达 4 000 ~7 000 mg/L，在相同有机负荷时容积负荷大大提高；

(4)曝气池的污泥容积指数较低，一般都低于 100，不易发生污泥膨胀现象；

(5)处理效率高，所需的曝气时间短；

(6)产生的剩余污泥量少。

第五节　活性污泥法处理系统的工艺设计实例

进入曝气池的平均流量 $Q_p = 61\ 935\ m^3/d = 0.717\ m^3/s$，最大设计流量 $Q_S = 0.996\ m^3/s$。污水中 BOD_5 浓度为 285.75 mg/L，假定一级处理对 BOD_5 的去除率为 25%，则进入曝气池中污水的 BOD_5 浓度：

$$S_a = S_Y \times (1 - 25\%)$$

式中　S_a——进入曝气池中污水 BOD_5 浓度，mg/L；

S_Y——原污水中的 BOD_5 浓度，mg/L。

设计中 $S_Y = 285.75$ mg/L，$S_a = 285.75 \times (1 - 25\%) = 214.31$ (mg/L)，污水中的 SS 浓度为 407.24 mg/L，假定一级处理对 SS 的去除率为 50%，则进入曝气池中污水的 SS 浓度：

$$L_a = L_Y \times (1 - 50\%)$$

式中　L_a——进入曝气池中污水 SS 浓度，mg/L；

L_Y——原污水中的 SS 浓度，mg/L。

设计中 $L_Y = 407.24$ mg/L，$L_a = 407.24 \times (1 - 50\%) = 203.62$(mg/L)。

污水中的 TN 浓度为 30.79 mg/L，TP 浓度为 4.66 mg/L，水温 $T = 20$ ℃。

一、污水处理程度计算

按照污水处理程度计算，污水经二级处理后，出水中 BOD_5 浓度小于 20 mg/L，SS 浓度小于 20 mg/L。由此，确定污水处理程度为：

$$\eta_{BOD_5} = \frac{214.31 - 20}{214.31} \times 100\% = 90.7\%$$

$$\eta_{SS} = \frac{203.62 - 20}{203.62} \times 100\% = 90.2\%$$

二、设计参数

(1) BOD_5—污泥负荷率

$$N_S = \frac{K_Z S_e f}{\eta}$$

式中 N_S——BOD_5—污泥负荷率，kg BOD_5/(kgMLSS · d)；

K_Z——有机物最大比降解速度与饱和常数的比值，一般采用 $K_Z = 0.0168 \sim 0.0281$；

S_e——处理后出水中 BOD_5 浓度，mg/L，按要求应小于 20 mg/L；

f——$MLVSS/MLSS$ 值，一般采用 0.7 ~ 0.8；

η——BOD_5 的去除率。

设计中取 $K_Z = 0.02$，$S_e = 20$ mg/L，$f = 0.75$，$\eta = 90.7\%$，则

$$N_S = \frac{0.02 \times 20 \times 0.75}{0.907} = 0.33(\text{kgBOD}_5/(\text{kgMLSS} \cdot \text{d}))$$

(2) 曝气池内混合液污泥浓度

$$X = \frac{R \cdot r \cdot 10^6}{(1 + R) \cdot SVI}$$

式中 X——混合液污泥浓度，mg/L；

R——污泥回流比，一般采用 25% ~ 75%；

r——系数；

SVI——污泥容积指数，根据 N_S，得 $SVI = 120$。

设计中取 $R = 50\%$，$r = 1.2$，则 $X = \dfrac{0.5 \times 1.2 \times 10^6}{(1 + 0.5) \times 120} = 3\,333.3$(mg/L)

三、平面尺寸计算

(1) 曝气池的有效容积

$$V = \frac{QS_a}{N_S X}$$

式中 V——曝气池有效容积，m^3；

Q——曝气池的进水量，m^3/d，按平均流量计算。

设计中 $Q=61\ 935\ m^3/d$，$S_a=214.31\ mg/L$，则

$$V=\frac{61\ 935\times 214.31}{0.33\times 3\ 333.3}=12\ 066.7(m^3)$$

按规定，曝气池个数 N 不应少于 2，本设计中取 $N=2$，则每组曝气池有效容积为：

$$V_1=V/N$$

式中 V_1——单座曝气池有效容积，m^3。

$$V_1=12\ 066.7/2=6\ 033.4(m^3)$$

(2)单座曝气池面积

$$F=V_1/H$$

式中 F——单座曝气池表面积，m^2；

H——曝气池的有效水深，m。

设计中取 $H=4.2$ m，则 $F=6\ 033.4/4.2=1\ 436.5(m^2)$。

(3)曝气池长度

$$L=F/B$$

式中 L——曝气池长度，m；

B——曝气池宽度，m。

设计中取 $B=5.0$ m，$B/H=5.0/4.2=1.19$，小于 2，符合规定，则 $L=1\ 436.5/5.0=287.3(m)$，$L/B=287.3/5.0=57.5>10$，符合规定。

曝气池共设 7 廊道，则每条廊道长为：$L_1=L/7=287.3/7=41.04(m)$，设计中取 42 m。

(4)曝气池总高度

$$H_{总}=H+h$$

式中 $H_{总}$——曝气池总高度，m；

h——曝气池超高，m，一般采用 0.3～0.5 m。

设计中 $h=0.5$ m，$H_{总}=4.2+0.5=4.7(m)$。曝气池的平面布置如图 9-15 所示。

四、进出水系统

(一)曝气池进水设计

初沉池的出水通过 $DN1\ 200$ mm 的管道送入曝气池进水渠道，然后向两侧配水，污水在管道内的流速：

$$v_1=\frac{4Q_S}{\pi d^2}$$

式中 v_1——污水在管道内的流速，m/s；

Q_S——污水的最大流量，m^3/s；

d——进水管管径，m。

设计中取 $d=1.2$ m，$Q_S=0.996\ m^3/s$，则 $v_1=\frac{4\times 0.996}{3.14\times 1.2^2}=0.88(m/s)$。

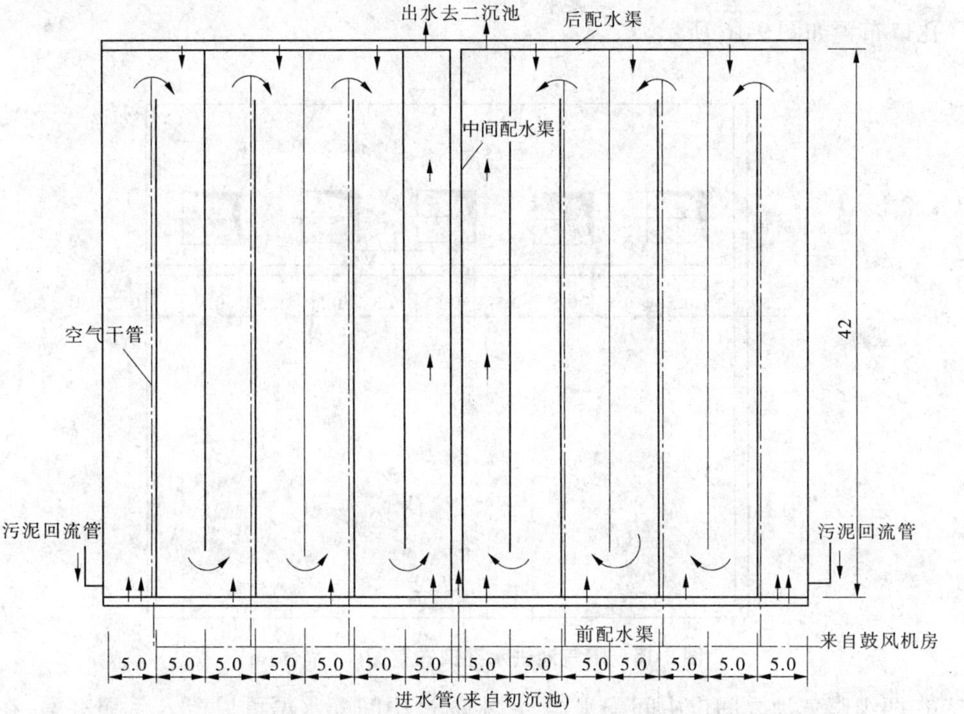

图 9-15　曝气池平面布置图　(单位:m)

最大流量时,污水在渠道内的流速:

$$v_2 = \frac{Q_S}{Nbh_1}$$

式中　v_2——污水在渠道内的流速,m/s;

b——渠道的宽度,m;

h_1——渠道内的有效水深,m。

设计中取 $b = 1.0$ m,$h_1 = 1.0$ m,则 $v_2 = \frac{0.996}{2 \times 1.0 \times 1.0} = 0.498$(m/s)。

曝气池采用潜水进水,所需孔口总面积:

$$A = \frac{Q_S}{Nv_3}$$

式中　A——所需孔口总面积,m^2;

v_3——孔口流速,m/s,一般采用 0.2 ~ 1.5 m/s。

设计中取 $v_3 = 0.4$ m/s,则 $A = \frac{0.996}{2 \times 0.4} = 1.25(m^2)$。

设每个孔口尺寸为 0.5 m × 0.5 m,则孔口数:

$$n = A/a$$

式中　n——孔口数,个;

a——每个孔口的面积,m^2。

$$n = 1.25/(0.5 \times 0.5) = 5$$

孔口布置如图 9-16 所示。

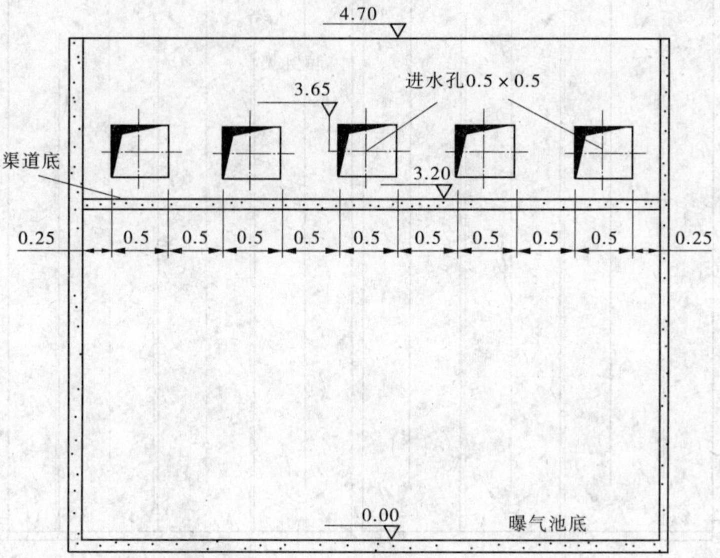

图 9-16　曝气池进水孔口布置图　（单位:m）

在两组曝气池之间设中间配水渠,污水通过中间配水渠可以流入后配水渠,在前后配水渠上都设进水口,孔口尺寸为 0.5 m×0.5 m,可以实现多点进水。这样,就可以根据实际的水质和运行情况,按照传统推流式活性污泥法、阶段曝气法、吸附－再生法等不同方式运行。

中间配水渠宽 1.0 m,有效水深 1.0 m,则渠内最大流速为:$\frac{0.996}{1.0 \times 1.0} = 0.996(\mathrm{m/s})$。

设计中取中间配水渠的超高为 0.3 m,渠道总高为:1.0 + 0.3 = 1.3(m)。

(二)曝气池出水设计

曝气池出水采用矩形薄壁堰,跌落出水,堰上水头:

$$H_1 = \left(\frac{Q_1}{mb\sqrt{2g}}\right)^{\frac{2}{3}}$$

式中　H_1——堰上水头,m;

Q_1——曝气池内总流量,$\mathrm{m^3/s}$,指污水最大流量(0.996 $\mathrm{m^3/s}$)和回流污泥量(0.717×50% $\mathrm{m^3/s}$)之和;

m——流量系数,一般采用 0.4~0.5;

b——堰宽,m,一般等于曝气池宽度。

设计中取 $m = 0.4$,$b = 5.0$ m,则

$$H_1 = \left(\frac{0.996 + 0.717 \times 0.5}{2 \times 0.4 \times 5 \times \sqrt{2 \times 9.8}}\right)^{\frac{2}{3}} = 0.18(\mathrm{m})$$

每组曝气池的出水管管径为 1 000 mm,管内流速:

$$v_4 = \frac{4Q_S}{\pi N d_1^2}$$

式中 v_4——每组曝气池出水管管内流速,m/s;

d_1——出水管管径,m。

设计中取 $d = 1.0$ m,则 $v_4 = \frac{4 \times 0.996}{2 \times 3.14 \times 1.0^2} = 0.63$(m/s)。

两条出水管汇成一条直径为 DN1 300 mm 的总管,送往二次沉淀池,总管内的流速为 0.75 m/s。

五、其他管道设计

(一)中位管

曝气池中部设中位管,在活性污泥培养驯化时排放上清液。中位管的管径为 DN600 mm。

(二)放空管

曝气池在检修时,需要将水放空,因此应在曝气池底部设放空管,放空管管径为 DN500 mm。

(三)污泥回流管

二沉池的污泥需要回流至曝气池首端,因此应设污泥回流管,污泥回流管管径为:

$$d_2 = \sqrt{\frac{4Q_2}{\pi v_5}}$$

式中 d_2——污泥回流管管径,m;

Q_2——每组曝气池回流污泥量,m^3/s;

v_5——回流污泥管内污泥流速,m/s,一般采用 0.6~2.0 m/s。

设计中取 $v_5 = 1.0$ m/s,$Q_2 = \frac{0.717 \times 0.5}{2}$,则 $d_2 = \sqrt{\frac{4 \times 0.717 \times 0.5}{2 \times 3.14 \times 1.0}} = 0.48$(m),设计中取为 500 mm。

(四)消泡管

在曝气池隔墙上设置消泡水管,管径为 DN25 mm,管上设阀门。消泡管是用来消除曝气池在运行初期和运行过程中产生的泡沫,消泡水采用自来水。

(五)空气管

曝气池内需设置空气管路,并设置空气扩散设备,起到充氧和搅拌混合的作用。

第六节 污水的生物除磷除氮技术

一、生物脱氮技术

(一)生物脱氮机理

污水中的氮主要以以下几种形式存在:有机氮、氨态氮、亚硝态氮和硝态氮。凯氏氮

(TKN)是指有机氮和氨态氮之和。总氮(TN)则包括所有有机氮、无机氮。

脱氮过程即是各种形态的氮转化为氮气从水中去除的过程。在好氧池中,污水中的有机氮化合物首先在氨化菌的作用下发生氨化反应,分解、转化为氨态氮,然后在硝化菌的作用下,氨态氮经过硝化反应进一步氧化为硝态氮,最后在缺氧池中进行反硝化反应,硝态氮被还原成氮气而去除。

硝化过程分两步进行:首先是氨态氮在亚硝化菌作用下被氧化成亚硝酸盐氮,亚硝酸盐氮在硝化菌的作用下被氧化成硝酸盐氮。反应的方程式为:

$$2NH_4^+ + 3O_2 \xrightarrow{\text{亚硝化菌}} 2NO_2^- + 4H^+ + 2H_2O$$

$$2NO_2^- + O_2 \xrightarrow{\text{硝化菌}} 2NO_3^-$$

(二)影响硝化反应正常进行的因素

1. 有机碳浓度对硝化作用的影响

亚硝化菌和硝化菌都是化能自养菌,这类细菌生理活动不需要有机性营养物质,从 CO_2 中获取碳源,从无机物的氧化中获取能量。而在废水生物处理中常常存在大量兼性有机营养型细菌,当水中存在有机碳化合物时,主要进行有机物的氧化分解过程,以获得更多的能量来源,硝化作用缓慢。仅当有机碳化合物浓度低时,才完全进行硝化作用。

2. 溶解氧

根据上面的反应可以看到,溶解氧是硝化反应过程中的电子受体,反应器内溶解氧浓度的高低,必将影响到硝化反应的进程。在进行硝化反应的曝气池内,据实验结果证实,溶解氧含量不能低于 1 mg/L。

3. pH 值

在硝化反应过程中,将释放出 H^+ 离子,使混合液中的 H^+ 离子浓度增高,从而使 pH 值下降。而硝化菌适宜中性偏碱的环境,过酸或过碱都会影响硝化速度。最适宜的 pH 值为 7.0~7.5。

4. 温度

硝化细菌属于中温性自养型细菌,反应的适宜温度是 20~30 ℃,低于 5 ℃或高于 40 ℃时活性很低。

5. 重金属及有害物质

除重金属外,对硝化反应产生抑制作用的物质还有高浓度的氨态氮、高浓度的硝态氮和亚硝态氮、有机物以及络合阳离子等。

(三)影响反硝化反应正常进行的因素

反硝化作用就是以污水中各种有机质作为电子供体,以硝酸盐氮代替分子氧作为电子最终受体,使有机物分解,同时将硝酸盐氮还原成氮气。

1. C/N 比

一般认为系统中的 BOD_5/TN 值 >3~5 时,即可认为碳源充足;当系统中的 BOD_5/TN 值 <3 时,即需要另投加有机碳源。

2. pH 值

pH 值是反硝化反应的重要影响因素,其最适宜的 pH 值是 6.5~7.5,在这个 pH 值的条件下，反硝化速率最高，当 pH 值高于 8 或低于 6 时，反硝化速率将大为下降。

3. 溶解氧

反硝化菌是异养型兼性厌氧细菌，只有在无分子氧而同时存在硝酸和亚硝酸离子的条件下，才能够利用这些离子中的氧进行呼吸，使硝酸盐还原。溶解氧应控制在 0.5 mg/L 以下。

4. 温度

反硝化反应的适宜温度是 20 ~ 40 ℃，低于 15 ℃时，反硝化菌的增殖速率降低，代谢速率也会降低，从而降低了反硝化速率。

5. 有毒有害物质

反硝化菌的敏感性要比硝化菌差得多，与一般的好氧异养菌相同，因而受到某些重金属、络合离子和有毒有机物的毒害性较弱。

(四) 生物脱氮工艺

1. 活性污泥法脱氮传统工艺

活性污泥法脱氮的传统工艺是利用活性污泥降解废水中的有机碳和转化氨态氮为硝酸盐氮，再将硝酸盐氮还原为分子态氮。常见的是三级活性污泥法流程，它是以氨化、硝化和反硝化 3 项反应过程为基础建立的。其工艺流程见图 9-17。

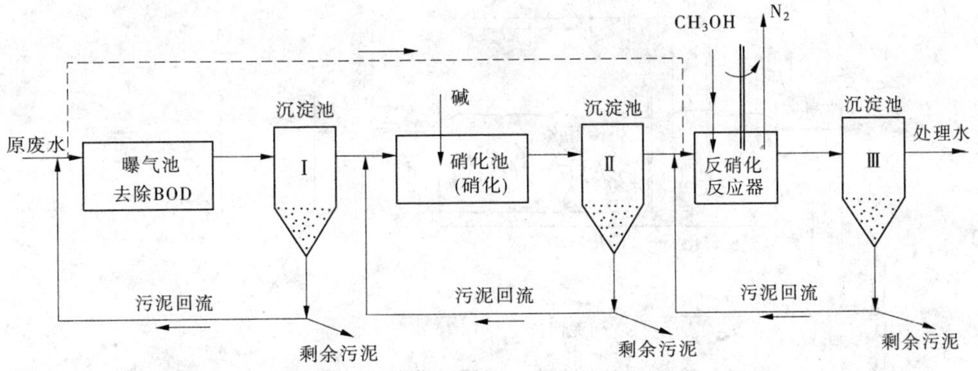

图 9-17　传统活性污泥法脱氮工艺（三级活性污泥法流程）

对其流程作如下说明：

第一级曝气池为一般的二级处理曝气池，其主要功能是去除 BOD、COD，使有机氮转化为氨态氮，即完成氨化过程。

第二级为硝化曝气池，在这里进行硝化反应，使氨态氮转化为硝态氮，即完成硝化反应。

第三级为反硝化反应器，这里在缺氧的条件下，将硝态氮还原为气态氮气，并逸往大气。

2. A/O 处理系统

A/O 系统是 20 世纪 80 年代初开创的工艺流程，见图 9-18，其主要的特点是反硝化反应器放置在系统前面，故又称为前置反硝化活性脱氮系统，这是目前采用比较广泛的一种脱氮工艺。进水首先通过厌氧（或缺氧）池，并在厌（缺）氧池内与回流硝化液和回流污泥完全混合。经过一段时间的厌氧分解，去除一部分 BOD_5，并将回流的硝化液中的硝态氮还原为气态氮。厌(缺)氧池处理的水引入好氧池进行有机物的彻底氧化,并进行硝化作用,提高了处理水水质,而且无需增建后曝气池。

该工艺还可以建成合建式处理系统,反硝化反应及硝化反应、BOD_5 的去除都在一座反应器内完成,中间隔以挡板,其工艺流程见图 9-19。

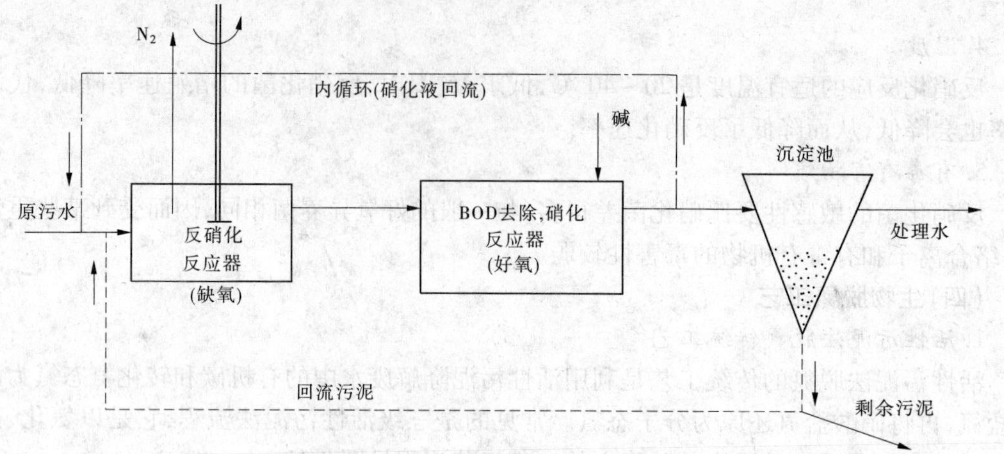

图 9-18　分建式缺氧－好氧活性污泥法脱氮系统

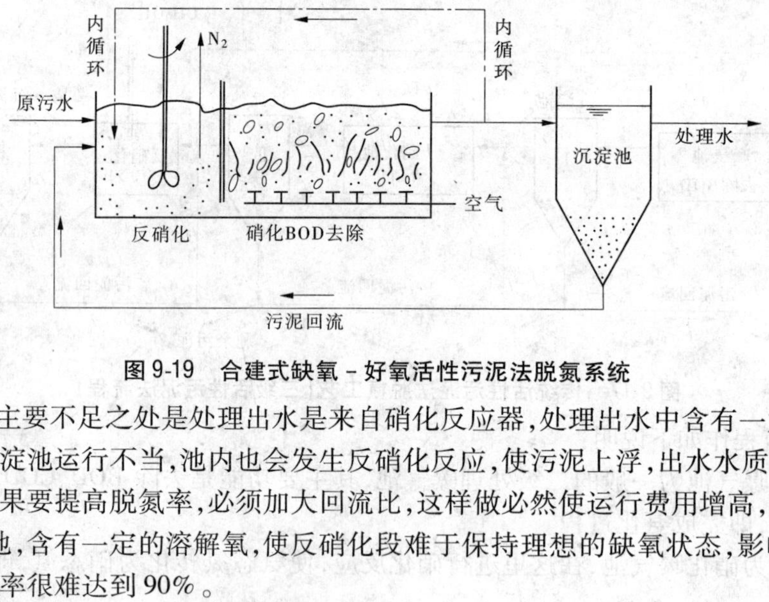

图 9-19　合建式缺氧－好氧活性污泥法脱氮系统

本工艺主要不足之处是处理出水是来自硝化反应器,处理出水中含有一定浓度的硝酸盐,如果沉淀池运行不当,池内也会发生反硝化反应,使污泥上浮,出水水质恶化。

此外,如果要提高脱氮率,必须加大回流比,这样做必然使运行费用增高,内循环液来自曝气硝化池,含有一定的溶解氧,使反硝化段难于保持理想的缺氧状态,影响反硝化过程,一般脱氮率很难达到 90%。

主要影响因素与设计参数有以下几方面:

(1)水力停留时间。硝化与反硝化反应时间对脱氮效果有较大影响,为了取得 70%～80%的脱氮率,硝化反应时间一般不应低于 6 h,而反硝化应在 2 h 之内即可完成。硝化与反硝化的水力停留时间比为 3:1为宜。

(2)回流比。在本工艺中,内循环回流的作用是向反硝化反应器提供硝态氮,作为反硝化反应的电子受体,从而达到脱氮的目的。回流比的取值与要求达到的处理效果以及反应器类型有关，适宜的回流比，应通过实验或对运行数据的分析确定。一般回流比取值不宜低于200%。

(3) MLSS值。反应器内的MLSS值，一般应在3 000 mg/L以上，低于此值，脱氮效果将明显降低。

(4) 污泥龄。应保证在硝化反应器内保持足够数量的硝化菌，因此采取较长的污泥龄，一般取值在30 d以上。

(5) N/MLSS。N/MLSS负荷率应低于0.03 gN/(gMLSS·d)，高于此值脱氮效果将急剧下降。

(6) 进水总氮浓度。应在30 mg/L以下，否则脱氮率将下降到50%以下。

二、生物除磷技术

(一) 生物除磷机理

细菌、藻类等聚磷微生物可以在它们的细胞内积贮大大超过其生理需求所需要的磷，并在厌氧条件下又释放出来。通过对微生物的这种过剩摄取和释放磷的控制，排除系统中的高磷污泥，能达到生物除磷的目的。

生物除磷的机理比较复杂，其基本过程是：

(1) 好氧阶段：聚磷细菌大量吸收并积贮溶解性磷化物中的磷，合成ATP与聚磷酸盐。

(2) 厌氧阶段：使含磷化合物成溶解性磷，聚磷细菌释放出积贮的磷酸盐。

(二) 影响生物除磷的主要因素

影响生物除磷的主要因素有以下几点。

1. 溶解氧

在生物除磷工艺系统中，聚磷菌的吸磷、放磷主要是由水中溶解氧浓度来决定的。溶解氧是影响除磷效果最重要的因素，好氧吸磷池溶解氧最好控制在3~4 mg/L，厌氧放磷池溶解氧应小于0.2 mg/L。

2. 硝态氮

生物除磷系统中有硝态氮的存在，会抑制聚磷微生物的放磷作用。处理水中的硝态氮浓度高，除磷效果差。为此常采用同步脱氮除磷工艺，该工艺的主导思想是先除磷。

3. BOD_5/TP

废水中的BOD_5/TP值是硬性生物除磷系统去磷效果的重要因素之一。为使出水总磷小于1 mg/L，应满足废水中的BOD_5/TP值大于20，或溶解性的BOD_5/溶解性磷大于12~15，这样可取得较好的除磷效果。

(三) 生物除磷工艺

1. 厌氧－好氧工艺

又名An/O工艺，其工艺流程如图9-20所示。

该工艺主要是通过排除富磷的剩余污泥达到除磷的目的。其主要特点是工艺流程简单，不需投药，运行和建设费少。缺点是除磷效率低，去除率大致在75%左右。

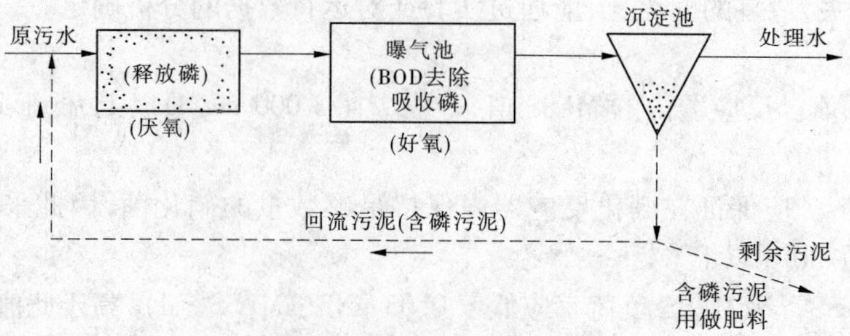

图9-20 厌氧－好氧除磷工艺流程(An/O法)

2. 弗斯特利普除磷工艺

该工艺不但可以通过排除含磷的剩余污泥达到除磷的目的,还可利用活性污泥在厌氧池中将磷释放于上清液中,通过去除上清液中的磷而达到除磷的目的,其工艺流程见图9-21,上清液中的磷可通过化学除磷方法去除。

该工艺弥补了An/O法效果差的不足,磷去除率可达90%以上。但缺点是工艺复杂,需投加药剂,运行费和建设费都较高。

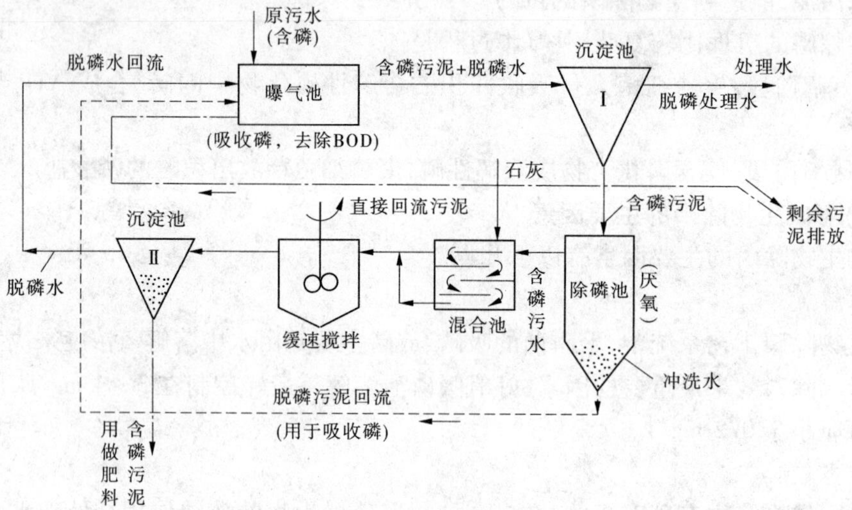

图9-21 弗斯特利普除磷工艺流程

三、同步脱氮除磷技术

(一)A－A－O工艺

A－A－O工艺,亦称A^2/O工艺,是英文Anaerobic－Anoxic－Oxic第一个字母的简称。按实质意义来说,本工艺称为厌氧－缺氧－好氧更为确切。其工艺流程见图9-22。

1. 各反应器单元功能与工艺特征

(1)厌氧反应器,主要功能是释放磷,同时部分有机物进行氨化。

(2)污水经过第一厌氧反应器进入缺氧反应器,本反应器的首要功能是脱氮,循环的混合液量较大,一般为原污水流量的2倍。

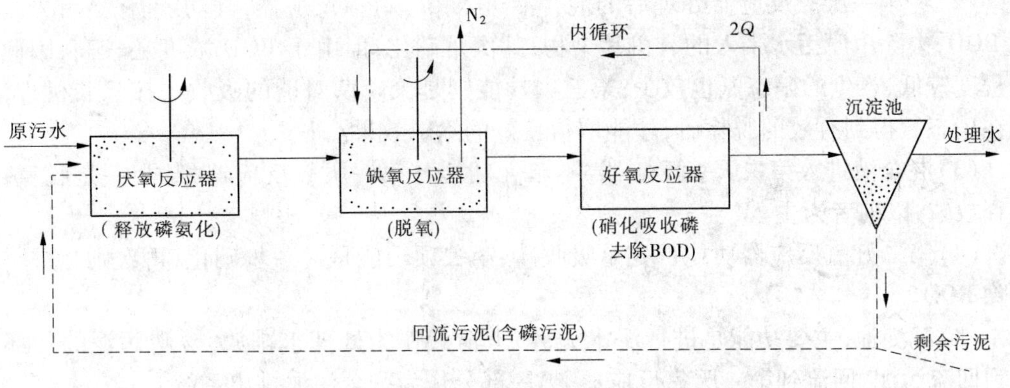

图 9-22　A－A－O 法同步脱氮除磷工艺流程

(3)混合液从缺氧反应器进入好氧反应器——曝气池,这一反应器单元是多功能的,去除 BOD 或 COD,硝化和吸收磷等多项反应都在本反应器内进行。

(4)沉淀池的功能是泥水分离,污泥的一部分回流厌氧反应器,上清液作为处理水排放。

2. 本工艺具有的特点

优点:工艺简单,总水力停留时间小于其他同类工艺;厌氧(缺氧)/好氧交替运行,丝状菌不能大量增殖,基本不存在污泥膨胀问题;不需外加碳源,厌氧与缺氧只进行缓速搅拌,运行费用较低;并且污泥中含磷浓度高,具有很高的肥效。

缺点:由于受污泥增长的限制,除磷效果较难提高。

(二)巴颠甫(Bardenpho)脱氮除磷工艺

本工艺是以高效率同步脱氮、除磷为目的而开发的一项技术,其工艺流程见图 9-23。

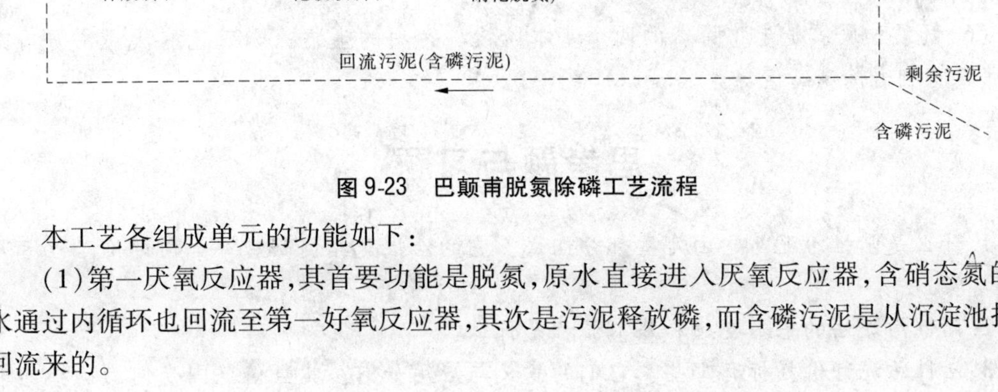

图 9-23　巴颠甫脱氮除磷工艺流程

本工艺各组成单元的功能如下:

(1)第一厌氧反应器,其首要功能是脱氮,原水直接进入厌氧反应器,含硝态氮的污水通过内循环也回流至第一好氧反应器,其次是污泥释放磷,而含磷污泥是从沉淀池排出回流来的。

（2）经第一厌氧反应器处理后的混合液进入第一好氧反应器，其功能有三：首先是去除 BOD，去除由原污水带入的有机污染物；其次是硝化，但由于 BOD 浓度还较高，因此硝化程度较低，产生的硝态氮也较少；第三项功能则是聚磷菌对磷的吸收。按除磷机理，只有在硝态氮得到有效的脱除后，才能取得良好的除磷效果。

（3）混合液进入第二厌氧反应器，本单元功能与第一厌氧反应器相同，一是脱氮；二是释放磷，以前者为主。

（4）第二好氧反应器功能首先是吸收磷，第二项功能是进一步硝化，再次则是进一步去除 BOD。

（5）沉淀池，主要功能是进行泥水分离，上清液作为处理水排放，含磷污泥的一部分作为回流污泥，回流到第一厌氧反应器，另一部分作为剩余污泥排出系统。

（三）氧化沟脱氮除磷工艺

脱氮除磷的氧化沟是将氧化沟和其他的脱氮除磷工艺相结合，用氧化沟来实现本应由多个反应器来承担的任务，使脱氮除磷工艺更加紧凑，氧化沟的功能得到大大的加强。

小　结

（1）活性污泥是由大量的有生命活力的微生物群体组成。反映活性污泥性能的指标有混合液悬浮固体浓度（污泥浓度）、污泥沉降比、污泥体积指数和污泥龄。

（2）活性污泥通过微生物的新陈代谢达到净化污水的目的。活性污泥的净化分为初期吸附去除、微生物代谢、微生物的增殖等三个阶段。影响活性污泥净化反应的环境因素有营养物质、温度、溶解氧以及有毒物质等。

（3）传统的活性污泥法工艺由曝气池、二次沉淀池、供氧装置和污泥回流设备等组成。其中曝气池是最核心的构造。常用的曝气方法有鼓风曝气和机械曝气。常见的曝气池有鼓风曝气与长廊式曝气池、叶轮曝气与圆形（或方形）曝气池。

（4）活性污泥法的运行方式有传统活性污泥法处理系统、阶段曝气活性污泥法系统、吸附－再生活性污泥法系统、延时曝气活性污泥法系统、完全混合活性污泥法系统、纯氧曝气活性污泥法系统等。

（5）通过硝化及反硝化达到生物脱氮的目的。常用的脱氮工艺有活性污泥法脱氮传统工艺、A/O 处理系统等。

（6）好氧和厌氧是生物除磷的两个基本阶段。常用的生物除磷工艺有厌氧－好氧工艺、弗斯特利普除磷工艺等。

思考题与习题

1. 什么是活性污泥？它由哪些部分组成？它的活性是指何而言？如何评价活性污泥的好坏？

2. 活性污泥法的基本要领和基本流程是什么？

3. 活性污泥评价指标有哪些？它们的意义与应用如何？其数值范围受何影响？

4. 污泥龄的概念与意义是什么？怎样进行污泥龄的计算？在设计与运行中如何应用？

5. 活性污泥法去除有机物的净化过程及作用如何？

6. 产生活性污泥膨胀的主要原因是什么？如果某污水厂经常会发生严重的活性污泥膨胀问题，大致可以从哪些方面着手进行研究、分析，可以采取哪些措施加以控制？

7. 推流式与完全混合式曝气池的区别是什么？

8. 曝气池有哪几种构造和布置形式？

9. 活性污泥法有哪些主要的运行方式，各种运行方式的特点是什么？促使各种运行方式发展的因素是什么？

10. 影响活性污泥法运行的主要因素有哪些？这些因素的作用是什么？

11. 曝气池和二次沉淀池的作用与相互联系是什么？

第十章　好氧生物膜法

【教学目标】 本章介绍了好氧生物膜法的净化机理，重点介绍了生物滤池、生物转盘、生物接触氧化法，要求熟悉和掌握三种方法的构造与工作原理、运行特点及相关工艺设计。

第一节　生物膜法及其净化机理

生物膜法是利用固着生长的微生物——生物膜的代谢作用去除有机物，有厌氧和好氧两种。本节只讨论好氧生物膜法，简称生物膜法。生物膜法主要适于处理溶解性有机物，污水同生物膜接触后，溶解性有机物和少量悬浮物被生物膜吸附降解为稳定的无机物（CO_2、H_2O 等）。

一、生物膜的形成

让含有营养物的污水与载体（固体惰性物质）接触，并提供充足的空气（氧气），污水中的微生物和悬浮物就吸附在载体表面，微生物利用营养物生长繁殖，在载体表面形成黏液状微生物群落。这层微生物群落进一步吸附分解污水中的悬浮物、胶体和溶解态营养物，不断增殖而形成一定厚度的生物膜。

构成生物膜的物质是无生命的固体杂质和有生命的微生物。状态良好的生物膜是细菌、真菌、藻类、原生动物和后生动物及固体杂质等构成的生态系统。在这个生态系统中细菌占主导地位，正是由于细菌等微生物的代谢作用使水质得以净化。在生物滤池中，污水从上而下流动，水质沿高度逐渐变化，形成不同的生物相，越往下原生动物越多，水质越好。此外滤池内还生长灰蝇，它以生物膜为食，起疏松生物膜的作用。

二、生物膜法的基本流程

生物膜法的基本流程如图 10-1 所示。污水经沉淀池去除悬浮物后进入生物膜反应池，去除有机物。生物膜反应池出水进入二沉池去除脱落的生物体，澄清液排放。污泥浓缩后运走或进一步处置。

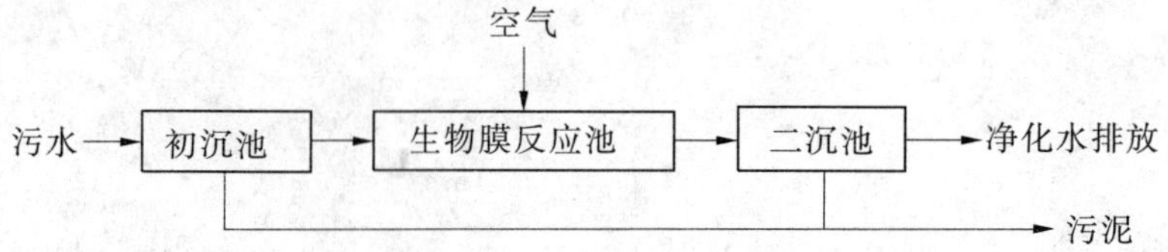

图 10-1　生物膜法基本流程

三、生物膜法的净化机理

图 10-2 是生物膜一小块滤料放大了的示意图。它可以帮助分析理解生物膜对污水的净化作用。

从图 10-2 中可以看出,滤料表面的生物膜可分为厌氧层和好氧层。由于生物膜的吸附作用,在好氧层表面有一层附着水层,在附着水层外部,是流动水层。由于进入生物处理池中的待处理污水,有机物浓度较高,因此当流动水流经滤料表面时,有机物就会从运动着的污水中通过扩散作用转移到附着水层中去,并进一步被生物膜所吸附。同时空气中的氧也通过流动水、附着水进入生物膜的好氧层中,生物膜中的微生物在氧的参与下对有机物进行氧化分解和新陈代谢,其代谢产物如 CO_2、H_2O 等无机物又沿着相反的方向从生物膜经过附着水层排到流动水层及空气中去,使污水得到净化。同时,微生物不断繁殖,生物膜厚度不断增加,造成厌氧层厚度不断增加。

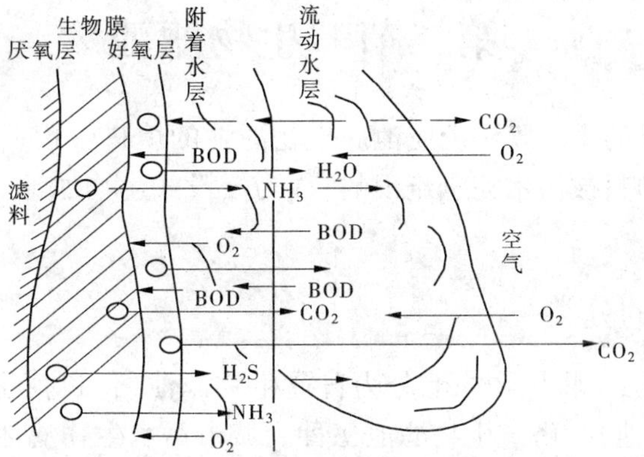

图 10-2　生物膜结构及其工作示意

当厌氧层过厚、代谢产物过多时,好氧层上的生态系统遭到破坏,生物膜就呈老化状态而脱落(自然脱落),再行开始增长新的生物膜。在生物膜成熟后的初期,微生物好氧代谢旺盛,净化功能最好;在膜内出现厌氧状态时,净化功能下降;而当生物膜脱落时,降解效果最差。生物膜就是通过吸附→氧化→增厚→脱落过程而不断地对有机污水进行净化的。

四、生物膜法的分类及特点

(一)生物膜法的分类

按生物膜与污水的接触方式不同,生物膜法可分为充填式和浸没式两类。

充填式生物膜法的填料(载体)不被污水淹没,自然通风或强制通风供氧,污水流过填料表面或盘片旋转时才浸过污水,如生物滤池和生物转盘等;浸没式生物膜法的填料完全浸没于水中,一般采用鼓风曝气供氧,如接触氧化等。

(二)生物膜法的特点

1. 运行管理方便,耗能较低

生物膜法中丝状菌起一定的净化作用,但丝状菌的大量繁殖,会降低污泥或生物膜的密度。在活性污泥法运行管理中,丝状菌增加能导致污泥膨胀,而丝状菌在生物膜法中无不良作用。相对于活性污泥法,生物膜法处理污水的能耗低。

2. 具有硝化作用,净化效果好

在污水中起硝化作用的细菌属自养型细菌,容易生长在固体介质表面上被固定下来,故用生物膜法进行污水的硝化处理,能取得好的效果,且较为经济。

3. 抗冲击负荷能力强,处理效果稳定

污水的水质、水量时刻在变化,当短时间内变化较大时,即产生了冲击负荷,生物膜法处理污水对冲击负荷的适应能力较强,处理效果较为稳定。有毒物质对微生物有伤害作用,一旦进水水质恢复正常后,生物膜净化污水的功能即可得到恢复。

4. 污泥呈块状,沉降脱水性能好

生物膜法产生的污泥主要是从介质表面上脱落下来的老化生物膜,为腐殖污泥,其含水率较低,呈块状,沉降及脱水性能良好,在二沉池内易分离,可得到较好的出水水质。

第二节　生物滤池

生物滤池是最早的生物膜法反应池。生物滤池的填料一般不被污水淹没,属于充填式生物膜法。也有填料被污水完全淹没的,称为浸没式生物滤池。这里只讨论充填式生物滤池。

一、生物滤池的分类

根据有机负荷率,可将生物滤池分为普通生物滤池(低负荷生物滤池)、高负荷生物滤池(回流式生物滤池)和塔式生物滤池三种。城市污水生物滤池的负荷率如表 10-1 所示。

表 10-1　城市污水生物滤池的负荷率

生物滤池类型	BOD_5 负荷率($kg/(m^3 \cdot d)$)	水力负荷率($m^3/(m^2 \cdot d)$)	处理效率(%)
低负荷式	0.15~0.30	1~3	85~95
高负荷式	<1.2	10~30	75~90
塔式	1.0~3.0	80~200	65~85

(一)普通生物滤池

在较低负荷率下运行的生物滤池叫普通生物滤池。普通生物滤池的水力停留时间长,净化效果好,出水稳定,污泥沉淀性能好,剩余污泥少。但滤速低,占地面积大,水力冲刷作用小,易堵塞和断流,且生长灰蝇,散发臭气,卫生条件差,目前已趋于淘汰。

(二)高负荷生物滤池

在高负荷率下运行的生物滤池叫高负荷生物滤池。在高负荷生物滤池中,微生物营养充足,生物膜增长快。为防止滤料堵塞,需进行出水回流,又叫回流式生物滤池。回流使滤速提高,冲刷作用增强,能防止滤料堵塞。

与普通生物滤池相比，高负荷生物滤池的去除率较低，滤池剩余量多，稳定度小，但高负荷生物滤池占地面积小，投资费用低，且卫生条件好，适于处理浓度较高、水质水量波动较大的污水。

（三）塔式生物滤池

塔式生物滤池的负荷高，生物膜生长快，没有回流，为防止滤料堵塞，采用的滤池面积较小，可获得较高的滤速。滤料体积是一定的，面积缩小使高度增大，而形成塔状结构，称为塔式生物滤池。

与普通生物滤池和高负荷生物滤池相比，塔式滤池的净化效果最差，但塔式生物滤池占地面积小，投资运行费用低，耐冲击负荷能力强，适于处理浓度较高的污水。

二、生物滤池的运行方式

生物过滤系统基本上由初沉池、生物滤池、二次沉淀池组合而成，其组合形式有单级运行系统和多级运行系统。

单级运行系统如图 10-3 所示，图 10-3(a)为单级直流系统，多用于低负荷生物滤池；图 10-3(b)、(c)、(d)均为单级回流系统，多用于高负荷生物滤池。图 10-3(b)：处理水回流至生物滤池前，加强了表面负荷，却不加大初沉池的容积，但二次沉淀池要适当大些。图 10-3(c)：生物滤池出水直接回流到生物滤池前，可加大表面负荷，又可利用生物接种，促进生物膜更新，这个系统的两个沉淀池都比较小。图 10-3(d)：不设二次沉淀池，滤池出水回流到初沉池前加强初沉池生物絮凝作用，提高沉淀效果。

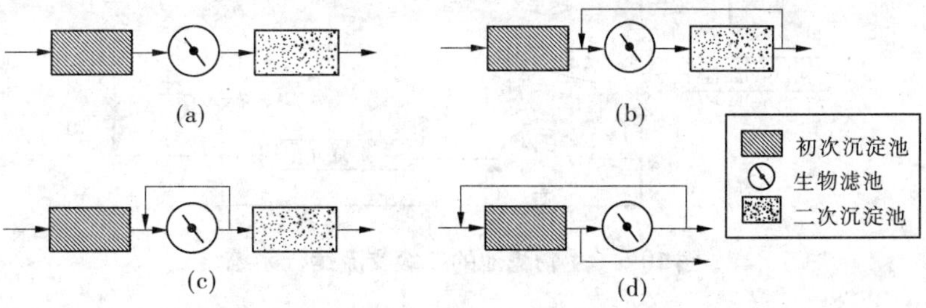

图 10-3　生物滤池的单级运行系统

多级运行系统见图 10-4。据实验和分析，第一级生物滤池处理效率可达 70%，第二级处理效率可达 20%，第三、四级的处理效率很低，在 5% 左右。所以，一般取两级。图 10-4(a)、(b)均为二级直流系统。二级串联工作的生物滤池的优点是：滤层深度可适当减小，通风条件好，两次洒水充氧，出水水质较好。缺点是：增加了提升泵，加大了占地面积。一般第一级生物滤池采用粒径较大的滤料，后一级采用粒径较小的滤料。

图 10-4(c)和图 10-4(d)是二级回流系统。

采用回流的优点：一是增大水力负荷、促进生物膜的脱落、防止堵塞；二是污水被稀释，降低了基质浓度；三是可向生物滤池连续接种，促进生物膜的生长；四是提高进水的溶解氧；五是防止滤池滋生蚊蝇。缺点：一是缩短污水在滤池中的停留时间；二是洒水量大，降低了生物膜吸附有机物的速度；三是回流水中难降解的物质会产生积累；四是冬天会使池中水温降低等。

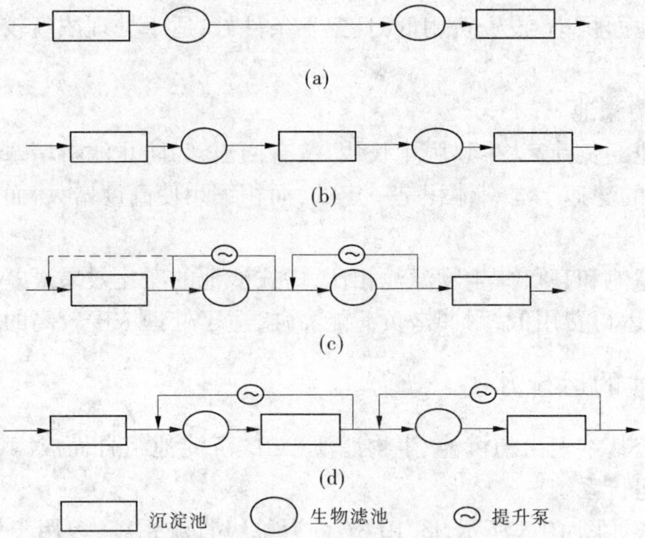

图 10-4　生物滤池的多级运行系统

图 10-5 是二级交流运行系统，每一生物滤池可交替作为一级和二级使用，循环往复，使负荷率比一般二级系统提高 2 ~ 3 倍。

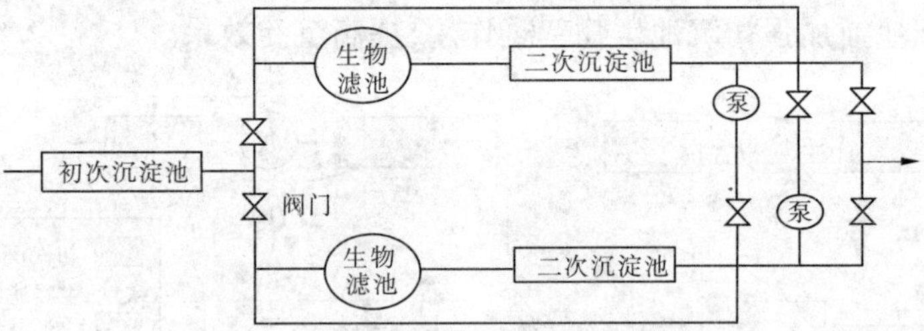

图 10-5　生物滤池的二级交流运行系统

采用生物滤池处理污水时，应该做好滤池类型和运行系统的选择。确定流程时，应该决定是否用初次沉淀池，采用几级过滤，采用回流与否，选择回流方式及回流比等。是否用初次沉淀池视水质而定，悬浮物较多的污水，一般都使用初沉池。

三、生物滤池的构造

（一）普通生物滤池的构造

普通生物滤池由池体、滤料、布水装置和排水系统四部分组成，其构造如图 10-6 所示。

1. 池体

普通生物滤池在平面上多呈方形或矩形，四周围以池壁，池壁起围挡滤料的作用，一般用砖石或混凝土筑造。池壁要能承受滤料的压力，池壁高度一般应高出滤池表面 0.4 ~ 0.5 m。

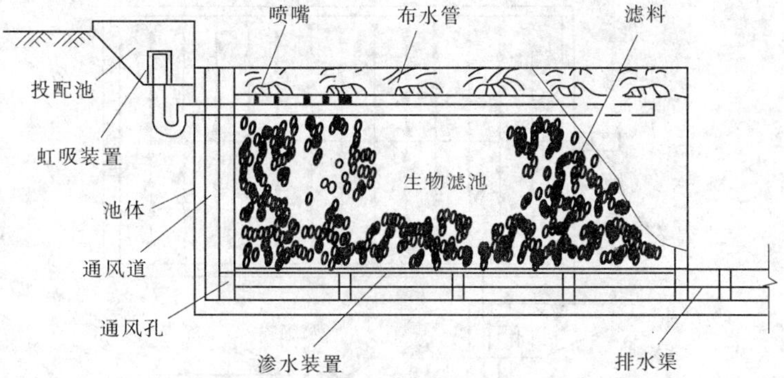

图 10-6　普通生物滤池构造图

2. 滤料

滤料是生物滤池的主体,对生物滤池的净化功能有直接的影响。对滤料的要求是:具有较大的比表面积,以利于形成较高的生物量;较大的空隙率,以利于氧的供应和氧的传递;具有较高的机械强度,耐腐蚀性强;价格低廉,能够就地取材。常用实心拳状滤料,主要有碎石、卵石、炉渣和焦炭等。滤料分为工作层和承托层。总厚度为 1.5 ~ 2.0 m。工作层为 1.3 ~ 1.8 m,粒径一般在 30 ~ 50 mm;承托层厚 0.2 m,粒径为 60 ~ 100 mm。各层滤料粒径应均匀一致,对于有机物浓度较高的废水,应采用粒径较大的滤料,以防止滤料堵塞。

3. 布水系统

生物滤池布水系统的作用是向滤料表面均匀地布水。若布水不均匀,会造成某一部分滤料负荷过大,而另一部分负荷不足。普通生物滤池常用的布水系统是固定喷嘴式布水系统。

固定喷嘴式布水系统由投配池、虹吸装置、布水管道和喷嘴四部分所组成。

如图 10-7 所示,污水进入配水池,当水位达到一定高度后,虹吸装置开始工作,污水进入布水管路。配水管设有一定坡度以便放空,布水管道敷设在滤池表面下 0.5 ~ 0.8 m,喷嘴安装在布水管上,伸出滤料表面 0.15 ~ 0.2 m,喷嘴的口径为 15 ~ 20 mm。当水从喷嘴喷出,受到喷嘴上部设有的倒锥体的阻挡,水流向四周分散,形成水花,均匀喷洒在滤料上。当配水池水位降到一定程度时,虹吸被破坏,喷水停止。

这种布水装置的优点是运行方便,易于管理和受气候影响较小;缺点是需要的水头较大(20 m)。

4. 排水系统

生物滤池的排水系统设在滤池的底部,其作用为排除处理后的污水,保证滤池有良好的通风条件和支撑滤料。排水系统包括渗水装置、集水沟和排水渠等。

(二)高负荷生物滤池的构造

高负荷生物滤池是生物滤池的第二代工艺。它是为解决普通生物滤池在净化功能上和运行中存在的负荷低、易堵塞等问题而开发出来的。

高负荷生物滤池的有机物容积负荷高,为普通生物滤池的 6 ~ 8 倍,因此池体占地面积小。此外,采用较高的水力负荷(10 ~ 30 $m^3/(m^2 \cdot d)$)能及时地冲刷掉老化的生物膜,

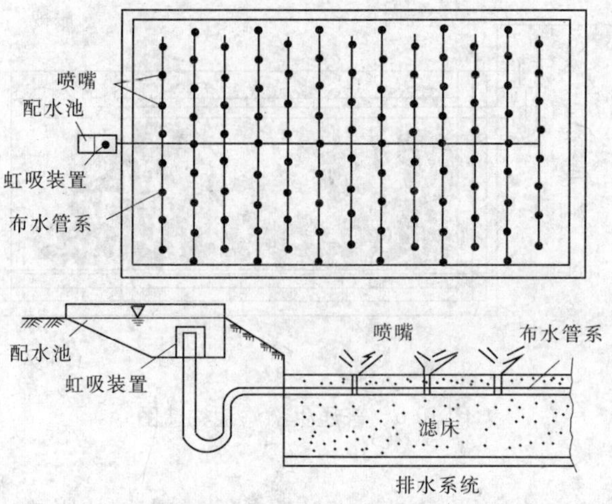

图 10-7　固定喷嘴式布水系统

促使生物膜更新,保持较高的活性,并防止滤池堵塞。有机物去除率一般为 75% ~90%,比普通生物滤池低。

高负荷生物滤池的构造与普通生物滤池基本相同,由于其布水系统采用旋转布水器,故其平面尺寸多为圆形。

高负荷生物滤池的滤料与普通生物滤池不同,其滤料粒径一般为 40 ~ 100 mm,大于普通生物滤池,滤料的孔隙率较高,滤料层高一般为 2.0 m,差别主要表现在布水装置上。

高负荷生物滤池多采用旋转布水器,如图 10-8 所示。它是由固定不动的进水管和可旋转的布水横管组成,布水横管有 2 根或 4 根,横管中心轴距滤池池面 0.15 ~0.25 m,横管绕竖管旋转,旋转的动力可以用电动机,也可用水力反冲产生,目前应用较多的是水力驱动。从图 10-8 可以看出,在横管的一侧开一系列间距不等的孔口,周边较密,中心较疏。当污水从孔口喷出后,产生反作用力,布水横管按喷水反方向旋转,将污水均匀洒布在池面上。布水器的旋转部分与固定竖管的连接处采用轴承连接,且连接处封闭良好,减小了旋转时的摩擦力。

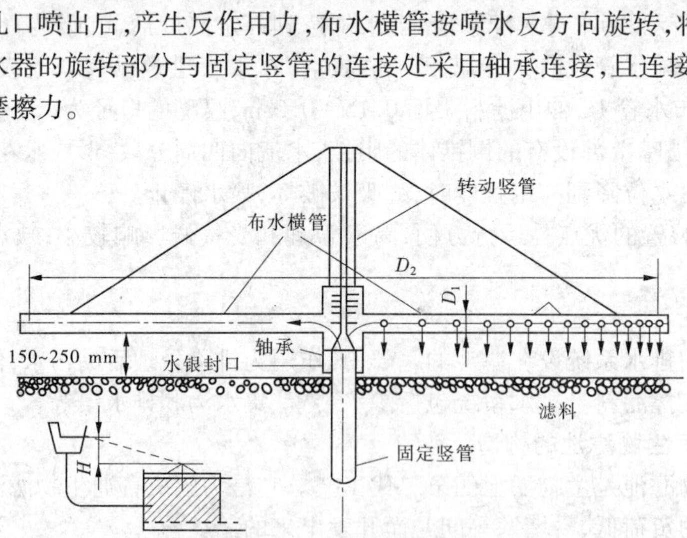

图 10-8　旋转布水器

(三)塔式生物滤池的构造

塔式生物滤池的构造与一般生物滤池基本相似,主要不同在于采用轻质、高孔隙率的塑料滤料和塔体结构(见图 10-9)。主要由塔身、滤料、布水设备、通风装置和排水系统所组成。

1. 塔身

塔身起围挡滤料的作用,可用钢筋混凝土结构、砖结构、钢结构和钢框架与塑料板面的混合结构。塔身分若干层,每层设有支座以支撑滤料和生物膜的重量,另外塔身上还开设观察窗,供观察、采样、填装滤料等用。

2. 滤料

塔滤中所采用的滤料大多为轻质、高孔隙率的塑料滤料。其形状可做成蜂窝状、波纹状等。目前多采用经酚醛树脂固化、内切圆直径为 19 ~ 25 mm 的纸质蜂窝滤料和玻璃布蜂窝滤料。

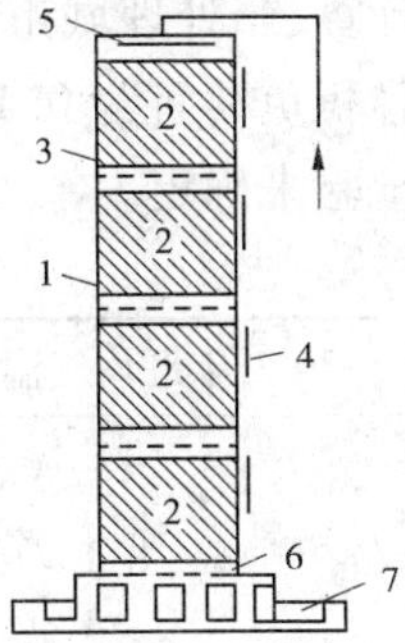

1—塔身;2—滤料;3—格栅;4—检修口;
5—布水器;6—通风口;7—集水槽

图 10-9　塔式生物滤池构造

3. 布水装置

塔滤的布水装置与一般的生物滤池相同,既广泛使用旋转布水器,也采用固定式穿孔管。前者适用于圆形滤池,后者适用于方形滤池。

4. 通风装置

塔滤一般都采取自然通风,塔底有高度为 0.4 ~ 0.6 m 的空间,周围留有通风孔,也可以采用人工机械通风。

5. 排水系统

塔滤的出水汇集于塔底的集水槽,然后通过渠道送往沉淀池进行生物膜与水的分离。

四、生物滤池的性能

生物滤池早于活性污泥法,活性污泥法的发明之初是以生物滤池的替代工艺出现的,但生物滤池至今仍有大量应用。与活性污泥工艺不同的是,在生物滤池中常采用出水回流,而基本不会采用污泥回流,因此从二沉池排出的污泥全部作为剩余污泥进入污泥处理流程进行进一步的处理。生物膜法与活性污泥法的比较见表 10-2。

表 10-2　生物膜法与活性污泥法的比较

项目	生物膜法	活性污泥法
基建费	低	较低
运行费	低	较高
气候的影响	较大	较小
技术控制	较易控制	要求较高
灰蝇和臭味	蝇多、味大	无
最后出水	负荷低时,硝化程度较高,但悬浮物较高	悬浮物较少,但硝化程度不高
剩余污泥量	少	大
泡沫问题	很少	较多

五、生物滤池的设计

(一)普通生物滤池的设计与计算

普通生物滤池的个数或分格数不应少于2个,并按同时工作设计,设计流量按平均日污水量计算,当处理城市污水时,在正常气温下,表面水力负荷宜为1~3 $m^3/(m^2 \cdot d)$;有机物容积负荷宜为0.15~0.3 $kgBOD_5/(m^3 \cdot d)$;也可按表10-3选用。对于工业废水应通过试验来确定。

表10-3 普通生物滤池 BOD_5 容积负荷

年平均气温(℃)	容积负荷($gBOD_5/(m^3 \cdot d)$)
3~6	100
6.1~10	170
>10	200

普通生物滤池的设计与计算包括:滤料的选定、滤料容积、滤池深度和平面尺寸的确定,布水系统和排水系统的设计计算。

(1)滤料容积可以根据容积负荷计算:

$$V = \frac{Q(L_a - L_e)}{N_V} \tag{10-1}$$

式中 V——滤料容积,m^3;

Q——原污水的平均日流量,m^3/d;

L_a——进入滤池污水的 BOD_5 浓度,g/m^3;

L_e——滤池出水的 BOD_5 浓度,g/m^3;

N_V——容积负荷,$gBOD_5/(m^3 \cdot d)$。

(2)滤池表面积:

$$A = \frac{V}{H} \tag{10-2}$$

式中 A——滤池表面积,m^2;

H——滤料层高度,m。

(3)用水力负荷校核,水力负荷值应在1~5 $m^3/(m^2 \cdot d)$。

$$q_F = \frac{Q}{A} \tag{10-3}$$

式中 q_F——表面水力负荷,$m^3/(m^2 \cdot d)$。

普通生物滤池的优点是处理程度高(一般可达95%以上),运行稳定、易于管理,节省能量。但缺点是负荷率低、占地面积大、处理水量较小、滤池易堵塞,且产生池蝇、散发臭味较大、卫生条件差。

(二)高负荷生物滤池工艺设计与计算

高负荷生物滤池的设计计算分为两部分:滤池池体和旋转布水器的计算与设计。

高负荷生物滤池污水量按平均日流量计算。进水 BOD_5 浓度应小于 200 mg/L，如果大于此值时，应采用回流措施，回流比按公式(10-5)计算。当采用自然通风时，滤料厚度一般不大于 2.0 m，其中工作层厚 1.8 m，粒径 40 ~ 70 mm，承托层厚 0.2 m，粒径 70 ~ 100 mm。如果工作层厚度超过 2.0 m 时，应采取人工通风措施。滤料一般采用卵石、石英石、花岗石等。近年来，一些人工滤料也广泛采用，例如，塑料做的波纹板、多孔筛状板等。

在高负荷生物滤池计算时，常采用以下负荷：有机物容积负荷一般不大于 1 200 $g/(m^3 \cdot d)$；有机物面积负荷(N_A)是指每天每平方米滤料表面所能接受的 BOD_5 数量，一般为 1 100 ~ 2 000 $gBOD_5/(m^2 \cdot d)$；表面水力负荷一般为 10 ~ 30 $m^3/(m^2 \cdot d)$。

(1)在进行工艺计算前，首先应确定进入滤池的污水经回流稀释后的 BOD_5 值 L_a 以及回流稀释倍数。

经处理水稀释后，进入滤池污水的 BOD_5 值为：

$$L_a = aL_e \tag{10-4}$$

式中 L_a——喷洒向滤池污水的 BOD_5 值，mg/L；

L_e——滤池处理后出水的 BOD_5 值，mg/L；

a——系数，按表 10-4 所列数据选用。

表 10-4 系数 a

污水冬季平均气温(℃)	年平均气温(℃)	滤料层高度(m)				
		2.0	2.5	3.0	3.5	4.0
8 ~ 10	<3	2.5	3.3	4.4	5.7	7.5
10 ~ 14	3 ~ 6	3.3	4.4	5.7	7.5	9.6
>14	>6	4.4	5.7	7.5	9.6	12.0

(2)回流比 r 可按下式求得：

$$r = \frac{L_0 - L_a}{L_a - L_e} \tag{10-5}$$

式中 L_0——原污水的 BOD_5 值，mg/L；

其余符号含义同前。

(3)根据容积负荷计算滤料容积 V：

$$V = \frac{Q(1 + r)L_a}{N_V} \tag{10-6}$$

式中 Q——原污水日平均流量，m^3/d；

N_V——容积负荷率，$gBOD_5/(m^3 \cdot d)$；

其余符号含义同前。

(4)滤池表面积 A：

$$A = \frac{V}{H} \tag{10-7}$$

式中 H——滤料层高度，m。

也可以按水力负荷计算滤池表面积 A：

$$A=\frac{Q(1+r)}{q_F} \tag{10-8}$$

式中 q_F——滤池表面水力负荷，$m^3/(m^2 \cdot d)$，一般为 $10\sim30\ m^3/(m^2 \cdot d)$；

其余符号含义同前。

【例题 10-1】 某城镇设计人口 60 000 人，污水量标准 250 L/(人·d)，排放的 BOD_5 量为 30 g/(人·d)。镇内有一座工厂，污水量 2 000 m^3/d，BOD_5 值为 1 000 mg/L。混合污水冬季平均温度为 15 ℃，年平均气温 10 ℃。滤料层厚度 $H=2.0$ m，采用旋转布水器布水，要求处理后出水 $BOD_5 \leqslant 30$ mg/L。

解：高负荷生物滤池计算。

1. 污水平均日流量

$$Q=\frac{60\ 000\times250}{1\ 000}+2\ 000=17\ 000(m^3/d)$$

2. 污水的 BOD_5 浓度

$$L_0=(60\ 000\times30+2\ 000\times1\ 000)\times\frac{1}{17\ 000}\approx223.53(mg/L)$$

3. 回流稀释后混合污水浓度

因为 $L_0>200$ mg/L，原污水必须用回流水稀释，回流稀释后混合污水浓度(L_a)为：

根据所给条件查表 10-4 得 $a=4.4$

故
$$L_a=4.4\times30=132(mg/L)$$

4. 回流稀释比

$$r=\frac{L_0-L_a}{L_a-L_e}=\frac{223.53-132}{132-30}\approx0.897$$

5. 滤池总面积

取 $N_A=1\ 800\ gBOD_5/(m^2 \cdot d)$

$$A=\frac{Q(1+r)L_a}{N_A}=\frac{17\ 000\times(0.897+1)\times132}{1\ 800}\approx2\ 365(m^2)$$

6. 滤池滤料总体积

$$V=H\cdot A=2\times2\ 365=4\ 730(m^3)$$

7. 单个滤池面积

采用 4 个滤池，每个滤池面积：

$$A_1=\frac{1}{4}A=\frac{1}{4}\times2\ 365=591.25(m^2)$$

8 . 滤池直径 D

$$D=\sqrt{\frac{4A_1}{\pi}}=\sqrt{\frac{4\times591.25}{\pi}}\approx27.44(m)$$

9. 校核水力负荷

$$q_F=\frac{Q(1+r)}{A}=\frac{17\ 000\times(1+0.897)}{2\ 365}=13.64(m^3/(m^2 \cdot d))$$

水力负荷介于 10 ~ 30 $m^3/(m^2 \cdot d)$,符合要求。经计算,采用 4 座直径 27.5 m、高 2.0 m 的高负荷生物滤池。

旋转布水器的计算(略)。

第三节　生物转盘

生物转盘又名转盘式生物滤池,是在生物滤池的基础上发展起来的一种高效、经济的污水生物处理设备,属于充填式生物膜法。它具有结构简单、运转安全、电耗低、抗冲击负荷能力强、运行费用低、接触反应时间短、产生的污泥量少、噪声低、无不良气味、能除磷、不发生堵塞等优点。它能够处理任何高浓度及低浓度的污水,目前在我国化纤、印染、造纸等许多行业工业废水和城市生活污水处理中得到充分运用。

一、生物转盘的构造与工作原理

如图 10-10 所示,生物转盘反应器由垂直固定在水平轴上的一组盘片(圆形或多边形)及与之配套的氧化水槽组成。氧化水槽的断面为半圆形、矩形或梯形。盘片一般用塑料、玻璃钢等材料制成,要求轻质、耐腐蚀和不变形。盘片为平板、波纹板等,或是平板和波纹板的复合。

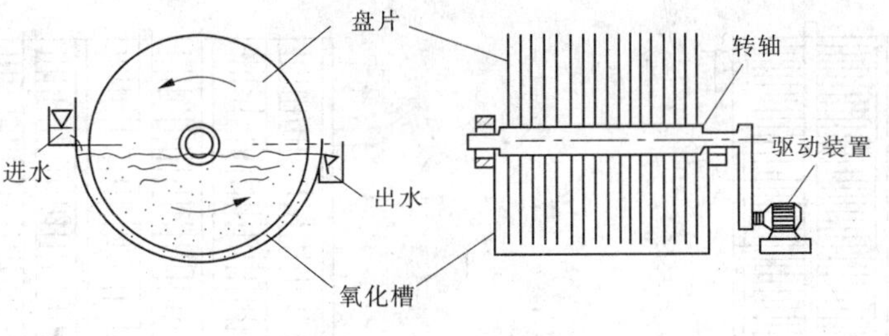

图 10-10　生物转盘的一般构造

生物转盘上生长着生物膜,靠生物膜的吸附稳定作用去除有机物。生物转盘常多级串联,以提高处理效率。级数一般不超过 4 级,级数过多,处理效率提高不大。氧化水槽底部设有排泥管和放空管,以控制槽内悬浮物浓度。

污水流动方向与轴垂直,与盘面平行。氧化水槽内保持一定的液位,盘片近一半浸没在水中,另一半暴露在空气中。转盘在电动机带动下,缓慢转动,使盘片上的生物膜交替进行“吸附稳定—充氧”过程。生物膜浸没于水中时吸附有机物,暴露在空气中时吸收氧气使有机物氧化分解。转盘旋转时给氧化槽带入空气,并引起液滴飞溅和液面波动,使氧化水槽中的悬浮液曝气充氧。含有溶解氧和微生物的悬浮液对有机物有一定的净化作用,同时也向生物膜提供氧源。生物转盘和悬浮液的共同作用使污染物得以去除。

生物转盘转动形成的冲刷作用使生物膜不断更新。脱落的生物膜随水流进入二沉池,二沉池出水即净化水。生物膜的脱落程度可通过调节转盘的转速加以控制。

二、生物转盘的工艺流程与运行特点

生物转盘的流程要根据污水的水质和处理后水质的要求确定。城市污水常规处理流程如图 10-11 所示。

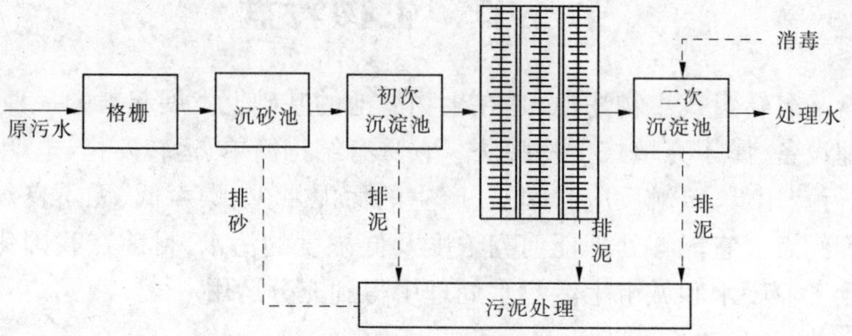

图 10-11　城市污水生物转盘处理流程

根据转轴和盘片的布置形式,生物转盘可分为单轴单级(见图 10-10)、单轴多级(见图 10-12)和多轴多级式(见图 10-13)。级数的多少主要根据污水性质、出水要求而确定。一般城市污水采用四级转盘进行处理。应当注意的是,四级负荷高、供氧不足,应采取加大盘片面积、增加转速来解决供氧不足问题。

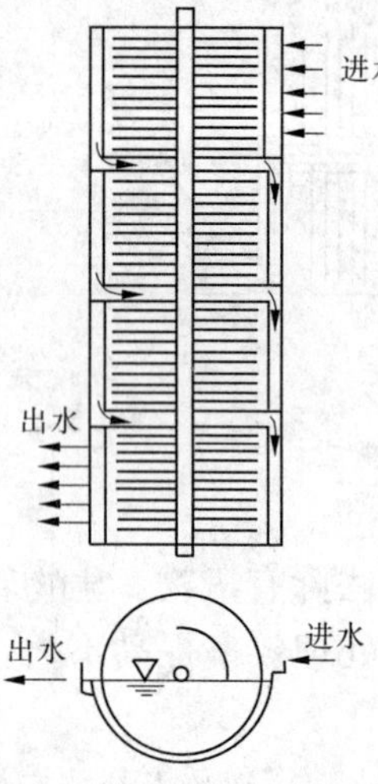

图 10-12　单轴四级生物转盘

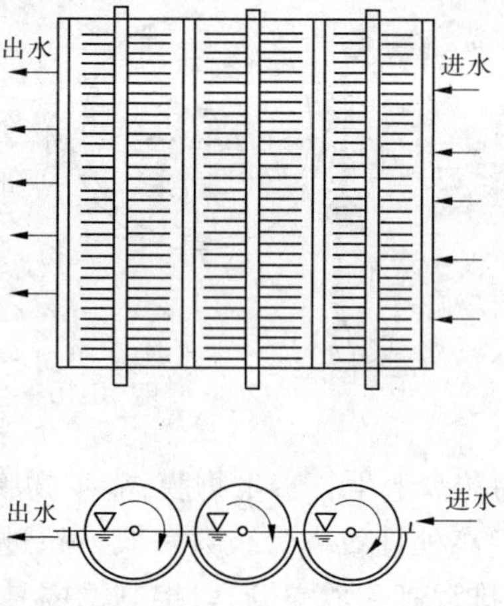

图 10-13　多轴多级生物转盘

三、生物转盘的工艺设计与计算

生物转盘设计与计算主要内容包括:求出所需转盘的总面积,盘片总片数,接触氧化槽总容积,转轴长度及污水在接触氧化槽的停留时间等。

通常盘片直径采用 2 ~ 3 m,盘片厚度根据材料不同而宜,一般为 1 ~ 1.5 mm;盘片间净距进水段一般为 25 ~ 35 mm,出水段一般取 10 ~ 20 mm。转盘与氧化槽表面净距不宜小于 150 mm。转轴中心距氧化槽水面距离不宜小于 150 mm。转盘的转数一般为 0.8 ~

3.0 r/min，线速度为15～18 m/min。转盘在水中浸没面积为总面积的20%～40%。转盘级数一般不少于3级。

（一）转盘总面积 A

转盘总面积的确定通常采用负荷法。生物转盘常用的负荷参数有 BOD_5、面积负荷 N_A 和水力负荷率 N_q。

面积负荷率 N_A 是指单位盘片表面积在1 d内能承受的并使转盘达到预期处理效果的 BOD_5 的量，单位以 $gBOD_5/(m^2 \cdot d)$ 表示；水力负荷率 N_q 则是指单位盘片表面积在1 d内能够接收并使转盘达到预期处理效果的污水量，单位以 $m^3/(m^2 \cdot d)$ 表示。

$$N_A = \frac{QL_0}{A} \tag{10-9}$$

$$N_q = \frac{Q}{A} \tag{10-10}$$

式中 Q——平均日污水量，m^3/d；

L_0——原污水的 BOD_5 值，mg/L；

A——盘片总面积，m^2。

生物转盘处理城市污水时，BOD_5 值面积负荷率5～20 $gBOD_5/(m^2 \cdot d)$，首级转盘的负荷率不宜超过40～50 $gBOD_5/(m^2 \cdot d)$。国外根据对处理水水质的要求不同采用 BOD_5 面积负荷率分别为20～40 $gBOD_5/(m^2 \cdot d)$（处理水 $BOD_5 \leqslant 60$ mg/L）和10～20 $gBOD_5/(m^2 \cdot d)$（处理水 $BOD_5 \leqslant 30$ mg/L）。水力负荷 N_q 在很大程度上取决于原污水的 BOD_5 值，对于一般城市污水，此值多在0.08～0.2 $m^3/(m^2 \cdot d)$。

确定了负荷率后，转盘总面积可确定如下：

$$A = \frac{QL_0}{N_A} \tag{10-11}$$

或

$$A = \frac{Q}{N_q} \tag{10-12}$$

（二）转盘的总片数 M

转盘的总片数 M 可由下面公式求得，当圆形转盘直径为 D，盘片数：

$$M = \frac{A}{2 \times \frac{\pi}{4}D^2} = 0.637\frac{A}{D^2} \tag{10-13}$$

当转盘为多边形，单片转盘面积为 a，盘片数：

$$M = \frac{A}{2a} \tag{10-14}$$

式中，分母中的2是考虑盘片双面均为有效面积。

（三）转盘的转轴长度 L

假定采用 n 级（台）转盘，则每级转盘的盘片数 $m = M/n$。由 m 可进一步求得每级转盘的转轴长度：

$$L = m(d + b)K \tag{10-15}$$

式中 L——每级转盘的转轴长度，mm；

m——每级转盘的盘片数；

d——盘片间距，mm；

b——盘片厚度，与转盘材料有关，一般取值为 1～13 mm；

K——考虑污水流动的循环沟道的系数，取值 1.2。

（四）接触反应槽的容积 V

接触反应槽的容积与槽的断面形式有关，当采用半圆形接触反应槽时，其总有效容积 $V(m^3)$ 和净有效容积 $V'(m^3)$ 分别为：

$$V = (0.294 \sim 0.335)(D + 2\delta)^2 L \tag{10-16}$$

$$V' = (0.294 \sim 0.335)(D + 2\delta)^2 (L - mb) \tag{10-17}$$

式中 δ——盘片边缘与接触反应槽内壁之间的净间距，m；

0.294～0.335——系数，取决于转轴中心距水面高度 r（一般为 0.15～0.30 m）与盘片直径 D 之比，当 $r/D = 0.1$ 时，可取值 0.294，当 $r/D = 0.06$ 时，可取值 0.335。

（五）接触时间

污水在氧化槽内的平均接触时间（停留时间）为：

$$t_a = \frac{V}{Q} \tag{10-18}$$

式中 t_a——平均接触时间，h；

V——氧化槽有效容积，m^3；

Q——污水流量，m^3/d。

【例题 10-2】 某住宅小区人口 10 000 人，排水量标准 100 L/（人·d），经沉淀处理后 BOD_5 值为 135 mg/L，处理水的 BOD_5 值不得大于 15 mg/L。拟采用生物转盘处理，试进行生物转盘设计。

解：

1. 确定设计参数

（1）平均日污水量

$10\,000 \times 0.1 = 1\,000(m^3/d)$

（2）对处理水要求达到的 BOD_5 去除率

$$\eta = \frac{135 - 15}{135} \times 100\% = 88.9\%$$

面积负荷率 $N_A = 11\ gBOD_5/(m^2 \cdot d)$

水力负荷率 $N_q = 110\ L/(m^2 \cdot d) = 0.11\ m^3/(m^2 \cdot d)$

2. 转盘计算

（1）盘片总面积：

按面积负荷率计算

$$A = \frac{1\,000 \times 135}{11} = 12\,273(m^2)$$

按水力负荷率计算：

$$A = \frac{1\ 000}{0.11} = 9\ 091(m^2)$$

两者所得数值接近，为稳妥计，采用较大的数据即 12 273 m^2。

(2)当采用直径为 3.2 m 的盘片时，求盘片总片数，按式(10-13)计算。

$$M = \frac{0.637 \times 12\ 273}{3.2^2} = \frac{7\ 817}{10.24} = 763$$

(3)按 5 台转盘考虑，每台盘片数为 153，m 值按 155 片设计。

每台转盘按单轴 4 级设计，首级转盘 45 片，第二级 40 片，第三、四级各 35 片。

(4)接触氧化槽的有效长度，盘片间距 d 值取 25 mm，采用硬聚氯乙烯盘片，b 值为 4 mm，有效长度按式(10-15)计算为

$$L = 155 \times (25 + 4) \times 1.2 = 5\ 394(mm) \approx 5.4\ m$$

即接触氧化槽全长取 5.4 m。

(5)接触氧化槽有效容积，按式(10-17)计算，采用半圆形接触氧化槽。r 值取 200 mm，r/D 为 0.062 5，系数取 0.294 与 0.335 的中间值，即 0.33，δ 值取 200 mm。

$$\begin{aligned} V' &= 0.33 \times (3.2 + 2 \times 0.2)^2 \times (5.4 - 155 \times 0.004) \\ &= 0.33 \times 12.96 \times 4.78 = 20.44(m^3) \end{aligned}$$

(6)污水在接触氧化槽内的停留时间

$$t = \frac{20.44 \times 5}{1\ 000} \times 24 = 2.45(h)$$

四、生物转盘的发展

近年来，生物转盘有了新的发展，出现了空气驱动式、合建式、活性污泥－生物转盘复合等形式。

(一)空气驱动式生物转盘

如图 10-14 所示为空气驱动式生物转盘。在转盘边缘设集气槽，转盘下面偏离中心位置设曝气装置。空气离开曝气器后，在上升过程中被集气槽捕集，在转盘一侧产生浮力使之旋转。该工艺主要用于城市污水二级处理和氮素硝化。

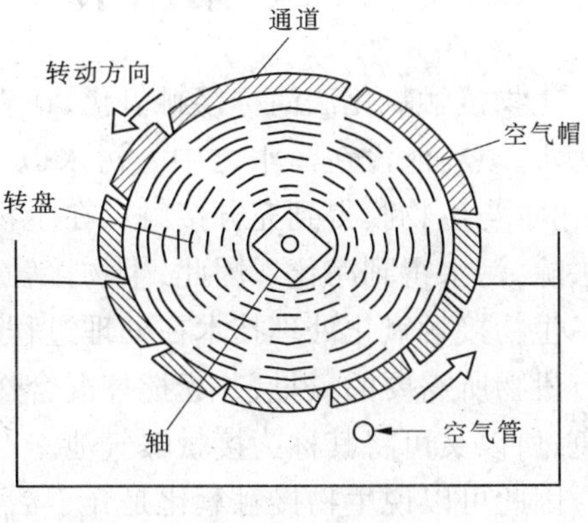

图 10-14　空气驱动式生物转盘

(二)合建式生物转盘

图 10-15 为合建式生物转盘。合建式生物转盘将生物转盘与二次沉淀池合建为一体。它将二沉池分成两层，中间用底板隔开，转盘在上层，沉淀区在下层。

(三)活性污泥－生物转盘复合工艺

如图 10-16 所示，在活性污泥曝气池上设生物转盘，以提高原有设备的处理效率。

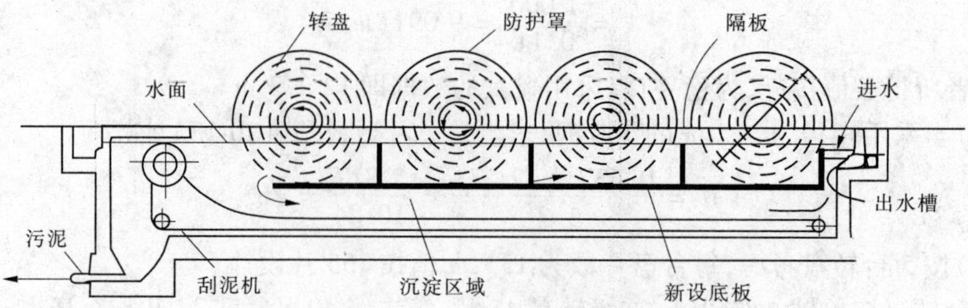

图 10-15　合建式生物转盘

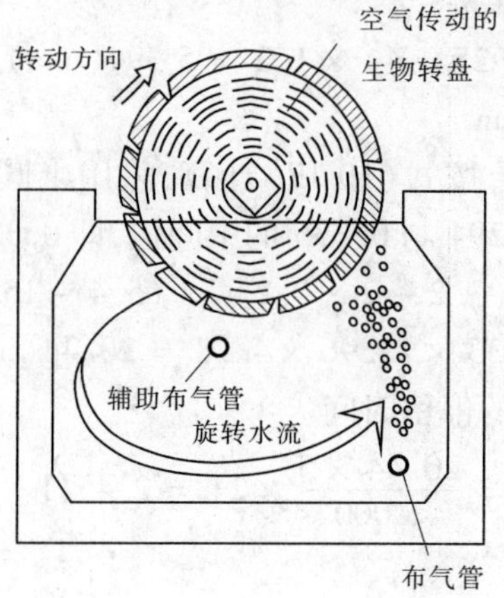

图 10-16　活性污泥 - 生物转盘复合工艺

第四节　生物接触氧化法

生物接触氧化法简称接触氧化，在生物接触氧化池内安装有填料，在充氧的条件下充满污水，填料淹没在污水之中。污水以一定的流速流经填料，由于填料上已经挂有生物膜，污水与生物膜得到充分接触。在生物膜上微生物的新陈代谢作用下，污水中有机物得到去除，污水得到净化。因此，生物接触氧化池又称为淹没式生物滤池。

生物接触氧化处理技术在处理过程中，采用与曝气池相同的曝气方法，提供微生物氧化有机物所需要的氧量，并起搅拌混合作用。这就相当于在曝气池中添加填料，供微生物栖息，所以又可将其称为接触曝气池。

因此可以说生物接触氧化是介于活性污泥法与生物滤池两者之间的处理技术，即生物接触氧化法是具有活性污泥法特点的生物膜法，它综合了曝气池和生物滤池两者的优点，因此其在污水处理领域应用广泛。

生物接触氧化池的特点：净化污水主要靠填料上的生物膜，因此对冲击负荷有较强的适应能力；污泥量少，不产生污泥膨胀，出水水质有保证；不产生滤池蝇，也不散发臭味；具有一定的脱氮除磷功能，可用于三级处理。但若运行或设计不当，填料可能发生堵塞；布水、布气不易均匀。

一、生物接触氧化池的构造

按充氧和接触方式不同，可将生物接触氧化池分为直流式和分流式两种。直流式接触氧化池（又称全面曝气接触氧化池或填料内循环式接触氧化池）的基本构造如图10-17所示，主要由填料、曝气装置和进出水系统组成。空气直接从填料底部进入，充氧和生物接触氧化在填料层内同时进行，气泡在填料层内上升，引起较强的紊流和水力冲刷作用。所以充氧效率高，生物膜更新快，动力消耗低，填料不易堵塞。国内生物接触氧化池大都采用直流式。

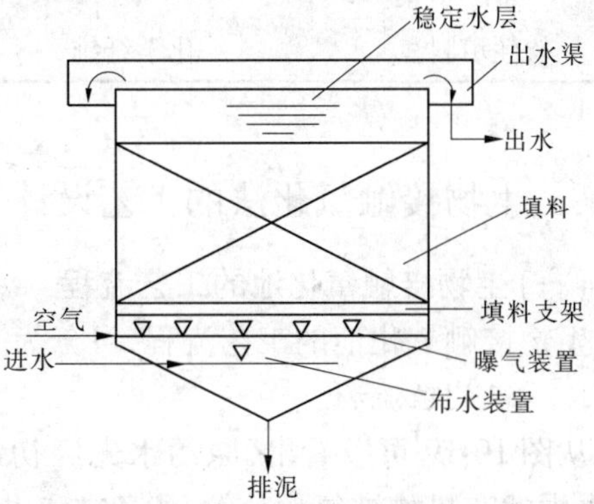

图10-17　直流式接触氧化池基本构造

生物接触氧化池中的填料是生物膜的载体，为接触氧化池的核心部分。对填料的要求是：有一定的生物膜附着力，比表面积大，空隙率高，强度高，水流阻力小，生物和化学稳定性强，不导致二次污染，且形状规则，尺寸均一，在填料中能形成均一的流速，便于运输和安装等。目前，国内运用较多的接触氧化池填料为组合填料、软性填料、蜂窝填料和弹性填料等，如图10-18所示。其有关性能指标见表10-5。

曝气系统由鼓风机、空气管路、阀门及空气扩散装置组成。目前常用的曝气装置

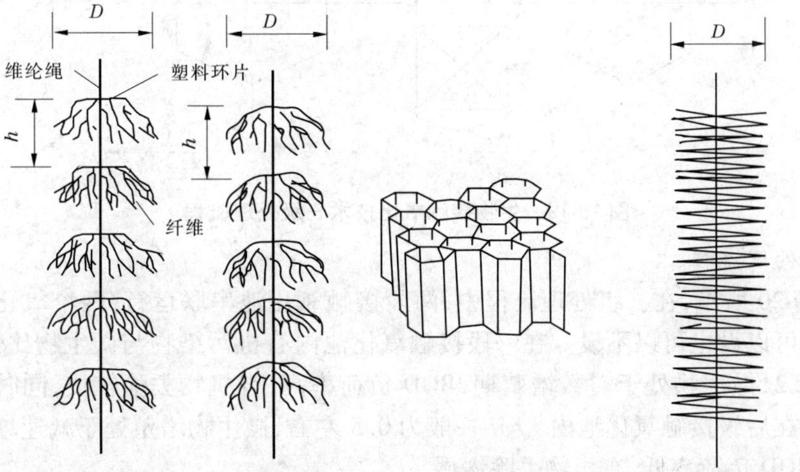

图10-18　接触氧化池常用填料

为穿孔管，孔眼直径为5 mm，孔眼中心距为100 mm左右。布气管一般设在填料床下部，也可设在一侧。要求曝气装置布气均匀，并考虑到填料发生堵塞时能适当加大气量及提高冲洗能力。生物接触氧化池的曝气装置亦可采用表面曝气供氧。

进水装置一般采用穿孔管进水，孔眼直径为5 mm，间距20 cm左右，水流出孔流速为

2 m/s。布水穿孔管可设在填料床的下部,也可设在填料床的上部,要求布水均匀。在填料床内,为使污水、空气、微生物三者充分接触,加快生物降解,要充分考虑填料床发生堵塞时,能够加大进水量冲洗填料。

表 10-5　填料的有关性能指标

填料种类	材质	比表面积(m^2/m^3)	孔隙率(%)
蜂窝状填料	玻璃钢、塑料	133~360	97~98
波纹板状填料	硬聚氯乙烯	150	95
半软性填料	变性聚乙烯塑料	87~93	97
软性填料	化学纤维	~2 000	~99

二、生物接触氧化法的工艺设计

(一)生物接触氧化池的工艺流程

生物接触氧化池的工艺流程,可分为一级处理流程、二级处理流程和多级处理流程。

1. 一级处理流程

从图 10-19 可以看出,原污水先经初沉池处理后进入生物接触氧化池,经接触氧化后,水中的有机物被氧化分解,脱落或老化的生物膜与处理水进入二沉池进行泥水分离,经沉淀后,污泥排出处理系统,二沉池沉淀后的水作为处理水排放。

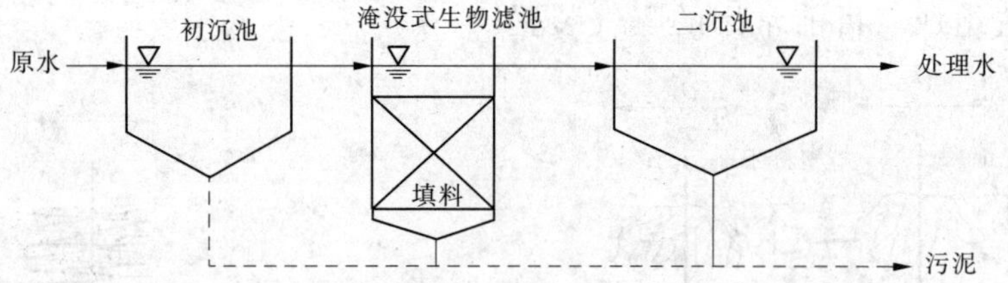

图 10-19　生物接触氧化技术一级处理流程

2. 二级处理流程

如图 10-20 所示,在二级处理流程中,两段接触氧化池串联运行,两个氧化反应池中间的沉淀池可以设也可以不设。在一段接触氧化池内有机污染物与微生物比值较高,即 F/M 大于 2.2,微生物处于对数增殖期,BOD 负荷率高,有机物去除较快,同时生物膜增长亦较快。在后级接触氧化池内 F/M 一般为 0.5 左右,微生物增殖处于减速增殖期或内源呼吸期,BOD 负荷率低,有机物去除缓慢。

3. 多级处理流程

多级处理流程是连续串联 3 座或多个接触氧化池组成的系统。多级生物接触氧化池,在各池内的有机污染物的浓度差异较大,前级池内的 BOD 浓度高,后级则很低。因此,在每个池内的微生物相有很大不同。前级以细菌为主,后级可出现原生动物或后生动物。这对处理效果有利,处理水水质非常稳定。另外,多级接触氧化池具有硝化和生物脱氮功能。

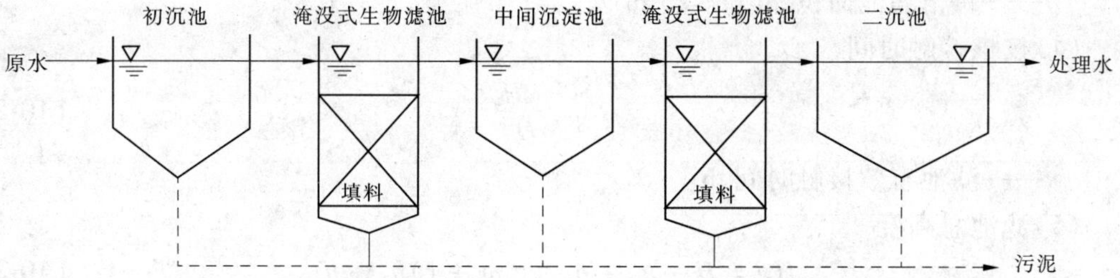

图 10-20 生物接触氧化二级处理流程

(二)设计计算

1. 生物接触氧化池的设计参数

(1)生物接触氧化池的个数或分格数应不少于 2 个,并按同时工作设计。

(2)填料的体积按填料容积负荷和平均日污水量计算。填料的容积负荷一般应通过试验确定。当无试验资料时,对于生活污水或以生活污水为主的城市污水,容积负荷一般为 1 000 ~1 800 $gBOD_5/(m^3 \cdot d)$。

(3)污水在滤池内的有效接触时间一般为 1 ~2 h。

(4)进水 BOD_5 浓度应控制在 100 ~250 mg/L。

(5)填料层总高度一般为 3 m。当用蜂窝填料时,一般应分层装填,每层高为 1 m,蜂窝孔径应不小于 5 mm。

(6)生物接触氧化池中的溶解氧含量一般应维持在 2.5 ~3.5 mg/L,气水比为(15 ~20):1。

(7)为保证布水、布气均匀,每格滤池面积一般应不大于 25 m^2。

2. 生物接触氧化池的计算

与其他生化处理构筑物类似,仍采用负荷率法。

(1)生物接触氧化池的有效容积(填料体积)

$$V = \frac{Q(L_a - L_e)}{N} \tag{10-19}$$

式中 V——滤池有效容积,m^3;

Q——平均日污水量,m^3/d;

L_a——进水 BOD_5 浓度,mg/L;

L_e——出水 BOD_5 浓度,mg/L;

N——容积负荷,$gBOD_5/(m^3 \cdot d)$。

(2)滤池总面积

$$F = V/H \tag{10-20}$$

式中 F——滤池总面积,m^2;

H——填料总高度,m,一般 $H = 3$ m。

(3)滤池格数

$$n = F/f \tag{10-21}$$

式中 n——滤池格数,个,$n \geq 2$ 个;

f——每格滤池面积，m^2，$f \leq 25\ m^2$。

(4)校核接触时间

$$t = \frac{nfH}{Q} \tag{10-22}$$

式中　t——滤池有效接触时间，h。

(5)滤池总高度

$$H_0 = H + h_1 + h_2 + (m-1)h_3 + h_4 \tag{10-23}$$

式中　H_0——滤池总高度，m；

h_1——超高，m，$h_1 = 0.5 \sim 0.6$ m；

h_2——填料上水深，m，$h_2 = 0.4 \sim 0.5$ m；

h_3——填料层间隙高，m，$h_3 = 0.2 \sim 0.3$ m；

m——填料层数；

h_4——配水区高度，m，当采用多管曝气时，不考虑进入检修者，$h_4 = 0.5$ m，考虑进入检修者，$h_4 = 1.5$ m。

(6)需气量

$$D = QD_0 \tag{10-24}$$

式中　D——需气量，m^3/d；

D_0——每立方米污水需气量，m^3/m^3，取 $15 \sim 20\ m^3/m^3$。

【例题10-3】　已知某居民区污水量 $Q = 2\ 500\ m^3/d$，污水 BOD_5 浓度 $L_a = 100 \sim 150$ mg/L。拟采用生物接触氧化池处理，出水 BOD_5 浓度 $L_e \leq 20$ mg/L。试设计生物接触氧化池。

解：

1. 确定设计参数

(1)平均每小时污水排放量：$Q = 2\ 500\ m^3/d = 104\ m^3/h$

(2)进水 BOD_5 浓度：$L_a = 150$ mg/L

(3)出水 BOD_5 浓度：$L_e = 20$ mg/L

(4)BOD_5 去除率：

$$\eta = \frac{L_a - L_e}{L_a} = \frac{150 - 20}{150} = 0.867 = 86.7\%$$

(5)根据试验资料确定：

填料容积负荷：$N = 1.5\ kgBOD_5/(m^3 \cdot d)$

有效接触时间：$t = 2$ h

每立方米污水需气量：$D_0 = 15\ m^3/m^3$

2. 生物接触氧化池计算

(1)有效容积：$V = \frac{Q(L_a - L_e)}{N} = \frac{2\ 500 \times (150 - 20)}{1\ 500} = 216.7(m^3)$

(2)滤池总面积。设 $H = 3$ m，分 3 层，每层高 1 m，故 $F = V/H = 216.7/3 = 72.2\ (m^2)$

(3)每格滤池面积。采用 4 格滤池，每格滤池面积：

$$f = F/4 = 72.2/4 = 18(m^2) < 25\ m^2$$

(4)有效接触时间：$t = \frac{nfH}{Q} = \frac{4 \times 18 \times 3}{104} = 2.08(h)$

(5)滤池总高度：$H_0 = H + h_1 + h_2 + (m-1)h_3 + h_4$

其中取 $H = 3.0\ m, h_1 = 0.5\ m, h_2 = 0.5\ m, h_3 = 0.3\ m, m = 3, h_4 = 1.5\ m$

$$H_0 = 3.0 + 0.5 + 0.5 + 2 \times 0.3 + 1.5 = 6.1(m)$$

(6)污水在池内实际停留时间：

$$t' = \frac{nf(H_0 - h_1)}{Q} = \frac{4 \times 18 \times (6.1 - 0.5)}{104} = 3.88(h)$$

(7)选用5 mm 蜂窝形玻璃钢填料，所需填料总体积：

$$V = nfH = 4 \times 18 \times 3 = 216(m^3)$$

(8)采用多孔管鼓风曝气供氧，所需空气量：

$$D = QD_0 = 2\ 500 \times 15 = 37\ 500(m^3/d)$$

(9)每格滤池所需空气量：

$$D_1 = D/n = D/4 = 0.25 \times 37\ 500 = 9\ 375(m^3/d) = 290.6\ m^3/h$$

(10)空气管路计算略。

第五节　生物膜法的运行管理

生物膜法和活性污泥法有着不同的特点，其运行管理有所不同。同为生物膜法的生物滤池、生物转盘和生物接触氧化的运行管理也存在着差异。

一、生物膜的培养

生物膜的培养称挂膜，有自然挂膜法和接种挂膜法两种。

(一)自然挂膜法

可生化性较强的污水一般都含有已适应水质环境的微生物，可采用自然挂膜法培养生物膜。该法先用待处理污水小负荷进入生物膜反应器，进行闭路循环。1 ~2 d 更换一次循环液，直到载体表面出现一层黏性生物膜后，改为小负荷连续进水（如果进水浓度高，应回流），这一过程一般需要 3 ~7 d。

连续进水后，若生物膜逐渐增厚，则加大进水有机负荷率（减小回流比，加大原污水流量）。当进出水指标达到设计要求时，即完成生物膜培养，进入正常运行。

(二)接种挂膜法

可生化性较差的污水含微生物少，一般要采用接种挂膜法培养生物膜。接种挂膜法须在生物膜培养过程中引入污泥作菌种，让污泥中的微生物附着生长到载体上形成稳定的生物膜。该法将待处理污水与菌种污泥混合，进入生物膜反应器，闭路循环 3 ~7 d，待载体上长出一层黏性生物膜，再改为小负荷连续进水。直到各项指标达到设计要求，即完成挂膜。

如果菌种污泥来自水质与待处理污水相同或相似的处理系统，则可直接挂膜培养；如果菌种污泥的水质与待处理污水相差较远，应先进行菌种污泥的驯化，再挂膜培养。

对难降解有机工业废水，可接种专性优势菌种培养生物膜。这样可缩短挂膜时间，提高净化效率。

二、生物膜法运行状态检测

生物膜法处理系统运行过程中也需进行全方位的检测。

（一）生物膜性状观察

1. 生物相镜检

状态良好的生物膜的微生物群落即生物相比较复杂，菌胶团细菌占优势，辅以少量原生动物和后生动物。

生物滤池的生物相是分层次分布的。上层营养物浓度高，细菌占绝对优势，伴有少量鞭毛虫。中层微生物以污水中原有污染物和上层微生物的代谢产物为营养，种类比上层多，有菌胶团、浮游球衣菌、鞭毛虫、变形虫、豆形虫等。下层有机物浓度低，微生物种类更多，有菌胶团、浮游球衣菌、固着型纤毛虫（钟虫）、游泳型纤毛虫和轮虫等。

多级生物滤池、生物转盘的生物相随级数的变化而变化，由低级向高级发展。流程前部的微生物等级低，生物相简单；流程后段的微生物等级高，生物相复杂。

推流式接触氧化池的生物相也是由低级向高级分层次分布。同级完全混合式接触氧化池生物转盘内的微生物特性比较单一，在空间上均匀分布，但微生物种类较多。

应经常镜检，观察微生物性状的变化。如果前部（上层）的微生物种群后（下）移，微生物相趋于单一，后部细菌比例增大，说明生物膜反应器的效率下降，状态变差，应及时查明原因，采取措施。此时应减小有机负荷，使生物膜性状得到恢复。如果后部（下层）微生物种群上移，微生物相趋于复杂，说明反应器的能力过剩，应加大有机负荷。

2. 沉淀性能观察

性能良好的生物膜处于好氧状态，呈灰色或棕黄色，脱落的菌体密实、沉淀性能好。若生物膜呈黑色，有异臭，脱落菌体的沉淀性能差，上清液浑浊，说明反应器状态不佳，应及时采取措施加以控制。

（二）处理效果、营养状况和运行条件检测

生物膜反应器运行过程中，应定时检测和控制进出水 BOD_5、COD、pH 值、总磷、总氮和水温等，以评价反应器的运行状态。检测频率和控制指标同活性污泥法。

三、生物膜法处理系统的异常现象及控制措施

生物膜法不易发生污泥膨胀，且无污泥回流，操作简单，运行稳定。但有时也会出现一些异常现象。

（一）滤料堵塞

生物滤池（或生物转盘）的滤料易堵塞。滤料堵塞的原因有二：悬浮固体堵塞，生物膜堵塞。

悬浮固体堵塞指进水中的悬浮物会截留和沉积在滤料表面，使滤料堵塞。进行预处理，去除进水中的悬浮物能防止悬浮固体堵塞。如果发生堵塞，则设法松动滤床并清洗。

生物膜堵塞指进水有机负荷高、水力负荷低时,生物膜的增长量大于排出量,即发生生物膜堵塞。此时应停止进水,用高压水冲洗,加入少量氯(漂白粉等)杀死部分生物膜,或加大生物转盘的转速,再减少原污水量,加大回流比,以降低有机负荷率,增强水力冲刷作用,防止堵塞再次发生。

(二)处理效率下降

处理效率下降的原因很多,主要有供氧不足、含有毒物质、pH 值和水温变化等。

有机物浓度高,耗氧速度快,或通风曝气效果差都会造成供氧不足。此时应加大回流比,对生物滤池实行强制通风,增大生物转盘的转速,加大接触氧化的供风量。

有毒物质和 pH 值的冲击使生物膜脱落,生物量减少,处理效率下降,出水水质变差。此时应减少原污水量,加大回流比,调节 pH 值,降低有毒物质浓度。

生物滤池和生物转盘的处理效果受气温影响大,冬季应采取挡风、保温、减小回流比和降低进水负荷等措施。

(三)泡沫

生物膜法不易产生泡沫,但接触氧化有时也会产生大量泡沫。生物膜法产生泡沫的原因与活性污泥法相同。

小　结

生物膜法是根据土壤自净的原理发展起来的。利用生物膜净化污水的装置称为生物膜反应器。根据废水与生物膜接触形式的不同,生物膜反应器可分为生物滤池、生物转盘和生物接触氧化池等。

生物滤池是最早的生物膜法反应池。1893 年在英国试验成功,1900 年用于污水处理。它的填料一般不被污水淹没,属于充填式生物膜法。

生物转盘又名转盘式生物滤池,是在生物滤池的基础上发展起来的一种高效、经济的污水生物处理设备,属于充填式生物膜法。它具有结构简单、运转安全、电耗低、抗冲击负荷能力强、运行费用低、接触反应时间短、产生的污泥量少、噪声低、无不良气味、能除磷、不发生堵塞等优点。它能够处理任何高浓度及低浓度的污水,目前在我国化纤、印染、造纸等许多行业工业废水和城市生活污水处理中得到充分运用。

生物接触氧化法简称接触氧化,在生物接触氧化池内安装有填料,在充氧的条件下充满污水,填料淹没在污水之中。污水以一定的流速流经填料,由于填料上已经挂有生物膜,污水与生物膜得到充分接触。在生物膜上微生物的新陈代谢作用下,污水中有机物得到去除,污水得到净化。

从微生物对有机物降解过程的基本原理分析,生物膜法与活性污泥法是相同的,两者的主要不同在于微生物在处理构筑物中存在的形式不同。在活性污泥法中,微生物形成絮状,悬浮在混合液中,不停地与废水混合和接触,称为悬浮生长。而在生物膜法中,微生物固定于载体的表面形成所谓生物膜,当废水流经其表面时,互相接触,称为附着生长。

生物膜法的运行管理需进行全方位的检测,发现异常现象要及时采取相应的控制措施。

思考题与习题

1. 简述生物膜的工作原理及其运行特征。

2. 高负荷生物滤池回流的优、缺点是什么?

3. 简述生物转盘的工作原理及其运行特点。

4. 接触氧化池对填料的要求是什么?

5. 简述生物接触氧化池的优、缺点。

6. 生物膜脱落的原因是什么?

7. 某城镇设计人口 N = 100 000 人,污水量标准 200 L/(人·d),排放的 BOD_5 量为 27 g/(人·d)。镇内有一座工厂,污水量 1 500 m^3/d,BOD_5 值为 1 800 mg/L。混合污水冬季平均温度为 15 ℃,年平均气温 10 ℃。要求处理后出水 $BOD_5 \leqslant 30$ mg/L。拟采用高负荷生物滤池处理,试进行工艺设计及计算。

8. 某住宅小区人口 5 000 人,排水量标准 100 L/(人·d),经沉淀处理后 BOD_5 值为 135 mg/L,处理水的 BOD_5 值不得大于 15 mg/L。拟采用生物转盘处理,试进行生物转盘设计。

第十一章　污水的自然生物处理

【教学目标】 本章介绍了污水的自然生物处理，分为稳定塘和土地处理，要求熟悉它们各自的特点及其净化机理。

自然生物处理是利用自然环境的净化功能对污水进行处理的一种方法。分为稳定塘处理和土地处理，即利用水体和土壤净化污水。

自然生物处理可以称为污水生态处理，它是目前世界上新发展起来的技术工艺，它吸收了传统的污水生化处理和生态处理的技术优势。该技术把污水有控制地投配到构造湿地或土地基质中，利用土壤－植物系统生物、化学、物理的净化功能，设计和投配污水，对可降解污染物加以净化，对污水的水资源和氮、磷资源加以利用，实现污水无害化、资源化处理，解决污水厂建得起、转不起的问题。

第一节　稳定塘

稳定塘是自然的或经过人工适当修整、设围堤和防渗层的污水池塘，又称氧化塘、生物塘，是一种古老而又不断发展的、在自然条件下处理污水的生物处理系统。主要依靠菌藻作用或菌藻、水生生物等自然生物的净化功能净化污水，污水在塘中的净化过程与自然水体的自净过程相近。因此稳定塘同样能够有效地处理生活污水、城市污水和各种有机性工业废水。

一、稳定塘的类型与特点

根据塘水中微生物优势群体类型和塘水的溶解氧工况将稳定塘分为好氧塘、兼性塘、厌氧塘、曝气塘。专门用以处理二级处理后出水的稳定塘称为深度处理塘。

根据处理水的出水方式，稳定塘又可分为连续出水塘、控制出水塘与贮存塘三种类型。上述的几种稳定塘，在一般情况下，都按连续出水方式运行，但也可按控制出水塘和贮存塘方式运行。

稳定塘处理污水具有以下特点：一是建设周期短，易于施工，基建投资低；二是依靠自然功能净化污水，能耗低，便于维护，管理方便，运行费用低；三是因污水在塘内的停留时间长，故对水量、水质的变化有很强的适应能力；四是与养鱼、种殖水生作物相结合，在塘内形成多级食物链，能够实现污水资源化，使污水处理与利用相结合；五是稳定塘能够将污水中有机物转化为可用物质，处理后的污水可用于农业灌溉，以利用污水的水肥资源。稳定塘处理污水存在的缺点：一是停留时间长，占地面积大，没有空闲的余地不宜采用；二是污水处理效果在很大程度上受季节、气温、光照等自然因素的控制，不够稳定；三是卫生条件较差，易滋生蚊蝇，散发臭气；四是塘底防渗若处理不好，可能引起对地下水的污染。

二、稳定塘的净化机理

污水稳定塘属于生物处理设施,稳定塘净化污水的原理与自然水域的自净机理十分相似,污水在塘内停滞的过程中,水中的有机物通过好氧微生物的代谢活动被氧化,或经过厌氧微生物的分解而达到稳定化。好氧微生物代谢所需要的溶解氧由塘表面的大气复氧作用以及藻类的光合作用提供,也可以通过人工曝气供氧。

稳定塘生态系统由生物和非生物两部分组成。生物部分主要包括细菌、藻类、原生动物、后生动物、水生植物以及高等水生动物;非生物部分包括光照、风力、温度、有机负荷、溶解氧、pH、CO_2、氮、磷等。

细菌在稳定塘内对有机污染物的降解起主要作用。稳定塘中的绝大部分细菌属兼性异养菌,这类细菌以有机化合物作为碳源,并以这些物质在分解过程中产生的能量作为维持其生理活动的能源。此外,在相应的稳定塘中还存在着好氧菌、厌氧菌以及自养菌。

藻类具有叶绿体,能够进行光合作用,是塘水中溶解氧的主要提供者,在稳定塘内起着十分重要的作用。藻类在光照充足的白昼,吸收二氧化碳放出氧;在黑暗的夜晚,消耗氧并放出二氧化碳。稳定塘内藻类的主要种属有绿藻及蓝藻等。

在稳定塘内,也出现原生动物和后生动物等微型动物,它们捕食藻类、菌类,防止其过度增殖,其本身又是良好的鱼饵。水生植物,能够提高稳定塘对有机污染物和氮、磷等无机营养物的去除效果,水生植物收获后也可作某些用途,能够取得一定的经济效益。

为了使稳定塘具有一定的经济效益,可以考虑利用塘水养鱼和放养鸭、鹅等水生动物及禽类。

在稳定塘内存活的不同类型的生物构成了其生态系统。菌藻共生体系是稳定塘内最基本的生态系统。其他水生植物和水生动物的作用则是辅助性的,它们的活动从不同的途径强化了污水的净化过程。

图 11-1 为典型的兼性稳定塘生态系统,其中包括好氧区、厌氧区及两者之间的兼性区。

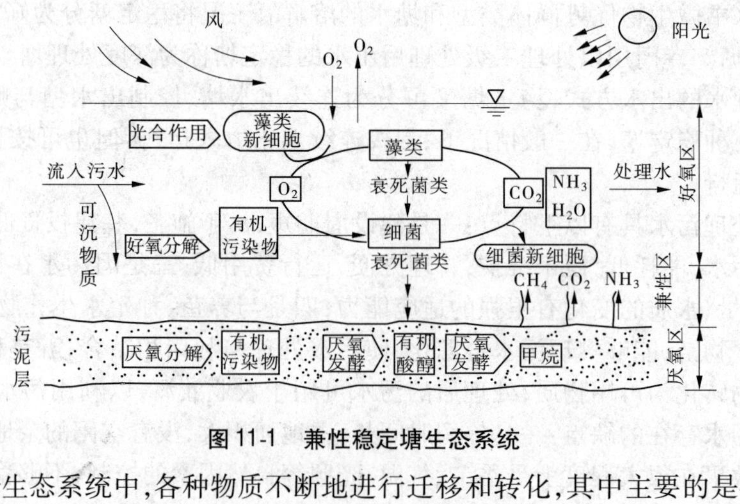

图 11-1 兼性稳定塘生态系统

在稳定塘生态系统中,各种物质不断地进行迁移和转化,其中主要的是碳、氮及磷的迁移转化和循环。

(一)稳定塘对污水的净化作用

1. 稀释作用

进入稳定塘的污水在风力、水流以及污染物的扩散作用下与塘水混合,使进水得到稀释,其中各项污染指标的浓度得以降低。稀释并没有改变污染物的性质,但为下一步的生物净化创造了条件。

2. 沉淀和絮凝作用

进入稳定塘的污水,由于流速降低,所挟带的悬浮物质沉于塘底。另外,塘水中的生物分泌物一般都具有絮凝作用,使污水中的细小悬浮颗粒产生絮凝作用,沉于塘底成为沉积层,导致污水的 SS、BOD、COD 等各项指标都得到降低。沉积层则通过厌氧微生物进行分解。

3. 水生植物的作用

水生植物能吸收氮、磷等营养,使稳定塘去除氮、磷的功能得到提高;其根部具有富集重金属的功能,可提高重金属的去除率;还有向塘水供氧的功能;其根和茎能吸附有机物和微生物,使去除 BOD 和 COD 的功能有所提高。

4. 微生物代谢作用

在好氧条件下,异养型好氧菌和兼性菌对有机污染物的代谢作用,是稳定塘内污水净化的主要途径,BOD 可去除 90% 以上,COD 去除率也可达 80%。在兼性塘的塘底沉积层和厌氧塘内,厌氧细菌对有机污染物进行厌氧发酵分解,厌氧发酵经历水解、产氢、产乙酸和产甲烷三个阶段,最终产物主要是 CH_4、CO_2 及硫醇等。CH_4 通过厌氧层、兼性层以及好氧层从水面逸走,厌氧反应生成的有机酸,有可能扩散到好氧层或兼性层,由好氧微生物或兼性微生物进一步加以分解,在好氧层或兼性层内的难降解物质,可能沉于塘底,在厌氧微生物的作用下,转化为可降解物质而得以进一步降解。

5. 浮游生物的作用

稳定塘内存活着多种浮游生物,它们各自对污水的净化从不同的方面发挥着作用。藻类的主要功能是供氧,同时也可从塘水中去除一些污染物,如氮、磷等;在稳定塘内的原生动物、后生动物及浮游动物的主要功能是吞食游离细菌和细小的悬浮污染物及污泥颗粒,此外,它们还分泌能够产生生物絮凝作用的黏液;底栖动物能摄取污泥层中的藻类或细菌,使污泥数量减少;鱼类等水生生物捕食微型水生动物和残留于水中的污物;处于同一生物链的各种生物互相制约,其动态平衡有利于水质净化。

(二)影响稳定塘净化过程的因素

1. 光照

光是藻类进行光合作用的能源,在足够的光照强度条件下,藻类才能将各种物质转化为细胞的原生质。

2. 温度

温度直接影响细菌和藻类的生命活动,在适宜的温度下,微生物的代谢速率较高。

3. 营养物质

要使稳定塘内微生物保持正常的生理活动,必须充分满足其所需要的营养物质,并使营养元素、微量元素保持平衡。

4. 混合

进水与塘内原有塘水的充分混合，能使营养物质与溶解氧均匀分布，使有机物与细菌充分接触，以使稳定塘更好地发挥其净化功能。

5. 有毒物质

应对稳定塘进水中的有毒物质的浓度加以限制，以避免其对塘内微生物产生抑制或毒害作用。

6. 蒸发量和降雨量

蒸发和降雨的作用使稳定塘中污染物质的浓度得到浓缩或稀释，污水在塘中的停留时间也因此而增加或缩短，将会在一定程度上影响到稳定塘的净化效率。

7. 污水的预处理

进入稳定塘的污水，进行适当的预处理，可以提高和保证稳定塘的净化功能，使其正常工作。预处理包括：去除悬浮物和油脂、调整 pH 值、去除污水中的有毒有害物质、水解酸化等。

三、几种常见稳定塘

（一）好氧塘

好氧塘深度一般在0.5 m左右，以使阳光能够透入塘底。主要由藻类供氧，塘表面也由于风力的搅动而进行自然复氧，全部塘水都呈好氧状态。好氧塘内的溶解氧充足，但在一日内是变化的。白昼，藻类光合作用放出的氧远远超过细菌所需，塘水中氧的含量很高，可达到饱和状态；晚间光合作用停止，由于生物呼吸所耗，水中溶解氧浓度下降，在凌晨时最低，而 CO_2 浓度增高。

根据有机物负荷率的高低，好氧塘还可以分为高负荷好氧塘、普通好氧塘和深度处理好氧塘三种。高负荷好氧塘有机负荷率高，污水停留时间短，塘水中藻类浓度很高，这种塘仅适于气候温暖、阳光充足的地区采用。普通好氧塘的有机负荷率较前者低，以处理污水为主要功能。深度处理好氧塘以处理二级处理工艺出水为目的，有机负荷率很低，水力停留时间较长，处理水质良好。

好氧塘内的生物相在种类与种属方面比较丰富，有菌类、藻类、原生动物、后生动物等。在数量上也相当可观，每1 mL水滴内的细菌数可高达 $10^8 \sim 5\times10^9$ 个。

好氧塘的优点是净化功能较高，有机污染物降解速率高，污水在塘内的停留时间短。但进水应进行比较彻底的预处理。缺点是占地面积大，处理水中含有大量的藻类，需进行除藻处理，对细菌的去除效果也较差。

（二）兼性塘

兼性塘是城市污水处理最常用的一种稳定塘，塘深在1.0～2.5 m，在阳光能够照射透入的塘的上层为好氧层，由好氧异养微生物对有机污染物进行氧化分解。沉淀的污泥和衰死的藻类在塘的底部形成厌氧层，由厌氧微生物起主导作用进行厌氧发酵。在好氧层与厌氧层之间为兼性层，其溶解氧时有时无，一般在白昼有溶解氧存在，而在夜间又处于厌氧状态，在这层里存活的是兼性微生物，它既能够利用水中游离的分子氧，也能够在厌氧条件下，从 NO_3^- 或 CO_3^{2-} 中摄取氧。在兼性塘内进行的净化反应是比较复杂的，生物相也比较丰富，其污水净化由好氧、兼性、厌氧微生物协同完成。

（三）厌氧塘

厌氧稳定塘一般作为高浓度有机废水的首级处理工艺，其深度一般在2.0 m以上，有机负荷率高，整个塘水基本上都呈厌氧状态。厌氧塘是依靠厌氧菌的代谢功能使有机污染物得到降解，包括水解、产酸及甲烷发酵等厌氧反应全过程。净化速度低，污水停留时间长。

厌氧塘内污水的污染物浓度高、塘深大，易于污染地下水，因此必须有防渗措施。厌氧塘一般多散发臭气，应使其远离住宅区，一般应在500 m以上。厌氧塘处理的某些废水，在水面上可能形成浮渣层，它对保持塘水温度有利，但有碍观瞻，且在浮渣上易滋生小虫，又有碍环境卫生，应考虑采取适当措施。

（四）曝气塘

曝气塘是经过人工强化的稳定塘，塘深在2.0 m以上，塘内设曝气设备向塘内污水充氧，并使塘水搅动。曝气设备多采用表面机械曝气器，也可以采用鼓风曝气系统。在曝气条件下，藻类的生长与光合作用受到抑制。

由于经过人工强化，曝气塘的净化效果及工作效率都明显地高于一般类型的稳定塘。污水在塘内的停留时间短，曝气塘所需容积及占地面积均较小，这是曝气塘的主要优点，但由于采用人工曝气措施，能耗增加，运行费用也有所提高。

（五）深度处理塘

深度处理塘设置在二级处理工艺之后或稳定塘系统的最后。其功能是进一步降低二级处理水中残余的有机污染物（BOD、COD）、SS、细菌以及氮、磷等植物性营养物质等。又称三级处理塘、熟化塘，在污水处理厂和接纳水体之间起到缓冲作用，以适应受纳水体或回用对水质的要求。深度处理塘一般多采用好氧塘的形式，采用大气复氧或藻类光合作用的供氧方式。也有采用曝气塘的形式，用兼性塘形式的则较少。

（六）控制出水塘

控制出水塘多为兼性塘，其主要特征是人为地控制塘的出水。在年内的某个时期内，如在冬季低温季节，生物降解功能低下，处理水水质难于达到排放要求，此时塘内只有污水流入，而无处理水流出，塘起蓄水作用。在某个时期内，如在温暖季节，降解功能恢复正常，处理水水质达到排放标准，稳定塘开始正常运行，此时，可将塘水大量排出，出水量远超过进水量。控制出水塘的实质，是按一种特定的排放处理水制度运行的稳定塘。

控制出水塘适用于结冰期较长的寒冷地区；干旱缺水、需要季节性利用塘水的地区；稳定塘处理水季节性达不到排放标准的地区；水体只能在丰水期接纳塘出水的地区。

第二节　土地处理

污水土地处理系统是在人工控制下，将污水投配在土地上，通过土壤－植物系统净化污水的一种处理工艺。污水土地处理系统能够经济有效地净化污水，还能充分利用污水中的营养物质和水来满足农作物、牧草和林木对水、肥的需要，并能绿化大地、改良土壤。

一、土地处理系统的净化机理

土地处理系统是一个系列的处理过程,包括沉淀池、稳定池等处理技术以及土壤－植物系统。这里主要介绍土壤－植物系统。该系统是一个复杂的生命及非生命活动的总称,包括土壤、水和空气三大要素。按净化过程的作用性质,可以分为物理化学作用和生化作用两大类型。

(一)物理化学作用

物理化学作用包括过滤、吸附和离子交换、化学反应的化学沉淀等。

过滤是依靠土壤颗粒间的孔隙来截留、滤除水中的悬浮颗粒。土壤颗粒的大小、颗粒间孔隙的形状和大小、孔隙的分布以及污水中悬浮颗粒的性质、多少与大小等都会影响土壤的过滤净化效果。

污水中的部分金属离子在土壤胶体表面,因阳离子交换作用而被置换吸附并生成难溶性的物质被固定在矿物的晶格中。

金属离子与土壤中的无机胶体和有机胶体颗粒,由于螯合作用而形成螯合物,有机物与无机物的复合化而生成复合物。

污水中的重金属离子与土壤的某些组分进行化学反应会生成难溶性化合物而沉积于土壤中。

(二)生化作用

在土壤中生存着种类繁多、数量巨大的土壤微生物,对土壤颗粒中的有机固体和溶解性有机物具有强大的降解与转化能力,这也是土壤具有强大自净能力的主要原因。土壤为细菌、放线菌、真菌、藻类及原生动物提供了适宜的生活环境,由于它们不断地进行各种代谢活动,维持着土壤环境内土壤与其他环境介质之间的物质循环。

在植物生长季节,土壤中植物的根系活动特别活跃。植物通过根系可以吸收土壤和污水中的水、氮、磷等作为构造植物体所需的物质,同时一些非植物生长必需的金属离子和部分有机物也可以随植物的蒸腾拉力被植物吸收和积累,从而可以去除污水中大量的营养型污染物和部分有机物。植物根系分泌的酶、氨基酸为微生物生存提供了必要的养分,同时根系土壤土质较为疏松,根系的传导作用使氧气充分,为污染物的降解提供了有利条件。

二、土地处理系统的基本工艺

土地处理系统的基本工艺有慢速渗滤、快速渗滤、地表漫流和地下渗滤四种。

(一)慢速渗滤

慢速渗滤是以表面布水或高压喷洒方式将污水投配到种有作物的土地表面,污水缓慢地在土地表面流动并向土壤中渗滤,一部分污水直接为作物所吸收,另一部分则渗入土壤中,其中的污染物被土壤介质截获,或被修复植物根系吸收、利用或固定,或被土壤中的微生物转化、降解为无毒或低毒的成分,而使污水得到净化。一般采用较低的投配负荷,以减慢污水在土壤层的渗滤速度,使其在含有大量微生物的表层土壤中长时间停留,保证水质净化效果。适用于渗水性能良好的土壤、沙质土壤和蒸发量小、气候湿润地区。

（二）快速渗滤

快速渗滤是将污水有控制地投配到具有良好渗滤性能的土壤表面，污水在重力作用下向下渗滤过程中通过生物氧化、硝化、反硝化、过滤、沉淀、还原等一系列作用而得到净化的污水处理工艺类型。快速渗滤系统周期性地向具有良好渗透性能的渗滤田灌水和休灌，使表层土壤处于淹水、干燥，即厌氧、好氧交替运行状态。在休灌期，表层土壤恢复为好氧状态，被土壤层截留的有机物被好氧微生物分解，休灌期土壤层的脱水干化有利于下一个灌水期水的下渗和排除。在灌水期，表层土壤转化为缺氧、厌氧状态，在土壤层形成的交替的厌氧、好氧状态有利于氮、磷的去除。快速渗滤处理系统见图 11-2。适用于透水性能非常良好的土壤，如粗粒结构的沙土。

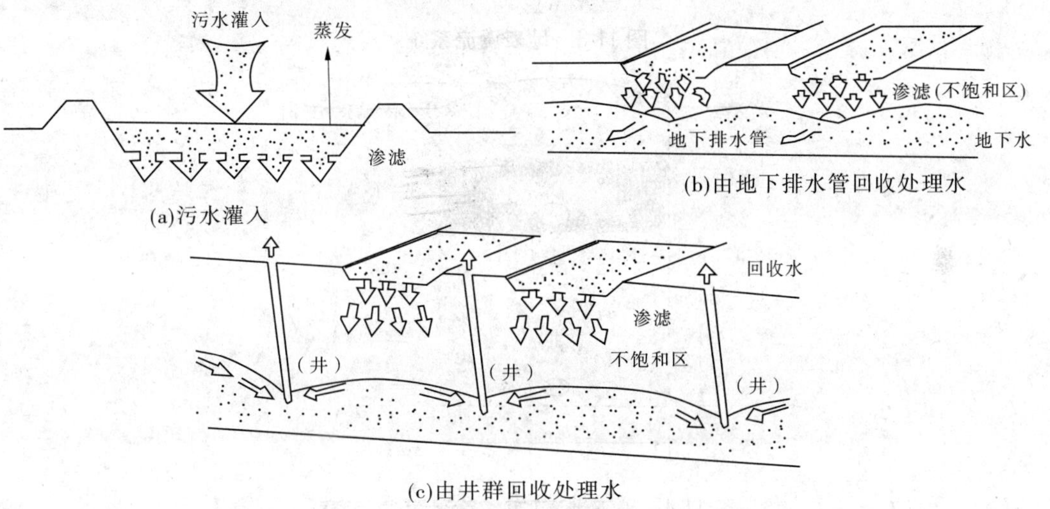

图 11-2　快速渗滤处理系统

（三）地表漫流

地表漫流是以表面布水或低压、高压喷洒形式将污水有控制地投配到多年生牧草或土地渗透性能低的坡面上，使污水在地表沿坡面缓慢流动过程中得以充分净化的污水处理工艺类型。由于对污水预处理要求程度较低，因此出水以地表径流收集为主，对地下水影响最小。在处理过程中，除少部分水量蒸发和渗入地下外，大部分再生水经集水沟回收，其水力学过程见图 11-3。

该系统的工艺目标：一是在低预处理水平达到相当于二级处理出水水质；二是结合其他强化手段，对有机污染及营养物负荷的处理可达到较高水平；三是再生水收集与回用。

该工艺以处理污水为主，同时生长牧草，因此具有一定的经济效益。处理水一般采用地表径流收集，减轻了对地下水的污染。污水在地表漫流的过程中，只有少部分水蒸发和渗入地下，大部分水汇入建于低处的集水沟。

（四）地下渗滤

地下渗滤是将污水投配到具有一定构造和良好扩散性能的地下土层中，污水在经毛细管浸润与土壤渗滤作用向周围和向下运动过程中达到处理、利用要求的。污水处理工艺类型见图 11-4。

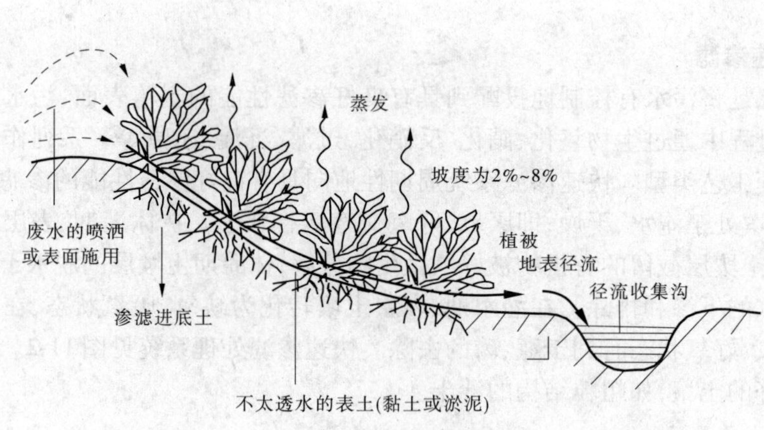

图 11-3　地表漫流系统

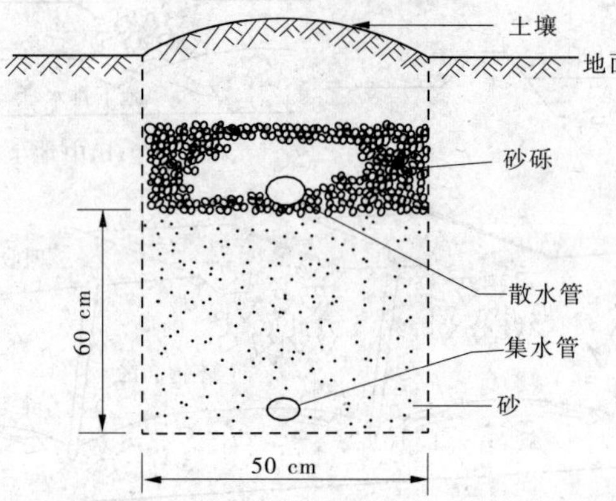

图 11-4　地下渗滤(毛细管浸润式)示意

该处理系统主要应用于分散的小规模污水处理,其工艺目标主要包括:直接处理污水;在地下处理污水的同时为上层覆盖绿地提供水分与营养,使处理场地有良好的绿化带镶嵌其中;产生优质再生水以供回用;节约污水集中处理的输送费用。

污水地下渗滤处理系统一般要经过化粪池或酸化水解池预处理后,再有控制地通入设于地下约 0.5 m 深处的渗滤田,在土壤的渗滤作用和毛细管作用下,污水向四周扩散,通过过滤、沉淀、吸附和微生物降解作用,使污水得到净化。

三、新型生态节能分散式污水处理系统

新型生态节能分散式污水处理系统是在传统污水生物处理技术和生态处理技术的基础上,建立的符合一级污水生物处理出水水质要求的厌氧、好氧工艺,体现生态景观、一体节能特征。通过对污染物的降解转化,完成污水的无害化排放和再生利用。预处理系统主要表现为厌氧工艺,使污水中的有机污染物得到初步去除,特别是对 SS 的去除,保证生物托盘在低负荷状态能够长期运行而不至于出现堵塞现象。生物托盘系统则是使污水通过 300 ~ 500 mm 厚的填料,借填料的物理、化学和生物机理去除污水中的有机污染物,达到净化污水的目的。整个工艺过程由预处理系统、生物托盘系统、中水收集系统三个部分组成。外观呈驼峰状,可以配合建筑景点修饰。内部为水处理构筑装置。

(1)预处理系统。预处理系统包括污水管网、格栅、污水井(调节池)、改良折流式厌氧反应池。

(2)生物托盘系统。一级生物托盘系统由托盘本体、配水管、布水管、填料组成。根据处理负荷和自然地理条件,生物托盘继续分级为二级、三级、四级等,分别由托盘本体、填料组成。

(3)中水收集系统。主要表现为清水池,根据用户要求可以建立中水管网,按用户所需的供水形式选择配套加压设备,实现再生水的回用和排放。

新型的分散式污水处理系统具有生态景观和一体节能的特征。根据分散式污水就地处理的特点,在感官上实现景观化,在结构上给人以新颖的视觉,形成逐级放大的托盘,通过空间布水,在托盘上部空间种植植物,实现生态链接;通过考察生物托盘对污染物去除的多种机理,可以模拟自然界生态协调性,在生物配合上实现厌氧菌和好氧菌的密切配合;通过一体化的设计,仅需要起始端的提升动力,或利用自然地形特点,形成高位水差,实现无动力进水。

生物托盘净化机理是一个十分复杂的综合过程,通过表面模拟自然界的植物吸收、内部填料多种作用,实现生物配合,达到生态的协调性。其中包括:物理及物化过程的过滤、吸附和离子交换;化学沉淀;微生物代谢作用下的有机物分解等。

与传统工艺相比,本工艺具有以下显著特点:

(1)集水距离短,可在较分散的建筑就地收集、就地处理和就地利用,实现污水的分散处理。

(2)利用空间分布,多级生物托盘在空间上实现多层布置,节省了土地面积,同时在托盘表层种植植物,形成生态景观。

(3)取材方便,便于施工,处理构筑物较少。生物托盘技术可以和预处理系统设计为一个整体,形成凸出地表的生态景观;也可以和预处理系统分开设置,布置在地下,在保证良好通风环境下,地表可进行绿化,对环境不造成任何影响。

(4)运行管理方便,无须人工曝气和投加药剂,无污泥回流,没有剩余污泥产生。生物托盘设计厚度较小,形同盘状,较小的填料厚度,使污水在托盘中处于好氧状态,在底部形成厌氧区时,污水已开始从盘底滴落下来,到达下一级托盘表面时,水流溅落使污水得到较高的复氧效果,从根本上改变了快速渗滤系统需要通过若干期来完成复氧目的的运行方式。维护排泥时,采用静力自排泥,省去了机械排泥和人工清淘的费用。

(5)采用改良后的折流式厌氧反应器,作为生物托盘处理技术的预处理系统,其具有较高的降解有机物性能,悬浮物去除效果较好,在低负荷下进入托盘,最大限度地避免了托盘填料的堵塞,延长了生物托盘的工作寿命。

小　结

自然生物处理是利用自然环境的净化功能对污水进行处理的一种方法。分为土地处理和稳定塘处理,即利用土壤和水体净化污水。

现代自然生物处理技术,已经不同于传统意义上的概念。自然生物处理可以称为污水生态处理，它借鉴自然界水体自净的原理，吸收了传统的污水生化处理和生态处理的技术优势，是目前世界上新发展起来的技术工艺。

污水生态处理技术是指采用工程学方法，运用生态学处理，使污水无害化、资源化，是污水中污染物治理与水资源利用相结合的方法，是生态学四大基本原理(循环再生原理、和谐共存原理、整体优化原理、区域分异原理)在水资源领域的具体运用。

污水生态处理技术按净化功能设计来投配污水。把污水控制性地投配到土地或构造湿地基质中，利用土壤－植物系统的生物、化学、物理净化功能，对污水中的水资源和氮、磷资源加以利用，对可降解污染物加以净化，实现污水无害化、资源化处理，解决污水厂建得起、转不起的问题。

思考题与习题

1. 简述稳定塘的生态系统。
2. 稳定塘有哪几种类型？有哪几方面的净化作用？
3. 影响稳定塘净化过程的因素有哪些？
4. 稳定塘中对污水起净化作用的生物种类有哪些？
5. 什么是污水的土地处理系统？
6. 污水土地处理系统的类型有哪几种？

第十二章 污泥处理

【教学目标】 本章主要介绍了污泥的来源、污泥的脱水与干化、污泥的稳定处理、污泥的综合利用与最终处置等内容；要求根据污泥的性质确定污泥的处理方法，并最终确定其综合利用的形式。

第一节 概 述

在水处理过程中，产生一定数量的污泥，它来自于原水中的杂质和在处理中投加的物质，其成分与原水及处理方法有关。这些污泥中往往含有大量的有毒有害物质，如不及时从处理系统中排除，会影响水处理系统的正常运行，从而影响水处理效果；若直接排放，会造成环境的二次污染。且污泥中含有大量的有用物质，通过处理后回收利用，可以节省宝贵的资源，变害为利。因此，污泥的处理和处置越来越受到人们的重视。

一、污泥的来源及分类

根据污泥中物质的成分，可分为有机污泥和无机污泥两大类。有机污泥常称为污泥，主要成分为有机物，易腐化发臭，颗粒较细，比重较小，含水率高且不易脱水，是呈胶状结构的亲水性物质。无机污泥常称为沉渣，以无机物为主要成分，一般是处理无机废水和天然水的产物，沉渣颗粒较粗，比重较大，含水率较低且易于脱水。

根据污泥的来源，可分为初次沉淀污泥、剩余活性污泥、腐殖污泥、熟污泥与化学污泥。有机废水经初次沉淀池处理产生的污泥称为初次沉淀污泥；经活性污泥法后的二次沉淀池产生的污泥称为剩余活性污泥；经生物膜法后的二次沉淀池产生的污泥称腐殖污泥。上述污泥可统称为生污泥，生污泥经过消化池消化后则称为熟污泥或消化污泥。用化学及物理化学沉淀法产生的污泥为化学污泥。

二、表示污泥性质的指标

（一）污泥含水率和含固率

污泥中所含水分的重量与污泥总重量之比的百分数称为污泥含水率。含固率则是污泥中固体或干泥含量的百分数。湿泥量与含固率的乘积就是干污泥量。含水率降低（即含固量的提高）将大大地降低湿泥量。在含水率高、污泥呈流态时，污泥的体积与含固量基本上呈反比关系。通常含水率在85%以上时，污泥呈流态；65%～85%时呈塑态；低于60%时，则呈固态。污泥的含水率一般都很高，比重接近于1。污泥的体积、重量及所含固体物浓度之间的关系，可用式(12-1)表示：

$$\frac{V_1}{V_2}=\frac{W_1}{W_2}=\frac{1-p_2}{1-p_1}=\frac{C_2}{C_1}\quad（适用于含水率>65\%的污泥）\qquad(12\text{-}1)$$

式中　p_1, V_1, W_1, C_1——污泥含水率为 p_1 时的污泥体积、重量与固体浓度；

p_2, V_2, W_2, C_2——污泥含水率为 p_2 时的污泥体积、重量与固体浓度。

【例题 12-1】　污泥含水率从 97.5% 降低到 95% 时，求污泥体积。

解：由式(12-1)得：

$$V_2 = V_1 \frac{1-p_1}{1-p_2} = V_1 \frac{1-97.5\%}{1-95\%} = \frac{1}{2}V_1$$

可见污泥含水率从 97.5% 降低至 95%，体积减少了一半。

(二)挥发性固体(用 VSS 表示)

挥发性固体是指污泥中在 600 ℃的燃烧炉中能被燃烧，并以气体逸出的那部分固体，挥发性固体近似地等于有机物含量，常用 mg/L 表示，有时也用重量百分数表示，VSS 也反映污泥的稳定化程度。灼烧后分挥发性固体(灼烧减重)和灰分(灼烧残渣)，灰分表示无机物含量。

(三)可消化程度

污泥中的有机物是消化处理的对象，一部分是可被消化降解的(或称可被气化、无机化)；另一部分是不易或不能被消化降解的，如脂肪和纤维素等。用可消化程度表示污泥中可被消化降解的有机物数量。

(四)湿污泥比重与干污泥比重

湿污泥重量等于污泥所含水分重量与干固体重量之和，湿污泥比重等于湿污泥与同体积的水重量之比值。

湿污泥比重可用下式计算：

$$\gamma = \frac{p + (100-p)}{p + \dfrac{100-p}{\gamma_s}} = \frac{100\gamma_s}{p\gamma_s + (100-p)}$$

式中　γ——湿污泥的比重；

p——湿污泥含水率(%)；

γ_s——干污泥比重。

干固体物质由有机物(即挥发性固体)和无机物(即灰分)组成，有机物的比重一般等于 1，无机物比重为 2.5 ~ 2.65，以 2.5 计，则干污泥平均比重为：

$$\gamma_s = \frac{250}{100 + 1.5p_v}$$

式中　p_v——污泥中有机物的含量(%)。

【例题 12-2】　已知初沉池污泥的含水率为 97%，有机物含量为 65%，求干污泥比重和湿污泥比重。

解：干污泥比重

$$\gamma_s = \frac{250}{100+1.5p_v} = \frac{250}{100+1.5\times 65} = 1.26$$

湿污泥比重

$$\gamma = \frac{100\gamma_s}{p\gamma_s + (100-p)} = \frac{100\times 1.26}{97\times 1.26 + (100-97)} = 1.006$$

(五)污泥肥分

污泥中含有大量植物生长所需要的肥分(氮、磷、钾)、微量元素及土壤改良剂(有机腐殖质)。我国城市污水处理厂污泥所含肥分见表12-1。

表12-1 我国城市污水处理厂污泥肥分

污泥类别	总氮(%)	磷(以 P_2O_5 计)(%)	钾(以 K_2O 计)(%)	有机物(%)
初沉污泥	2~3	1~3	0.1~0.5	50~60
活性污泥	3.3~7.7	0.78~4.3	0.22~0.44	60~70
消化污泥	1.6~3.4	0.6~0.8		70~80

(六)污泥重金属离子含量

污泥中重金属离子含量,决定于城市污水中工业废水所占比例及工业性质。污水中重金属离子含量决定污泥能否作为肥料农用。污水经二级处理后,污水中重金属离子约有50%以上转移到污泥中。

(七)污泥的燃烧值

污泥的主要成分是有机物,可以燃烧,回收热值。

三、污泥处理方法

污水处理厂的全部建设费用中,用于处理污泥的占20%~50%,甚至70%。所以污泥处理是污水处理系统的重要组成部分,必须予以充分重视。且由于污泥是一种有潜在危险的物质,污泥处理面临以下的问题:干污泥中一般含有65%的有机物和35%的无机物;湿污泥中含有各种各样的细菌、病毒和寄生生物,且大量繁殖;污泥中还含有锌、铜、铅和镉等重金属化合物及有毒有机化合物等,一旦进入食物链将会导致严重的健康问题。工业发达的大中城市尤其突出。

污泥处理可供选择的方案大致有:

(1) 生污泥 → 浓缩→ 消化→ 自然干化→ 最终处置。

(2) 生污泥 → 浓缩→ 自然干化→ 堆肥→ 最终处置。

(3) 生污泥 → 浓缩→ 消化→ 机械脱水→ 最终处置。

(4) 生污泥 → 浓缩→ 机械脱水→ 干燥焚烧→ 最终处置。

(5) 生污泥 → 湿污泥池→ 最终处置。

(6) 生污泥 → 浓缩→ 消化→ 最终处置。

上述生污泥处理方案中第(1)、(3)、(6)方案,以消化处理为主体,消化过程产生的生物能即沼气,可作为燃料或发电等能源利用;第(2)、(5)方案以堆肥、农用为主,当污泥符合农用肥料条件及附近有农、林、牧或蔬菜基地时可考虑采用;第(4)方案以干燥焚烧为主,当污泥不适于消化处理,或不符合农用条件,或受污水厂用地面积的限制等地区可考虑采用。

总之,污泥处理方案的选择,应根据污泥的性质与数量;投资情况与运行管理费用;环境保护要求及有关法律法规;城市农业发展情况及当地气候条件等情况,综合考虑后选定。

四、污泥的调节

(一)污泥中的水分

污泥的含水率很大,初次沉淀池污泥含水率介于95% ~97%,剩余活性污泥达99%,使污泥的处理难度很大。

污泥中所含水分大致分为4类:颗粒间的空隙水,约占总水分的70%;毛细水,即颗粒间毛细管内的水,约占20%;污泥颗粒吸附水和颗粒内部水,约占10%。如图12-1所示。

污泥中颗粒间的空隙水容易从污泥中分离出来,一般不需调节即可采用浓缩法去除。毛细水较难分离,可直接采用自然干化法或经调节后进行机械脱水。污泥颗粒吸附水和颗粒内部水很难分离,干燥与焚烧可将其去除。

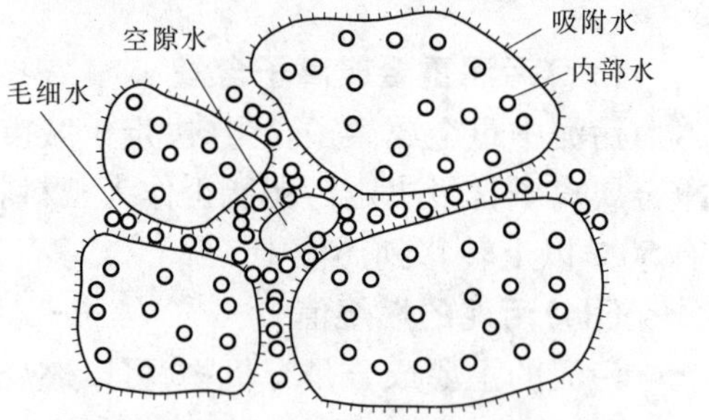

图12-1　污泥水分示意图

(二)污泥调节方法

污泥调节的目的就是改善污泥的脱水性能,使污泥中的水分降低,体积减小,便于处理和处置。污泥调节的方法有化学调节、淘洗调节、热处理调节、冷冻处理调节等。

(1)化学调节。化学调节是在污泥中投加混凝剂、助凝剂一类的化学药剂,使污泥颗粒产生絮凝作用,改善脱水性能。化学调节的机理与混凝相同,常用的调节剂有聚苯烯酰胺、三氯化铁、聚合铁、硫酸亚铁、石灰等。调节剂种类的选择及投加量,与污水的水质、污水处理工艺、运行操作及污泥的后续处理等因素有关,应通过试验确定。

(2)淘洗调节。污泥的淘洗用于消化污泥脱水前的预处理。由于化学调节所用的调节剂,一部分用于污泥中的固相组分,另一部分用于污泥中的液相组分,污泥消化后其液相组分大大增加,所消耗的调节剂比重很大,因此通过淘洗降低污泥中液相的浓度,以达到节省调节剂的用量,降低机械脱水的运行费用的目的。淘洗用水可用二沉池出水或河水,淘洗后的上清液可回流到污水处理构筑物中。

(3)污泥的热处理调节。在高压下加热污泥,以破坏结合水与污泥颗粒间的联系,并使污泥颗粒在高温高压下溶解或水解,从而破坏细胞并释放细胞内的水分,改善脱水性能,污泥中的病原微生物也可以完全被杀死。热处理调节的最大缺点是固相中一部分物质转移到液相中,分离液的浓度较大,因回流处理而增加处理设施的负荷。

第二节　污泥的脱水与干化

一、概述

污泥的含水率一般都很高,如初沉池污泥在95%以上,活性污泥法的二沉池污泥在99%以上,体积很大。为了后续处理及综合利用和最终处置,需对污泥进行脱水处理。污泥脱水的作用是去除污泥中的毛细水和表面附着水,从而缩小其体积,减轻其重量。经过脱水处理,污泥的含水率能从96%左右降到60% ~80%,其体积为原体积的1/10 ~1/5,有利于运输和后续处理。脱水处理的方法主要有:浓缩、自然干化、机械脱水、干燥和焚烧等。各方法及效果见表12-2。

表12-2　脱水处理的方法及效果

脱水方法		脱水装置	脱水后含水率(%)	脱水后状态
浓缩法		重力、气浮、离心浓缩	95 ~97	近似糊状
自然干化法		自然干化场、晒砂场	70 ~80	泥饼状
机械脱水	真空吸滤法	真空转鼓、真空转盘等	60 ~80	泥饼状
	压滤法	板框压滤机	45 ~80	泥饼状
	滚压带法	滚压带式压滤机	78 ~86	泥饼状
	离心法	离心机	80 ~85	泥饼状
干燥法		各种干燥设备	10 ~40	粉状、粒状
焚烧法		各种焚烧设备	0 ~10	灰状

二、污泥浓缩

污泥浓缩是降低污泥含水率、减小污泥体积的有效方法。主要减缩污泥的间隙水,经浓缩后的污泥近似糊状,仍保持流动性。污泥浓缩的方法有沉降法、气浮法和离心法。在选择浓缩方法时,除了各方法本身的特点外,还应考虑污泥的性质、来源、污泥处理流程及最终处置方式等。如沉降法用于浓缩初沉池污泥和剩余活性污泥的混合污泥时效果较好;单纯的剩余活性污泥一般用气浮法浓缩,近年发展到部分采用离心法浓缩。

(一)重力沉降浓缩法

重力沉降法是一种重力沉降过程,依靠污泥中的固体物质的重力作用进行沉降与压密。主要用于浓缩初沉污泥和剩余活性污泥的混合污泥,见图12-2。根据运行情况分为间歇式和连续式。

(1)间歇式重力浓缩池:可建成矩形或圆形,底部有污泥斗,主要用于污泥量小的处理系统。浓缩池一般不少于两个,交替使用。工作时,先将污泥充满全池,经静置沉降,浓缩压密,池内将分为上清液、沉降区和污泥层,定期从侧面分层排出上清液,浓缩池的上清液回流到初沉池前重新进行处理,浓缩后的污泥从底部泥斗排出。其设计的主要参数是停留时间,时间长短最好经过试验决定,太短浓缩效果不好;太长占地面积大,还可能造成有机物厌氧发酵,破坏浓缩过程。在不具备试验条件时,可按不大于24 h设计,一般取8 ~12 h。

(2)连续式重力浓缩池:连续运行的浓缩池可采用沉淀池的形式,一般为竖流式和辐流式两种,主要用于大、中型污水处理厂。其合理设计与运行取决于对污泥沉降特性的确切掌握,污泥的沉降特性与固体浓度、性质及来源有密切关系。上清液由溢流堰溢出称为

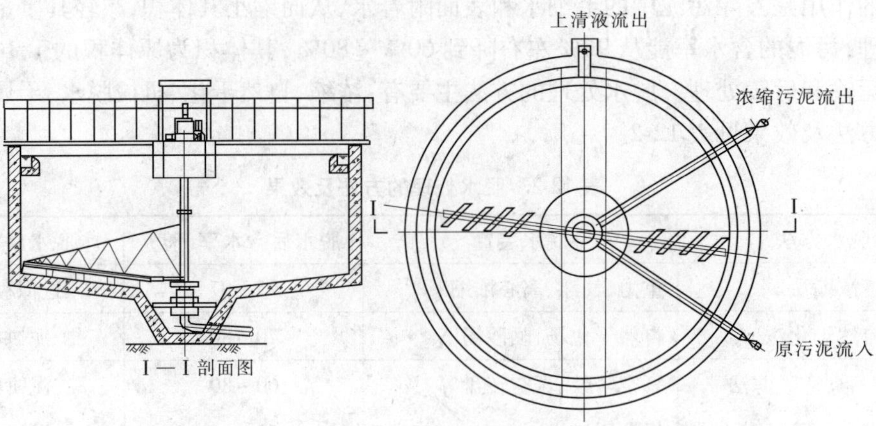

图 12-2　污泥浓缩池

出流，应回送初沉池或调节池重新处理。浓缩池中存在着三个区域，即上部澄清区；中间阻滞区（当污泥连续供给时，该区的固体浓度基本恒定，不起浓缩作用，但其高度影响下部压缩区污泥的压缩程度），下部为压缩区。连续式浓缩池的主要设计参数有：固体通量和水力负荷，有效水深采用 4 m，竖流式有效水深按沉淀部分的上升流速不大于 0.1 mm/s 进行复核。池容积按浓缩 10 ~ 16 h 核算。当采用定期排泥时，两次排泥间隔可取 8 h。

（3）运行管理：在浓缩池的运行管理中，应经常对浓缩效果进行评价，并随时予以调节。浓缩效果通常用浓缩比（排泥浓度/入流污泥浓度）、固体回收率（浓缩到排泥中的固体/入流总固体）和分离率（上清液量/入流污泥量）三个指标进行综合评价。一般来说，浓缩比应大于 2，浓缩初沉污泥时，固体回收率应大于 90%；浓缩活性污泥与初沉污泥的混合污泥时，分离率应大于 85%。如果某一指标低于以上数值，应分析原因，检查进泥量是否合适，控制的 q_s 是否合理，浓缩效果是否受到了温度等因素的影响。

（二）气浮浓缩法

目前，浓缩污泥最常用的方法是压力溶气气浮法，通过压力溶气罐溶入过量空气，然后突然减压释放出大量的微小气泡，并附着在污泥颗粒周围，使其相对密度减小而强制上浮，从污泥表层获得浓缩，适用于相对密度接近于 1 的活性污泥，如生物过滤法污泥（相对密度 1.025），尤其是采用接触氧化法时，脱落的生物膜含大量气泡，比重更接近于 1，用气浮浓缩较为有利。

气浮浓缩池的设计内容主要包括气浮浓缩池所需气浮面积、深度、空气量、溶气罐压力等。气浮主要工艺参数有：

（1）气浮浓缩池表面固体负荷及水力负荷：固体负荷的单位是 $kg/(m^2 \cdot h)$，当活性污泥含水率不小于 95% 时，为 1.8 ~ 5.0。水力负荷的单位是 $m^3/(m^2 \cdot h)$，当活性污泥含水率不小于 95% 时，为 1.0 ~ 3.6，一般采用 1.8。

（2）停留时间：30 ~ 120 min（气浮池内）。

（3）溶气比的确定：气浮效果随溶气比的增加而提高，一般以 0.03 ~ 0.1 为宜，也可通过试验确定，$B = Q_0C_0$，单位采用 mg/L。

$$\frac{A}{B}=\frac{RS_a(fP-1)}{C_0} \tag{12-2}$$

式中　A——气浮池充入气体量，kg/h；

B——入流污泥固体量，kg/h；

C_0——污泥浓度，kg/m^3；

R——回流比，加压溶气水的流量与入流污泥流量之比，一般 $R=1.0\sim3.0$；

S_a——常压下空气在回流中的饱和浓度，kg/m^3，20 ℃时，$S_a=34$ mg/L；

P——溶气罐压力(绝对压力)，一般采用 0.2～0.4 MPa；

f——空气在回流水中的饱和浓度(%)，一般气浮系统中，$f=50\%\sim80\%$。

(4)气浮浓缩池的表面积：

$$A_0=\frac{Q_0(R+1)}{q} \tag{12-3}$$

式中　Q_0——入流污泥量，m^3/h；

A_0——气浮浓缩池表面积，m^2；

q——气浮浓缩池的表面水力负荷，$m^3/(m^2\cdot h)$。

(三)离心浓缩法

离心浓缩法的原理是利用污泥中的固体、液体的密度不同，在高速旋转的离心机中受到不同的离心力而被分离，被分离的污泥和水分别由不同的通道导出机外，达到浓缩的目的。离心浓缩机呈全封闭式，类型主要有连续式离心机、间歇式离心机以及转筒式、盘式和篮式离心机等。污泥在机内停留时间只有 3 min 左右，出泥含固率可达 4% 以上。衡量离心浓缩效果的主要指标有入流污泥浓度、高分子聚合物的投加量、出泥含固率和固体回收率等。固体回收率越高，分离液中 SS 的浓度则越低，泥水分离效果越好，浓缩效果亦越好。浓缩剩余活性污泥时，为了取得好的浓缩效果，得到较高的出泥含固率(4%)和固体回收率(90%)，一般需添加 PFS(聚合硫酸铁)、PAM(聚丙烯酰胺)等助凝剂。

各类浓缩法比较优缺点及适用范围见表 12-3。

表 12-3　常用污泥浓缩方法及比较

浓缩方法	优点	缺点	适用范围
重力浓缩法	贮泥能力强，动力消耗小；运行费用低，操作简便	占地面积大；浓缩效果较差；易发酵产生臭气	用于浓缩初沉污泥；初沉污泥和剩余污泥的混合污泥
气浮浓缩法	占地面积小；浓缩效果好，浓缩后含水率低；能同时去除油脂，臭气较少	贮泥能力小于重力浓缩法；动力消耗、操作要求高于重力浓缩法	适应广泛，特别适用于易发生污泥膨胀、发酵的剩余污泥和生物膜污泥
离心浓缩法	占地面积很小；处理能力大；浓缩后污泥含水率低，全封闭，无臭气发生	专用离心机价格高；电耗是气浮法的 10 倍；操作管理要求高	用于难以浓缩的剩余污泥和场地小、卫生要求高、浓缩后污泥含水率很低的场合

三、机械脱水与自然干化

污泥机械脱水的方法主要有:在过滤介质的一面造成负压(如真空吸滤脱水);加压污泥把水分压过介质(如压滤脱水);造成离心力(如离心脱水)。机械脱水前需进行预处理,目的是改善污泥脱水性能,提高机械脱水效果与机械脱水设备的生产能力。预处理的方法有化学调节法、热处理法、淘洗法等。机械脱水的基本原理是以过滤介质两面的压力差作为推动力,使污泥水分被强制通过过滤介质形成滤液;而固体颗粒被截留在介质上,形成滤饼,从而达到脱水的目的。表 12-4 是各种脱水与干化方法比较。

表 12-4　脱水与干化方法的比较

方法		优点	缺点	适用范围
机械脱水	板框压滤机: 间歇脱水 液压过滤	滤饼含固率高;固体回收率高;药品消耗少,滤液清澈	间歇操作,过滤能力较低;基建设备投资大	其他脱水设备不适用的场合;需减少填埋用地、运输、干燥或焚烧费用的场合
	带式压滤机: 连续脱水 机械挤压	机器制造容易,附属设备少,投资能耗较低;连续操作,管理简便,脱水能力大	运行费用高;脱水效率不及板框压滤机	特别适合于无机性污泥的脱水;有机黏性污泥脱水不适宜采用
	离心机: 连续脱水	占地少;自动化程度高,设备结构紧凑;投药量少;处理能力大且效果好;操作简便、卫生	污泥中含有砂砾,易磨损设备;有一定噪声	不适于密度相差很小或液相密度大于固相的污泥脱水
自然干化	干化床: 间歇运行 自然蒸发和渗透	基建费用低,设备投资少;操作简便,运行费用低,劳动强度大	占地面积大、卫生条件差;受污泥性质和气候影响大	渗透性能好的污泥;气候干燥的地区;用地不紧张或环境卫生条件允许的地区

污泥的自然干化是一种简便经济的脱水方法,曾经广泛采用的有污泥干化床和污泥塘两种类型,可将脱水污泥的含水率进一步降低到 50% ~65% 以下。它们都是利用自然力量将污泥脱水的,适用于气候比较干燥、用地不紧张以及环境卫生条件允许的地区。

污泥干化床是一片平坦的场地,分为自然滤层干化场和人工滤层干化场(由沥青或混凝土铺成的不透水层而无滤水层),由于污泥水分是靠自然蒸发和渗透逐渐变干,体积逐渐减小,流动性逐渐消失。影响干化场脱水效果的因素主要是气候条件和污泥性质等,因此气候条件如降雨量、蒸发量、相对湿度、风速和年冰冻期等对于干化床的效果影响很大,在多雨潮湿地区不宜采用露天干化床。投加有机高分子絮凝剂可以显著提高渗透脱水速率,可提高污泥干化床的效率。如当投加硫酸铝[$Al_2(SO_4)_3 \cdot 18H_2O$]时,除了有絮凝作用以外,硫酸铝还能与溶解在污泥中的碳酸盐作用,产生大量的二氧化碳气体,使污泥颗粒上浮到表面,24 h 内能见到混凝脱水效果,干化时间大致可以减少一半。尽管需要大量的场地和劳动力,但仍有不少中小规模的污水处理厂采用,一般该法用于 50 000

人以下服务人口的城镇还是经济的。

第三节　污泥的稳定处理

污泥稳定的目的是消除污泥中散发的臭味和杀灭污泥中的病原微生物。常用方法有厌氧消化、好氧消化、药剂氧化、药剂稳定等。其中厌氧消化、好氧消化是利用微生物的作用将污泥中可生物降解的有机物分解,药剂氧化是利用氧化剂的作用将污泥中的有机物分解,药剂稳定是利用化学药剂的作用抑制微生物对污泥中有机物的分解,杀灭污泥中的病原微生物,使之不散发臭味。在污泥的稳定处理中由于好氧消化耗能较高,运行费用大,所以一般都采用厌氧消化。

高浓度有机污泥通过厌氧或好氧消化,污泥中的挥发性固体变为稳定的腐殖质,同时减小污泥体积60%左右,并改善污泥性状,控制致病微生物,为污泥的后续处理做好准备。经济的污泥处理系统是:厌氧消化处理初沉池污泥;好氧消化处理剩余活性污泥。

一、厌氧消化

厌氧消化即污泥在无氧的条件下,由兼性菌及专性厌氧细菌将污泥中可生物降解的有机物分解为二氧化碳和甲烷气(或称污泥气、消化气),使污泥得到稳定。其中化粪池、双层沉淀池、堆肥等属于自然厌氧消化,消化池属于人工强化的厌氧消化。厌氧消化是对有机污泥进行稳定处理的最常用的方法,一般当污泥中的挥发性固体的量降低40%左右即认为已达到污泥的稳定。厌氧消化产生的甲烷能抵消污水厂所需要的一部分能量,并使污泥固体总量减少(通常使25%～50%的污泥固体被分解),减少了后续污泥处理的费用。消化污泥是一种很好的土壤调节剂,它含有一定量的灰分和有机物,能提高土壤的肥力和改善土壤的结构。消化过程尤其是高温消化过程(在50～60 ℃条件下),能杀死致病菌。

(一)厌氧消化机理

污泥厌氧消化的过程极其复杂,可概括为三个阶段:第一阶段是在水解与发酵细菌作用下,使碳水化合物、蛋白质及脂肪水解与发酵转化成单糖、氨基酸、脂肪酸、甘油、二氧化碳及氢等,参与的微生物包括细菌、原生动物和真菌,统称水解和发酵细菌,大多数为专性厌氧细菌,也有不少兼性厌氧菌。第二阶段是在产氢产乙酸菌的作用下,把第一阶段的产物转化成氢、二氧化碳和乙酸,参与的微生物是产氢产乙酸菌以及同型乙酸菌,它们能够在厌氧的条件下,将第一阶段的产物转化为乙酸、二氧化碳、氢;第三阶段是通过两组生理上不同的产甲烷菌的作用,一组把氢和二氧化碳转化成甲烷,另一组是对乙酸脱羧产生甲烷,参与的微生物是甲烷菌或称为产甲烷菌,属于绝对的厌氧菌,主要代谢产物是甲烷。

(二)影响厌氧消化的因素

因甲烷发酵阶段是厌氧消化反应的控制因素,因此厌氧反应的各项影响因素也以对甲烷菌的影响因素为准。

1.温度因素

试验表明,污泥的厌氧消化受温度的影响很大,一般有两个最优温度区段:在33～35

℃叫中温消化，在50～55 ℃叫高温消化。温度不同，占优势的细菌种类不同，反应速率和产气率都不同。高温消化的反应速率快，产气率高，杀灭病原微生物的效果好，但能耗较大，难以推广应用。在这两个最优温度区以外，污泥消化的速率显著降低。另外，有的研究表明，对某些污泥，高温消化的最优温度不在50～55 ℃，而在45 ℃左右。温度与有机物负荷、产气量关系见表12-5。

表12-5　温度与有机负荷、产气量关系

消化类型	有机负荷（$kg/(m^3 \cdot d)$）	产气量（$m^3/(m^3 \cdot d)$）
中温消化	2.5～3	1～1.3
高温消化	6～7	3～4

中温或高温厌氧消化允许的温度变化范围为±（1.5～2.0）℃。当有±3 ℃的变化时，会抑制消化速率，有±5 ℃的急剧变化时，会突然停止产气，使有机酸大量积累而破坏厌氧消化过程。中温消化的消化时间约为20 d，高温消化约为10 d。因中温消化的温度与人体温度接近，故对寄生虫卵及大肠菌的杀灭率较低；高温消化对寄生虫卵的杀灭率可达99%，对大肠菌指数可达10%～100%，满足卫生要求。

2. 负荷

有机负荷和污泥投配率是消化池设计的重要参数，厌氧消化池的容积决定于厌氧消化的负荷率。负荷率的表达方式有两种：①容积负荷（用投配率为参数），容积负荷较低时，微生物的反应速率与底物（有机物）的浓度有关；②有机物负荷（用有机负荷率为参数），可以较好地反映有机物量与微生物量之间的相对关系，有机负荷即平均每天向单位有效池容积投加有机物量（$kg/(m^3 \cdot d)$），国外城市污泥挥发物负荷1.6～8.0 $kg/(m^3 \cdot d)$。在一定范围内，有机负荷率大，消化速率也高。

污泥投配率是指日进入的污泥量与池子容积之比，在一定程度上反映了污泥在消化池中的停留时间。例如，投配率为5%，即池的水力负荷率为0.05 $m^3/(m^3 \cdot d)$时，停留时间为20 d。投配率相同，而含水率不同时，则有机物量与微生物量的相对关系可相差几倍。投配率过高，消化池内脂肪酸可能积累，pH值下降，污泥消化不完全，产气率降低；投配率过低，污泥消化较安全，产气率较高，消化池容积大，基建费用增大。根据我国污水处理厂的经验，城市污水处理厂污泥中温消化多采用体积投配率5%～8%为宜，相应的消化时间为20～30 d。

3. 酸碱度、pH值

在消化系统中，第一、二阶段由于有机酸的积累，使pH值下降，第三阶段由于有机酸的分解，使pH值上升，如果第一、二阶段的反应速率超过产甲烷的第三阶段，则pH值会降低，影响产甲烷菌的生活环境。在一定范围内可以避免发生这种情况，甲烷菌对pH值的适应范围在6.4～7.5之间，因此消化液要求有足够的缓冲能力，应保证碱度在2 000 mg/L以上。

4. 有毒物质

在消化过程中对消化有抑制作用的物质主要有重金属离子、NH_3、S^{2-}、有机酸等。主要抑制作用是重金属离子与酶中的硫醇基、氨基、羟基和某些含 N 化合物起反应,使酶变性失去活力。任何一种物质对甲烷消化都有两方面作用,即有促进甲烷细菌生长的作用与抑制甲烷细菌生长的作用,关键在于它们的浓度。

5. 消化池的搅拌

在有机物的厌氧发酵过程中,反应器中的微生物和营养物质搅拌混合,使池内污泥浓度分布均匀并充分接触,调整了污泥固体颗粒与周围水分之间的比例关系,将使整个反应器中的物质传递、转化过程加快,有利于微生物的生长繁殖和提高活性。实践证明,通过搅拌,可使有机物充分分解,增加产气量(搅拌后可提高产气量 20% ~30%)。此外,微生物对温度和 pH 值的变化也非常敏感,通过搅拌还能使这些环境因素在反应器内保持均匀,但不需连续搅拌,否则对甲烷菌的生长也不利。目前一般在污泥消化池的实际运行中,采用每隔 2 h 搅拌一次,约搅拌 25 min,每天搅拌 12 次,共搅拌 5 h 左右。

二、好氧消化

污泥好氧消化是利用微生物的内源呼吸作用分解有机物,实质上好氧消化法类似活性污泥法,在曝气池中进行,曝气时间长达 10 ~20 d,依靠有机物的好氧代谢和微生物的内源代谢稳定污泥中的有机组成,微生物在外源底物耗尽后,即进入内源呼吸期,依靠代谢自身物质来维持生命活动所需能量。其反应可表示为:

$$C_5H_7NO_2 + 7O_2 = 5CO_2 + 3H_2O + H^+ + NO_3^- \tag{12-4}$$

从反应式可以看出,污泥中可降解物质完全被分解为无机物,反应彻底,氧化 1 kg 细胞物质需氧 2 kg。与厌氧消化相比好氧消化优缺点见表 12-6。

表 12-6 污泥厌氧与好氧消化的比较

消化方法	优点	缺点	适用条件
厌氧消化	不需曝气,运行能耗和费用低;可获得能源(沼气)	易产生臭气;管理水平要求高	大中小废水处理厂;多采用中温消化
好氧消化	中小规模时投资少,上清液中 BOD、SS、NH_3-N 均低于厌氧消化,操作管理简便;消化池中不加温,不产生臭气	供氧消耗的能量大,运行费用高;消化污泥脱水性能差,有机物分解率较低	中小规模废水处理厂,特别适用于无初沉池的好氧生物污水处理厂

第四节 污泥的综合利用与最终处置

一、污泥的处置

污泥是污水处理厂污水处理过程中的二次产物。污水水质不同,采用的处理方法不同,致使产生的污泥也不同。污泥处置的基本问题是利用适当的技术措施,使污泥部分或全部利用,以及以某种形式返回到环境中去。目前,较适合我国国情、常用的污泥处置方法有:综合利用、填埋、焚烧和投放海洋或废矿等。详情见图 12-3。

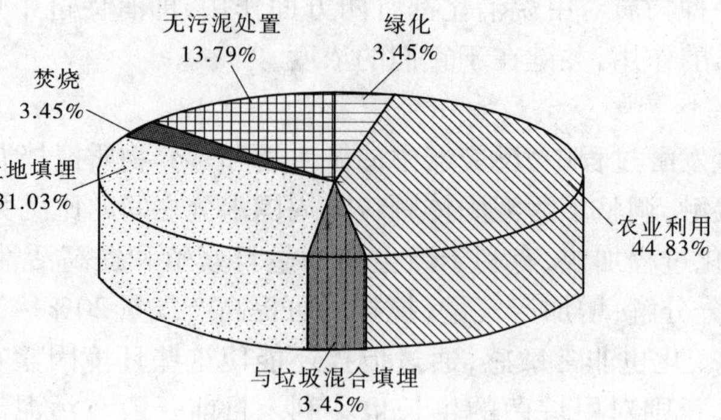

图 12-3　我国城市污水处理厂污泥处置方法

二、污泥的综合利用

污泥的最终出路主要有综合利用和遗弃两种方式。污泥中既有有用物质也有有害物质,如采用遗弃处理既浪费了有用物质又有可能对环境造成再次污染,因此在污泥的最终处置上应首先考虑综合利用。有机污水生化处理的污泥主要有农田绿地利用、建筑材料利用等。

(一)农田绿地利用

污泥中含有丰富的植物所需要的肥分及改善土壤所需的有机腐殖质,但污泥中也含有对植物及土壤有危害作用的病菌、寄生虫卵及重金属离子。在农田绿地利用前,所含有机物较多,易于腐化,又由于含水率仍较高(为 70% ~ 80%),难于进行施肥操作,应进行稳定化处理或堆肥,去除病菌及寄生虫卵。污泥焚烧灰分中所含磷、镁、铁等植物生长所需的元素,可作为肥料用,但应防止施肥时焚烧灰的飞扬,可采用湿式施肥法。对于其中重金属离子的含量,必须符合我国农业部制定的《农业污泥中污染物控制标准》(GBJ 4284—84)的要求。因此污泥农田绿地利用前,最好先做消化或堆肥处理。

(二)建筑材料利用

污泥的建筑材料利用主要有制砖与制纤维板材两种。

污泥制砖的方法有两种:一种是用干化污泥直接制砖,对污泥的成分做适当调整,使其成分与制砖黏土的化学成分相当;另一种是用污泥焚烧灰制砖,焚烧灰的化学成分与制砖黏土的化学成分是比较接近的,制坯时应加入适量的黏土与硅胶,最适宜的配料比约为焚烧灰: 黏土: 硅胶 = 100: 50: (15 ~ 20)重量比。

污泥制生化纤维板,主要是利用活性污泥中所含粗蛋白(有机物)与球蛋白(酶),能溶解于水及稀酸、稀碱、中性盐的水溶液,在碱性条件下,加热、干燥、加压后,会发生一系列的物理、化学性质的改变,成为蛋白质的变性作用,从而制成活性污泥树脂(又称蛋白胶),使与经漂白、脱脂处理的废纤维(主要是棉、毛纺厂的下脚料)压制成板材,即生化纤维板。

三、填埋

污泥单独填埋或者与垃圾混合填埋是最常用的最终处置方法。污泥在填埋前要经过稳定处理,在选择填埋场时要研究该处的水文地质条件和土壤条件,避免地下水受到污染。对填埋场的渗滤液应当收集并作适当处理,场地径流应妥善排放。填埋场的管理非常重要,要定期监测填埋场附近的地下水、地面水、土壤中的有害物(如重金属)等。

填埋法也受到越来越严格的限制,因为填埋需占用大量土地,耗费可观,而且不能根治污染。在美国,填埋法造成的问题日益严重,填埋场附近的居民因此患各种疾病。同时,直接填埋污泥浆,所占用的土地非常多,而且由于存在病原体继续繁殖、臭味等问题,尤其在人口非常稠密的地区这种方法并不实际,因此这种处置方式在中国的沿海发达地区需要慎用。

四、干燥、焚烧

污泥干燥是将脱水污泥通过处理,去除污泥中绝大部分毛细管水、吸附水和颗粒内部水的方法。污泥经干燥处理后含水率从60% ~80%降低至10% ~30%,大幅度减小体积,从而减少了处置和运输费用,最终产品用途广泛(既可用来做肥料也可用于其他工业工艺过程中的燃料);污泥干燥是一种可靠而有效的污泥处理方法,但其设备投资和运行费用较昂贵,且对于重金属含量高的污泥,如果用做肥料,会带来土壤污染的问题。且由于污泥的N、P、K的含量比化肥低许多,因此市场需要开发。

焚烧可使污泥体积大幅度减小,且可灭菌,污泥灰量大约是含水率75%的污泥的1/10。焚烧后的灰烬可填埋或利用,焚烧时的尾气必须进行处理,否则将会造成对空气的二次污染。焚烧设备的投资和运行费用都比较大,在单纯用做处置手段时需要慎重研究。

五、堆肥

堆肥是利用嗜热微生物分解污泥中的有机物,可以达到脱水、破坏污泥中恶臭成分、杀死病原体等目的,从而得到一种安全的有机性肥料施用于农田。污泥中的氮、磷、钾是农作物生长所必需的养分,熟污泥中的腐殖质是良好的土壤改良剂,但农业上利用施肥前应采取堆肥、厌氧消化等技术措施消除其中的病原体、寄生虫卵和重金属,使其达到有关卫生标准和农业要求。但大规模污泥堆肥也存在着许多限制,如:污泥本身不是一个非常好的堆肥物料,降解性差,孔隙率低,含水率高,须添加大量调理剂来松散污泥,且不适合多雨的南方地区。

每种方案都不是尽善尽美的,各有其优缺点。既然污泥的产生不可避免,我们应该根据不同情况选择不同的污泥处理方案。

小　结

污泥是污水处理过程的副产品,也是必然的产物。这些污泥中往往含有大量的有毒有害物质,如不及时从处理系统中排除,会影响水处理系统的正常运行,从而影响水处理效果；若直接排放，会造成环境的二次污染。且污泥中含有大量的有用物质，通过处理后回收利用，可以节省宝贵的资源，变害为利。

污泥的含水率一般都很高，如初沉池污泥在95%以上，活性污泥法的二沉池污泥在99%以上，体积很大。为了后续处理及综合利用和最终处置，需对污泥进行脱水处理。脱水处理的方法主要有：浓缩、自然干化、机械脱水、干燥和焚烧等。

污泥浓缩是降低污泥含水率、减少污泥体积的有效方法。常见的有重力沉降浓缩法、气浮浓缩法、离心浓缩法。污泥的自然干化是一种简便经济的脱水方法，曾经广泛采用的有污泥干化床和污泥塘两种类型，可将脱水污泥的含水率进一步降低到50%～65%以下。

同时还要对污泥进行稳定处理，目的是消除污泥中散发的臭味和杀灭污泥中的病原微生物。常用方法有厌氧消化、好氧消化、药剂氧化、药剂稳定等。

污泥处置是利用适当的技术措施，使污泥部分或全部利用，以及以某种形式返回到环境中去。目前，较适合我国国情、常用的污泥处置方法有：综合利用、填埋、焚烧和投放海洋或废矿等。

思考题与习题

1. 污泥如何进行分类？

2. 污泥含水率从95%降至90%，求污泥体积的变化。

3. 城市污水污泥处理方案选择和确定要考虑什么问题？和污泥的最终出路有何关系？

4. 污泥浓缩、脱水有哪些方法？

5. 污泥的最终出路是什么？如何因地制宜考虑各种因素？

6. 影响污泥消化的因素有哪些？

7. 城市污水处理厂的污泥为什么要进行消化处理？有哪些措施可以加速污泥消化过程？

第十三章　污水处理工艺系统

【教学目标】　本章主要介绍了污水处理工艺流程设计；典型的城市污水处理工艺实例；城市污水的深度处理与回用途径。要求学生掌握根据污水水质、出水要求确定污水处理工艺流程的方法；学习掌握污水处理厂的平面布置和高程布置要素。

第一节　污水处理系统工艺设计

城市污水是由城市排水系统汇集的污水，它是由居民的生活污水和位于城区的工业企业排放的工业废水所组成。生活污水是城市污水的主要组成部分，一般情况下，城市污水都具有生活污水的特征。

城市排水系统一般都接纳由工业企业排放的工业废水。由于各地工业废水的水量、水质的千变万化，造成每个城市的污水水量和水质各不相同。

一、城市污水处理系统设计

(一) 城市污水处理厂的设计水量

用于城市污水处理厂的设计水量有以下几种：

(1)平均日流量(m^3/d)：表示污水处理厂的规模，即处理总水量。用于计算污水处理厂的年电耗与耗药量，产生并处理的污泥总量。

(2)设计最大流量(m^3/h 或 L/s)：用于污水处理厂的进厂管道的设计。如果污水处理厂的进水为水泵抽升，则用组合水泵的工作流量作为设计最大流量。

(3)降雨时的设计流量(m^3/d 或 L/s)：这一流量包括旱天流量和截流 n 倍的初期雨水流量。用于校核初沉池前的处理构筑物和设备。

在设计时应注意：污水处理厂的各处理构筑物及厂内连接各处理构筑物的管渠，都应满足设计最大流量的要求。但当曝气池的设计反应时间在 6 h 以上时，可采用平均日流量作为曝气池的设计流量。

当污水处理厂分期建设时，以相应的各期流量作为设计流量。

(二) 城市污水的设计水质

1. 生活污水

生活污水的 BOD_5 和 SS 的设计值可取为：

$$BOD_5 = 20 \sim 35\ g/(人 \cdot d)$$

$$SS = 35 \sim 50\ g/(人 \cdot d)$$

2. 工业废水

工业废水的水质可参照不同类型的工业企业的实测数据或经验数据确定。

3. 水质浓度

水质浓度按下式计算：

$$S = \frac{1\ 000a_s}{Q_s}$$

式中 S——某污染物质的浓度，mg/L；

a_s——每日生活污水和工业废水中该污染物质的总排放量，kg/d；

Q_s——每日的总排水量，m^3/d。

（三）正确处理工业废水与城市污水处理的关系

工业废水的成分十分复杂，可能含有特殊的污染物质，甚至所含污染物的浓度很高，如果直接排入城市排水系统，必然会对城市污水处理厂的运行管理带来不利影响。为了保证处理厂的正常运行，排入城市排水系统的工业废水必须满足下列要求：

（1）不得含有破坏城市排水管道的成分，如酸性废水及含有可燃和易爆物质的废水，不得含有能够堵塞管道的物质和对养护工作人员造成伤害的物质；

（2）所含的大部分污染物质必须是能为微生物所降解，并对微生物的代谢活动无抑制或毒害作用；

（3）污染物质的浓度不能过高，以免增加污水处理厂的负荷，影响处理效果；

（4）水温不得高于 40 ℃；

（5）对含有病原菌的医院、疗养院的污水必须进行严格的消毒处理后再行排入。

城市的市政管理部门，可根据本市的具体条件，参照我国制定的工业废水排入城市排水系统的水质标准 CJ 3082—99，作出相应规定，以使污水水质与城市污水水质基本一致。这样既不会损坏下水道，又不会影响微生物的活动。对不符合要求的工业废水，必须在厂（院）内进行预处理，然后方可排入城市排水系统。

工业废水与城市污水共同处理具有以下优点：

1. 建设费用与运行费用较低

污水处理厂的规模越大，其单位处理能力的基建费用和运行费用越低。日处理量在 10 000 m^3 以下的污水处理厂，比日处理量介于 10 000 ~ 100 000 m^3 的污水处理厂的造价提高 20% ~ 30%。

一些中小型工业企业设置的污水处理厂（站）往往需要设水量或水质调节池，某些厂还需要向处理的废水中投加化学药剂，以保证微生物对氮、磷等营养物质的需要，这样都将增大污水处理设备的建设投资和运行费用。

2. 占地面积小，不影响环境卫生

工业企业分散地设置独立的污水处理厂（站）往往比集中建造大型污水处理厂占用更多的土地面积，而且还会给厂区环境带来一些不良影响。而城市污水处理厂，一般都建于远离城市的郊区，而且中间隔以卫生防护带，无碍于城市环境卫生。

3. 便于运行管理，节省管理人员

规模较大的污水处理厂，有条件配备技术水平较高的技术管理人员，有利于发挥处理设备的最大效能，单位污水量配备的管理人员数也大大低于分散处理。

4. 能够保证污水的处理效果

中小型工业企业的工业废水，其水质和水量的波动很大，给污水处理厂的运行管理带来一定的困难，并影响处理效果。而城市污水处理厂，由于大量的城市污水而得到均衡，废水中的某些有毒物质也因此而得到稀释，氮、磷等微生物营养物质也能够得到保证，这样在一定程度上保证了处理效果。

二、厂址选择

污水处理厂厂址的选定与城市总体规划，城市排水系统的走向、布置，处理后污水的出路都密切相关，它是制定城市污水处理系统方案的重要环节。一般应遵循以下原则：

(1)应与选定的污水处理工艺相适应。

(2)尽量做到少占农田和不占良田。

(3)应位于城市集中给水水源下游；设在城镇、工厂厂区及生活区的下游，并保持约 300 m 以上的距离，但也不宜太远，并位于夏季主风向的下风向。

(4)应考虑与处理后的污水或污泥的利用用户靠近，或靠近受纳水体，并便于运输。

(5)不宜设在雨季易受水淹的低洼处；靠近水体的处理厂要考虑不受洪水威胁；应尽量设在地质条件较好的地方，以方便施工，降低造价。

(6)要充分利用地形，选择有适当坡度的地区，来满足污水处理构筑物高程布置的需要，以减少土方工程量，降低工程造价。若有可能，宜采用污水不经水泵提升而自流流入处理构筑物的方案，以节省动力费用，降低处理成本。

(7)应考虑城市污水管道系统的统一布局。

(8)应考虑城市远期发展的可能性，留有扩建余地。

污水处理厂的占地面积，与处理水量和所采用的处理工艺有关。表 13-1 所列用地面积可供在污水处理厂建设前期的规划设计时参考。

表 13-1　城市污水处理厂用地面积

处理厂规模(m^3/d)	一级处理占地(hm^2)	二级处理占地(hm^2)	
		生物滤池	活性污泥法
5 000	0.5~0.7	2~3	1~1.25
10 000	0.8~1.2	4~6	1.5~2.0
15 000	1.0~1.5	6~9	1.85~2.5
20 000	1.2~1.8	8~12	2.2~3.0
30 000	1.6~2.5	12~18	3.0~4.5
40 000	2.0~3.2	16~24	4.0~6.0
50 000	2.5~3.8	20~30	5.0~7.5
70 000	3.75~5.0	30~45	7.5-10.0
100 000	5.0~6.5	40~60	10.0~12.5

注：1 hm^2 = 10 000 m^2。

三、处理工艺流程选择

污水处理的工艺流程是指在保证处理水达到所要求处理程度的前提下，所采用的污水处理技术各单元的组合。

对于某种污水，采用哪几种处理方法组成系统，要根据污水的水质、水量，回收其中有用物质的可能性、经济性，受纳水体的具体条件，并结合调查研究进行经济与技术分析后决定，必要时还需进行试验。

在选定处理工艺流程的同时，还需要考虑确定各处理技术单元构筑物的形式，两者互为制约，互为影响。

(一) 选择污水处理工艺系统应考虑的因素

1. 污水处理程度

污水处理程度是污水处理工艺流程选择的主要依据，而污水处理程度又主要取决于原污水的水质特征、处理后水的去向及相应的水质要求。

污水的水质特征，表现为污水中所含污染物的种类、形态及浓度，它直接影响到工艺流程的简单与复杂。处理后水的去向和水质要求，往往决定着污水处理工程的处理深度。

2. 工程造价与运行费用

工程造价和运行费用也是工艺流程选定的重要考虑因素。以原污水的水质、水量及其他自然状况为已知条件，以处理水应达到的水质指标为制约条件，而以处理系统最低的总造价和运行费用为目标函数，建立三者之间的相互关系。

减少占地面积是降低建设费用的一项重要措施。

3. 当地的各项条件

当地的地形、气候等自然条件，原材料与电力供应等，也是选择处理工艺应考虑的因素。

4. 原污水的水量与污水流入工况

原污水的水量与污水流入工况直接影响到处理构筑物的选型及处理工艺的选择。

5. 处理过程是否产生新的问题

污水处理过程中应注意避免造成二次污染。

另外，工程施工的难易程度和运行管理需要的技术条件也是选定处理工艺流程需要考虑的因素，所以，污水处理工艺流程的选择是一项比较复杂的系统工程，应对上述各项因素进行综合考虑，从而选定技术先进、经济合理的污水处理工艺。

(二) 典型的城市污水处理工艺

城市污水处理的典型工艺流程由完整的二级处理系统和污泥处理系统所组成。

该流程的一级处理由格栅、沉砂池和初次沉淀池所组成，其作用是去除污水中的无机和有机性的悬浮污染物，污水的 BOD 值能够去除 20% ~30% 。

二级处理系统是城市污水处理厂的核心，其主要作用是去除污水中呈胶体和溶解状态的有机污染物，BOD 去除率达 90% 以上。通过二级处理，污水的 BOD_5 值可降至 20 ~ 30 mg/L，一般可达排放水体和灌溉农田的要求。

应用于二级处理的各类生物处理技术有活性污泥法、生物膜法及自然生物处理技术，只要运行正常，都能取得良好的处理效果。

污泥是污水处理过程的副产品，也是必然的产物。污泥包括从初次沉淀池排出的初沉污泥和从生物处理系统排出的生物污泥。在城市污水处理系统中，对污泥的处理多采用浓缩、厌氧消化、脱水等技术单元组成的系统。处理后的污泥可作为肥料用于农业。

四、平面布置与高程布置

（一）污水处理厂的平面布置

在污水处理厂厂区内有：各处理单元构筑物；连通各处理构筑物之间的管、渠及其他管线；辅助性建筑物；道路以及绿地等。在进行厂区平面规划、布置时，应从以下几方面进行考虑。

1. 各处理单元构筑物的平面布置

处理构筑物是污水处理厂的主体建筑物，在进行平面布置时，应根据各构筑物的功能要求和水力要求，结合地形和地质条件，合理布局，确定它们在厂区内平面的位置，以减少投资并使运行方便。应考虑的因素有：

(1)应布置紧凑，以减少处理厂占地面积和连接管线的长度，但应考虑施工和运行操作的方便。

(2)应使各处理构筑物之间的连接管渠便捷、直通，避免迂回曲折，处理构筑物一般按流程顺序布置。

(3)充分利用地形，以节省挖填土方量，并避开劣质土壤地段，使水流能自流输送。

(4)在处理构筑物之间，应有保证敷设连接管、渠要求的间距，一般可取 5～10 m，某些有特殊要求的构筑物，如污泥消化池、消化气贮罐等，其间距应按有关规定确定。

2. 管、渠的平面布置

在污水处理厂各处理构筑物之间，设有贯通、连接的管渠；此外，还有放空管及超越管渠，放空管的作用是在构筑物内设施需要检修时，构筑物内污水的放空。超越管的作用是在构筑物发生故障或污水没必要进构筑物处理时，能越过该处理构筑物。污水处理厂一般设有超越全部处理构筑物、直接排放水体的超越管。管渠的布置应尽量短，避免曲折和交叉。

在污水处理厂内还设有给水管、空气管、消化气管、蒸汽管以及输配线路等。在布置时，应避免相互干扰，既要便于施工和维护管理，又要占地紧凑；既可敷设在地下，也可架空敷设。

3. 辅助建筑物的平面布置

污水处理厂内的辅助建筑物有：泵房、鼓风机房、加药间、办公室、集中控制室、水质分析化验室、变电所、机修车间、仓库、食堂等，它们是污水处理厂不可缺少的组成部分，其建筑面积大小应按实际情况与条件而定。有条件时，可设立试验车间，以不断研究与改进污水处理技术。

辅助建筑物的布置应根据方便、安全等原则确定。如泵房、鼓风机房应尽量靠近处理构筑物附近，变电所宜设于耗电量大的构筑物附近。操作工人的值班室应尽量布置在使工人能够便于观察处理构筑物运行情况的位置。办公室、分析化验室等均应与处理构筑物保持一定距离，并处于它们的上风向，以保证良好的工作条件。贮气罐、贮油罐等易燃易爆建筑的布置应符合防爆、防火规程。

在污水处理厂内应合理地修筑道路和停车场地。一般主干道 4 ~ 6 m，车行道 3 ~ 4 m，人行道 1.5 ~ 2 m。并合理植树，绿化美化厂区，改善卫生条件。按规定，污水处理厂厂区的绿化面积不得少于 30%。

另外，要预留适当的扩建场地，并考虑施工方便和相互间的衔接。

总之，在工艺设计计算时，除应满足工艺设计上的要求外，还必须符合施工、运行上的要求。对于大、中型处理厂，还应作多方案比较，以便找出最佳方案。

总平面布置图可根据污水厂的规模采用 1∶200 ~ 1∶1 000 的比例绘制，常用的比例尺为 1∶500。

图 13-1 所示为 A 市污水处理厂总平面布置图。

该厂的主要处理构筑物有机械清渣格栅、曝气沉砂池、初次沉淀池、鼓风深水中层曝气池、二次沉淀池、消化池等及若干辅助建筑物。

该厂的平面布置特点为：流线清楚，布置紧凑。鼓风机房和回流污泥泵房位于曝气池和二次沉淀池一侧，节约了管道与动力消耗，方便操作管理。污泥消化系统构筑物靠近处理厂西侧的四氯化碳制造厂，使消化气、蒸汽输送管较短，节约了建设投资。办公楼与处理构筑物、鼓风机房、泵房、消化池等保持一定距离，卫生条件与工作条件均较好。在管线布置上，尽量一管多用，如超越管、处理水出厂管都借雨水管泄入附近水体，而剩余污泥、污泥水、各构筑物放空管等，又都汇入厂内污水管，并流入泵房集水井。不足之处是由于厂东西两侧均为河浜，使得用地受到限制，无远期发展余地。

图 13-2 为 B 市污水处理厂总平面布置图。该厂泵站设于厂外，主要处理构筑物有格栅、曝气沉砂池、初次沉淀池、曝气池、二次沉淀池等。该厂污泥通过污泥泵房直接加压送往农田作为肥料利用。

该厂平面布置的特点是：布置整齐、紧凑，两期工程各自独立，对设计与运行相互干扰较小，办公室等建筑物均位于常年主风向的上风向，且与处理构筑物有一定距离，卫生、工作条件较好。在污水流入初次沉淀池、曝气池与二次沉淀池时，先后经三次计量，为分析构筑物的运行情况创造了条件。利用构筑物本身的管渠设立超越管线，既节省了管道，运行又较灵活。

二期工程预留地设在一期工程与厂前区之间，若二期工程改用其他工艺或另选池型时，在平面布置上将受到一定的限制。泵站与污泥池均设于厂外，管理不甚方便。

（二）污水处理厂的高程布置

污水处理厂高程布置的目的是：确定各处理构筑物和泵房的标高，确定处理构筑物之间连接管渠的尺寸及其标高，计算确定各部位的水面标高，使水能按处理流程在处理构筑物之间靠重力自流，以降低运行和维护管理费用，从而保证污水处理厂的正常运行。

相邻两构筑物之间的水面相对高差，即为流程中的水头损失。

水头损失包括：

(1)污水流经各处理构筑物的水头损失可参考表 13-2 选取或进行详细的水力计算。

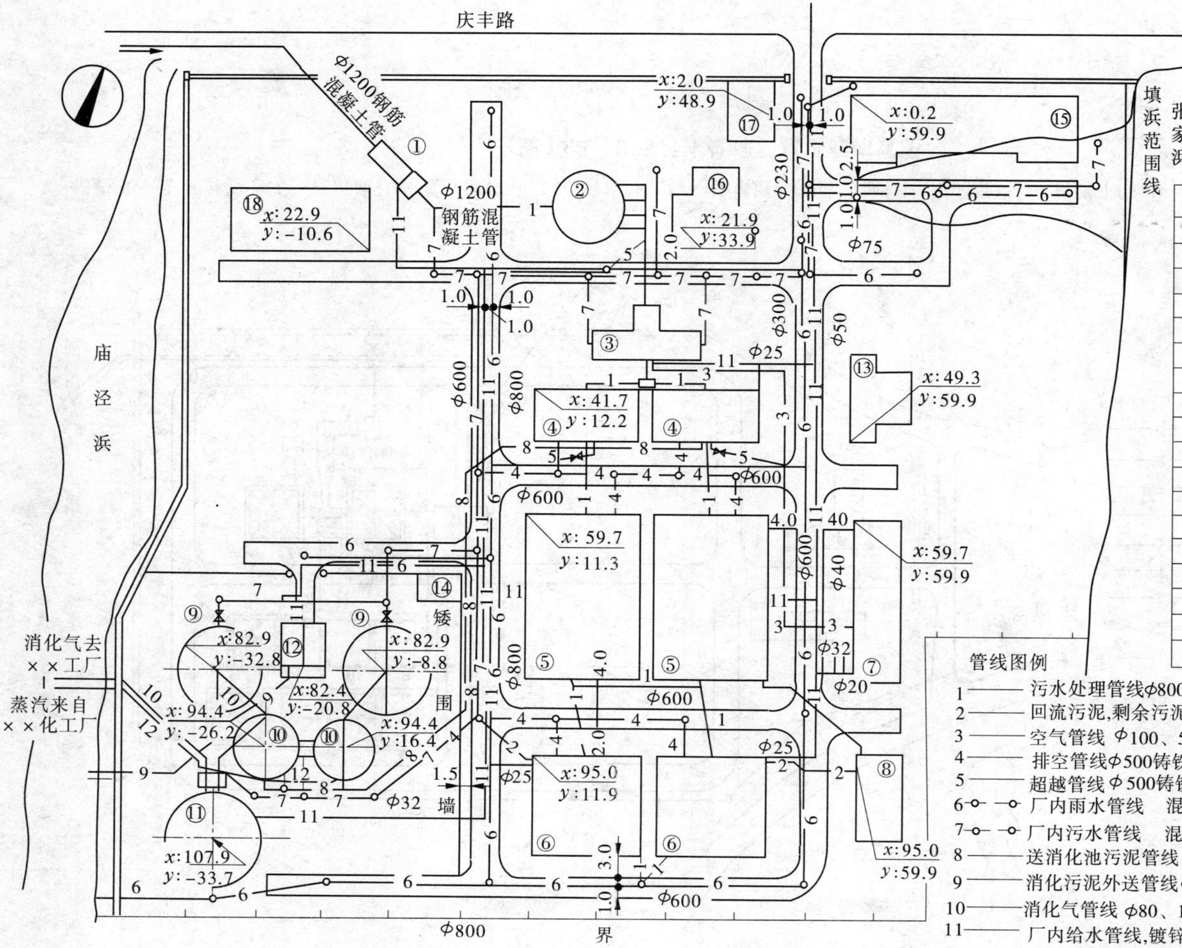

编号	构筑物名称
①	格栅井
②	污水泵房
③	曝气沉砂池
④	初次沉淀池
⑤	深层曝气池
⑥	二次沉淀池
⑦	鼓风机房
⑧	回流污泥泵房
⑨	消化池
⑩	污泥池
⑪	贮气罐
⑫	水泵间控制室
⑬	变电室
⑭	配电间
⑮	综合楼
⑯	集中控制室
⑰	值班室
⑱	机修车间

管线图例

1——污水处理管线Φ800铸铁管、管底标高3.30 m
2——回流污泥,剩余污泥管线Φ600铸铁管,管底标高3.50 m
3——空气管线 Φ100、500铸铁管
4——排空管线Φ500铸铁管
5——超越管线Φ500铸铁管
6-o- -o- 厂内雨水管线　混凝土或钢筋混凝土管
7-o- -o- 厂内污水管线　混凝土或钢筋混凝土管
8——送消化池污泥管线 Φ300铸铁管,管底标高3.80 m
9——消化污泥外送管线Φ200铸铁管,管底标高3.90 m
10——消化气管线 Φ80、100焊接钢管,Φ5镀锌钢管
11——厂内给水管线,镀锌钢管
12——污泥加温蒸汽管线Φ80焊接钢管,蛭石混凝土保温

图 13-1　A 市污水处理厂总平面布置图

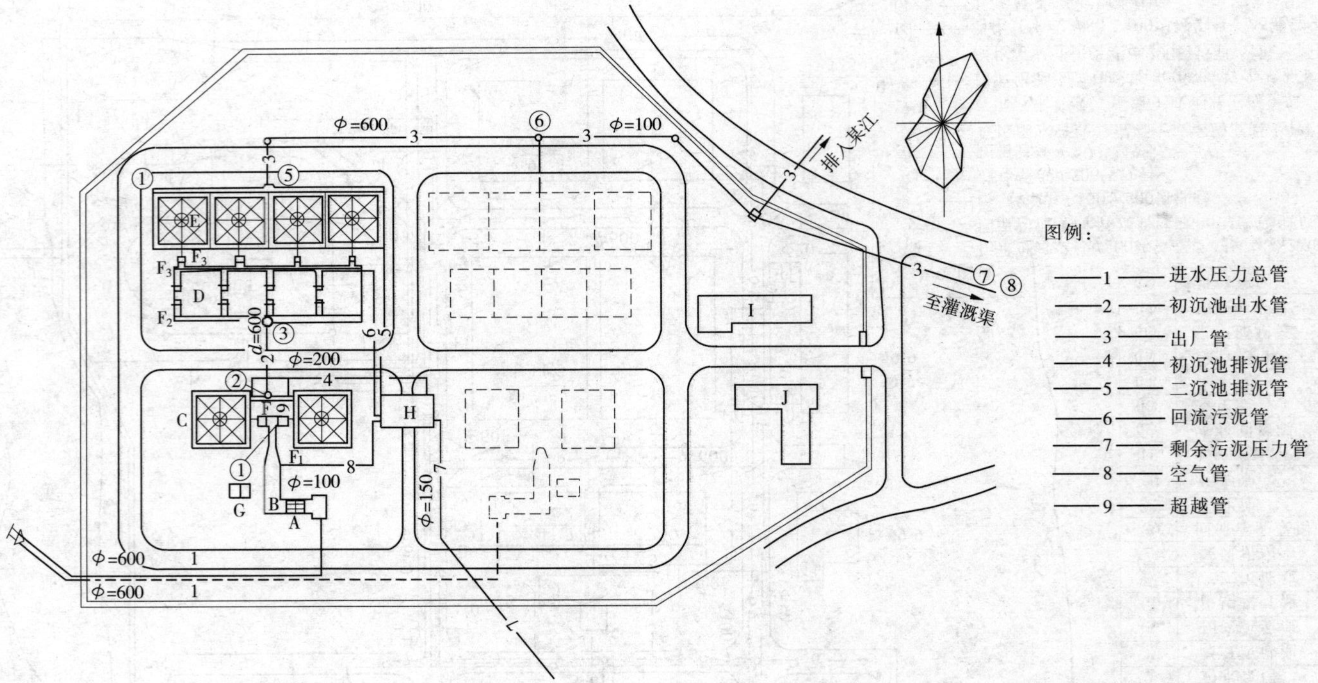

A—格栅；B—曝气沉砂池；C—初沉池；D—曝气池；E—二沉池；F_1、F_2、F_3—计量堰；G—除渣池；H—污泥泵房；I—机修车间；J—办公及化验室等

图 13-2　B 市污水处理厂总平面布置图

一般来讲,污水流经处理构筑物的水头损失,主要产生在进口、出口和需要跌水处(多在出口),而流经处理构筑物本体的水头损失则较小。

(2)污水流经连接前后两处理构筑物管渠(包括配水设备)的水头损失,包括沿程与局部水头损失,需要通过水力计算得出。

(3)污水流经计量设备的水头损失。

高程布置时,应遵循以下原则:

(1)选择一条距离最长、水头损失最大的流程进行水力计算,并应留有适当余地。

(2)计算水头损失时,一般应以近期最大流量作为构筑物和管渠的设计流量;计算涉及远期流量的管渠和设备时,应以远期最大流量作为设计流量,并酌加扩建时的备用水头。

(3)在作高程布置时还应注意污水流程与污泥流程的配合,尽量减少需抽升的污泥量。在决定污泥浓缩池、消化池等构筑物的高程时,应注意它们的污泥水能自流排入厂区污水干管。

高程布置的方法是:以接纳处理水的水体的最高水位作为起点,逆污水处理流程向上倒推计算,以使处理后污水在洪水季节也能自流排出,而水泵需要的扬程则较小,运行费用也较低。但同时应考虑到构筑物的挖土深度不宜过大,以免土建投资过大和增加施工难度。还应考虑到因维修等原因需将池水放空而在高程上提出的要求。

高程布置图可绘制成污水处理与污泥处理的纵断面图或工艺流程图。绘制纵断面图时采用的比例尺,一般横向与总平面图相同,纵向为1:50~1:100。

表13-2　污水流经各处理构筑物的水头损失

构筑物名称	水头损失(cm)	构筑物名称	水头损失(cm)
格栅	10~25		
沉砂池	10~25	生物滤池(工作高度为2 m时):	
沉淀池:　平流	20~40		
竖流	40~50	1)装有旋转布水器	270~280
辐流	50~60	2)装有固定喷洒布水器	450~475
双层沉淀池	10~20	混合池或接触池	10~30
曝气池:　污水潜流入池	25~50	消毒接触池	200~500
污水跌水入池	50~150		

下面以图13-2所示B市污水处理厂为例,说明其污水处理流程高程计算过程。

处理后的污水排入农田灌溉渠道以供农田灌溉,以灌溉渠水位作为起点,逆流程向上推算各处理构筑物的水面标高。

高程计算如下:

灌溉渠道(点8)水位:49.25 m

排水总管(点7)水位:50.05 m(跌水0.8 m)

窨井6后水位:50.44 m(沿程损失0.39 m)

窨井6前水位:50.49 m(管顶平接,两端水位差0.05 m)

二次沉淀池出水井水位:50.84 m(沿程损失0.35 m)

二次沉淀池出水总渠起端水位:50.94 m(沿程损失0.10 m)

二次沉淀池中水位:51.44 m(集水槽起端水深0.38 m,自由跌落0.10 m,堰上水头0.02 m)

堰 F_3 后水位:51.75 m(沿程损失0.03 m,局部损失0.28 m)

堰 F_3 前水位:52.16 m(堰上水头0.26 m,自由跌落0.15 m)

曝气池出水总渠起端水位:52.38 m(沿程损失0.22 m)

曝气池中水位:52.64 m(集水槽中水位0.26 m)

堰 F_2 前水位:53.22 m(堰上水头0.38 m,自由跌落0.20 m)

点3水位:53.44 m(沿程损失0.08 m,局部损失0.14 m)

初次沉淀池出水井(点2)水位:53.66 m(沿程损失0.07 m,局部损失0.15 m)

初次沉淀池中水位:54.33 m(出水总渠沿程损失0.10 m,集水槽起端水深0.44 m,自由跌落0.10 m,堰上水头0.03 m)

堰 F_1 后水位:54.65 m(沿程损失0.04 m,局部损失0.28 m)

堰 F_1 前水位:55.10 m(堰上水头0.30 m,自由跌落0.15 m)

沉砂池起端水位:55.37 m(沿程损失0.02 m,沉砂池出口局部损失0.05 m,沉砂池中水头损失0.20 m)

格栅前(A点)水位:55.52 m(过栅水头损失0.15 m)

总水头损失6.27 m

计算结果表明:终点泵站应将污水提升至标高55.52 m处才能满足流程的水力要求。根据计算结果绘制了图13-3所示污水处理流程高程布置图。

下面以图13-1所示的A市污水处理厂的污泥处理流程为例,作污泥处理流程的高程计算。

该厂二沉池剩余污泥重力流排入污泥泵站,加压后送入初沉池,利用生物絮凝作用提高初沉池的沉淀效果,并与初沉池污泥一起重力排入污泥投配池。污泥处理流程的高程计算从初沉池开始,流程如下:

初沉池→污泥投配池→污泥泵站→污泥消化池→贮泥池→外运

同污水处理流程,高程计算从控制点标高开始。

厂区地面标高为4.2 m,初沉池水面标高点为6.7 m,初沉池至污泥投配池的管道用铸铁管,长150 m,管径300 mm。污泥在管内呈重力流,流速为1.5 m/s,求得其水头损失为1.2 m,自由水头1.5 m,则管道中心标高为,$6.7-(1.20+1.50)=4.0(m)$

流入污泥投配池的管底标高为 $4.0-0.15=3.85(m)$

据此确定污泥投配池的标高。

消化池至贮泥池的各点标高受河水位(即河中污泥船)的影响,故以此向上推算。设要求贮泥池排泥管的管中心标高至少应为3.0 m,才能自流向运泥船排净贮泥池污泥,贮泥池有效水深2.0 m。消化池至贮泥池为管径200 mm,长70 m的铸铁管,设管内流速为1.5 m/s,则求得水头损失为1.20 m,自由水头设为1.5 m。消化池采用间歇排泥方式,一次排泥后泥面下降0.5 m,则排泥结束时消化池内泥面标高至少应为:$3.0+2.0+0.1+$

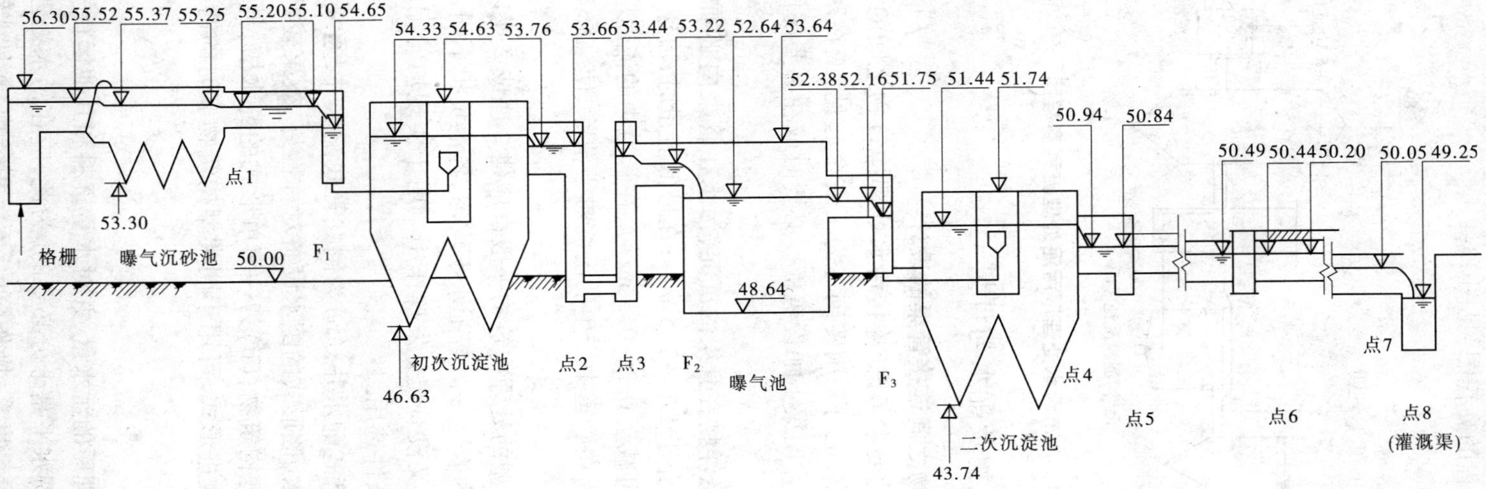

图 13-3　B 市污水处理厂污水处理流程高程布置图　（单位:m）

1.2 + 1.5 = 7.8(m)，开始排泥时泥面标高 7.8 + 0.5 = 8.3(m)，由此选定污泥泵。根据计算结果，绘制污泥处理流程的高程图，见图 13-4。

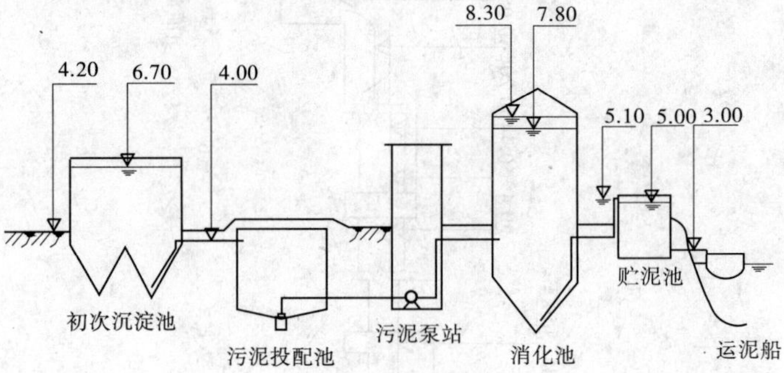

图 13-4　A 市污水处理厂污泥处理流程高程图　（单位：m）

五、污水处理构筑物及配水与计量

（一）污水处理构筑物之间连接管渠的设计

从便于维修和清通的要求考虑，连接污水处理构筑物之间的管渠，以矩形明渠为宜。明渠多由钢筋混凝土制成，也可采用砖砌。为了安全起见，或在寒冷地区，为了防止冬季污水在明渠内结冰，一般在明渠上加设盖板。必要时或在必要部位，也可以采用钢筋混凝土管或铸铁管。

为了防止污水中的悬浮物在管渠内沉淀，污水在管渠内必须保持一定的流速。在最大流量时，明渠内流速可介于 1.0 ~ 1.5 m/s；在最低流量时，流速不得小于 0.4 ~ 0.6 m/s（特殊构造的渠道，流速可减至 0.2 ~ 0.3 m/s），在管道中的流速应大于在明渠中的流速，并尽可能大于 1 m/s，因为在管道中产生的沉淀难于清除，使维修工作量增加。

（二）配水设备

污水处理厂中，同类型的处理构筑物一般都应建 2 座或 2 座以上，向它们均匀配水是污水处理厂设计的重要内容之一。若配水不均匀，各池负担不同，一些构筑物可能出现超负荷，而另一些构筑物则又没有充分发挥作用。用于实现均匀配水的配水设备的类型如图 13-5 所示，可按具体条件选用。

图 13-5 中(a)为中管式配水井；(b)为倒虹管式配水井，通常用于 2 座或 4 座为一组的圆形处理构筑物的配水，该形式的配水设备对称性好，效果较好；(c)为挡板式配水槽，可用于多个同类型的处理构筑物；(d)为一简单形式的配水槽，易修建，造价低，但配水均匀性较差；(e)是(d)的改进形式，可用于同类型构筑物多时的情况，配水效果较好，但构造稍复杂。

（三）污水计量设备

准确地掌握污水处理厂的污水量，并对水量资料和其他运行资料进行综合分析，对提高污水处理厂的运行管理水平是十分必要的，为此，应在污水处理系统上设置计量设备。对污水计量设备的要求是精度高、操作简单，不沉积杂物，并且能够配用自动记录仪表。

污水处理厂总处理水量的计量设备，一般安装在沉砂池与初次沉淀池之间的渠道上

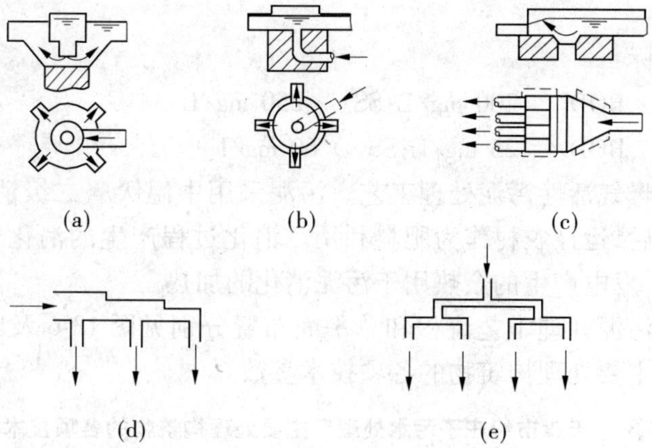

图 13-5　各种类型的配水设备

或在厂内的总出水管渠上。如有可能,在每座主要处理构筑物上都应安装计量设备,但这样会增加水头损失。

现用于污水处理厂的水量计量设备有如下几种：

(1)计量槽。又称巴氏槽,精确度达 95% ~98%,其优点是水头损失小,底部冲刷力大,不易沉积杂物。但对施工技术要求高,施工质量不好会影响量测精度。

(2)薄壁堰。这种计量设备比较稳定可靠,为了防止堰前渠底积泥,只宜设在处理系统之后。常用的薄壁堰有矩形堰、梯形堰和三角堰,后者的水头损失较大,适于量测小于 100 L/s 的小流量。

(3)电磁流量计。由电磁流量变送器和电磁流量转换器组成。前者装于需量测的管道上,当导电液体(污水)流过变送器时,切割磁力线而产生感应电势,并以电讯号输至转换器进行放大、输出。由于感应电势的大小仅与流体的平均流速有关,因而可测得管中的流量。电磁流量计可与其他仪表配套,进行记录、指示、计算、调节控制等。

该计量设备的优点为:①变送器结构简单可靠,内部无活动部件,维护清洗方便;②压力损失小,不易堵塞;③量测精度不受被测污水各项物理参数的影响;④无机械惯性,反应灵敏,可量测脉动流量;⑤安装方便,无严格的前置直管段的要求。

这种计量设备在目前价格昂贵,需精心保养,难于维修。安装时要求变送器附近不应有电动机、变压器等强磁场或强电场,以免产生干扰。同时,要求在变送器内必须充满污水,否则可能产生误差。

近年来,国内还开发了几种测定管道中流量的设备,如插入式液体涡轮流量计、超声波流量计等。

六、国内城市污水处理厂工程实例

(一) 天津纪庄子污水处理厂

天津市纪庄子污水处理厂位于天津市市区西南部,是我国目前已建成运行、规模较大的污水处理厂之一。处理污水量 26 万 m^3/d,占地 350 000 m^2(525 亩),由中国市政工程华北设计院设计,1981 年开始筹建,1984 年建成投产,在当时是我国已建成的规模最大的城市污水处理厂。

该厂的水质指标：

进水 BOD_5 200 mg/L；SS 250 mg/L

处理水 BOD_5 25 mg/L；SS 60 mg/L

该厂采用渐减曝气活性污泥处理工艺。污泥采用中温厌氧二级消化处理，消化后的污泥通过机械脱水后，运往农村作为肥料利用。消化过程产生的消化气则用于本厂发电和生活区生活用气，发电产生的余热用于污泥消化的加热。

该厂的污水与污泥处理工艺流程和总平面布置分别见图 13-6 及图 13-7。而表 13-3 所列举的则是该厂主要处理构筑物的各项技术参数。

表 13-3 天津市纪庄子污水处理厂主要处理构筑物的各项技术参数

处理构筑物名称	有效容积(m^3)	长×宽×高或直径×高(m)	座数	停留时间	液面高度(m)
曝气沉砂池	325.5	30.6×3.6×3.2	4	5 min	8.13
初次沉淀池	5 010	Φ45×3.15	4	2 h	7.00
曝气池	21 840	560×7.5×5.2	4	8 h	5.70
二次沉淀池	3 340	Φ45×2.1	8	2.5 h	4.50
污泥浓缩池	916	Φ18×3.6	2	12 h	4.20
贮泥池	181	7×7×3.7	4	12 h	2.40
一级污泥消化池	2 800	Φ18×19.2	8	14 d	13.90
二级污泥消化池	2 800	Φ18×19.2	2	2.5 d	12.90
贮气罐	5 000	Φ22×23.55	1	12 h	

该厂生物反应器采用的是五廊道推流式渐减曝气池，空气扩散装置为引进英国霍克·西柏利公司生产的微孔曝气装置和与其配套的鼓风机组及仪表。初沉池和二沉池都采用辐流式，二次沉淀池采用自动吸泥方式排泥。污泥脱水设备为引进法国得利满公司生产的 763－D 型带式污泥脱水机。

该厂自投产以来，处理效果良好，出水完全达到设计要求，现已回用于某煤厂制煤、道路喷洒、厂区绿化和农田灌溉。为了扩大二级处理水的回用范围，还在厂内建设了面积达 7 700 m^2 的稳定塘，其处理效果良好，也有一定的脱氮、除磷效果。

(二)邯郸市污水处理厂

邯郸市污水处理厂是我国首次采用三沟式交替运行氧化沟处理城市污水的污水处理厂。总设计规模为 10 万 m^3/d，第一期工程规模为 6.6 万 m^3/d。1989 年动工，1990 年 11 月建成，1991 年 3 月投入运行。

该厂位于邯郸市东部，占地面积 50 000 m^2(75 亩)，服务面积 26 km^2，服务人口 35 万人。

该厂平面布置图如图 13-8 所示。工艺流程见图 13-9。

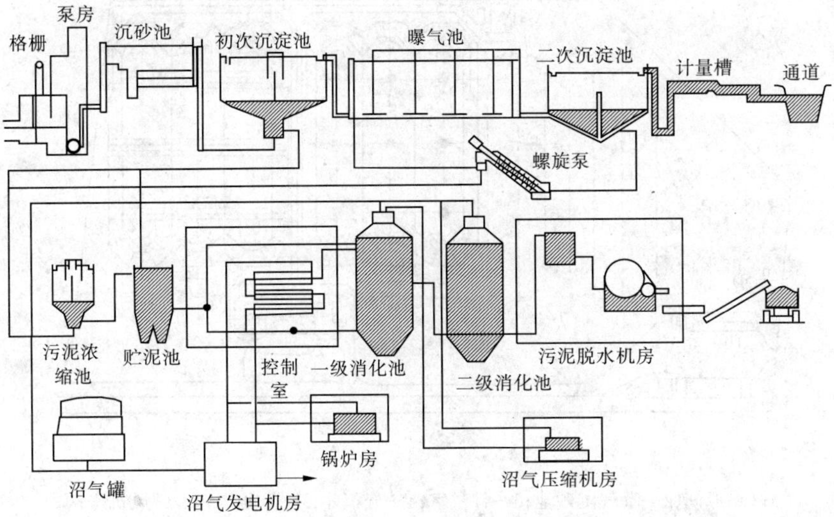

图 13-6　天津纪庄子污水处理厂污水与污泥处理工艺流程

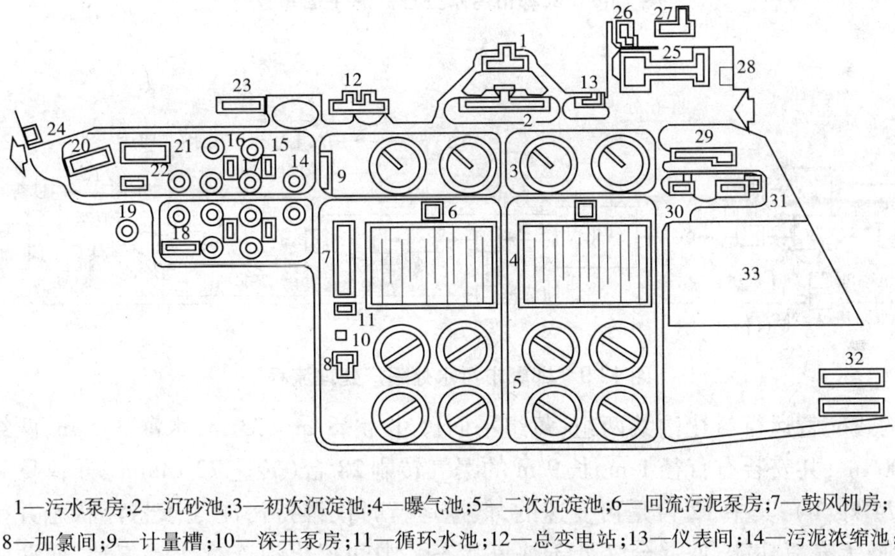

1—污水泵房;2—沉砂池;3—初次沉淀池;4—曝气池;5—二次沉淀池;6—回流污泥泵房;7—鼓风机房;
8—加氯间;9—计量槽;10—深井泵房;11—循环水池;12—总变电站;13—仪表间;14—污泥浓缩池;
15—贮泥池;16—消化池;17—控制室;18—沼气压缩机房;19—沼气罐;20—污泥脱水机房;
21—沼气发电机房;22—变电所;23—锅炉房;24—传达室;25—办公化验楼;26—浴室锅炉房;
27—幼儿园;28—传达室;29—机修车间;30—汽车库;31—仓库;32—宿舍;33—试验厂

图 13-7　天津纪庄子污水处理厂平面布置图

该厂工艺流程由 3 部分组成,第一部分是由格栅及曝气沉砂池组成的物理处理系统;第二部分是以三沟式氧化沟为处理构筑物的生物处理系统;第三部分为污泥处理系统。

该厂处理工艺的特点是:流程简单,无初沉池与二沉池及污泥回流装置,又由于污泥龄较长,污泥已趋稳定,未设污泥消化池。

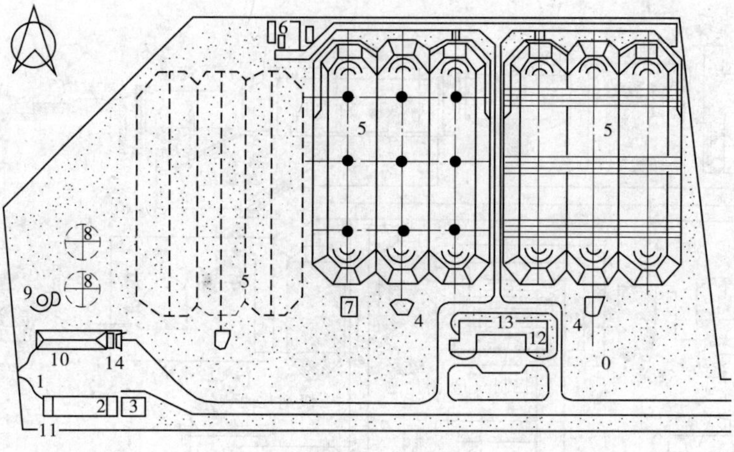

1—格栅间；2—曝气沉砂池；3—计量室；4—分配井；5—氧化沟；6—鼓风机房；
7—污泥泵站；8—污泥浓缩池；9—均质池；10—污泥脱水机房；11—废水泵房；
12—变压器/配电室；13—管理室；14—容器

图 13-8　邯郸市污水处理厂总平面布置

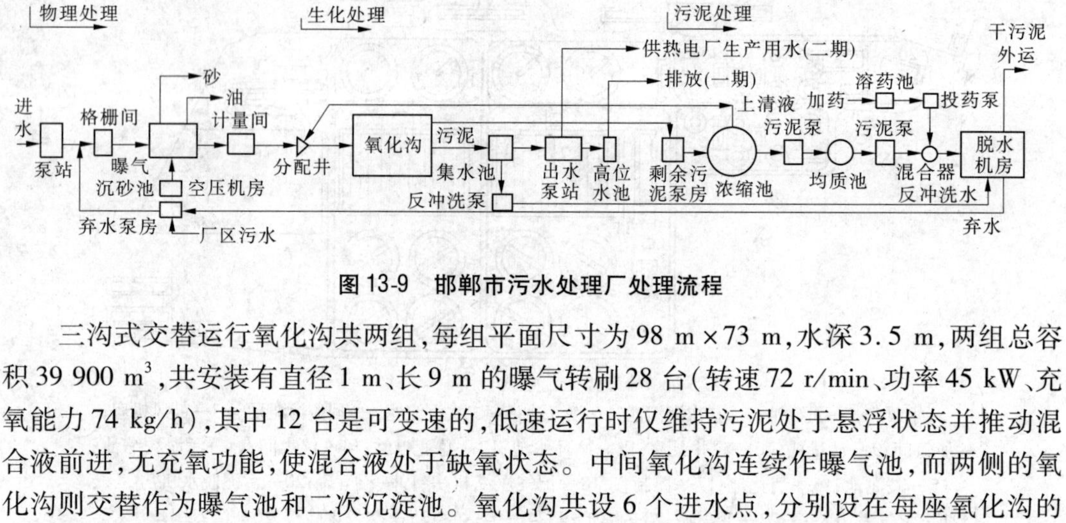

图 13-9　邯郸市污水处理厂处理流程

三沟式交替运行氧化沟共两组，每组平面尺寸为 98 m×73 m，水深 3.5 m，两组总容积 39 900 m^3，共安装有直径 1 m、长 9 m 的曝气转刷 28 台（转速 72 r/min、功率 45 kW、充氧能力 74 kg/h），其中 12 台是可变速的，低速运行时仅维持污泥处于悬浮状态并推动混合液前进，无充氧功能，使混合液处于缺氧状态。中间氧化沟连续作曝气池，而两侧的氧化沟则交替作为曝气池和二次沉淀池。氧化沟共设 6 个进水点，分别设在每座氧化沟的进水端的每条沟底部，在两侧沟的另一端共设有 5 m 长的可调式溢流堰 32 座，用以控制出水和转刷的淹没深度。污泥脱水设备为 2 台 HP－2000 型带式压滤机，带宽 2 m，单台能力 12～15 m^3/h，功率 2.5 kW，原污泥含固率为 2%～4%，经压滤处理后上升到 20%。剩余污泥经污泥泵站抽送至浓缩池，浓缩污泥经均质池送入脱水间，经带式压滤机脱水后外运。

该厂设有中心控制室，各处理构筑物和设备的运行状况都能够在中心控制室的模拟屏上显示出来，如设于氧化沟中的 6 个溶解氧测定仪的数据显示并连续记录，并可以根据预先设定的硝化和反硝化运行程序及溶解氧浓度，自动控制转刷的运行，取得去除 BOD

和脱氮的效果。

该厂投产后,运行一直正常、稳定,各项指标均达到设计要求。

第二节　城市污水的深度处理与回用

水是国民经济的重要资源。随着工业的发展和人口的增长,用水量逐年增加,使得世界范围内的淡水资源日趋短缺。因此合理利用污水资源,可以缓解缺水城市的供水矛盾,且是更为经济的水资源利用的重要措施。

一、概述

(一)城市污水的资源化与再生利用

城市污水水量稳定,是供水可靠的水资源。在传统二级处理的基础上,对污水再进行适当的深度处理,使其水质达到适于回用的要求,这样能够使对污水单纯净化的城市污水处理厂转变为以污水为原料的"再生水制造厂",使城市污水成为名符其实的水资源。

我国对城市污水的利用是从20世纪50年代农田灌溉开始的。近几十年来,我国开始了城市污水资源化的科技攻关,建立了示范工程。主要内容包括污水工业回用、市政和景观利用的水质处理技术以及中小城镇、住宅小区污水回用技术的研究。此外,还进行了城市污水资源化的规划、系统优化与评价、技术方案及经济政策等软科学的研究。在北京、天津、太原、大连、西安等大城市还建立了大型污水回用工程,另外,目前在建的污水处理厂也都把污水处理回用作为污水厂建设的一部分。

(二)污水的深度处理

深度处理是指以污水回收再用为目的,在常规二级处理后增加的处理工艺,可以提高污水的重复使用率,节约水资源。

一般二级处理技术所能达到的处理程度为:出水中的 BOD_5 20 ~ 30 mg/L;COD 60 ~ 100 mg/L;SS 20 ~ 30 mg/L;NH_3-N 15 ~ 25 mg/L;TP 6 ~ 10 mg/L。

城市污水深度处理的主要去除对象:

(1)处理水中残存的悬浮物,脱色、除臭,使水进一步得到澄清。

(2)进一步降低 BOD_5、COD、TOC 等指标,使水进一步稳定。

(3)脱氮、除磷,消除能够导致水体富营养化的因素。

(4)消毒杀菌,去除水中的有毒有害物质。

(三)回用途径

1. 城市污水回用应满足的要求

城市污水经过以生物处理技术为中心的二级处理和一定程度的深度处理后,水质能够达到回用标准,可以作为水资源加以利用,回用的城市污水应满足下列各项要求:

(1)必须经过完整的二级处理技术和一定的深度处理技术处理;

(2)在水质上应达到回用对象对水质的要求;

(3)在保健卫生方面不出现危害人们健康的问题;

(4)在使用上人们不产生不快感;

(5)对设备和器皿不会造成不良的影响；

(6)处理成本经济合理。

回用水的价值必须大于回用水的单位成本。当城市自来水供水量不足或价格较高时，污水回用显得尤其必要。

2. 污水回用的途径

污水回用的途径应以不直接与人体接触为准，主要可用于以下途径：

(1)农田灌溉。我国农田灌溉的用水量很大，因此可根据灌溉用地的自然特点，选择合适的灌溉方法，使污水有控制地排放到农田中。应注意农田灌溉用水的含盐量和卫生品质要符合国家农灌水质标准，要避免污水接触供食用的果品、蔬菜等，以防止危害人类健康。

(2)工业生产。对于城市来说，工业都是大用水户，因此可根据工业用水的用途、水质的要求进行回用。理想的回用对象应该是回用量较大且对处理要求不高的地方，如间接冷却水、冲灰及除尘等工艺用水。

(3)城市公共事业。一般限于两个方面：①市政用水，即浇洒花木绿地、景观、消防、补充河湖等；②杂用水，即冲洗汽车、建筑施工及公共建筑和居民住宅的冲洗厕所用水等。

(4)地下水回灌。是将处理水直接向地下回灌，使已降低地下水位的地区地下水量得到补充，防止地陷，同时防止咸水侵入。要达到这一目的，可以采用把水注入回灌井的方法，或把水洒到土壤表面，经土壤渗入水层的方法。地下水回灌可能需要二级处理，而不需要深度处理。

深度处理的污水可以直接重复利用，也可以间接重复利用。直接重复利用是将处理过的污水循环使用，而不再进行净化或稀释。间接重复利用是将污水排至河流，注入到地下含水层或使污水渗入地下，经过稀释或通过一段时间的自净作用而得到进一步的处理后重复利用。

在严重缺水城市，可以将处理过的污水直接或间接用做饮用水。

二、污水的深度处理技术

(一)去除悬浮物

去除残留悬浮物是提高深度处理和脱氮除磷效果的必要条件。

去除二级处理水中的悬浮物，采用的处理技术要根据悬浮物的状态和粒径而定。粒径在1 μm以上的颗粒，一般采用砂滤去除；粒径从几百 Å 到几十 μm 的颗粒，采用微滤机一类的设备去除；而粒径在1 000 Å 到几 Å 的颗粒，则应采用用于去除溶解性盐类的反渗透法加以去除。呈胶体状的粒子采用混凝沉淀法去除是有效的。

(二)去除溶解性有机物

在生活污水中，溶解性有机物的主要成分是蛋白质、碳水化合物和阴离子表面活性剂。在经过二级处理的城市污水中的溶解性有机物多为丹宁、木质素、黑腐酸等难降解的有机物。

对这些有机物，用生物处理技术是难以去除的，当前，从经济合理和技术可行方面考虑，采用活性炭吸附和臭氧氧化法较适宜。

（三）去除溶解性无机盐类

二级处理技术对溶解性无机盐类是没有去除功能的，因此在二级处理水中可能含有这一类物质。含有溶解性无机盐类的二级处理水，是不宜回用和灌溉农田的，因为可能会产生下列问题：①金属材料与含有大量溶解性无机盐类的污水接触，可能产生腐蚀作用；②溶解度较低的 Ca 盐和 Mg 盐从水中析出，附着在器壁上，形成水垢；SO_4^{2-} 还原，产生硫化氢，放出臭气；③灌溉用水中含有盐类物质，对土壤结构不利，影响农业生产。

当前，有效地用于二级处理水脱盐处理的技术，主要有反渗透、电渗析以及离子交换等几项。

（四）去除细菌

城市污水经二级处理后，水质已经改善，细菌含量也大幅度减少，但细菌的绝对值仍很可观，并存在有病原菌的可能。因此在排放水体前或在农田灌溉时，应进行消毒处理。污水消毒应连续进行，特别是在城市水源地的上游、旅游区、夏季或流行病流行季节，应严格连续消毒。非上述地区或季节，在经过卫生防疫部门的同意后，也可考虑采用间歇消毒或酌减消毒剂的投加量。

消毒的主要方法是向污水投加消毒剂。目前用于污水消毒的消毒剂有液氯、臭氧、次氯酸钠、紫外线等。

（五）脱氮技术

在自然界，氮化合物是以有机体（动物蛋白、植物蛋白）、氨态氮（NH_4^+、NH_3）、亚硝酸氮（NO_2^-）、硝酸氮（NO_3^-）以及气态氮（N_2）形式存在的。

在二级处理水中，氮则是以氨态氮、亚硝酸氮和硝酸氮形式存在的。

氮和磷同样都是微生物保持正常生理功能所必需的元素，即用于合成细胞。但污水中的含氮量相对来说是过剩的，所以一般二级污水处理厂对氮的去除率较低。

根据原理，脱氮技术可分为物化脱氮和生物脱氮两种技术。氨的吹脱脱氮法是一种常用的物化脱氮方法。目前采用的生物除氮工艺有缺氧－好氧活性污泥法脱氮系统（A/O）、氧化沟、生物转盘等脱氮工艺。

（六）磷的去除

污水中的磷一般有三种存在状态，即正磷酸盐、聚合磷酸盐和有机磷。经过二级生化处理后，有机磷和聚合磷酸盐已转化为正磷酸盐，它在污水中呈溶解状态，在接近中性的 pH 值条件下，主要以 HPO_4^{2-} 的形式存在。污水的除磷技术有：使磷成为不溶性的固体沉淀物，从污水中分离出去的化学除磷法和使磷以溶解态为微生物所摄取，与微生物成为一体，并随同微生物从污水中分离出去的生物除磷法。属于化学除磷法的有混凝沉淀除磷技术与晶析法除磷技术，应用广泛的是混凝沉淀除磷技术。

小　结

污水处理的工艺系统是指在保证处理水达到所要求处理程度的前提下，所采用的污水处理技术各单元的组合。选择污水处理工艺系统时应考虑污水处理的程度、工程造价与运行费用、当地的各种条件、原污水的水量与污水流入工况、处理过程是否产生新的问题等因素。

城市污水处理的典型工艺流程由完整的二级处理系统和污泥处理系统所组成。

该流程的一级处理由格栅、沉砂池和初次沉淀池所组成，其作用是去除污水中的无机和有机性的悬浮污染物，污水的 BOD 值能够去除 20% ~30%。二级处理系统是城市污水处理厂的核心，其主要作用是去除污水中呈胶体和溶解状态的有机污染物，BOD 去除率达 90% 以上。通过二级处理，污水的 BOD_5 值可降至 20 ~ 30 mg/L，一般可达排放水体和灌溉农田的要求。

污泥是污水处理过程的副产品，也是必然的产物。对污泥的处理多采用浓缩、厌氧消化、脱水等技术单元组成的系统。处理后的污泥可作为肥料用于农业。

污水厂的平面布置应考虑各处理单元构筑物的平面布置，管、渠的平面布置，辅助建筑物的平面布置等因素。污水厂高程布置的方法：以接纳处理水的水体的最高水位作为起点，逆污水处理流程向上倒推计算，以使处理后污水在洪水季节也能自流排出，而水泵需要的扬程则较小，运行费用也较低。

城市污水深度处理是指以污水回收再用为目的，在常规二级处理后增加的处理工艺，可以提高污水的重复使用率，节约水资源。经过深度处理后的水可以用于：农田灌溉；工业生产；城市公共事业；地下水回灌。

思考题与习题

1. 简述城市污水的组成。其水质有什么特点？常规采用什么样的处理流程？

2. 工业废水与城市污水是采用分散处理还是联合处理？为什么工业废水要经过适当的预处理后才允许排入城市排水系统？

3. 污水处理厂厂址的选定应考虑哪些因素？

4. 污水处理流程的选定与进出水的水质有何关系？举例说明。

5. 在确定污水处理工艺时，应从哪几个方面进行考虑？

6. 污水处理厂平面布置的原则有哪些？简述不同布置方式的优缺点。

7. 污水处理厂高程布置的目的是什么？如何进行高程布置？

8. 处理厂平面与高程布置有什么相互关系？

9. 什么是污水的深度处理？为什么要对污水进行深度处理？

10. 城市污水深度处理的去除对象是什么？可采用什么处理方法？

11. 什么情况下对污水进行回用？回用的途径有哪些？

参考文献

[1] 张希衡.水污染控制工程[M].2版.北京:冶金工业出版社,2004.
[2] 高廷跃,顾国维.水污染控制工程(下册)[M].2版.北京:高等教育出版社,2003.
[3] 张自杰.排水工程[M].4版.北京:中国建筑工业出版社,2000.
[4] 唐受印,汪大晕.废水处理工程[M].北京:化学工业出版社,1997.
[5] 黄铭荣,胡纪翠.水污染治理工程[M].北京:高等教育出版社,1999.
[6] 谷峡.排水工程[M].2版.北京:中国建筑工业出版社,1996.
[7] 聂梅生,戚盛豪,严煦世,等.水资源与给水处理[M].北京:中国建筑工业出版社,2001.
[8] 雷乐成,汪大晕.水处理高级氧化技术[M].北京:化学工业出版社,2001.
[9] 聂梅生,许泽美,唐建国,等.废水处理与再用[M].北京:中国建筑工业出版社,2002.
[10] 汪大晕,胥乐成.水处理新技术及工程设计[M].北京:化学工业出版社,2001.
[11] 邵刚.膜法水处理技术[M].2版.北京:冶金工业出版社,2001.
[12] 邵刚.膜法水处理技术及工程实例[M].北京:化学工业出版社,2002.
[13] 王占生,刘文君.微污染水源饮用水处理[M].北京:中国建筑工业出版社,1999.
[14] 严煦世,范瑾初.给水工程[M].4版.北京:中国建筑工业出版社,2000.
[15] 许保玖.给水处理理论[M].北京:中国建筑工业出版社,2000.
[16] 符九龙.水处理工程[M].北京:中国建筑工业出版社,2000.
[17] 赵由才.环境工程化学[M].北京:化学工业出版社,2003.
[18] 张自杰.废水处理理论与设计[M].北京:中国建筑工业出版社,2000 .
[19] 雷仲存,钱凯,刘念华,等.工业水处理原理及应用[M].北京:化学工业出版社,2003.
[20] 金熙,项成林,齐冬子,等.工业水处理技术问答[M].3版.北京:化学工业出版社,2003.
[21] 肖锦.城市污水处理及回用技术[M].北京:化学工业出版社,2002.
[22] 丁亚兰.国内外废水处理工程设计实例[M].北京:化学工业出版社,2000.
[23] 王燕飞.水污染控制技术[M].北京:化学工业出版社,2001.
[24] 李圭白.城市水工程概论[M].北京:中国建筑工业出版社,2002.
[25] 李广贺.水资源利用与保护[M].北京:中国建筑工业出版社,2002.
[26] 任南琪,王爱杰,等.厌氧生物技术原理与应用[M].北京:化学工业出版社,2004.
[27] 王九思,陈学民,肖举强,等.水处理化学[M].北京:化学工业出版社,2002.
[28] 李军,杨秀山,彭永臻.微生物与水处理技术[M].北京:化学工业出版社,2002.
[29] 徐亚同,黄民生.废水生物处理的运行管理与异常对策[M].北京:化学工业出版社,2003.
[30] 上海市环境保护局.废水物化处理[M].上海:同济大学出版社,1999.
[31] 王琳,王宝贞.饮用水深度处理技术[M].北京:化学工业出版社,2002.
[32] 吴婉娥,葛红光.废水生物处理技术[M].北京:化学工业出版社,2004.
[33] 吕宏德.水处理工程技术[M].北京:化学工业出版社,2005.
[34] 顾夏生,等.水处理工程[M].北京:清华大学出版社,1985.
[35] 张宝军.水污染控制技术[M].北京:中国环境科学出版社,2007.
[36] 王金梅,薛叙明.水污染控制技术[M].北京:化学工业出版社,2004.
[37] 蒋展鹏,等.环境工程学[M].北京:高等教育出版社,2003.

[38] Weinberg H S , Glaze W H, Pullin J P. Modification and Application of Hydrogen PeroxideAnalysis in Ozonation Plant Survey. Proc. Water Quality Technol. Conf. AWWA. , Denver, Colo. ,1991.
[39] Miltner R J , Shukairy H M , Summers R S. Disinfection by - product Formation and Control by Ozonation and Biotreatment. J. AWWA. . 1992.
[40] Glaze W H, Weinberg H S, Cavanagh J E. Evaluation the Formation of Brominated DBPs during Ozonation. J. AWWA. . 1993.
[41] Siddiqui M S, Amy G L, Rice R G . Bromateion Formation: a critical review. J. AWWA. . 1995.
[42] Siddiqui M S, Amy G L. Factors Affecting the DBPs Formation during. Ozone - Bromide Reac - tion. J. AWWA. . 1993.
[43] Krasner S W ,Glaze W H. Formation and Control of Bromate during Ozonation of Waters Containing Bromide. J. AWWA. 1993.